▲ 新疆维吾尔自治区卫星影像图

新疆维吾尔自治区
旅游交通图

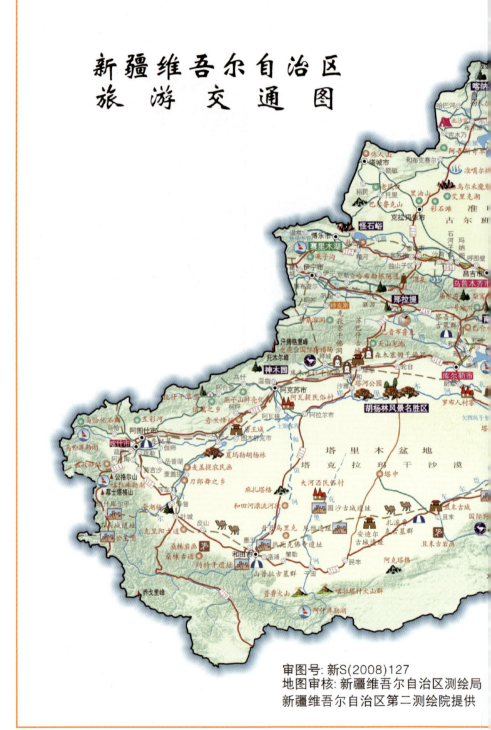

审图号: 新S(2008)127
地图审核: 新疆维吾尔自治区测绘局
新疆维吾尔自治区第二测绘院提供

▲ 新疆维吾

新疆铁路示意图

新疆民航航线示意图

治区旅游交通图

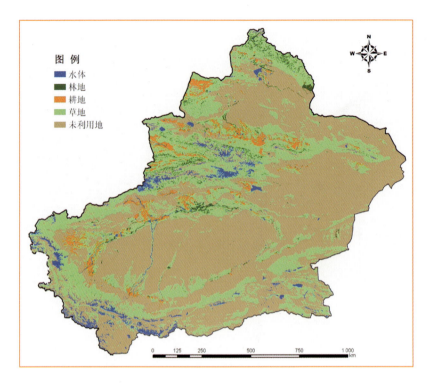

▲ 新疆维吾尔自治区土地利用图

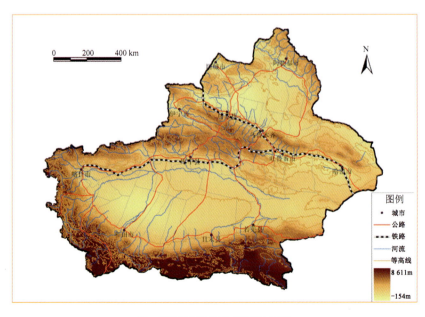

▲ 新疆维吾尔自治区地形图

"十二五"国家重点图书出版规划项目

中·国·省·市·区·地·理

丛书主编 ◎ 王静爱

新疆地理

XINJIANG DILI

主　编 ◎ 满苏尔·沙比提

副主编 ◎ 安瓦尔·买买提明　赵金涛　武胜利

编　委 ◎ 阿尔斯朗·马木提　胡江玲

北京师范大学出版集团
BEIJING NORMAL UNIVERSITY PUBLISHING GROUP
北京师范大学出版社

图书在版编目（CIP）数据

新疆地理/满苏尔·沙比提主编. —北京：北京师范大学
出版社，2012.10（2018.1重印）

（中国省市区地理丛书/王静爱主编）

ISBN 978-7-303-13529-5

Ⅰ.①新…　Ⅱ.①满…　Ⅲ.①地理—新疆　Ⅳ.①K924.5

中国版本图书馆 CIP 数据核字（2011）第 203766 号

营 销 中 心 电 话　010-58805072　58807651
北师大出版社高等教育与学术著作分社　http://xueda.bnup.com

XINJIANG DILI

出版发行：北京师范大学出版社　www.bnup.com
　　　　　北京市海淀区新街口外大街 19 号
　　　　　邮政编码：100875
印　　刷：天津中印联印务有限公司
经　　销：全国新华书店
开　　本：730 mm × 980 mm　1/16
印　　张：22
插　　页：2
字　　数：402 千字
版　　次：2012 年 10 月第 1 版
印　　次：2018 年 1 月第 4 次印刷
定　　价：68.00 元
审 图 号：新 S（2010）54 号
审 图 号：GS（2016）1022 号（封底图）

策划编辑：胡廷兰　尹卫霞　　　　责任编辑：胡廷兰
美术编辑：毛　佳　　　　　　　　装帧设计：毛　佳
责任校对：李　菡　　　　　　　　责任印制：马　洁

中国省市区地理丛书
编辑委员会

总　序

　　地理的区域性始终是地理学者关注和探讨的重要论题。编纂一套中国省市区的地理丛书，对认识中国地理的区域规律和区域发展战略有重要的学术价值，对加深理解中国国情也有着极为重要的现实意义。

　　中国地域辽阔，南北跨越约 5 500 km，东西跨越约 5 200 km，陆地面积约 960×10^4 km²，海域面积超过 470×10^4 km²。由于中国地域差异大，自然地理呈现出极为丰富的多样性特征；由于中国历史悠久，人文地理也呈现出一派绚丽多姿的景象。自然地理与人文地理在一个行政区内叠加，构成一部丰富多彩的省市区地理，即组成了环境、资源、人口与发展的区域格局。"中国省市区地理丛书"正是从综合集成的角度，系统地梳理了中国 23 个省、4 个直辖市、5 个少数民族自治区、2 个特别行政区的环境、资源、人口与发展特征，并从全国的角度，阐述了其区域时空变化规律。

　　中国国情特色鲜明，人口众多、地区发展不平衡、环境分布地带性明显、资源保障不平衡等因素较为突出。"中国省市区地理丛书"正是从历史透视的角度，分析了省、直辖市、少数民族自治区、特别行政区地理过程的形成与发展规律，特别是经济与社会的发展格局。在这个意义上说，丛书是对已完成的《中国地理》《中国自然地理》《中国经济地理》等重要著作的补充。

　　"中国省市区地理丛书"的主要功能：一是中国地理课程和乡土地理课程的教学用书和教学参考书，完善高校师生和中学教师的区域地理教学的教材支撑体系；二是降尺度认识区域地理的科学著作，为区域研究者提供参考；三是从地理视角对中国国情、省情、县情的系统总结，为国民尤其是各级管理人员提供地理信息和国情教育参考。

　　"中国省市区地理丛书"的编纂，对深化辖区主体功能区的规划，加快缩小区域差异，特别是城乡差异，探求可持续发展的区域模式，加强生态文明建设等有着极为重要的意义。科学发展模式的确立，需要客观把握国情、省情、县情，也需要认识辖区的地理规律。经过改革开放和经济发展，中国各省市区的地理格局也发生了重大变化，对于任何一个省市区来说，今天的发展都离不开与相邻的省市区甚至国家和地区的密切合作。了解邻接省市区的地理格局，对构建相互合作的区域模式和网络有着重要的实践价值。特别是处在同一个大江大河流域，或处在受风沙影响的同一个沙源区，或处在共同受益的一个高速交通线或空港枢纽区的省市区，更需要相互间的了解和理解、合作与协同，以追求共同发展，实现双赢或多赢的目标。

"中国省市区地理丛书"可以使读者更全面地认识中国的地理时空格局，加深对中国国情方方面面的理解；也能在省市区的尺度上，对中国地理进行系统而综合的深化研究，并能帮助决策者从省市区对比的角度，更客观地审视和厘定本辖区的发展模式。

"中国省市区地理丛书"由 35 本组成，包括 1 本中国地理纲要和 23 个省、5 个少数民族自治区、4 个直辖市和 2 个特别行政区的 34 本分册。每一本省级辖区地理图书都突出其辖区的地理区位，区域环境、资源、人口与发展的总体特征，区域地理的时空分异规律，区域生态文明建设与可持续发展的对策和建议等。此外，对省级区域地理，在突出辖区整体性特征的同时，更要重视辖区的区域差异，特别是城乡差异；对直辖市的区域地理，在突出其城市化的区域差异的基础上，高度关注城市可持续发展遇到的突出的地理问题；对少数民族自治区的区域地理，在高度关注其自然环境多样性的同时，突出其民族自治区域的特色，特别是语言、文化等文化遗产的区域特征；对特别行政区地理，更加关注其特殊发展历程及国际化进程的地理特色和人口高度密集区域的可持续发展模式等。

大部分分册具有统一的体例和结构框架，包括总论、分论和专论三个部分。

总论，是各分册的地理基础，是丛书分册之间可比较的部分，主要阐述各省市区的地理区位、地理特征和地理区划。地理区位是区域地理的出发点，强调从自然生态、文化和经济等多个视角，理解地理区位的特点和优势，结合行政区划与历史沿革，凸显各省市区的国内地位与区际联系。地理特征是区域地理的基础和重点内容，也是传统地理描述的精华，强调以自然地理和人文/经济地理要素为基础，以人口、资源、环境与发展（PRED）为综合的地理概括，结合专题地图和成因分析，凸显区域人地关系地域系统特征。地理区划是承上（总论）启下（分论）的重要部分，也是区域地理的理论体现，强调从自然生态、文化与经济的地域差异分析入手，梳理前人对区域划分的认识，凸显自然与人文的综合，最终提出地理分区的方案。

分论，是各分册辨识省市区内地域差异的主体，属乡土地理范畴，具有浓郁的乡土意蕴。依据地理分区方案，各地理区单独成章。每个地理区主要阐述：区域概况、资源与环境特征、产业发展与规划、人地关系与可持续发展、最突出或最重要的地理现象等。

专论，是各分册彰显区域综合分析和深入研究的部分，主要阐述省市区有特色的地理问题。这些特色问题大多是与区域发展联系密切的，在全国范围内具有重要地理意义或地位，有多地理要素相互作用、相互影响产生的区域综合问题，也有自然地理与人文地理相结合的综合命题。这部分内容具有特色性、综合性、研究性，同时展现了具有一定权威性的研究新进展。

组织编纂"中国省市区地理丛书"，需要多方面的合作和投入。北京师范大学"区域地理国家级教学团队"、全国高校中国地理教学研究会、北京师范大学区域地理研究实验室，承担了这项编撰任务的组织工作。2005 年开始筹备，2006 年由北京师范大学出版社立项资助，后组织包括全国 30 多所师范大学和综合性大学的地理相关专业院系的教师参编本丛书。共分四个组织层次：一是编辑委员会，由王静爱教授担任编委会主任，由各分册主编和北京师范大学"区域地理国家级教学团队"中的教师共同担任编委会成员；二是审稿专家群，丛书邀请各省市区的区域地理专家，全国高校中国地理教学研究会部分教授，北京师范大学"区域地理国家级教学团队"中的教授和民俗文化、历史方面的专家担任审稿人，分别审阅丛书部分书稿；三是编务工作组，由苏筠教授担任负责人，由北京师范大学区域地理实验室师生组成工作团队；四是出版编辑部，北京师范大学出版社高度重视本丛书，将其列为社内重大选题，先后指派王松浦、胡廷兰、关雪菁、尹卫霞负责协调全套书的编辑出版工作。全套丛书已被评为"'十二五'国家重点图书出版规划项目"。

"中国省市区地理丛书"在由北京师范大学出版社资助的基础上，得到了北京师范大学区域地理国家级教学团队、教育部"211 工程"和"985 工程"项目经费的支持,还得到了北京师范大学地理科学学部、地表过程与资源生态国家重点实验室、环境演变与自然灾害教育部重点实验室和国家自然科学基金委员会创新研究群体科学基金项目(41321001)在人力和物力方面的支持。当"中国省市区地理丛书"呈现在读者面前时,我要感谢全体编著者的辛勤工作与团结合作;感谢各分册的审稿人,他们是(以汉语拼音为序):蔡运龙教授、崔海亭教授、董玉祥教授、樊杰教授、方修琦教授、葛岳静教授、江源教授、康慕谊教授、梁进社教授、刘宝元教授、刘连友教授、刘明光教授、刘学敏教授、马礼教授、史培军教授、宋金平教授、孙金铸教授、王恩涌教授、王卫教授、王玉海教授、王岳平教授、吴殿廷教授、武建军教授、伍永秋教授、许学工教授、杨胜天教授、袁书琪教授、曾刚教授、张科利教授、张兰生教授、张文新教授、张小雷教授、赵济教授、周涛教授、邹学勇教授等。他们认真、严谨的审稿工作是丛书科学性和知识性的保障。特别感谢赵济教授和史培军教授在丛书编纂、审稿和诸多区域地理科学认识方面的重要贡献和指导;特别感谢编务工作组的青年教师苏筠教授,她为丛书庞大而复杂的编纂工作得以有序进行付出了巨大的精力;特别感谢董晓萍教授和晁福林教授对丛书区域民俗文化和历史相关部分的审阅和提出的宝贵意见。在此我谨向上述各位专家、学者对"中国省市区地理丛书"的指导与支持表示深深的谢意;在全体编著者和审稿专家工作的基础上,"中国省市区地理丛书"还得到了各分册主编所在单位及其他许多单位和专家的大力支持和帮助,特此一并郑重致谢!

"中国省市区地理丛书"的编纂工作十分庞杂和艰巨,编著者虽然尽了最大的努力,但由于研究内容涉及面广,经济社会发展变化迅速,加上经验与水平不足,会存在诸多不足和遗憾,尚祈广大读者批评指正。

2017 年 5 月

前　言

　　新疆是中国面积最大、边境线最长的省区，地处祖国西北边陲，深居内陆，地理环境独特。境内有世界第二大沙漠——塔克拉玛干沙漠、世界第二低地——艾丁湖、世界第二高峰——乔戈里峰，有辽阔的草原、肥沃的绿洲、众多的名胜古迹和富有特色的多民族文化。

　　新疆地理题材广泛，至今尚有广阔的地区无人涉足，可写的内容很多，把新疆所有的地理题材全面真实地描述出来，有一定的难度。本书以地理特征、区域开发与可持续发展为主线，按照中国省市区地理丛书提出的写作大纲要求，分为总论、分论和专论三大部分。总论部分系统论述了新疆在全国的地理位置、经济位置、文化位置，对新疆的自然特征、资源特征、生态与环境特征、文化特征等进行了分析，并进行了综合地理分区；分论部分包括准南区、准北区、伊犁河谷区、塔北区、塔西区、塔南区、东疆区七章内容，内容涵盖了每个分区的地理特征、区域开发和可持续发展；专论涉及六个专题，包括新疆的农业、旅游、文化、生态、能源、地缘优势等，反映了新疆在全国最突出的地理问题。

　　《新疆地理》涉及内容广泛，在编写中引用了大量前人的研究成果，在此对他们表示崇高的敬意和衷心的感谢，全书最后列出了参考文献和网站，供读者参考。本书作为教材，图件为示意图，仅供参考。

　　北京师范大学出版社的胡廷兰负责本书的编审工作。在本书的写作过程中，北京师范大学地理学与遥感科学学院、北京师范大学出版社、新疆师范大学、新疆大学、中国科学院新疆生态与地理研究所都对本书的出版给予了大力支持。特别需要提出的是，在本书的出版过程中自始至终得到了北京师范大学史培军教授、王静爱教授、赵济教授、苏筠副教授的关心与支持，中国科学院新疆生态与地理研究所的张小雷研究员给予了指导和帮助，新疆大学的高敏华教授在章节的拟订上给予了指导，新疆师范大学的海鹰教授、楚新正教授从多个方面给予了指导和帮助，在此一并表示衷心感谢。

　　本书由新疆师范大学的满苏尔·沙比提教授统一设计，组织编写。参加编写工作的人员有：满苏尔·沙比提（第一章、第二章、第三章、第五章）、安瓦尔·买买提明(第十四章、第十五章、第十六章)、赵金涛(第六章、第七章、第十章、第十一章)、武胜利(第四章、第八章、第九章)、阿尔斯朗·马木提(第十二章)、胡江玲(第十三章)。总论部分由赵金涛统稿,分论部分由武胜利统稿,专论部分由安瓦尔·买买提明统稿。满苏尔·沙比提对全书稿进行统定。

本书图件由安瓦尔·买买提明和陆吐布拉·依明编绘。参加本书编写、图件编绘、资料搜集和校对工作的还有吴美华、吐尼沙古丽·牙生、陆霞、王雯静、穆媛芮、刘楠、古丽巴哈尔、玛依拉、加米拉、热汗古丽、李丽、陈雪华、加马力登、尹圆圆、徐品泓,在此一并表示感谢。

由于编者能力有限,书中肯定会存在许多不当甚至错误之处,敬请广大读者批评指正。

新疆地理编写组
2009 年 10 月 28 日

目　录

第一篇　总　论

第一章　新疆地理区位

章前语

　　新疆地处欧亚大陆腹地，我国西北边陲，是中国面积最大、陆地边界最长的省区。新疆与8个国家接壤，口岸众多，是我国与中亚国家经济往来、交流互通的桥头堡；欧亚大陆桥横贯新疆，地理位置十分重要；新疆石油、天然气资源丰富，是我国重要的能源储备基地，经济位置显著；此外，新疆还是著名的"丝绸之路"的交通要道，多种文化在此碰撞、融合，文化位置独特。无论是在丝绸之路辉煌的时代还是在今天，新疆在国家的经济发展中都发挥着不可替代的作用。本章从自然、经济、文化等方面对新疆的区位进行了分析，并对新疆历史沿革和行政区划进行了阐述。

关键词

　　新疆；地理区位；自然位置；经济位置；文化位置

第一节　地理位置

　　新疆维吾尔自治区位于我国的西北部，它的东面和南面，分别与甘肃、青海、西藏相邻。周边与8个国家接壤，在历史上是"丝绸之路"的重要通道，现在又成为第二欧亚大陆桥的必经之地，战略位置十分重要。

　　新疆地处欧亚大陆中心，阿尔泰山、帕米尔、喀喇昆仑山、昆仑山、阿尔金山等高山、高原环绕，天山横亘中央，把新疆分割为南北两大部分。习惯上称天山以南为南疆，天山以北为北疆，把吐鲁番、哈密一带称为东疆。

一、中国面积最大、深居欧亚大陆腹地的省区

　　新疆维吾尔自治区（简称新）最西点是阿克陶县乌孜别里山口以西，经度是东经73°20′41″；最东点是哈密市与伊吾县东部交界以东，经度是东经96°25′；最北点是布尔津县北部友谊峰以北处，纬度是北纬49°10′45″；最南点是和田

3

县南部空喀山口，纬度是北纬 34°15′。新疆东西最长处达 2 000 km，南北最宽处达 1 650 km，面积约为 166×10⁴ km²，约占全国总面积的 1/6，是中国面积最大的省区。

新疆地处欧亚大陆腹地，远离海洋，以乌鲁木齐为中心，东至太平洋约 2 500 km，西至大西洋约 6 900 km，北至北冰洋约 3 400 km，南至印度洋约 2 200 km。新疆首府乌鲁木齐是世界上距离海洋最远的内陆大城市，它与海岸的最近距离为 2 250 km。亚洲大陆的中心位于乌鲁木齐市以西偏南 30 km 处永丰乡的包家槽子村境内，地理坐标为北纬 43°40′37″、东经 37°19′52″，是一个重要的地理标志。

二、中国邻国最多、边境线最长的省区

新疆与 8 个国家毗邻，分别为蒙古、俄罗斯、哈萨克斯坦、吉尔吉斯斯坦、塔吉克斯坦、阿富汗、巴基斯坦、印度，接壤边界总长约 5 649 km，约为我国陆地边界线总长的 1/4，是中国陆地边界最长的省区。

新疆是我国陆路口岸最多的省区，截至 2008 年年底，共有一级口岸 17 个，其中陆运口岸 15 个，连接着中亚、蒙古和南亚地区。

中蒙边界新疆段自中、俄、蒙三国交界点奎屯山高地(4 104 m)起，至新疆与甘肃交界处的哈尔辛巴润乌蒙敖包为止，全长约 1 416 km。目前，中蒙边界新疆段有 4 个口岸：红山嘴陆运口岸位于阿勒泰地区福海县；老爷庙口岸位于哈密地区；塔克什肯陆运口岸位于阿勒泰地区青河县境内；乌拉斯台陆运口岸位于昌吉回族自治州奇台县境内。

中俄边界新疆段称为中俄边界西段，位于新疆北部阿勒泰地区，东起中、俄、蒙三国交界点，西至中、俄、哈三国交界点，全长约 54 km。

中哈边界位于新疆西部，北起中、哈、俄三国交界点，南至中、哈、吉三国交界点——汗腾格里峰，全长 1 738 km。中哈边界有 7 个口岸：阿黑土别克陆运口岸位于新疆阿勒泰地区哈巴河县西部；木扎尔特陆运口岸位于新疆伊犁哈萨克自治州昭苏县；霍尔果斯口岸位于新疆伊犁哈萨克自治州霍城县境内；都拉塔口岸位于察布查尔锡伯自治县；巴克图口岸位于塔城市；阿拉山口口岸在博尔塔拉蒙古自治州境内；吉木乃口岸位于阿勒泰地区吉木乃县境内。

中国与吉尔吉斯斯坦的边界北起中、吉、哈三国交界点——汗腾格里峰，南至中、吉、塔三国交界点，全长约 1 100 km。中吉边界线内有 2 个口岸，即伊尔克什坦口岸和吐尔尕特陆运口岸，均位于新疆克孜勒苏柯尔克孜自治州乌恰县境内。

中国与塔吉克斯坦边界位于新疆西南帕米尔高原上，全长约 450 km，1999 年 8 月 13 日两国就部分地段签订了国界协议。由于历史原因，之间有一些边界问题正在解决。中塔边界的卡拉苏口岸位于新疆喀什地区塔什库尔干塔吉克自治县境内。

中国与阿富汗边界自中、巴、阿三国交界点的 5 587 m 高地起至克克拉去考勒峰为止，全长约 92 km。

中国与巴基斯坦控制的克什米尔地区的边界北自中、巴、阿三国交界点 5 587 m 高地起至喀喇昆仑山口，全长约 599 km。红其拉甫口岸位于帕米尔高原上的塔什库尔干塔吉克自治县境内，是中国西部通往中东、南亚次大陆乃至欧洲的重要门户。

中国与印度控制的克什米尔地区的边界新疆段长约 200 km。由于历史原因，边界尚未正式划定，目前以传统习惯进行实际控制。

第二节　经济位置

一、中国与中亚区域经济合作的桥头堡

(一)处在中国与中亚经济合作的前沿位置

1. 中国同中亚国家交流与合作的前沿阵地，也是中亚通向中国的大门

我国对中亚、南亚、西亚、中东、东欧和西欧的开拓，在相当程度上要依托新疆这个前沿阵地。新疆最有条件通过新欧亚大陆桥，在资源、人才、技术、信息方面与周边国家特别是中亚国家加强交流与合作。此外，中亚诸国在开展与近邻国家的对外贸易中，中国是其重要伙伴，中亚各国有赖通过第二欧亚大陆桥，与日、韩以及东南亚等国家和地区建立密切关系。中亚国家及俄罗斯也希望通过新疆来扩大与中国的贸易与经济合作。目前，新疆已经成为一个重要的物流基地：中国各类轻工产品等运至新疆，再从新疆运往中亚及俄罗斯乃至欧洲；反之，中亚国家及俄罗斯的木材、化学产品、有色金属、黑金属、机械产品等又经新疆运往中国内地。

2. 新疆可以发挥向西开放的"窗口"作用

从 1992 年开始举办的"乌洽会"(乌鲁木齐对外经济贸易洽谈会)，已成为我国对外开放特别是向西开放的重要"窗口"，"乌洽会"每年都云集上万名中外客商，影响越来越大，成为促进开放、发展经贸的盛会。2007 年"乌洽会"，新疆与中亚国家的业务成交额稳步增长。据不完全统计，对哈萨克斯坦、俄罗斯、塔吉克斯坦、乌兹别克斯坦这四个国家的成交额占乌洽会全部成交额

的七成以上。其中，与哈萨克斯坦成交额为 190 821.9 万美元，占当届乌洽会对外经济贸易成交总额的 54%；与俄罗斯成交额为 31 912 万美元；与塔吉克斯坦成交额为 24 008.2 万美元；与乌兹别克斯坦成交额为 18 090 万美元。这一事实表明，新疆在中国与中亚各国的经济合作中扮演着重要的角色。同时，2007 年"乌洽会"吸引了 500 多家国内工商企业参展，它们来自我国几乎所有的省区市，展示了具有地方特色的几十大类的几千种商品。"乌洽会"也因此成为新疆对外开放的窗口和桥梁。

新疆在中国与中亚国家经贸发展中占有重要地位。2007 年，中国与中亚五国进出口总额有较大幅度的上升，达到 196.62 亿美元，其中新疆与中亚五国的进出口额为 109.76 亿美元，占 55.82%。哈萨克斯坦在中国与中亚国家的外贸发展中占有突出地位，与中国外贸进出口额为 138.78 亿美元，占中亚五个国家进出口总额的 70.58%。2007 年，哈萨克斯坦与中国新疆地区的进出口额为 69.74 亿美元，占新疆与中亚五个国家的进出口总额的 63.54%。

(二)处在中亚区域经济中的核心地位

新疆已成为我国参与中亚区域经济圈的前沿阵地，将成为中亚地区的商贸中心、中亚地区的制造业基地、亚欧腹地的交通枢纽、中亚地区的服务业中心和中国与中亚国家的文化交流中心。

1. 中亚地区的商贸中心

新疆是连接中国其他省区与中亚国家的桥梁，以新疆首府乌鲁木齐为中心，半径 1 500 km 范围内覆盖了世界 10 个国家的部分地区和中国西北部分区域，乌鲁木齐则是这个区域内最具竞争力的城市之一。乌鲁木齐依托其资源优势和独特的地理位置，积极发展外向型经济，正向国际性的商贸城市迈进。南疆的喀什与中亚国家距离较近，以喀什为中心，利用新疆的地理优势，又可带动周边地区大力发展与中亚国家的商品贸易。总之，丰富的资源和独特的地理位置，使新疆作为未来中亚地区的商贸中心成为可能。

2. 中亚地区的制造业基地

新疆与中亚国家经济互补性很强。近年来，双方合作范围不断扩大、合作层次不断提高。中国东部地区经历 30 多年的快速发展后，面临着产业结构的调整升级，受土地、电力供给等要素的制约，一些劳动密集型企业需要向西部转移。新疆与中亚国家有着丰富的农产品资源、能源及矿产资源，加上新疆的廉价劳动力和经营场地、中亚和泛中亚地区的广阔市场与新疆毗邻中亚的地缘优势，吸引了不少国内其他省区的企业家来新疆办实体。多年来，新疆实施"内引外联"政策，已经不再简单地从事商品买卖，而逐渐向中国西部制造业基地方向发展。依靠资源优势和国内外先进的技术和设备，新疆将建成亚洲最大的纺织基地、中国最大的石油化工基地、中国最具特色的果蔬基地及中亚地区最大的民用品生产基地。

3. 中亚地区的服务业中心

近年来，伴随着经济全球化、区域经济一体化趋势的发展，越来越多的国内外客商开始把目光投向中亚地区，关于中亚地区的信息需求量大增。新疆因其地缘、人文优势，近两年来有关中亚的信息产业急速发展，各种相关报纸、杂志不断涌现，相关咨询公司、物流公司、翻译人才也大量增加，新疆成了中国了解中亚信息的前沿。而随着新疆与中亚五国贸易结算方式的多样化，新疆将有可能成为中国对中亚贸易的金融中心。与此同时，中亚五国政府与中国政府已达成共识，共同开发新疆与中亚地区的旅游资源。旅游业的发展将带动餐饮业、交通运输业等服务业的发展。随着中亚国家与新疆合作领域的不断扩展，新疆将成为中亚地区的服务业中心。

二、中国重要的能源储备基地

新疆拥有"三大油田""九大煤田"和"九大风区"，蕴藏着大量尚未开发的能源，是中国重要的能源储备基地。

"三大油田"为克拉玛依油田、塔里木油田和吐哈油田。早在 2005 年，塔里木油田油气产量就突破了一千万吨油当量，成为继克拉玛依油田之后新疆第二个千万吨级大型油气田。新疆石油产量增长幅度在中国产油省区中曾连续十六年保持第一。

"九大煤田"为准东、准北、准南、三塘湖、吐哈、伊犁、尤鲁吐司、焉耆和塔北煤田。新疆煤田预测储量达 1.64×10^{12} t，约占我国煤炭预测总储量的 30%。"十二五"期间，新疆将有一批一千万吨级煤炭基地和数个五千万吨级大型煤电化基地诞生，煤炭年产量将达 4×10^8 t，外运 5 000 t。新疆不仅煤多，价格也便宜，煤炭价格约为中国东部省份的一半。在国家政策的大力支持下，新疆正逐渐把资源优势转化为经济优势，实现"西电东送"。

"九大风区"包括达坂城风区、额尔齐斯河谷西部风区、准噶尔盆地风区、阿拉山口风区、吐鲁番西部风区、哈密北戈壁风区、哈密南戈壁风区、罗布泊风区以及百里风区，总面积 15×10^4 km²。经国家气象局确定具备建设大型风电场条件的地区的可装机容量在 8×10^7 kW 以上，相当于四个三峡工程的装机容量。距离乌鲁木齐不远的达坂城风电场目前已成为亚洲最大的风力发电区。

近年来，新疆在中国能源布局中的地位逐步上升，正成为中国重要的能源储备基地。

三、优势产业突出，经济相对落后

改革开放以来，新疆经济快速增长，特别是国家实施西部大开发以来，新疆的经济社会继续呈现良好的发展势头。石油、棉花、林果等优势产业突出，但总体经济在全国处于落后状态。

(一)优势产业突出

新疆棉花产业优势突出，2007 年优质棉基地建设成效显著，亩产超过 150 kg 的高产棉面积 26.67×10^4 hm²，占总面积的 15%。棉花产量 290×10^4 t，总产、单产和品质稳居全国第一。畜牧业稳步发展，绵羊毛产量 9×10^4 t，占全国的 1/3 强。林果业增长迅速，2007 年特色林果总面积达 86.7×10^4 hm²，水果产量 411.98×10^4 t。新疆石油、天然气资源丰富，2007 年生产原油 $2\,604.31 \times 10^4$ t，产量居全国第 3 位；生产天然气 210.3×10^8 m³，增长 28.1%，产量居全国第 1 位。新疆口岸众多，对外贸易增长迅速。2007 年，新疆外贸进出口总额 137.16 亿美元，其中出口 115.03 亿美元、进口 22.13 亿美元。

(二)经济发展水平相对落后

2008 年，新疆 GDP 总量为 4 203.41 亿元，居全国第 25 位，居西部第 7 位。人均 GDP 为 19 893 元，以当年平均汇率折算达到 2 864 美元，在西部列第 2 位；全部工业增加值为 1 790.70 亿元，列西部第 6 位；全社会固定资产投资额为 2 314 亿元，居西部第 9 位；地方财政收入 479.75 亿元，财政支出为 1 173.34 亿元，均居西部第 5 位；城镇居民人均可支配收入为 11 462 元，比全国平均水平低 4 319 元，居西部第 10 位；新疆农民人均纯收入为 3 503 元，比全国低 1 258 元，居西部第 6 位；三次产业结构为 16.4：49.7：33.9，第二产业占 GDP 比重在西部居第 5 位，比全国高 1.1 个百分点；第一产业比重居西部第 3 位，比全国高出 5.1 个百分点；城镇化水平为 39.6%，低于全国 6.1 个百分点；全区进出口总额为 222.17 亿美元，居全国第 13 位，在西部居第 2 位。可以看出，新疆经济总体水平在西部地区处于前列，在全国的经济位置相对比较落后。

第三节　文化位置

新疆历来是欧亚大陆通道的枢纽，多民族文化在此交流荟萃，在历史上，塞、乌孙、月氏、匈奴、羌、柔然、突厥、回鹘、契丹、蒙古、汉、满、锡伯、达斡尔等民族，都为新疆区域社会的发展作出了各自的贡献，也产生了程度不同的对外影响。新疆地理文化是中国文化的瑰宝，在其中占有不可或缺的位置，至今仍在发展文化产业方面具有不可比拟的资源优势。

一、丝绸之路要冲、文化汇流之地

欧亚大陆古代大通道——"丝绸之路"横贯新疆。丝绸之路曾经把古老的黄河流域文明、恒河流域文明、古波斯文明连接起来，世界三大宗教佛教、伊斯兰教、基督教和民间宗教祆教、摩尼教及其有关的文化艺术在此交汇，在新疆这块土地上，留下了丰富的人类文化遗产。

(一)新疆境内的丝绸之路

新疆是丝绸之路的主体，境内丝路以东西向为主道，南北向为支道，形成交错的布局(见新疆旅游交通彩图)。

1. 天山以南的丝路

秦汉时期丝路的新疆段，仅局限在天山以南。天山以北，由匈奴等游牧民族所据。天山以南的丝路，发自敦煌，绕塔克拉玛干沙漠南、北而行，故有南、北二道。

南道由敦煌出阳关，沿南山(今昆仑山系)北蒲，经都善(今若羌东北)、且末(今且末北)、精绝(今民丰北)、抒弥(今于田北)、于阗(今于田西)、皮山、莎车，然后越帕米尔高原至大月氏(今阿姆河一带)、安息(今伊朗)。至两汉以后，除其西端在越帕米尔后折向南行至印度外，其余经途没有大的变化。唐三藏法师玄奘自印度取经返回就是走的这一条道。

北道按《汉书》所载，系由敦煌出玉门关，随北山(今天山山系)南麓，经车师前王庭(今吐鲁番交河城)、焉耆、尉犁(今焉耆南)、乌垒(今轮台东)、龟兹(今库车)、姑墨(今温宿)、疏勒(今喀什)，然后越帕米尔高原到大月氏或大宛(今伊塞克湖一带)、康居(今费尔干纳盆地西)、奄蔡(今咸海一带)。实质上，其东段在两汉时期，因匈奴与汉政府对吐鲁番地区的反复争夺，道途经常不通。而敦煌至盐泽(今罗布泊)沿途有"亭"，故此时的北道实际上是出玉门关后走楼兰直趋乌垒，其西经途则不变。东段的真正开通是在两汉以后。两汉经近400年的努力，击溃了匈奴贵族势力，使经伊吾、吐鲁番的南道东段得以畅通，到唐代统一东突厥后，此道更加兴旺，而经楼兰西行的一段则告废止。

上述南、北二道均以敦煌为起点，但在楼兰兴盛时期，也从楼兰分南北，南下若羌西行，则为南道，而不走出阳关一段。玄奘返唐即走南道折向楼兰而回的。

2. 天山以北的丝路

天山以北的丝路为天山北道和草原道。

天山北道系两汉以后开辟的新道，为区别于两汉时的北道，又称为新北道（或北新道）。天山北道仍以敦煌为起点，经伊吾（今哈密）、蒲类海（今巴里坤湖）、车师后王庭（今吉木萨尔）、卑陆（今阜康东）、乌贪訾离（今呼图壁南）、渡北流河水（今伊犁河、楚河等），西趋古罗马帝国。本道东段变化较大。《后汉书·西域传》曾记载天山以北有一条"后部西通乌孙"的大道，而此道系由楼兰上穿库鲁克塔格至车师前王庭，然后越天山至车师后王庭再往西的。走此道也是为了避开盘据哈密一带的匈奴贵族。后开的天山北道，则由敦煌直趋伊吾、车师后部，此时天山南麓的北道，也是由伊吾分道向南而趋车师前部的。

草原道则是近年来才确认的一条古老的商道，它发自蒙古高原，经准噶尔盆地到哈萨克丘陵，再至土兰平原、黑海低地。这条道路见载于公元前5世纪希腊著名史学家希罗多德的巨著《历史》一书，并为现代的考古发掘所证实。这是当年斯基泰王国从事黄金贸易和运送丝绸等商品的通道，以后又为匈奴贵族所利用。直至元代，此道仍发挥着重大作用。此道由阿尔泰山进入准噶尔盆地后，或沿乌伦古河向西南，由塔城越准噶尔西部山地进入中亚；或折向南行，穿将军戈壁至奇台与天山北道汇合，继往西行。前道至阿姆河后仍与其余各道汇合。

东西向的主道除上述四道外，还有一条介于新、老北道之间的山区道路，该道自吐鲁番向西经托克逊，由阿拉沟入天山，途经巴仑台、阿尔先、巴音布鲁克、那拉提、新源、巩留至伊犁，与天山北道汇合。此道夏秋季节凉爽宜人，沿途水草丰茂，特别在明代以后行走人较多，是对新、老北道的重要补充和调节。此道主要路段在天山山区草原，也是一条草原道，也有人称之为天山道。

3. 重要支道

除上述东西贯穿的主道外，丝路在新疆境内还有许多支道，它们对主道起着贯穿和补充的作用，其至代替部分主道路段。其中，起始于两汉的主要有五船道、伊吾道、车师道、赤谷道等，出现于隋唐的主要有碎叶道、弓月道、热海道等。

五船道：即由敦煌直趋车师前王庭之道，出玉门关西北行，经横坑，出五船，北行至车师前王庭。在东汉以后，逐渐替代原由敦煌至楼兰北上车师前王庭的一段，成为天山以南北道的东段一部分。

伊吾道：即由敦煌经伊吾赴车师前王庭之道，与五船道为一山之隔的平行支道，形成年代也与五船道大致相同，但因匈奴贵族势力的影响，此道畅通稍晚，当时主要为军事用途，后逐渐形成为以伊吾为第二起点的北道东段组成部分。

车师道：即由车师前王庭至后王庭的通道，全道蜿蜒在天山峡谷之中，战略地位十分险要，汉时由天山以南至山北地区，此道是必经之路。至唐又名他地道，因穿被称为金岭的博格多山而过，又称为金岭道，是联系新北道和老北道的重要捷径。

赤谷道：即由天山以南的北道通往天山以北地区的支道，由北道上的姑墨转温宿，西北行穿天山峡谷至乌孙治所赤谷城。在天山北麓为匈奴所据时，这是汉与乌孙联系的重要通道，也是西段天山南北联系的主要通道。

以上四道皆穿越天山及其支脉。

碎叶道：唐代新开辟的一条路线，此道东段与两汉后期的天山北道相同，但在乌鲁木齐以西则逐渐偏北，至碎叶始与天山北道重新会合，因其经临天山以北的许多重要城镇，故逐渐代替了天山北道的西段部分。

弓月道：即由龟兹至弓月（今霍城北）的通道，经托木尔峰地区的木扎特山口穿天山经夏台至伊宁、霍城。因其经行道途多冰川，木扎特山口所在的木素尔岭又称冰岭，此道又称冰岭道。

热海道：即由龟兹至热海（今伊塞克湖）的通道，系经乌什越勃达岭（今别迭里山口）至热海南岸抵叶城。此道即汉时赤谷道，但西延至碎叶，成为唐代向西最重要的大道之一。

上述三道中亦有两道为山道，从这三道的开辟，表明唐朝政府对重开西部通路是十分重视的。

丝绸之路的开辟和繁盛，是世界文明史的重要组成部分。丝路的消亡，具有十分复杂的原因，河流改道、流程缩短、水系变迁、沙漠扩张和生态环境进一步恶化是丝路消亡的重要原因。丝绸之路及其形成的丝路文化，是我国的宝贵财富。

（二）文化交流

新疆自古以来是多民族多文化聚集的地区。根据文化交流的内容和形式，大致可以分为商贸交流、科学技术交流和文化艺术交流。

1. 商贸交流

丝绸之路是一条古老的商道，新疆地处丝绸之路的要塞，因此商品贸易一直是丝绸之路上各民族、各地区最主要的交流方式。在丝绸之路的贸易交流中，丝绸是大宗货物，伴随着丝绸贸易的发展，我国内地的蚕桑丝织技艺沿着丝绸之路西传。大约在公元4世纪时，蚕种和养蚕法传入西域，公元5~6世纪经由中亚地区传入波斯和罗马，以后逐渐传到欧洲各国。桑蚕丝织技艺传入这些地区后，对当地手工业和经济的发展起到了促进作用，也产生了一些各具特色的新品种、新技法，如公元 3 世纪以后产自西域、中亚等地具有浓重异域色彩的"胡锦"，稍晚一些呈萨珊风格的"波斯锦"，以及元代具有浓郁西方色彩和伊斯兰风格的"织金帛""纳士士"等。

新疆毛织品以历史悠久、织品精美而驰名于世，很早以来毛纺技术就比较发达，已有两千年以上的历史。从汉代开始，西域地区的毛织品也通过丝绸之路输入中原，中西商旅很早就把新疆的毛纺工艺技术带到西方，也将古波斯的地毯贩回新疆。

马、骆驼、羊等牲畜是丝绸之路贸易中仅次于丝绸的重要商品，其中以马为最。隋唐以后，内地与新疆多民族及其他北方草原民族的绢马贸易，已形成固定的贸易方式，而且规模较大，成为丝绸之路上一种重要的经济文化交流方式，影响深远。

在丝绸之路鼎盛的隋唐时期，茶叶与丝绸、瓷器同为远销中亚等地的大宗商品。当时，中国茶叶主要以茶马交易的方式，经新疆向西亚、北亚和阿拉伯等输送，也曾远抵俄国及欧洲其他国家。

2. 科学技术交流

中国很早就开始生产铁，张骞出使西域之后，中国的铁器便沿着丝绸之路输向西方，随着铁器的西运，中国的冶铁技术也传入中亚、西亚。同时，中国古代农业发展迅速，水利灌溉技术发达，许多农耕技术和水利灌溉技术由丝绸之路传到新疆，以后又传到中亚及西亚，为这些地区的经济发展作出了贡献。

造纸术、印刷术、火药、指南针是中国的四大发明。在这四大发明中除了指南针是通过海路传入西方之外，造纸术、印刷术、火药均是通过丝绸之路传入西方的，对亚洲和欧洲经济、文化的发展起到了重要的作用。

沿丝绸之路传入中国的技术，主要有来自西域和中亚的酿酒法、来自印度的制糖法和建筑技术等。另外，中亚和南亚的天文、历法、医药、逻辑学等，经丝绸之路传入中国后，也对中国社会经济、思想文化产生了一定影响。

3. 文化艺术交流

在中国文化传向西方的同时，中西亚和欧洲文化也通过丝绸之路不断输入中国，包括杂技、乐曲和歌舞等。它们与新疆当地的民间文艺相融合，对中国的文化生活产生了较大影响。

西方的杂技很早就传到了中国。到了唐代，从中亚各地传入中国的杂技名目繁多，促进了我国杂技的繁荣。外来乐曲沿丝绸之路传入我国，对我国古代音乐舞蹈产生了很大影响。中国的古代乐器也有一些来自古波斯和印度，而这些大都是通过丝绸之路传入的。

丝绸之路是一条伟大的中西交流通道。两千多年来，中西方许多民族、国家和地区沿着这条通道进行经济、文化、技术的交流、碰撞和融合，共同推动了社会发展和文明进步。新疆作为丝绸之路上的重要枢纽，在这一人类社会文化历程中起到重要的作用。

二、文化资源得天独厚、文化产业基础深厚

(一)新疆文化资源丰富

1. 源远流长的历史文化资源，文物古迹众多

新疆的历史文化源远流长，据考古资料研究，新疆早在新石器时代，在天山南北各地，诸如哈密的三道岭、七角井，吐鲁番盆地的阿斯塔那、雅尔湖，乌鲁木齐县的柴窝堡，以及木垒、奇台、伊犁、库车、巴楚、且末、于阗、皮山等地，就有人类活动的遗迹。现在新疆还保存了众多的古城池、古烽燧、古建筑、古屯田遗址和千年佛窟，构成了古"丝绸之路"文化。吐鲁番是西域历史文化的博物馆，喀什的艾提尕尔清真寺是伊斯兰文化在喀什的缩影，阿克苏是龟兹文化和多浪文化的发祥地，巴里坤哈萨克自治县是继吐鲁番市、特克斯县之后第三个被命名的新疆维吾尔自治区历史文化名城，新和县两处龟兹文化古迹被列入国家重点保护文物。它们都反映了新疆很早就达到了较高的历史文化水准。

2. 色彩绚丽的民俗文化资源

新疆是一个多民族聚居地区，许多古老民族曾在这里繁衍生息，维吾尔族、汉族、哈萨克族、回族、蒙古族、柯尔克孜族、锡伯族、塔吉克族、满族、乌孜别克族、俄罗斯族、达斡尔族、塔塔尔族等40多个民族生活在新疆的土地上。多元宗教信仰和民俗遗风形成了独特的民俗文化。新疆的木卡姆、麦西莱甫、赛乃姆、多朗舞、玛纳斯"英雄史诗"、阿肯弹唱和赛马游艺竞技等都具有重要的文化价值和民族特色。多民族服饰、礼仪、餐饮、生活习俗、建筑风格等独具文化魅力。传统手工艺种类繁多，制作精巧，腰刀、木雕、陶器、金银、玉石、编织、农民画等，都是很好的文化产业资源。

(二)新疆文化产业有很大的发展潜力

几十年前，《我们新疆好地方》《半个月亮爬上来》《在那遥远的地方》等富有新疆区域民族特色的歌曲唱遍了大江南北。改革开放后，新疆的自然遗产、文化遗产和非物质文化遗产增加了知名度，也产生了相当的国际影响，文化产业有很大的发展潜力。

虽然近几年新疆的文化产业有所创新，但发展比较缓慢，从国家统计数

字来看，在全国 31 个省、自治区、直辖市①的文化产业排名序列中，新疆文化产业的纯收入排在第 25 位，与全国文化产业发展的总体水平相比，新疆的文化产业发展尚处在初级阶段，开发利用文化产业的程度与其丰富深厚的文化资源相比不够协调，新疆文化产业有待进一步开发。

第四节　历史沿革与行政区划

一、历史沿革

新疆，古称西域，自古以来就是中国不可分割的一部分。公元前 60 年，西汉中央政权设立西域都护府，新疆正式成为中国领土的一部分。1884 年清政府在新疆设省。1949 年新疆和平解放，1955 年 10 月 1 日成立新疆维吾尔自治区。在漫长的历史进程中，新疆经历了多次的行政区域变革。

（一）古代新疆

1. 两汉魏晋南北朝时期

汉代，新疆始称西域，作为一个地理概念，西域有广义和狭义的区别。广义的西域是指敦煌以西、天山南北、西亚，甚至更远的地方；狭义的西域则是指玉门、阳关以西至葱岭的地区，即主要指今新疆广大地区。

西汉时期，塔里木盆地周围分布着众多民族成分不同的小国，人口多则数万，少则一两千，互不统属，各自为政。这些小国约有 30～50 个，《汉书》称之为"西域三十六国"，或称之为"城郭诸国"。公元前 138 年，汉武帝派遣张骞出使西域，联络月氏共抗匈奴，但未果。张骞的出使虽未达到目的，但却使汉朝了解了西域的情况。公元前 121 年，汉朝军队攻取了河西走廊地区，并于其地置武威、张掖、酒泉、敦煌四郡，汉朝的管辖地与西域直接相连。公元前 119 年，张骞再次出使西域。公元前 104 年、前 101 年，汉两次派李广利伐大宛，极大地震动了西域，各国纷纷遣使通好。

公元前 60 年，匈奴日逐王先贤掸因统治集团内部的争权斗争不力而率众归附汉朝，次年汉设西域都护府于乌垒城（今新疆轮台县策大雅附近），自此，新疆正式纳入汉朝版图。

公元 25 年，东汉建立。西域各国纷纷遣使，请求东汉政府派遣西域都护。此时的西域，由于各国之间相互的攻伐、兼并，逐渐形成了焉耆、龟兹、莎车、车师、于阗、鄯善等几个大国。

---

① 台湾省和香港、澳门特别行政区资料暂缺，这里不作统计与比较。

在东汉政府与匈奴数十年争夺西域的斗争中，因双方实力的消长，东汉政府曾三次统一西域，又三次被迫从西域撤出，史称"三通三绝"。至公元137年，敦煌太守裴岑攻杀北匈奴呼衍王，最终结束了汉匈长达300多年对西域的争夺，匈奴势力退出了新疆历史舞台。

东汉统一西域后，基本沿袭了西汉王朝对西域的统治，设官置守、驻兵屯田、册封首领仍然是其主要的统治措施。

公元222年，鄯善、龟兹、于阗等国遣使向曹魏进贡，西域诸地也纷纷表示归附，魏设戊己校尉与西域长史管辖西域各国。

公元265年，晋朝建立后，同样设戊己校尉于高昌壁，置西域长史于海头城（罗布泊北）领辖西域诸国。

西晋末年，张轨出任护羌校尉、凉州刺史，割据河西及以西地区。因内地战乱，不少难民西迁高昌。为适应这一变化，便于管理，公元327年前凉撤销了戊己校尉府，改为高昌郡。郡下设高昌县、田地县等，县下设乡、里。前凉在高昌地区建立郡、县、乡三级行政管理体制，第一次把郡县制推行到了西域，此举具有深远的历史意义。

东晋后期，柔然兴起于蒙古高原，建立了柔然汗国。柔然汗国出兵西域，扶立匈奴余众在乌孙故地建立悦般国，西域一度为柔然控制。柔然汗国时期，阚氏、张氏、马氏、麴氏等割据势力先后控制高昌等地，并依附于周围强大势力。公元5世纪初，占据青海的吐谷浑势力曾深入到西域鄯善、且末一带。鲜卑、北魏曾遣万度归讨焉耆、龟兹，设鄯善、焉耆镇，统领西域。

2. 隋唐时期

公元6世纪中叶，突厥兴起，它先后灭柔然，统一漠北；后东击契丹，北并契骨，建立起"东自辽海以西，西至西海（今里海），南自沙漠以北，北至北海（今贝加尔湖）五六千里"广阔疆域的突厥汗国。

隋朝建立之后，实施了"远交而近攻，离强而合弱"的政策，对突厥进行分化。公元603年突厥分裂为东、西两个汗国，西域处于西突厥汗国的控制之下。609年，隋军进攻吐谷浑，设鄯善、且末二郡。

公元618年，唐建立。630年唐灭东突厥汗国，伊吾城主石万年降唐，唐改伊吾为西伊州，以石万年为刺史，在西域建立起郡县统治。640年，唐灭麴氏高昌，拉开了统一西域的序幕。唐灭高昌之后，设安西都护府于交河，管理西、伊二州。648年，唐取得征伐西突厥的重大胜利，焉耆、龟兹、于阗等塔里木盆地诸国归降于唐，唐又设庭州于可汗浮图城（今吉木萨尔北护堡子古城）。次年，设瑶池都督府。658年唐平定了阿史那贺鲁的叛乱后，西突厥全部归唐。这时中亚诸小国为之震动，纷纷归附唐朝，唐朝版图已包括葱岭以西，以阿姆河与大食（阿拉伯帝国）为界。

随着版图的空前扩大，658 年唐升安西都护府为安西大都护府，移至龟兹（今库车）。安西大都护府以昆陵、濛池二都护府领辖原西突厥部众；以龟兹、焉耆、疏勒、于阗为 4 镇镇守塔里木盆地周边地区；以 16 个羁縻州府统领葱岭以西地区；以郡县制管理伊、西、庭三州。

公元 703 年，唐设北庭都护府于庭州，以加强对天山北麓的控制。709 年又升北庭都护府为北庭大都护府。至此，安西主南，北庭主北，两大都护府分治天山南北的格局初步形成。755 年"安史之乱"爆发，驻守西域的唐军奉命入关勤王，吐蕃乘机加紧了与唐在西域的争夺，并于 808 年取代唐而成为西域的管理者。840 年，漠北回鹘汗国在天灾内乱和其他部落的打击下，大批回鹘部众西迁至西域，并建立政权，在几经争夺后，回鹘逐渐代替吐蕃成为西域的统治力量。

唐朝治理西域期间，大一统的政治形势及西域与中原地区经济、文化的频繁交流，有力地促进了西域地区的发展。

3. 五代辽宋金时期

伴随着唐和吐蕃势力退出西域，9 世纪中后期开始，西域处于高昌回鹘王国、喀喇汗王朝、于阗国 3 个地方政权的控制之下。

9 世纪 60 年代，西迁的回鹘于高昌建立政权，史称高昌回鹘王国。高昌回鹘王国与沙洲归义军政权保持着密切的联系。10 世纪初。契丹建辽于漠北。高昌回鹘也频繁遣使。辽灭亡前夕，皇族耶律大石率部西迁，建立西辽王朝，统辖中亚地区。高昌回鹘王国归附于西辽，西辽派少监镇守其地。

五代辽宋金时期，自称"大于阗汉天子"的于阗国王统辖"大宝于阗国"，统治着若羌至喀什的塔里木盆地南缘各绿洲。于阗国与中原的后晋、北宋及漠北的辽均有密切的政治联系、经济联系，与沙洲归义军政权关系尤其密切。

喀喇汗王朝是 9 世纪中叶由包括回鹘在内的持突厥语诸族建立起来的政权，也是我国历史上第一个以伊斯兰教为国教的地方政权。政权建立之后，开始不断地向四周扩张，向东灭了于阗国，向西征服了中亚河中地区（今锡尔河与阿姆河之间）的大片领土。至 11 世纪初，王朝统有东到阿克苏与拜城之间，东南至若羌，北抵巴尔喀什湖，西至阿姆河，南近兴都库什山的广大地区。11 世纪中叶，喀喇汗王朝分裂为东、西两部，西部喀喇汗王朝占有河中地区，东部喀喇汗王朝则统治费尔干纳盆地、七河流域、伊犁河谷、塔里木盆地西部和南部。西辽建立后，东、西喀喇汗王朝先后沦为西辽的附属国。

4. 元明时期

13 世纪初，蒙古统一漠北。自 1218 年起，经数次西征，蒙古控制了包括天山南北、中亚、西亚乃至欧洲部分地区的广大区域，并分封成吉思汗诸子统领，这就是后来逐渐形成的钦察汗国、察合台汗国、窝阔台汗国及伊利汗国。

蒙古统一西域后，初在各地设"达鲁花赤"监理各地。1251年设别十八里行尚书省于天山北部，这是内地行省制度第一次在西域的实施。忽必烈继位之后，拥兵自重的西北诸王发动了叛乱。至1306年，西北诸王的叛乱才被平定。元朝为了加强对西域的统治，先后设立"提刑按察司""交嗍提举司"等民政机构及元帅府、都元帅府等军事管理机构。14世纪30年代以后，随着元朝统治的日渐衰落，西域和中亚大部分地区的控制权实际掌握在察合台汗国。公元1347年察合台汗国分裂为东、西两部，西域大部分都处于东察合台汗国的统治之下。

公元1368年，明朝建立。明代文献称东察合台汗国为别十八里。明初，别十八里政权与明朝保持着密切的联系，1404年明朝封哈密蒙古宗王安可帖木儿为忠顺王。1406年又置哈密卫于此，使哈密地区处于明朝的统治之下。对西域其他地区，明朝则与之保持不断的政治、经济联系。

公元1514年，察合台后裔速檀·赛义德率军自中亚进入塔里木盆地，建立政权于叶尔羌(今莎车县)，史称叶尔羌汗国，天山南北地区随即归其统辖。1680年，叶尔羌汗国为准噶尔汗国所灭。

5. 清朝时期

清朝建立前夕，游牧的卫拉特蒙古在准噶尔部巴图尔珲台吉的领导下强盛起来，统治着北起额尔齐斯河、鄂必河中游，南至天山，西至巴尔喀什湖的广大地区，史称准噶尔汗国，天山以南地区则处于叶尔羌汗国的统治之下。

清朝建立之初，准噶尔蒙古即向清遣使示好，后来噶尔丹为首领时，不断率领骑兵骚扰已归附清王朝的喀尔喀蒙古、哈密、青海等地。清康熙、雍正、乾隆三朝与准噶尔部进行了长达百余年的争战。1745年，准噶尔部首领噶尔丹死后，内部发生争夺汗位的斗争。1754年，准噶尔部贵族阿睦尔撒纳率部众归附清朝，被安置在乌里雅苏台一代游牧。而此时，沙俄也趁乱不断南下，侵占准噶尔牧地，面对这一形势，1755年清朝发兵5万，一举攻灭准噶尔汗国，占领新疆的天山以北地区，并册封原准噶尔诸王公统领其地。但不久，被清朝封为亲王的阿睦尔撒纳起兵叛乱。1756年清兵再次出兵伊犁，并迅速平定叛乱，重新统一天山以北地区。

1757年大小和卓在南疆发动叛乱，经数次的较量，清军于1759年平定了大小和卓之乱，天山南北统一于清朝。1762年清朝设伊犁将军府，总领天山南北军政事务。

由于新疆是一个多民族、多宗教并存的地区，清朝根据各地不同的情况，采取了各异的管理制度。在乌鲁木齐地区设"镇迪道"，管理巴里坤、奇台、阜康、昌吉、玛纳斯、迪化等地。南疆地区沿袭了旧有的"伯克"制度，但废除了伯克世袭制，规定了伯克的品级，并对伯克的职守、任免做出了明确的规定，在最先归附清朝的哈密、吐鲁番地区实行札萨克制，封其首领为王为公，统领其地。

(二)近现代新疆

公元 1840 年鸦片战争后，沙皇俄国利用其地缘优势，在吞并了中亚地区之后，加紧了对我国新疆的侵略。1851 年《中俄伊塔通商章程》签订，沙俄获取了单方面设立领事和在新疆贸易免税的特权。1864 年《中俄勘分西北界约记》签订后，沙俄吞并了我国西北边疆 44×10^4 km² 的领土。在 1865 年浩罕反动军官阿古柏率军侵入南疆，占领了除哈密以外的南疆地区及天山以北的乌鲁木齐至玛纳斯一线。1871 年沙俄也乘机出兵侵占了我国伊犁地区。1875 年，清政府决定以左宗棠为"钦差大臣督办新疆军务"，指挥清军收复新疆，在新疆各族人民的支援下，清军仅用一年半的时间就于 1878 年 1 月收复了南疆。收复南疆后，收复伊犁也被提上日程，几经交涉，1881 年《中俄伊犁条约》签订。次年，伊犁正式回到祖国怀抱，至此，整个新疆重又回到清王朝的管理之下。

收复新疆后，清政府为了加强对新疆的统治，于 1884 年设立新疆省，以迪化(今乌鲁木齐)为省会，并以刘锦棠为首任巡抚。建省后，新疆与内地的经济文化联系进一步加强，新疆社会经济得到较快发展。新疆建省后，伯克制度被废除，札萨克封建王公权力被削弱，新疆大部分地区建立道、府、厅、州、县的行政管理体制。

1912 年中华民国成立，中央临时政府改新疆巡抚为都督。后设伊犁道，使伊犁归于新疆省政府的直接管理下。

这些行政区管理的变化对边防的管理和边疆的稳定都起到了积极的作用。

1949 年 10 月 1 日，中华人民共和国成立，新疆各族人民与全国人民一道步入了崭新的社会主义历史时期。1949 年 12 月 17 日，经中央人民政府批准，成立了新疆省人民政府，以包尔汉为主席，省政府委员的民族成分由维吾尔、汉、哈萨克、回、蒙古、柯尔克孜等构成。

新中国成立以后，平等、友爱、互助的新型民族关系建立起来，按照《中国人民政治协商会议共同纲领》的规定，在新疆实行了民族区域自治制度。到 1954 年年底，新疆相继成立了 16 个区、乡级，6 个县级和 5 个专署级民族区域自治地方。1955 年 10 月 1 日，新疆维吾尔自治区宣告成立。

二、行政区划

截至 2009 年，新疆维吾尔自治区下辖 5 个自治州：伊犁哈萨克自治州、博尔塔拉蒙古自治州、昌吉回族自治州、巴音郭楞蒙古自治州、克孜勒苏柯尔克孜自治州；7 个地区：塔城地区、阿勒泰地区、吐鲁番地区、哈密地区、阿克苏地区、喀什地区、和田地区；2 个省辖市：乌鲁木齐市、克拉玛依市；4 个自治区直辖市：石河子市、阿拉尔市、图木舒克市和五家渠市；16 个地州辖市、6 个自治县、11 个市辖区、858 个乡镇；新疆维吾尔自治区的首府为乌鲁木齐市(图 1-1、表 1.1)。

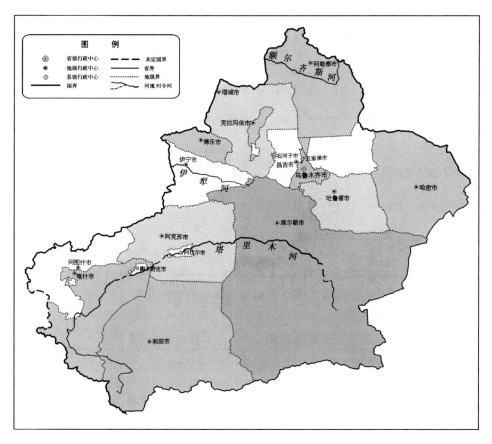

图 1-1　新疆行政区划示意图

表 1.1　新疆维吾尔自治区行政区划(截至 2009 年)

地级市、地区、自治州	市辖区、县级市、县、自治县
乌鲁木齐市(首府)	天山区 沙依巴克区 新市区 水磨沟区 头屯河区 达坂城区 米东区 乌鲁木齐县
克拉玛依市	克拉玛依区 独山子区 白碱滩区 乌尔禾区
吐鲁番地区	吐鲁番市 托克逊县 鄯善县
哈密地区	哈密市 伊吾县 巴里坤哈萨克自治县
和田地区	和田市 和田县 洛浦县 民丰县 皮山县 策勒县 于田县 墨玉县
阿克苏地区	阿克苏市 温宿县 沙雅县 拜城县 阿瓦提县 库车县 柯坪县 新和县 乌什县
喀什地区	喀什市 巴楚县 泽普县 伽师县 叶城县 岳普湖县 疏勒县 麦盖提县 英吉沙县 莎车县 疏附县 塔什库尔干塔吉克自治县
克孜勒苏柯尔克孜自治州	阿图什市 阿合奇县 乌恰县 阿克陶县
巴音郭楞蒙古自治州	库尔勒市 和静县 尉犁县 和硕县 且末县 博湖县 轮台县 若羌县 焉耆回族自治县
昌吉回族自治州	昌吉市 阜康市 奇台县 玛纳斯县 吉木萨尔县 呼图壁县 木垒哈萨克自治县
博尔塔拉蒙古自治州	博乐市 精河县 温泉县
自治区直辖县级市	石河子市 阿拉尔市 图木舒克市 五家渠市
伊犁哈萨克自治州①	伊宁市 奎屯市 伊宁县 特克斯县 尼勒克县 昭苏县 新源县 霍城县 巩留县 察布查尔锡伯自治县
塔城地区	塔城市 乌苏市 额敏县 裕民县 沙湾县 托里县 和布克赛尔蒙古自治县
阿勒泰地区	阿勒泰市 青河县 吉木乃县 富蕴县 布尔津县 福海县 哈巴河县

资料来源:中华人民共和国民政部.中华人民共和国行政区划简册 2010.中国社会出版社,2010.

---

①　伊犁哈萨克自治州为副省级自治州,管辖塔城地区和阿勒泰地区。

第二章 地理特征

章前语

新疆地处祖国西北边陲，地域辽阔，地形复杂多样。天山横贯东西，北有阿尔泰山，南有昆仑山，三山之间为准噶尔盆地和塔里木盆地；新疆干旱少雨，属于典型的温带大陆性气候，生态环境脆弱；新疆土地、生物、矿产、旅游资源丰富；绿洲农业发达，林果业突飞猛进，石油化工产业实力雄厚，旅游业发展迅速，经济发展日新月异；新疆民族众多，风情独特；地理特征十分明显。本章着重介绍了新疆的自然地理、社会经济、人口和民族、城市化、资源环境等特征，使读者在整体上对新疆有一个了解。

关键词

自然特征；资源特征；生态与环境特征；经济特征；人口和民族特征

第一节 自然特征

一、地质构造

新疆在其地质历史演化过程中，形成了其独特的构造格局。目前，对新疆大地构造单元的划分，各学派认识不一。根据"槽台"学说的观点，划分为阿尔泰褶皱系、准噶尔褶皱系、天山褶皱系、塔里木地台、昆仑褶皱系、松潘—甘孜褶皱系等六个大地构造单元。各构造单元相互之间均以深断裂为界，而且有着各自的特点和演化规律(图2-1)。

阿尔泰褶皱系处于新疆的最北部，中国境内仅为其褶皱系的一部分，向西北分别延伸至蒙古和俄罗斯境内，南以额尔齐斯深断裂为界与准噶尔褶皱系毗邻；准噶尔褶皱系位于阿尔泰褶皱系、天山褶皱系之间，分别以艾比湖—吐哈盆地—星星峡深断裂、额尔齐斯深断裂为南、北界；天山褶皱系南依塔里木地台，北邻准噶尔褶皱系，成近东西向展布；塔里木地台位于天山、

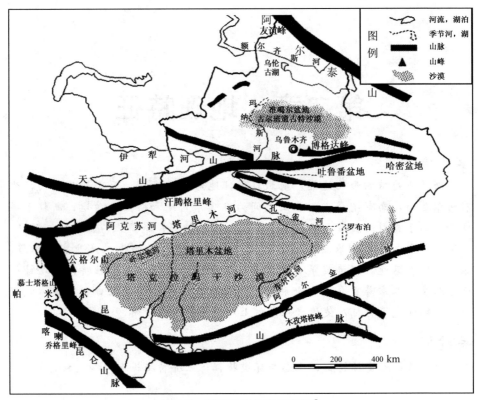

图 2-1　新疆地形轮廓示意图①

仑褶皱系之间，现代的塔里木盆地，大致展现出地台的基本轮廓；昆仑褶皱系北邻塔里木地台，南以康西瓦断裂为界与松潘—甘孜褶皱系分开，大致成反"S"形延伸，构成昆仑山脉的主体；松潘—甘孜褶皱系位居新疆最南部，在新疆境内仅包括褶皱系的一部分。

新疆大地构造有四个基本特点。

第一，新疆各地槽多为陆缘再生地槽，往往残留有大小不等的前寒武纪的微型陆块，具有明显的向洋迁移性。除南部的中生代地槽外均经历了加里东、华力西两个构造旋回，后者为主旋回，同时都不同程度地表现出多旋回的特征，尤以天山褶皱系最为典型。

第二，在地质历史发展进程中多伴随构造作用产生不同程度的变质作用、岩浆侵入活动和混合岩化作用，尤以中条运动、华力西运动最为强烈，前者见于塔里木地台，后者主要表现于天山、阿尔泰、昆仑等三个陆缘地槽褶

① 引自：新疆教学研究室. 新疆地理. 乌鲁木齐：新疆科技卫生出版社，2002。

皱系。

第三，断裂构造极为发育，以北东向、北西向和近东西向为主体，构成了新疆基本构造骨架。其中主干断裂多系长期复活的深断裂或大断裂，往往构成不同构造单元的边界，对沉积作用、岩浆活动、变质作用和成矿作用等起着显著的控制作用。

第四，构造运动强烈、频繁为新疆显著的构造特色之一。中条运动、扬子运动、加里东运动、华力西运动、印支—燕山运动、喜山运动等均分别产生了不同程度的影响。其中扬子运动，形成新疆的原始陆壳——塔里木地台，奠定了新疆构造格局的基础，是新疆地质历史演化进程中一次重要转折。华力西运动，是涉及面最广、影响最深的构造运动，是岩浆侵入活动、变质作用和成矿作用的主要时期，对新疆主要造山带和统一陆壳的形成，对基本构造格局及其主要特征起了决定性的作用，成为新疆地质发展史上又一次重大转折。至此，除昆仑南部—喀喇昆仑地区外，其他广大地区进入了新的发展时期——新陆台阶段。印支、燕山运动主要表现为断块式的升降运动，形成重要的聚煤、聚油盆地。喜山运动，构成了现代地貌景观。

二、"三山夹两盆"的地貌格局

新疆地貌形态多样，类型众多。天山横亘于新疆中部，北部为阿尔泰山，南部为昆仑山—阿尔金山。三大山系之间为准噶尔盆地和塔里木盆地，构成"三山夹两盆"的地貌基本轮廓。

（一）形成过程及地理意义

新疆的大地貌单元，同新疆区域构造单元——地台与地槽的分布是相吻合的。各个地台与地槽经历了不同的地质历史时期。阿尔泰山、天山、昆仑山等地槽，在早古生代，发生大幅度下沉接受大量沉积，经加里东运动，产生强烈褶皱和岩浆岩侵入活动，岩层发生变质，褶皱形成了地背斜，与背斜两侧发生边缘坳陷，成为后期沉积的场所。海西期地槽区表现为广泛的海侵，并产生火山喷发和大规模的火成岩侵入活动，继为强烈褶皱和断裂升降运动。到古生代末期，全疆除了喀喇昆仑山以外，所有地槽都已全部抬升，形成阿尔泰山、天山和昆仑山。此间的塔里木和准噶尔地台区相当稳定，虽然时有升降运动，使局部有海侵与海退活动，也有褶皱和断裂，但都极为轻微和缓，极少有火山活动。从而塔里木盆地和准噶尔盆地与阿尔泰山、天山、昆仑山构成了新疆地貌的基本格局，并与中新生代发生的褶皱、断裂和火山喷发，共同形成了新疆多种多样的构造地貌。

新疆"三山夹两盆"的地貌格局有着重要的地理意义，它使得天山南北的广大区域在地貌、气候、水文、土壤、植被垂直带、自然灾害等方面都存在着明显的差异，即使在天山南北坡也存在着较大的差别。因此，可以把新疆划分为北疆和南疆，即北疆中温带干旱大区和南疆暖温带干旱大区。

(二)地貌特征

1. 山系走向与深大断裂方向一致

阿尔泰山受额尔齐斯大断裂控制，呈北西—南东走向，西昆仑山与塔拉斯—费尔干纳断裂均为北西走向；准噶尔西部山地、阿尔金山的走向分别与达拉布特断裂、阿尔金山大断裂走向一致；天山呈北西西—南东东或北东东—南西西走向，均是同方向断裂控制的结果。由于断裂控制山系，山地又夹盆地，因此构成了呈三角形的准噶尔盆地和不规则菱形的塔里木盆地。

2. 山地与盆地高低悬殊

构造运动使山地强烈上升，盆地下陷，形成新疆高耸的山脉与深陷的盆地。阿尔泰山平均海拔为 2 500～3 500 m，最高峰(友谊峰)达 4 374 m；天山平均海拔为 4 000～5 000 m，最高峰(托木尔峰)达 7 439 m；昆仑山平均海拔为 4 500～5 000 m，最高峰(公格尔山)达 7 719 m；喀喇昆仑山的主峰——乔戈里峰，海拔 8 611 m，是新疆境内最高峰，也是世界第二高峰。准噶尔盆地与塔里木盆地海拔分别为 300～500 m 和 800～1 000 m。天山内部的吐鲁番盆地艾丁湖湖面海拔 −154.31 m，是新疆的最低点，与相邻博格达峰(海拔 5 445 m)高差达 5 599 m。由于吐鲁番盆地干旱少雨，下陷的盆地得不到充足的沉积物，加上盆地中部东向西的火焰山，阻隔了从天山被流水携带下来的风化物质，致使吐鲁番盆地长期低于海平面。

3. 山间盆地多

在山体强烈隆起的同时，山体内部断裂发育，断块差异升降形成了许多盆地。如阿尔泰山的青河盆地、可可托海盆地、春古尔盆地、吐尔洪盆地；天山的巴里坤盆地、吐鲁番—哈密盆地、焉耆盆地、尤尔都斯盆地、拜城盆地、柴窝堡盆地；昆仑山的库木库勒盆地、阿什库里盆地、塔什库尔干谷地等山间盆地或谷地。盆地沉降中心，大多潴水成湖，如巴里坤湖、博斯腾湖、尤尔都斯盆地内的天鹅湖、库木库勒盆地内的阿牙克库勒湖等。

4. 山地层状地貌明显

由于山地受断裂与断块不等量抬升及剥蚀作用，形成了阿尔泰山的五级梯级地形(海拔分别为 3 200～3 000 m，2 700～2 600 m，2 000～1 800 m，1 600～1 500 m，1 000～800 m)，天山的三级梯级地形(海拔高度分别为 4 000 m 以上，3 200～2 800 m，2 200～1 800 m)，昆仑山也有 2～3 级梯级地形。

5. 地貌类型组合环状结构明显

塔里木盆地与准噶尔盆地均为山地环绕。地貌类型组合规律自盆地向山地一般为：盆地低洼处潴水形成湖泊，自湖泊向外依次为湖积平原→湖积冲积平原→冲积平原→冲洪积平原→洪积平原→干燥作用丘陵→干燥剥蚀或半干燥剥蚀作用低山→流水侵蚀中山→冰川或寒冻作用高山或极高山。

6. 风成地貌发育

新疆干旱，风大沙多，风成地貌发育典型。风力对地表物质的吹蚀、搬运和堆积所形成地貌形态，统称为风成地貌。风成地貌大致可分为风蚀地貌和风积地貌两类。新疆有众多的风成地貌景观，如风蚀城堡、雅丹、沙漠等。

(三) 地貌类型

由于新疆地质构造复杂，区域气候差异显著，所以地貌类型众多，诸如构造地貌、风沙地貌、流水地貌、黄土地貌、冰缘地貌、冰川地貌、火山与熔岩地貌等，一应俱全。地貌基本类型与次级类型达 220 类。可以说，除海岸地貌外，我国陆地地貌的主要类型在新疆均可见到。在众多的地貌类型中，风沙地貌最为发育，景观独特。

1. 风蚀地貌

风蚀地貌是地面物质被吹蚀或风沙磨蚀而成。在流动沙丘地带，风蚀地貌多被流沙所埋，但在风口地段一般都保存较好，而且正在发育。最典型的风蚀地貌有风蚀城堡(蚀余方山)和雅丹。克拉玛依附近的乌尔禾"风城"是著名的风蚀城堡。当地岩层由软硬不同的砂岩与泥岩互层组成，含有较多盐分。在雨水的淋溶作用下，泥岩变得疏松，大风不但吹走泥质，还吹蚀软岩层，在长期风蚀作用下，形成状如城堡的蚀余方山，相对高度多为 $20 \sim 30$ m，也有高达 50 m 者，因系风力所成，状如城堡，故称风城。这类风蚀地形，在哈密县境内十三间房风口之南，尉犁县境孔雀河下游楼兰古城东北，也可看到。雅丹地形发育于第四纪河湖相土状沉积物上，主要营力为风力吹蚀，亦伴有偶发的暴雨和洪水作用。雅丹为维吾尔语，意为"险峻的土丘"，现在用来表达风蚀土墩和风蚀凹地相间的地貌组合，为国际上通用。高起的土墩多为长条形，与主风向平行排列，相对高度 $4 \sim 10$ m。土墩组成物质为粉砂、细砂、粉质黏土水平互层，沙质黏土构成土墩顶面，雅丹地貌在罗布泊地区约 $3\,000$ km²。因为土墩弯曲而长，形状似龙，我国古书上称为白龙堆。在吐鲁番盆地和叶城附近，也有雅丹地貌。

2. 风积地貌

风积地貌主要指沙丘，沙丘包括流动沙丘、半固定沙丘和固定沙丘。流动沙丘表面无植被，丘间洼地偶有稀疏植被；半固定沙丘表面有斑点状植物，覆盖度低；固定沙丘一般有植物覆盖，最大覆盖度可达40%。沙丘不但见于平原，也可上升到低山带。例如阿尔金山东段北坡，在东北风影响下，沙漠上升到海拔1 500 m处。

按形状划分，沙丘可为多种类型，有新月形沙丘、金字塔形沙丘、链状沙丘、蛇形沙丘等。塔里木盆地西部、北部和东部，广泛分布着新月形沙丘和沙丘链，高10～30 m，是在单一风向作用下形成的，沙丘朝主风向发展。在沙子供应丰富的情况下，多个新月形沙丘能互相连接成为沙丘链。塔里木盆地南部，尤其是且末至于田之间多为高大的金字塔形沙丘，一般高50～100 m，也有超过200 m的，是在多方向风作用下形成的。塔里木盆地盛行东北风和西北风，所以沙丘总的移动方向是向南。准噶尔盆地主要是纵向沙垄，沙垄与主风向平行，高10～25 m，是由灌丛沙丘演变而成。当地年降水量超过100 mm，能形成一定的灌丛植被，在西北风与东北风的作用下，风沙流中的碎屑物质在灌丛内及其周围沉降堆积逐渐发育为固定或半固定沙丘。

（四）沙漠

新疆处于我国的内陆干旱和极端干旱地区，在这里分布着塔克拉玛干沙漠、古尔班通古特沙漠、库姆塔格沙漠、塔尔莫乎沙漠、阿克别勒库姆沙漠、玛尔塔孜宁沙漠、库木库里沙漠等许多沙漠。

1. 沙漠类型

在新疆，沙漠的类型可以分为固定沙漠、固定半固定沙漠、流动沙漠三种类型。其中：塔克拉玛干沙漠流动沙丘面积占到总面积的83%，属于流动沙漠类型；古尔班通古特沙漠固定半固定沙丘面积曾占到总面积的97%，属于固定半固定沙漠类型；库姆塔格沙漠中高大的金字塔形沙丘大面积分布，属于固定沙漠类型。

塔克拉玛干沙漠位于塔里木盆地中心，面积为33.76×10^4 km^2，占全国沙漠面积的47.3%，是我国最大的沙漠，也是世界七大沙漠之一；古尔班通古特沙漠，位于准噶尔盆地中央，面积为4.88×10^4 km^2，是我国第二大沙漠；库姆塔格沙漠，位于新疆东部，由罗布泊东南向东延伸至甘肃省敦煌市西部，面积为2.28×10^4 km^2，在我国居第九位；伊犁谷地霍城县城西南延伸到中哈边境有塔尔莫乎沙漠；在焉耆盆地博斯腾湖的南岸和东岸，分别有阿克别勒库姆沙漠和玛尔塔孜宁沙漠；在昆仑山则有世界上最高的沙漠——库木库里沙漠（高程为海拔3 900～4 700 m）。此外，在艾比湖洼地、布伦托海湖盆、额尔齐斯河岸以及一些绿洲中，也零星分布有许多小沙漠。

2. 沙漠成因

自古以来，新疆沙漠的形成是多种原因共同作用的结果，概括的来说主要有自然和人为因素两种。自然因素叠加人为因素，加剧了土地沙漠化过程。

（1）自然原因

①气候干燥

从海陆关系上讲，新疆正好处于欧亚大陆的腹地，降水稀少，蒸发却十分强烈。根据计算，准噶尔盆地作物生长季节蒸发量为 1 000～1 200 mm；塔里木盆地为 1 200～1 400 mm；托克逊可达 1 700 mm 以上，超出同期降水量的十几倍甚至二十倍，降水量远远小于蒸发量。这样的干旱气候为新疆沙漠化的发展创造了良好的条件。

②土壤干旱

土壤水分含量高时，一方面，植物生长茂盛，可以降低风速；另一方面，土壤黏结性也较大，增加了土壤的抗风蚀能力。因此，在植物根系密集的土层内水分含量降至枯萎含水量时，植物生长不良，土壤黏结力下降，土壤开始出现沙化迹象。

③植被稀疏

植被能防止土地沙化。据观测，在光板龟裂地上当距地面 2 m 高处的平均风速为 2.84 m/s 时，进入灌木林降为 1.63 m/s，进入胡杨林则降为 0.24 m/s，几乎成为静风区。野外调查还证实，土壤发生沙化的地方，必是植被稀疏之地。新疆北疆沙漠和砾漠的植被覆盖度约 30％～40％，南疆则不到 10％。

④地表物质较粗

地表组成物质是风力加工对象。新疆塔里木盆地和准噶尔盆地底部，绝大部分是河湖沉积物覆盖，大多松散未胶结，以沙土、沙壤土及轻壤土为主。土壤质地轻、颗粒细、黏性小，在干燥状态下，易遭风蚀和吹动。另外，河湖沉积物中大都夹有松散的粗沙、细沙及粉沙层，一旦地面受到破坏，沙层在风沙流作用下，易引起土壤沙化。

⑤频繁的起沙层

风是土地沙化的动力。以塔里木盆地为例，受大气环流影响，其东部盛行东北风，西部盛行西北风，合成风向总的是向南，这就决定了土壤沙化在盆地东部和西部部分地区是风力蚀积并存，而盆地南部则是以风力堆积为主。

（2）人为原因

大量的研究表明，新疆现代沙漠化的形成与超强度、超规模的人类社会经济活动密不可分。由于沙漠化主要发生于人类历史时期，尤以近 100 年发展最快。而在 100 年的尺度下，自然条件的变化毕竟较小，不足以造成环境大的改变。而同期人口压力的急剧增加和经济活动的频繁对环境造成了强烈干扰，是造成大面积生态环境恶化和发生发展的主要原因。关于沙漠化的人为成因，目前比较统一的认识是在大的不利环境背景条件下，由于人口压力持续增长和普遍采用滥垦、滥牧、滥樵等粗放掠夺式的原始经营方式，造成植被破坏，导致沙漠化迅速发展。关于沙漠化的人为成因，也已初步形成了诸如农牧交错带北移错位、人口危险阈值、人口压力与资源环境容量失衡等一些理论。

3. 塔克拉玛干沙漠

塔克拉玛干沙漠属于温带沙漠，是我国最大的沙漠，世界第二大流动沙漠，还是世界上著名的极度干旱地带，被科学界称为世界干极。在世界各主要沙漠中，塔克拉玛干沙漠仅次于非洲的撒哈拉沙漠、阿拉伯半岛的鲁卜哈里沙漠、非洲的卡拉哈利沙漠、澳洲的大沙沙漠、中亚的卡拉库姆沙漠，占第六位；而在流动沙漠中，仅次于鲁卜哈里沙漠，居第二位。

塔克拉玛干沙漠是燕山运动以来下沉占优势的沙丘平原，以北纬40°为界，分南、北两大沉积区，其北是塔里木河古老河床和近现代泛滥平原；以南是昆仑山北麓古老的和近现代的洪积—冲积三角洲平原，沙漠腹地（北纬38°~39°）西部麻扎塔格山、中部民丰隆起高地为第三纪基岩残余低山丘陵。

从沙丘形态看，塔克拉玛干沙漠沙丘类型多样，有纵向沙丘，如沙垄、复合型沙垄、新月形沙丘等，主要分布于克里雅河以东到塔里木河下游之间的沙漠腹地；横向沙丘，如新月形沙丘、新月形沙丘链、复合型沙丘链等，广泛分布于老塔里木河冲积、泛滥平原南部；多风向作用下形成的星状沙丘，如金字塔形沙丘，在沙漠腹地南部分布较多；另外在沙漠的北部可见高大的穹状沙丘，西部和西北部鱼鳞状沙丘群。

沙漠气温分布呈南高北低，最高相差1.0~2.0℃，腹地气温高于边缘。由于受地形、纬度范围分布的影响，沙漠整体上气温的年际变化不大，月气温变化相对稳定，年平均气温在10℃以上。降水分布总体上是北多南少，西多东少，沙漠区年均降水基本在50 mm以下，周边山区降水相对较多，最低值在若羌，为15.4 mm。冬季降水一般在2 mm以下，春季在1~10 mm，夏季10~20 mm，秋季2 mm以下。

沙漠区年均风速在1.5~3.0 m/s，平均为2.0 m/s左右。但春、夏季略偏高，多在2.0~3.5 m/s。从全区域看，大风（风速≥17.2 m/s）在不同的地区变化较大，东部和南部年大风日数可达5~40 d。从大风的季节变化看，主要集中在春夏两季。在这个时期沙丘移动最快，浮尘、沙暴天气多。塔克拉玛干沙漠属于内流区，河流均属于内陆河，有最大的内陆河塔里木河，还有发源于昆仑山的和田河、尼雅河、克里雅河、安迪尔河和车尔臣河等。

塔克拉玛干沙漠植被种类贫乏，群落结构简单，覆盖度极低。沙漠腹地除人工防护林及绿化带外，只有极少数耐旱植物，如盐梭梭、红柳、沙拐枣及一些野生芦苇。在沙漠的北部和南部分布有灌木沙包，塔里木河沿岸分布有胡杨林。土壤主要是风沙土为主，塔里木河和和田河沿岸分布有草甸土，沙漠边缘分布有棕漠土和盐土。

塔克拉玛干沙漠地下水资源丰富，日照时数长达 3 000 h，太阳能资源丰富($\geqslant$150 kcal/(cm^2·a))，同时地下蕴藏着丰富的石油、天然气资源，约占全国油气资源储量的 1/6 和 1/4。

塔克拉玛干沙漠周边为我国少数民族的主要聚居地之一，有着辉煌的历史文化，古丝绸之路途经塔克拉玛干沙漠的整个南端。塔克拉玛干沙漠环境极为严酷，交通十分困难。随着两条沙漠公路的建成，贯通了沙漠的南北缘，沙漠不再是南北交流的屏障，把当地经济发展送上了时间的列车。

三、典型的温带大陆性气候

新疆远离海洋，太平洋和印度洋的湿空气被高山阻隔，难以到达。只有北冰洋和大西洋部分冷湿气流经西部山口进入北疆，所以全区干旱少雨，冬季寒冷，属于典型的温带大陆性气候。

(一)气候形成的原因

影响新疆气候形成的主要因子有三个：地理条件，太阳辐射和大气环流，它们之间相互制约，互相影响。

1. 地理条件

新疆独特的地理位置和高山环绕的复杂地形对新疆气候的形成具有重大影响。新疆远离海洋，深居内陆，源自太平洋的湿润气流翻越秦岭后水分含量已锐减，经河西走廊到达新疆时已是强弩之末。源自印度洋的湿润气流因喜马拉雅山、昆仑山等高大山体阻挡，难以进入新疆。南疆西部是天山山脉和帕米尔高原，最低的山口海拔超过 2 500 m，西风气流虽然能够越过高山进入塔里木盆地，但水分大部分降落于西坡，进入塔里木盆地的气流，形成干热的焚风。北疆西部虽然山脉众多，但多为东西走向，且南北间山体不连续，山势较低，有几处海拔不到 500 m 的缺口(额尔齐斯河谷，塔城盆地，阿拉山口，伊犁河谷地等)，只有部分西风气流能够进入准噶尔盆地，在北疆形成降水。

2. 太阳辐射

太阳辐射是气候系统的能源，又是大气中一切物理过程和物理现象形成的基本动力。新疆地处欧亚大陆中部，远离海洋，空气干燥，云量较少，所以新疆太阳总辐射值和地面有效辐射值都很大，辐射能冬夏差异悬殊，地区差异明显。太阳辐射为新疆提供了丰富的光热资源，形成了南北气候和冬夏季气候显著不同的气候特征。

3. 大气环流

大气环流促进高低纬度之间和海陆之间发生热量交换和水汽输送，使各地气候不仅受本地太阳辐射和地理条件的作用，而且还受其他因素的影响。新疆地处中纬欧亚大陆中心，终年在大陆气团和西风带的控制下，受温带天气系统、极地北冰洋系统和副热带天气系统的影响，气候干燥。此外，青藏高原的动力作用和热力作用，以及天山山脉的屏障作用，使新疆又形成具有明显差异的南北疆气候区。

（二）新疆的水汽来源

主要是来自由西风环流带来的大西洋气流，其次为北冰洋气流。水分主要分四路进入新疆。

1. 西方路径

来自湿润的大西洋的西风气流，在对流层上部终年为新疆带来较为丰富的水汽，水汽输送过程中又得到地中海、里海、黑海和咸海海域及湖泊的水汽补充，经里海北部和中亚进入新疆。

2. 西北路径

由新地岛以西的北冰洋水汽向东南方向移动，经乌拉尔山南部进入新疆。当冷空气势力较强时，可翻越天山影响全疆天气，常以大风降温为主，伴有降水。

3. 北方路径

由新地岛以东的北冰洋水汽南下，经西伯利亚进入新疆，该路径除对伊犁河谷影响较弱外，全疆大部分地区均受影响，多为干冷空气，水分含量较少。

4. 东方路径

西方路径的冷空气东移到蒙古后，受蒙古高原的影响，部分冷空气南下，由东向西经河西走廊，通过天山东段的山口进入新疆。此路冷空气若与翻越帕米尔高原的冷空气汇合，常常导致南疆局部地区的降水天气。

以上四条路径输送的水汽是新疆地表水的主要来源，其中西方和西北方路径对新疆的影响较大。

(三)气候特征

1. 冷热差异悬殊，气温年较差和日较差都很大

新疆气温最高的地方——吐鲁番盆地最高温达 47.7℃，为全国之最。新疆最寒冷的地方——富蕴县的可可托海最低温达 −51.5℃，仅次于黑龙江省漠河县。南北疆的气温差异也悬殊，北疆年平均气温为 2.5～5.0℃，南疆年平均气温 10～12℃，其中吐鲁番较高，可达 14℃。1 月北疆平均气温 −10～−15℃，阿勒泰地区东部在 −20℃以下，富蕴可可托海为 −28.7℃；南疆一般在 −10℃以上，塔中最高，一般在 −5℃左右。极端最低气温北疆为 −35.9～−51.5℃。7 月平均气温全疆平原区约在 22℃以上，北疆一般 23℃左右，南疆一般 26℃左右。吐鲁番可达 32.7℃以上，比长江流域"三大火炉"的重庆、武汉、南京高出 3～4℃。北疆平均最高气温 25℃以上，南疆一般达 35℃左右，吐鲁番为全国最高，可达 39.9℃(图 2-2、图 2-3、图 2-4)。

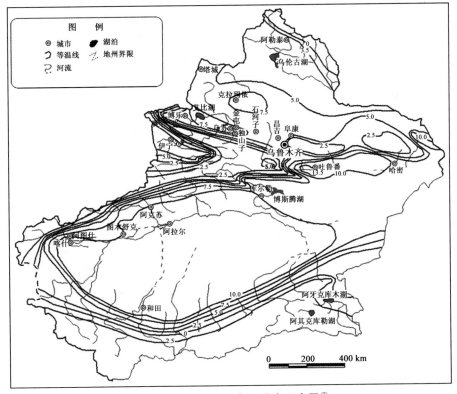

图 2-2 新疆年平均气温分布示意图①

① 新疆维吾尔自治区测绘局.新疆维吾尔自治区地图集.中国地图出版社，2004。

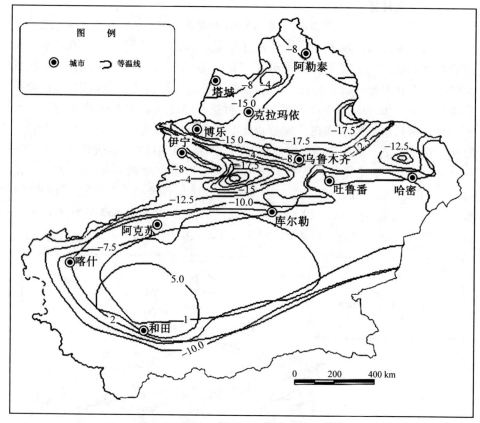

图 2-3　新疆一月平均气温分布示意图[①]

　　新疆气温日较差平均可达 12～15℃，最大可达 20～30℃。气温日较差数对农作物的有机质积累速度有明显的影响。日较差大的地区，作物单产较高，品质也较好。年均日较差北疆多为 12～15℃，南疆一般为 14～16℃（华北与东北在 12℃左右，长江流域及其以南地区不到 10℃）。新疆气温年较差多在 30℃以上，准噶尔盆地可达 35～40℃。年气温最大日较差，北疆一般在 40℃左右，南疆在 30℃以上，山区为 20.0～30.0℃。最大值出现在沙湾县境内的炮台，达 45.0℃。

---

　①　新疆维吾尔自治区测绘局．新疆维吾尔自治区地图集．中国地图出版社，2004。

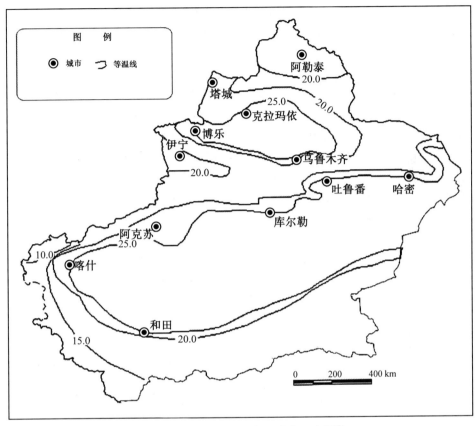

图 2-4　新疆七月平均气温分布示意图[①]

2. 日照充足，热量不稳定

　　新疆日照时数全年可达 2 600～3 400 h，居全国之首。新疆有丰富的热量资源，新疆各地≥10℃的积温，除北疆北部及山区少于 2 000℃外，平原则比较丰富。吐鲁番盆地为 4 500～5 390℃，塔里木盆地为 4 000℃以上。最多的是吐鲁番盆地，为 5 500℃，北疆从南到北为 3 700～2 600℃。

　　无霜冻期长短是农作物布局及品种选择的主要依据之一。新疆各地无霜期差异明显，南疆长，北疆短，平原长，山地短。无霜期南疆为 180～220 d，北疆为 140～185 d。南疆从库尔勒向西经阿克苏、阿图什、喀什到于田半月形的塔里木盆地边缘广大地区无霜期在 200 d 以上，其中和田、阿图什、库车、吐鲁番盆地达 220 d，塔里木盆地东部、东南部及腹地为 200 d 以下。北

---

　　①　新疆维吾尔自治区测绘局 . 新疆维吾尔自治区地图集 . 中国地图出版社，2004。

疆沿准噶尔西部山地东麓克拉玛依至乌苏、沙湾一带以及伊犁河谷西部为180 d，北疆北部和西部为140～120 d。山区较短，高山区基本没有无霜冻期。

3. 干旱少雨，降水分布极不均衡

新疆降水的特点是：时空分布不平衡，北疆多于南疆，西部多于东部，山区多于平原和盆地，迎风坡多于背风坡，见图2-5。山体迎风坡降水量多达500 mm以上，个别迎风坡可达1 000 mm，准噶尔盆地中心也有100～200 mm的降水量，降水由西向东减少。横亘于新疆中部的天山，平均山脊线海拔超过4 000 m，东西延伸千余公里，是天然的气候分界线，对气流的阻碍作用明显。北坡年降水量为500～700 mm，南坡年降水量一般为200～400 mm。新疆降水的季节分布也极不平衡，大部分地区集中在夏季。

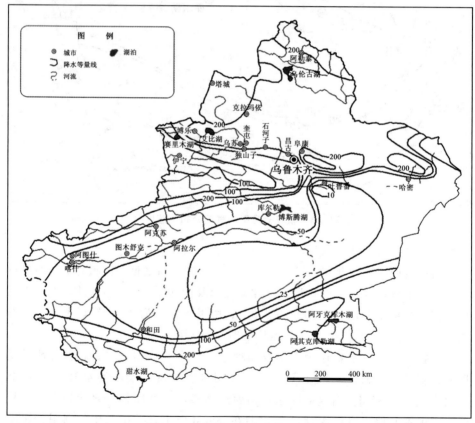

图2-5　新疆年平均降水量示意图①

①　新疆维吾尔自治区测绘局. 新疆维吾尔自治区地图集. 中国地图出版社，2004。

4. 大风频繁

新疆部分地区的特殊地貌，如隘管效应致使风力作用明显增强。在准噶尔西部山地、天山山地多此类山口和峡谷，年平均风速和大风日数大为增加。达坂城是天山山地内贯通准噶尔盆地与吐鲁番盆地的峡谷，年平均风速高达 6.1 m/s，大风日数多达 148 d。阿拉山口是准噶尔西部山地与北天山之间的一条峡谷，年平均风速达 6 m/s，大风日数多达 164 d，作为塔城盆地与准噶尔盆地通道的老风口，吐鲁番盆地西北部的"三十里风区"，哈密十三间房一带的"百里风区"，额尔齐斯河谷地、阿尔泰山与东天山之间的淖毛湖戈壁等，年平均风速通常超过 4 m/s，大风日数多在 100 d 以上。

四、冰雪补给，向心水系

新疆是典型的内流区域，除额尔齐斯河流入北冰洋外，其余河流都注入内陆的湖泊，或消失在大漠中。湖泊多为内陆湖，含盐量高。高山冰川和积雪分布普遍，储量丰富，是多数河流的主要补给来源。

(一)河流众多，多为内流河

新疆大小河流共 570 条，其中北疆 337 条，东疆 89 条，南疆 144 条。新疆的河流，具有明显的干旱区水文特点。

1. 河流可分为径流形成区和径流散失区

两个区的分界点一般在河流出山口处。山区降水多，地面坡降大，汇流迅速，河流从发源地到山口，水量逐渐增加，所以山口以上的集水区为径流形成区。河流流出山口进入洪积扇后，在自然状态下往往成为散流。在灌溉引水条件下，一般在山口附近修建引水龙口，河水被引至灌区，散入农田，山前平原降水稀少，不能形成较大径流补给，因此河流出山口后，径流量逐渐减少，最后消失于灌区或荒漠中，只有少数大河有少量余水汇聚成终点湖，因此，山口以下河流称为径流散失区。

2. 河流数量多，流程短，水量小

因为山区有条件汇集地表径流成为大小河流，但河流出山口后水量为渠系引至灌区，而平原降水稀少，大部分耗于蒸发，很少有水补给河流，因此河流出山口后，会很快消失于灌区或荒漠中。而计算河流条数和水量时，均按出山口处为标准，所以必然会有河流多，流程短，水量小的特点。

比较新疆主要河流多年平均年径流量(表 2.1)可以看出，外流河径流量大于内流河，伊犁河最高，多年平均年径流量达 166×10^8 m³，额尔齐斯河次之。

表 2.1 新疆主要河流多年平均年径流量

河流名称		多年平均年径流量/(10^8 m³)	河流名称			多年平均年径流量/(10^8 m³)
干流	支流		干流	一级支流	二级支流	
额尔齐斯河	库额尔齐斯河 喀拉额尔齐斯河 布尔津河 哈巴河	119	塔里木河	开都河		34.21
				渭干河	木扎提河	14.57
				阿克苏河	库玛拉克河	48.16
					托什干河	27.68
伊犁河	特克斯河 巩乃斯河 哈什河	166		克孜勒苏河	克孜河	20.95
					盖孜河	11.3
				叶尔羌河		65.45
乌伦古河		10.55		和田河	玉龙喀什河	22.14
玛纳斯河		13.18			喀拉喀什河	21.47

资料来源：王志杰.新疆地表水资源概评.中国水利水电出版社，2008。

(二)盐湖众多，多为尾闾湖

新疆境内湖泊众多，湖泊面积 5 889 km²，小于 1 km² 的有 226 个；大于 1 km² 的有 41 个；大于 100 km² 的有 9 个。大于 500 km² 的湖泊有 4 个，分别是博斯腾湖、艾比湖、乌伦古湖和阿牙克库木湖，其中最大的博斯腾湖面积达 1 013.22 km²(表 2.2)。

表 2.2 新疆十大湖泊

序号	湖泊名称	面积/km²	所在县、市
1	博斯腾湖	1 013.22	博湖县
2	布伦托海湖	753	福海县
3	阿牙克库木湖	537.6	若羌县
4	艾比湖	530	精河县
5	赛里木湖	453	博乐县
6	阿其格库勒湖	351.2	若羌县
7	鲸鱼湖	264	若羌县
8	吉力湖	174	福海县
9	阿克赛钦湖	165.1	和田县
10	巴里坤湖	116	巴里坤哈萨克自治县

资料来源：王志杰.新疆地表水资源概评.中国水利水电出版社，2008。

新疆境内的湖泊，绝大多数是尾闾湖，而且是咸水湖或盐湖。新疆境内的淡水湖只见于两种情况，一是在额尔齐斯河流域，如布尔津河中上游的喀纳斯湖、阿克库勒湖，这类湖泊本身是吞吐湖，所以是淡水湖；二是内流河的吞吐湖，如开都河与孔雀河之间的博斯腾湖、三工河中游的天池、盖孜河上游的布伦湖，这类湖泊承上启下，水流有吞有吐。除上述两类淡水湖外，新疆其他湖泊都是尾闾湖、咸水湖，甚至是盐湖。

在干旱环境下，终点湖和咸水湖可以说是同义词。因为补给湖泊的河流，从上游岩石和土壤中带来的盐分，经过灌区作为灌溉回归水排出后，又带来更多的盐分。这些盐分最后都归宿于终点湖，而终点湖的水分循环全靠蒸发，湖水被蒸发掉，盐分则积累于湖中，湖水由微咸变为咸水，最终成为盐湖。

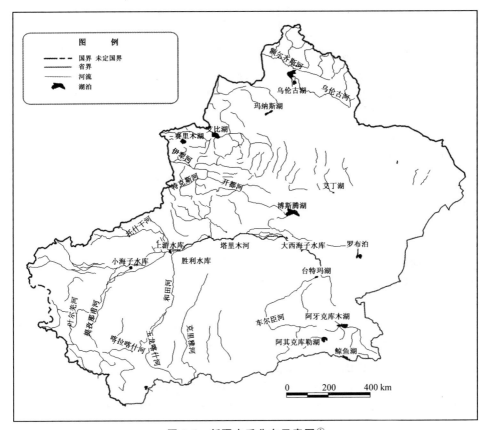

图 2-6　新疆水系分布示意图①

①　新疆维吾尔自治区测绘局．新疆维吾尔自治区地图集．中国地图出版社，2004。

五、植被覆盖率低，垂直分异显著

新疆地域辽阔，高山、丘陵、平原、洼地、戈壁、沙漠俱全，为植物的分布构成了多样性生境。从山麓到沙漠，属于平原植被，较为稀疏；从山麓到雪线，属于山地植被，垂直分异明显。全区植被覆盖率低，只有 4.06%。山区因海拔高程的不同，引起水热条件的显著变化，植被的垂直分布明显。平原区因受荒漠生境的影响，植被分布因土壤水盐结构的不同而存在差异，新疆的自然植被分为 16 个类型。

高山垫状植被：分布在雪线以下，在阿尔泰山 3 000 m 以上，天山北坡 3 000～3 500 m、南坡 3 600 m 以上，昆仑山，帕米尔及阿尔金山 4 500 m 以上的高山上，发育着耐寒性强、根系发达、植株低矮，以垫状为主要生活型的植被，种类贫乏，分布稀疏。

高山、亚高山草甸草原：在阿尔泰和天山南北坡的高山、亚高山区，分布着以嵩草为主的浓密草层。天山北坡西部老鹳草生长繁茂，构成浓密草层，巴里坤等山地有唐松草、羊茅等分布。昆仑山等多有藏嵩草、驼绒藜、报春花等分布。阴坡草层较好，因气候冷凉，一般仅作夏牧场利用。

高山、亚高山荒漠草原：主要出现在帕米尔高原海拔 3 500 m 以上的广阔地带和昆仑山的部分山地。局部草层浓密，成为优良的牧场。

山地森林、森林草原：在阿尔泰山 1 200～2 400 m，天山北坡 1 750～2 500 m 的中山带，均为山地森林。在帕米尔山区 2 800～3 300 m，仅盖孜河中上游的乌依塔克沟和铁格尔满水及乌恰县的部分谷地有小片森林分布。

山地湿草原：主要出现在伊犁山区，紧接森林带的下部，在昭苏、特克斯以及尼勒克县境内有较为广泛的分布，海拔 1 500～2 000 m，由密度很大的高草本植被组成。

山地干草原：位于各山段森林线或湿草原以下，广泛分布于天山、阿尔泰山、准噶尔西部山地的中低山及山间盆地、谷地。伊犁山区干草原带位于海拔 1 000～1 500 m，阿尔泰山仅 800～1 300 m。天山干草原大部分为春秋牧场，在草层深厚、山谷避风处多为冬牧场。

低山丘陵半荒漠：植被与荒漠的过渡带，位于低山丘陵和山麓地带，北疆 800～1 500 m，南疆 1 600～2 500 m，植被稀疏，草层低矮。

山麓砾质荒漠：主要分布于山麓洪积扇地带，该地带土层浅薄，植物种类稀少，普遍分布着膜果麻黄、假木贼、梭梭等耐旱植物。

平原灌木荒漠植被：广泛分布在洪积冲积平原上，生长着柽柳、梭梭，为准噶尔盆地的主要景观。南疆河流沿岸，胡杨林地边缘，亦形成灌丛。

荒漠化草甸植被：主要分布在准噶尔盆地南部平原的平缓地段和河谷阶地上。有大量荒漠、半荒漠植被代表种渗入草甸植被内。构成植被的草甸植物有茅草、蒿草、柽柳、铃铛刺、沙棘等。

平原荒漠林：南疆各主要河流沿岸、北疆各河流的下游地带及老河床谷地，分布着以胡杨为主的河岸林。塔里木河上游河岸，除胡杨外还有灰杨分布。各河流流经低山地带和出山口的河流沿岸，常有较多的山杨和榆树，林下植物有柽柳、白刺等，灌木茂密。

草甸草本植被：分布在河漫滩、扇缘泉水溢出地和灌溉农田边缘土壤水分条件较好的地带，或地下水位高、土壤潮湿或有间歇性积水地区，草类丰富，生长繁茂。主要植物有芦苇、芨芨草、苦豆子等。

沼泽草本植被：分布在盆地低洼处、河漫滩地和湖滨沼泽地带，地表常有积水或有泉水溢出的潮湿地段。积水洼地中有漂浮植物，如浮萍；积水较浅处生长着芦苇，较深的地方以香蒲为主。

干涸的沼泽荒漠草甸植被：分布于塔里木河等河流中下游地区。由于河流改道或河水流量减少，沼泽干涸，浮萍、香蒲等水生植物被柽柳、刺蓬取代。

盐化荒漠植被：在南北疆广大平原上广泛分布，盐穗木、盐角草、灰绿碱蓬、假木贼、柽柳、木碱蓬等植物是不同土壤的指示植物。

砂质荒漠植被：分布在有地下水源的沙漠中，在沙层较薄、沙丘低矮的地区有部分植被分布。塔克拉玛干沙漠边缘和流经沙漠的河流两岸，生长有稀疏的柽柳、胡杨、骆驼刺和芦苇等。

六、土壤类型多样，荒漠土广布

新疆土壤类型多样，荒漠土广布。新疆土壤主要有灰褐土、黑钙土、栗钙土、棕钙土、灰钙土、灰漠土、灰棕漠土、棕漠土、龟裂土、风沙土、盐土、碱土、漠境盐土、草甸土、林灌草甸土、沼泽土、泥炭土、潮土、水稻土、灌淤土、灌漠土、新积土、高山寒漠土、高山漠土、高山草甸土、高山草原土、亚高山草甸土、亚高山草原土、棕色针叶林土、灰色森林土、石质土和粗骨土等，其中面积最广的是风沙土和荒漠土。

新疆的风沙土面积为 $3\,718.86 \times 10^4\ \mathrm{hm}^2$，占全疆土地面积的 22.52%，是新疆分布面积最大的土类。主要分布在塔里木盆地的塔克拉玛干沙漠和准噶尔盆地的古尔班通古特沙漠。风沙土有机质含量一般在 $0.2\% \sim 0.6\%$。

新疆荒漠土占全疆土地面积的 19.24%。荒漠土包括三个土类：灰漠土、灰棕漠土和棕漠土。

灰漠土：面积 $178.95 \times 10^4 \ hm^2$，占全疆土地面积的 1.08%。集中分布在中部天山北麓、西起博乐东至木垒以东广大的冲积平原上。土壤有机质含量一般在 $0.6\% \sim 1.0\%$。此类土壤大部分土层深厚，土质较细，较为适宜种植粮食、甜菜、油料作物。但农业上存在着干（保墒差）、板（易板结）、盐碱、瘠薄等障碍因素。

灰棕漠土：面积 $741.30 \times 10^4 \ hm^2$，占全疆土地面积的 4.49%。主要分布在准噶尔盆地东部和西部边缘。土壤有机质含量 $<0.5\%$。此类土壤除含粗性石砾因而钾素比较丰富外，其他养分相当贫乏，一般仅作为过渡性牧场。

棕漠土：面积 $2\,257.26 \times 10^4 \ hm^2$，占全疆土地面积的 13.67%。主要分布在天山南麓、昆仑山北坡以及哈密、吐鲁番盆地的洪积—冲积平原和低山丘陵上。土壤有机质含量一般 $<0.5\%$。此类土壤粗骨性强，肥力低，仅在砾质戈壁至细土平原的过渡带，土层深厚，多已被开垦为农田。

第二节　资源特征

新疆地域辽阔，资源得天独厚，光、热、风、水、土、矿产、生物等资源丰富，是我国的资源大省。

一、可再生资源丰富

（一）光热资源

新疆空气干燥，雨量较少，晴天多，光能资源十分充裕。年总辐射量 $5\,000 \times 10^6 \sim 6\,490 \times 10^6 \ J/m^2$，比同纬度的华北和东北地区多 $620 \times 10^6 \sim 840 \times 10^6 \ J/m^2$，比长江流域中下游多 $1\,250 \times 10^6 \sim 2\,090 \times 10^6 \ J/m^2$，可利用太阳能资源仅次于西藏，居全国第二位。热量是影响作物生长、发育和产量形成的主要因素之一，同时直接影响作物的生物化学反应。新疆光能资源丰富，光热组合条件佳，使得当地的积温有效性高于世界同纬度的其他地区，因此作物熟制和宜种植种类均优越于同纬度的东北和华北地区，也成为唯一能在北纬 $44°$ 获得棉花（喜温作物）丰收的地区。

（二）逆温资源

新疆逆温资源丰富，逆温带有效地提高了谷地在冬季的温度水平，多年生果树越冬不必埋土，冻害得以避免或减轻，而且果实硬度高，品质好；在这里发展蔬菜，可减少热能投入，提高经济效益；逆温层坡地也是牲畜避寒、越冬的理想场所。逆温带的下部光热条件适中，一般以发展喜温凉的作物和蔬菜为主；逆温带的中部逆温现象强烈，冬暖夏凉，一般以发展果树和冬季蔬菜基地为主；逆温带上部降水充裕，以发展林、草和药材为宜。

1. 逆温高度、厚度与强度

逆温层高度：阿尔泰山为 2 000 m，天山北坡 2 500 m，天山南坡 2 000 m，昆仑山区最多达 2 500 m。逆温层厚度：阿尔泰山西部为 1 500 m，东部不明显，天山北坡 2 000 m，天山南坡 1 500 m，昆仑山区 1 000 m 左右。逆温层强度：天山北坡、伊犁河谷、阿尔泰山西部约 0.5℃/(100 m)，天山南坡小于 0.1℃/(100 m)。

2. 逆温层始、失时间

北疆一般始于 10 月下旬，3 月底消失，5 个月之多。南疆一般始于 2 月中下旬，消失于 2 月初，约一个多月。

(三)风能资源

风能是一种宝贵的动力资源，具有实际开发利用潜力。新疆风能的分布状况是：北疆大，南疆小；平原戈壁大，山区小；盆地边缘地区大，腹部地区小。如阿拉山口风区、达坂城风区、哈密南北戈壁风区、额尔齐斯河西部风区、准噶尔盆地西北风区、艾比湖风区、吐鲁番西部风区、百里风区，都分布在北疆。

二、冰川广布，地下水资源丰富

(一)冰川发达，数量多

连绵的雪岭，林立的冰峰，形成了新疆众多的冰川。全疆共有大小冰川 18 600 多条，总面积超过 23 000 km²，占全国冰川面积的 42%。冰川储水量超过 21 300×10⁸ m³；冰川融水约占新疆河流年径流量的 21%(约 179×10⁸ m³)。这些冰川为新疆提供了较稳定的水源，有"固体水库"之称。

天山是我国最大的现代冰川区，共有 6 890 多条，总面积达 9 500 km²，约占全国冰川面积的 16%。其中以天山西段的依连哈比尕尔山、婆罗科努山、哈尔克他乌山和托木尔—汗腾格里山为最大的冰川分布区域，冰川面积超过 7 490 km²。托木尔冰川的南依诺勒切克冰川长 59.5 km，有天山第一冰川之称。这里的冰川冰面洁净，冰下河、冰井、冰瀑布、冰裂缝等特有冰川地貌随处可见。

喀喇昆仑山也分布着众多的冰川，乔戈里峰北坡有著名的音苏盖提冰川，长约 42 km，冰舌长约 4 200 m，面积达 380 km²，估计冰川水储量不少于 116 km³。是中国境内已知的最大的冰川，其融水注入叶尔羌河。特拉木坎力冰川位于喀喇昆仑山脉特拉木坎力峰，海拔 7 441 m。这座冰川有高达数十米的冰塔林，在海拔 5 200 m 处发育向下至冰川末端，长度在 11 km 以上。

帕米尔东部山地，几乎整个山体都为冰层所覆盖，分布着 36 条山谷冰川。慕士塔格山东坡的东可可西里冰川，西北坡的羊布拉克冰川，以及公格尔山北坡的克拉牙依拉克冰川等，都是长达 20 km 的大冰川。

(二)地下水资源丰富

新疆地下水资源总量为 579.49×10^8 m³。其中，山丘区地下水资源量为 370.92×10^8 m³，平原区地下水补给量为 372.55×10^8 m³，平原区地下水资源量为 370.13×10^8 m³，地下水山丘区与平原区重复量为 161.56×10^8 m³，地下水可开采为 235.86×10^8 m³。新疆平原区总补给模数为 6.7×10^4 m³/(a·km²)。可开采模数为 4.28 m³/(a·km²)。

新疆地下水的主要补给来源除山区地下水为侧渗补给外，绝大多数是垂直补给。新疆地下水补给有 5 个方面：河流渗漏补给，占总补给量的 37.56%；田间渗漏补给，占 10.77%；渠系(含水库)渗漏补给，占 38.39%；山前侧渗补给，占 9.98%；平原降水直接渗入补给，占 3.3%。

三、后备土地资源丰富

(一)土地资源特征

1. 土地辽阔，类型多样，土地质量差别大

新疆境内高山与盆地相间，土壤类型组合复杂。盆地以湖盆为中心，向外延伸到山体的半径很宽，形成土地的环形结构。由于平原区由大小不同的盆地组成，人为利用并以河流为纽带，将山地与平原连接起来，所以这种不同的环形结构是新疆土地类型的基本结构。全疆各盆地受纬度、地形封闭程度的影响，土地环形结构大体有以下 3 种代表性形式：塔里木盆地暖温带环形结构、准噶尔盆地温带环形结构和昭苏盆地寒温带环形结构。三个不同基带与垂直带组成的土地环形结构大体上反映了新疆地域辽阔、土地类型丰富多样的特点。从土地质量上看，昭苏盆地最好，以草原为基带、垂直带上多为草甸或森林草原；塔里木盆地和准噶尔盆地均以荒漠为基带，盆地内广泛分布沙漠、盐漠、砾漠，垂直带上还有荒漠与草原的过渡带。一般而言，土地质量山区最好，盆地差；北疆好，南疆差。

2. 绿洲面积有限，生态环境脆弱，治理任务艰巨

新疆绿洲的兴衰取决于水资源的丰枯。同时，新疆绿洲受外部荒漠环境的影响很大，加上人为的不合理利用和森林砍伐、植被破坏，使这种荒漠绿洲生态十分脆弱。绿洲内部人口密集，每平方千米人口已达 200 人，超过 118.5 人的全国平均水平，生态也有待治理，耕地中的低产田占 39.6%，中产田占 49.6%，亟待改造。新疆人工草场、人工林地与种植业的比例为

1.2∶1.2∶7.6，需要科学调整。

荒漠土地、绿洲土地、山区土地有机组合了新疆土地利用的三大生态格局，在中国干旱区形成独特的生态系统，这是新疆土地的一大特点。

3. 后备土地资源丰富，但质量差，开发难度大

全疆宜用地为 $6\,848.38\times10^4\ hm^2$，其中宜耕地约 $1\,078\times10^4\ hm^2$，除已垦殖利用的以外，尚有 $489.75\times10^4\ hm^2$ 的后备土地可供开发利用，但较好的一、二等地仅占 22.45%。全疆宜林地面积 $418.12\times10^4\ hm^2$ 中，一等地占 42.78%，二等地占 20.51%，三四等地占 36.71%，宜林地质量较好、较差的多集中分布于昆仑山北麓和天山南麓。宜牧地面积 $5\,352.15\times10^4\ hm^2$，占宜用地面积的 78.19%。宜牧地一般质量较差，一等地仅占 15.24%，二等地占 22.21%，三等地占 28.57%，四等地占 23.52%，五等地占 10.45%。

4. 农用地利用率和生产率低下，增产潜力较大

新疆耕地利用率长期在 85% 左右徘徊，耕地复种指数在 95% 左右，每年约有 $46.67\times10^4\ hm^2$ 耕地闲置，耕地利用率很低。林地利用率仅为 30.78%。可养殖水面利用率只有 21%。

(二)土地资源利用

1. 利用现状

新疆土地总面积为 $16\,648.97\times10^4\ hm^2$，其中，农业用地为 $6\,308.05\times10^4\ hm^2$，约占土地总面积的 37.89%；建设用地为 $123.43\times10^4\ hm^2$，约占土地总面积的 0.74%；未利用土地为 $10\,217.49\times10^4\ hm^2$，约占土地总面积的 61.37%。新疆的土地利用率为 38.63%，由此可见，新疆土地资源的开发潜力巨大(见新疆土地利用彩图)。

(1)耕地

2007 年新疆耕地面积为 $411.42\times10^4\ hm^2$，仅占新疆土地面积的 2.47%，占农用地总量的 6.52%。从新疆全区域范围来看，北疆地区耕地资源较为丰富，耕地面积为 $229.23\times10^4\ hm^2$，占新疆耕地总面积的 55.71%；其次为南疆地区，耕地面积为 $168.73\times10^4\ hm^2$，占 41.01%；东疆地区耕地资源较少，仅为 $13.40\times10^4\ hm^2$，占 3.26%。耕地面积最大的地区是昌吉回族自治州，有耕地 $66.79\times10^4\ hm^2$。新疆耕地类型主要以水浇地为主，为 $380.33\times10^4\ hm^2$，占新疆耕地总面积的 92.44%；其他依次为旱地 $20.32\times10^4\ hm^2$，占 4.94%；灌溉水田 $7.21\times10^4\ hm^2$，占 1.75%；菜地为 $3.54\times10^4\ hm^2$，占 0.86%；望天田为 $0.01\times10^4\ hm^2$，占 0.002%。

(2)园地

2007 年新疆园地总面积为 $36.45\times10^4\ hm^2$，其中南疆地区为 $28.52\times10^4\ hm^2$，

占新疆园地总面积的 78.24%；北疆地区为 4.38×10^4 hm²，占新疆园地总面积的 12.02%；东疆地区为 3.53×10^4 hm²，占新疆园地总面积的 9.68%。新疆园地集中分布在南疆地区，而北疆地区和东疆地区的园地面积较少。

新疆园地类型以果园为主，2007 年果园面积合计为 34.69×10^4 hm²，占园地总面积的 95.17%；桑园面积为 0.39×10^4 hm²，占新疆园地总面积的 1.07%；其他园地为 1.37×10^4 hm²，占新疆园地总面积的 3.76%。由于新疆特殊的气候条件，新疆境内茶园和橡胶园用地较少。

从新疆主要地州市看，喀什地区的园地面积最大，为 10.55×10^4 hm²，占新疆园地总面积的 28.94%；园地面积最少的阿勒泰地区，园地面积为 0.034×10^4 hm²。

(3)林地

新疆为全国森林覆盖率较少的地区之一。2007 年，新疆林地总面积为 676.54×10^4 hm²，仅占新疆土地总面积的 4.06%，占农用地面积的 10.73%。新疆林地主要由有林地、疏林地、未成林造林地、迹地和少量苗圃构成。

2007 年，南疆地区的林地面积为 367.74×10^4 hm²，占新疆林地总面积的 54.36%；北疆地区的林地面积为 249.72×10^4 hm²，占新疆林地总面积的 36.91%；东疆地区的林地面积为 59.06×10^4 hm²，占新疆林地总面积的 8.73%。

从新疆各地州市的情况看，拥有林地资源最多的地区是和田地区(2007 年)，为 126.49×10^4 hm²，占南疆林地总面积的 34.40%，占新疆林地总面积的 18.70%。拥有林地面积最少的是石河子市，仅为 0.20×10^4 hm²。

(4)牧草地

新疆牧草地资源较为丰富，是全国牧草地面积较大的省区之一，仅次于内蒙古和西藏，位居全国第三位。2007 年，新疆牧草地面积为 $5\ 111.93 \times 10^4$ hm²，占新疆土地总面积的 30.70%，占新疆农用地面积的 81.04%。新疆牧草地中天然牧草地面积为 $5\ 072.74 \times 10^4$ hm²，占新疆牧草地总面积的 99.23%，而改良草地和人工草地面积不足新疆牧草地总面积的 1%。

新疆牧草地分布不均。北疆地区拥有了新疆 53.33% 以上的牧草地资源，总面积为 $2\ 726.2 \times 10^4$ hm²；南疆地区次之，牧草地面积为 $1\ 938.55 \times 10^4$ hm²，占新疆牧草地总面积的 37.92%；东疆地区的牧草地为 447.18×10^4 hm²，占新疆牧草地总面积的 9.33%。

新疆主要的地州市中，牧草地资源面积最为丰富的是阿勒泰地区，为 962.98×10^4 hm²，占新疆牧草地总面积的 18.84%；其次巴音郭楞蒙古自治州为 824.32×10^4 hm²，占新疆牧草地总面积的 16.13%。

(5)建设用地

2007 年，新疆建设用地合计 123.43×10⁴ hm²，仅占新疆土地总面积的 0.74%。在已用地中，建设用地占 1.92%，农用地与建设用地之比为 51∶1。

从新疆建设用地分布的情况来看，南疆地区为 53.43×10⁴ hm²，占新疆建设用地总面积的 43.29%；北疆地区为 48.53×10⁴ hm²，占新疆建设用地总面积的 39.32%；东疆地区为 21.48×10⁴ hm²，占新疆建设用地总面积的 17.4%。

从新疆各地州市的情况来看，截至 2007 年，建设用地面积最大的是哈密地区，为 18.55×10⁴ hm²，占新疆建设用地总面积的 15.03%；其次喀什地区为 18.59×10⁴ hm²，占 15.06%。

2. 土地利用变化情况

从 1996～2007 年，新疆农用地呈缓慢增长趋势，这 10 年期间净增加农用地 92.69×10⁴ hm²，增长率为 1.49%。其中，南疆地区增加 54.41×10⁴ hm²，占农用地增加总量的 58.70%；北疆地区净增加 32.58×10⁴ hm²，占农用地增加总量的 35.14%；东疆地区净增加 5.68×10⁴ hm²，占农用地增加总量的 6.13%。农用地增加最多的地区分别是阿克苏地区和巴音郭楞蒙古自治州，增加量分别为 18.90×10⁴ hm² 和 14.11×10⁴ hm²。农用地减少的是克拉玛依市，这期间共减少 0.72×10⁴ hm²。进一步分析可以看出，增加的农用地主要是来源于退牧还林、还耕的土地。

(1)耕地

1996～2007 年，通过开垦草地、开发未利用地、复垦及土地整理等方式，新疆耕地总面积缓慢增长。10 年内新疆共增加耕地为 12.85×10⁴ hm²，年增长率约为 0.32%。其中北疆增加 3.42×10⁴ hm²，占增加总面积的 26.6%，南疆增加为 9.01×10⁴ hm²，占 70.11%，而东疆地区则减少 0.17×10⁴ hm²。

新疆各地州市中，耕地面积增加最大的是巴音郭楞蒙古自治州，为 11.2×10⁴ hm²，其次阿克苏地区为 3.71×10⁴ hm²。耕地面积减少最大的是喀什地区，为 4.52×10⁴ hm²，其次塔城地区为 1.43×10⁴ hm²。

(2)园地

1996～2007 年，新疆园地面积共增加 19.98×10⁴ hm²，平均每年增加 1.99×10⁴ hm²，年均增长率为 12.08%。其中，园地面积增加最多的是南疆地区，为 17.27×10⁴ hm²，占增加面积的 86.44%；其次是北疆地区，增加 1.47×10⁴ hm²，占增加面积的 7.36%；东疆增加 1.22×10⁴ hm²，占增加面积的 6.11%。各地州市除了阿勒泰地区和克拉玛依市的园地略有减少(分别为 0.03×10⁴ hm²，0.04×10⁴ hm²)外，其余各地州市均有不同程度的增加。园地面积增加量位于新疆前四位的都分布在南疆地区，分别是：喀什地区，增加 7.27×10^4 hm²；巴音郭楞蒙古自治州增加 5.15×10^4 hm²；阿克苏地区，增加 2.8×10^4 hm²；和田地区，增加 1.79×10^4 hm²，由此可见，新疆的林果业发展主要集中在南疆地区。

(3)林地

1996～2007 年，新疆各地州市通过退耕还林、开垦荒地等方式共增加林地资源 36.44×10^4 hm²，年均增加面积为 3.64×10^4 hm²，年均增长率为 0.57%。其中北疆地区增加 10.35×10^4 hm²，占新疆林地增加面积的 28.40%；南疆地区增加 7.74×10^4 hm²，占增加面积的 21.24%；东疆地区增加 18.34×10^4 hm²，占增加面积的 50.33%。

新疆 15 个地州市中，林地资源增减幅度不一致。除了克拉玛依市、和田地区和喀什地区的林地面积减少外，其余的地州市均有不同程度的增加。其中增加面积最大的是哈密地区，为 17.62×10^4 hm²，占东疆地区林地增长面积的 96.07%，占新疆林地增加面积的 48.35%；其次为巴音郭楞蒙古自治州，增加面积 6.06×10^4 hm²，塔城地区增加 4.08×10^4 hm²。

(4)牧草地

1996～2007 年，新疆各项建设共占用牧草地 48.31×10^4 hm²，约占新疆牧草地总面积的 0.95%，年均减少 4.83×10^4 hm²。其中，北疆地区减少 10.06×10^4 hm²，占减少面积的 20.82%；南疆地区减少 20.43×10^4 hm²，占减少面积的 42.29%；东疆地区减少 17.84×10^4 hm²，占减少面积的 36.93%。减少的面积相对于牧草地资源的总面积有所较少，但保护牧草地资源的数量和质量的任务仍然艰巨。

从新疆各地州市的情况来看，除和田地区和吐鲁番地区的牧草地略有增加(分别为 0.37×10^4 hm² 和 0.04×10^4 hm²)外，其余地州市的牧草地资源都有不同程度的减少，牧草地资源面积减少最大的是巴音郭楞蒙古自治州，减少了 18.72×10^4 hm²，占牧草地减少面积的 38.75%；其次是哈密地区，减少了 17.88×10^4 hm²，占牧草地减少面积的 37.01%。

(5)建设用地变化

1996～2007 年，新疆建设用地共增加 14.7×10^4 hm²，年均递增 1.28%。其中，北疆地区建设用地增加量最大，为 8.09×10^4 hm²，年均递增 1.93%；南疆地区增加 4.77×10^4 hm²，年均递增 0.93%；东疆地区增加 1.85×10^4 hm²，年均递增 0.82%。

从新疆各地州市的情况来看，建设用地面积增加最大的是克拉玛依市，增加了 5.05×10^4 hm²，占建设用地增加总面积的 34.35%；其次是巴音郭楞蒙古自治州，增加了 2.04×10^4 hm²，占建设用地增加面积的 13.88%。

四、生物资源多样，分布不平衡

(一)草地资源

新疆草地资源丰富，广泛分布在天山、阿尔泰山、昆仑山和准噶尔盆地、塔里木盆地边缘。

新疆天然草地总面积为 $5\ 725.88 \times 10^4$ hm²，占全疆土地总面积的 34.44%。主要分布在阿尔泰山南坡，天山山地和塔里木河两岸。新疆草地由山地草地、平原草地和沙漠草地 3 大部分组成(表 2.3)。

表 2.3　新疆天然草地资源构成

天然草地类型	面积/(10^4 hm²)	占全疆天然草地比例
山地草地	3 324.69	58%
平原草地	1 944.52	34%
沙漠草地	456.67	8%

1. 草地资源的特征

(1)草地面积大、类型多、资源丰富

新疆天然草地辽阔，有效利用面积 0.48×10^8 hm²，仅次于内蒙古、西藏，居全国第三位。在复杂多样的地形地貌条件下，形成和发育了丰富多彩的草地类型，在全国 18 个草地类型中，新疆就占了 11 个。

(2)草场牧草种类丰富、优良牧草多

据统计，新疆的高等植物有 108 科、687 属、3 270 种，其中可食饲用植物 2 930 种。常见的优良牧草植物种类多，草场质量好，等级高。全疆中等以上的草场面积分别占全疆草地总面积及有效利用面积的 65.86% 和 69.06%，载畜量占 83.07%；优良等级以上草场占草地总面积的 36.14%，载畜量占 47.14%。

(3)四季牧场齐全，为草原畜牧业的发展提供了得天独厚的条件

新疆的南疆与北疆、山地与平原、沙漠与戈壁之间自然条件的差异明显，使其在草地利用上，长期以来形成了季节轮换放牧利用的特点，即不同季节均有适宜放牧的草场，这是其他省区所不具备的优势。

(4)夏牧场资源丰富，载畜能力高，发展潜力大

夏牧场是新疆草地精华之所在，具有草质优良，生产力高，载畜量大的优势。虽然只占草地总面积的 12.1%，但载畜能力超过冬季牧场 1 倍以上。

从目前利用情况看，还有917.93万绵羊单位的发展潜力。

(5)农牧业结合潜力大

新疆有较好的灌溉农业基础，有近$333.3×10^4$ hm^2农田，而且与冷季牧场紧密联系，可生产大量饲草饲料，是发展畜牧业的坚强后盾。据调查统计，每年提供的农作物秸秆、糠、麸等饲料，可畜养1 231.7万绵羊单位，占全疆载畜量的23.8%。随着农业的不断发展，全疆会有更多的饲料来发展畜牧业。

2.新疆天然草地的类型与分布

按照草地类组的划分，新疆的草地有荒漠草地、草原草地、草甸草地、沼泽草地四个类组。

(1)荒漠草地

主要分布在额尔齐斯河与乌伦古河之间，呈地段分布，乌伦古河以南大片分布，海拔800～1 000 m。优势牧草有小白蒿、假木贼、小蓬、木地肤、驼绒藜、松叶猪毛菜。土壤多为灰棕漠土。

荒漠在新疆占地面积最大，它包括温性草原化荒漠、温性荒漠和高寒荒漠三大草地类，其中温性荒漠草地不仅分布于天山南北各山地的山前倾斜平原、冲积平原、湖积平原和部分沙漠，而且上升到低山带。高寒荒漠草地主要分布在帕米尔高原和昆仑山、阿尔金山海拔4 000 m以上高山区，荒漠草地总面积为2 686.79$×10^4$ hm^2，可利用面积为2 047.10$×10^4$ hm^2，分别占全疆草地面积和可利用面积的46.9%和42.6%，居第一位。其中温性荒漠草地占荒漠草地的96%，高寒荒漠草地占4%。

(2)草原草地

草原草地包括温性荒漠草原、温性草原、温性草甸草原、高寒草原和高寒荒漠草原五个草地类。草原草地除阿尔泰山南麓冲积扇上部和天山北麓山前倾斜平原存在平原荒漠草原片段之外，都发育在山地。草原草地总面积为1 600.42$×10^4$ hm^2，可利用面积为1 517.93$×10^4$ hm^2，分别占全疆草地总面积和可利用面积的29.0%和31.6%，仅次于荒漠草地。

(3)草甸草地

草甸草地主要在中山和低山带，西段呈带状分布，中段和东段呈片段分布，海拔在1 200～1 600 m。土壤为山地草甸土或山地栗钙土。优势牧草有早熟禾鹅冠草、绣线菊、蔷薇、小蘗等，植物种类较复杂，常见达80余种。

新疆草甸草地分布在平原和山地两种地貌类型上，面积为1 352.01$×10^4$ hm^2，可利用面积为1 211.22$×10^4$ hm^2，分别占全疆草地总面积和可利用面积的23.6%和25.2%，仅次于荒漠和草原草地。平原区的低平地草甸主要分布在平原各大河流河漫滩、湖滨周围、扇缘潜水溢出带和洼地。山地分布的草甸又分为高寒草甸和山地草甸两种类型。高寒草甸主要分布在天山、阿尔泰山海拔 2 800 m 以上的高山带；山地草甸主要分布在天山北坡海拔 1 700～2 400 m、阿尔泰山 1 400～2 100 m 中山带。

(4)沼泽草地

沼泽草地是在地表有积水和浅薄积水、土壤过湿的环境中发育形成的一种隐域性草地类型。沼泽类草地面积小，为 26.66×10^4 hm²，可利用面积为 24.44×10^4 hm²，分别占全疆草地总面积和可利用面积的 0.47% 和 0.5%。

(二)森林资源

据 2008 年新疆统计年鉴的数据显示，新疆天然林业用地 676.54×10^4 hm²，活立木总蓄积量为 $31\ 419.68 \times 10^4$ m³，林地蓄积量为 $28\ 039.68 \times 10^4$ m³，有林地面积为 180.73×10^4 hm²，灌木林地面积为 304.9×10^4 hm²，四旁树为 23 067 棵，森林覆盖率为 2.94%。

新疆森林资源可分为天然森林和人工森林两大类，在天然林中又可按分布的地貌划分为山地森林和平原次生林。

1. 山地天然林

山地天然林是新疆重要的林业基础。以天山北坡(包括伊犁地区)及阿尔泰山西南坡为主体，天山南坡、昆仑山、巴尔鲁克山、北塔山等也有少量分布。天山北坡、天山南坡、昆仑山以天山云杉纯林为主，在山的中下部及河谷地带有少量杨树、桦树的分布。

天山西部受大西洋气候影响，雨量较多，天山云杉生长最好。尤以巩留、新源、特克斯林区为最佳，为新疆木材的主要基地，也是培育大径材的好地方。天山中部由于大量采伐，林木资源越来越少。天山东部的哈密巴里坤林区，气候较冷，优势树种被新疆落叶松取代，天山云杉退居第二位，仅分布在中下部，上部多为落叶松纯林。在天山东部的木垒和奇台林区，也有少量的新疆落叶松分布。天山南坡因干燥少雨，树木生长条件差，仅有少量的云杉林成片状和小片状，分布零散，长势低矮，郁闭度低，大多为过熟云杉纯林，且生态恶化，极难更新恢复。

阿尔泰山林区面积为 194.17×10^4 hm²，林业用地为 69.07×10^4 hm²，其中，有林地 36.12×10^4 hm²，疏林地 15.52×10^4 hm²，灌木林 11.11×10^4 hm²。活立木总蓄积量为 $9\ 197.32 \times 10^4$ m³。整个林区以新疆落叶松为主，新疆云杉其次。在阿尔泰山的西北部，即哈巴河和布尔津林区，还有新疆冷杉及新疆五针松的分布，形成北方泰加林景观。

昆仑山北坡及帕米尔林区气候干旱，干燥程度由西向东逐渐增强，植被稀少。帕米尔东麓海拔 2 800～3 300 m，局部谷底和阴坡，有小块状雪岭云杉和松树生长，也有少量杨树。在昆仑山北坡海拔 2 400～3 600 m 有块状或片状雪岭云杉分布，主要是纯林。山麓下部条件较好的地方有桦木、苦杨等生长。高山河谷中有昆仑圆柏零星分布，下部为花楸和新疆圆柏等。

2. 平原荒漠天然林和河谷次生林

新疆平原各大河流域，广泛分布有天然荒漠阔叶林，主要有平原荒漠胡杨林与河谷次生林。荒漠胡杨林主要分布在南疆塔里木盆地的几条河流两岸阶地或河漫滩上。河谷次生林主要分布在北疆伊犁河水系及额尔齐斯河水系的河床浅滩地带，主要树种是额河杨、密叶杨、苦杨、银白杨、银灰杨、欧洲黑杨、小叶白蜡、白柳等。

新疆荒漠地区胡杨林有林地 14.34×10^4 hm²，疏地林为 58.2×10^4 hm²，灌木林地为 74.1×10^4 hm²，宜林地为 106.77×10^4 hm²，林业用地合计为 253.41×10^4 hm²。活立木蓄积量为 $1 446.94 \times 10^4$ m³。

新疆河谷次生林有林地为 2.49×10^4 hm²，疏林地为 2.87×10^4 hm²，灌木林地为 2×10^4 hm²，宜林地为 5.93×10^4 hm²，林业用地合计 14.49×10^4 hm²。活立木总蓄积量为 284.72×10^4 m³。

3. 平原人工林

新疆平原人工林主要分布在平原农区，牧区很少。以农田防护林为主，其次是薪炭林、经济林、用材林及少量的特用林。人工树种配置多以乡土速生树为主，一般有新疆杨、箭杆杨、银白杨、白蜡、榆、沙枣、刺槐等。新疆的气候决定了平原人工林发展的先决条件是水源，也称灌溉林业。由于新疆干旱少雨、风沙大，作为农牧业的屏障，平原人工林主要随着农区条田、渠系、道路和居民点培植，以防风固沙为主要目的，这是防护林的主要形式。薪炭林、经济林、用材林多呈片状分布。据统计，全疆平原人工林中有农田防护林面积为 16.09×10^4 hm²，薪炭林 7.95×10^4 hm²，经济林 7.69×10^4 hm²，用材林 4.4×10^4 hm²。

4. 灌木林

新疆广大荒漠地区灌木林分布极广，繁殖力强，历来是城乡各族人民烧柴的主要对象。同时它也是固定沙丘、维持荒漠生态平衡的重要植被，在新疆具有特殊的重要地位。新疆的灌木林，在南疆以怪柳为主，北疆以梭梭占优势。

(三)动物资源

新疆是我国生物多样性特殊地区之一，动物类群历史悠久，动物区系独特，动物种类丰富，有野生和引种饲养脊椎动物 690 余种，其中哺乳动物(兽类)137 种、鸟类 425 种、爬行动物 38 种、两栖动物 7 种、鱼类 85 种(其中土著鱼类 48 种），这些种类约占全国的 1/4；属国家重点保护的珍贵濒危稀有野生动物有 113 种，占全国保护动物种数的 1/3。

新疆特有动物物种多达 40 种，如尖嘴臀鳞鱼、新疆大头鱼、叶尔羌条鳅、球吻条鳅、准噶尔雅罗鱼、阿尔泰杜父鱼、阿尔泰林蛙、新疆北鲵、新疆漠虎、托克逊沙虎、奇台沙蜥、白尾地鸦、黑尾地鸦、野猫、漠猫（荒漠猫）、新疆虎（塔里木虎）、野马（普氏野马）、野骆驼（野生双峰驼）、塔里木马鹿（叶尔羌马鹿）、塔里木兔（叶尔羌兔）、伊犁鼠兔、天山黄鼠、伊犁田鼠等，除了塔里木鱼类，其余为塔什库尔干、天山、阿尔泰山、昆仑山及帕米尔高原地区特有种。700 余种野生脊椎动物中，药用、食用、毛皮用、毛用、皮革用、毛绒用、羽毛用、观赏宠用动物 600 余种，生物灾害动物有 70 余种，外来引进饲养繁育利用物种约有 20 种。

新疆分布有属国家重点保护的珍稀脊椎动物 113 种，占全国保护种数的 28.97%，其中一级 28 种，二级 85 种；兽类 32 种（一级 14 种），鸟类 79 种（一级 12 种），爬行类 1 种（一级），鱼类 1 种（一级）。属一级保护的有：紫貂、貂熊、雪豹、新疆虎、蒙古野驴、藏野驴、野马、野骆驼、野牦牛、普氏原羚、芷羚、高鼻羚羊、北山羊、河狸、白鹳、黑鹳、金雕、白肩雕、玉带海雕、白尾海雕、胡兀鹫、黑颈鹤、白鹤、小鸨、大鸨、多斑鸠、四爪陆龟、新疆大头鱼等。

新疆及其毗邻地区，为许多重要珍稀动物的分布中心或唯一残存地。近代经济开发、过度捕猎或新物种侵入的影响，已导致诸如野马、普氏原羚、新疆虎的灭绝和新疆大头鱼、新疆北鲵、塔里木子鹿等濒临绝迹。为此，应该对珍稀动物加强保护。

（四）自然保护区

截至 2007 年，新疆有 35 个自然保护区，总面积 22.57×10^4 km^2，占全疆面积的 13.56%，其中，属于国家级自然保护区的有 9 个。按国家分类标准，新疆现有 6 种类型自然保护区，分别是森林生态系统类型、草原与草甸生态系统类型、荒漠生态系统类型、内陆湿地和水域生态系统类型、野生动物类型和野生植物类型。保护区内生态环境良好，其中塔城野巴旦杏自然保护区（1980 年成立，新疆的第一个自然保护区）、巴音布鲁克天鹅自然保护区、喀纳斯湖、甘家湖梭梭林、托木尔峰、西天山和阿尔金山等自然保护区闻名中外（图 2-7、表 2.4）。

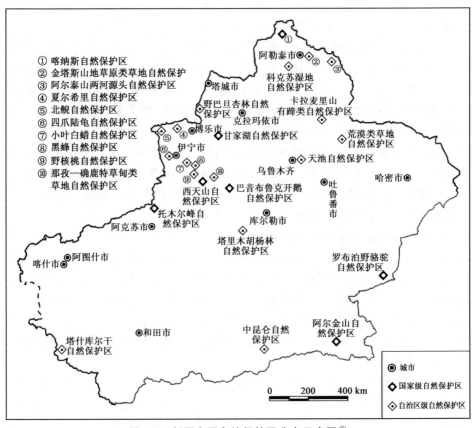

图 2-7　新疆主要自然保护区分布示意图①

表 2.4　2007 年新疆自然保护区一览表

自然保护区名称	地点	面积/hm²	主要保护对象	建立时间	保护区级别
阿尔金山自然保护区	若羌县	4 500 000	高原荒漠生态系统	1983	国家级
新疆罗布泊野骆驼自然保护区	若羌县	7 800 000	野双峰驼及其生境	1986	国家级
温泉县北鲵自然保护区	温泉县	694.5	新疆北鲵及其生境	1997	自治区级
喀纳斯自然保护区	布尔津县	220 162	森林生态系统	1980	国家级
天池自然保护区	阜康县	38 069	森林生态系统	1980	自治区级

———————

①　新疆维吾尔自治区测绘局．新疆维吾尔自治区地图集．中国地图出版社，2004。

（续表）

自然保护区名称	地点	面积 /hm²	主要保护对象	建立时间	保护区级别
托木尔峰自然保护区	温宿县	125 637	森林生态系统	1980	国家级
新疆西天山自然保护区	巩留县	31 217	森林生态系统	1983	国家级
新疆伊犁小叶白蜡自然保护区	伊宁县	404.67	小叶白蜡树及生境	1983	自治区级
巩留野核桃自然保护区	巩留县	1 180	野核桃及生境	1983	自治区级
新疆甘家湖梭梭林自然保护区	乌苏县 精河县	54 667	梭梭及生境	1983	国家级
塔城巴尔鲁克山自然保护区	裕民县	11 500	野巴旦杏及生境	1980	自治区级
塔里木胡杨林自然保护区	尉犁县 轮台县	395 420	森林生态系统	1983	国家级
霍城县四爪陆龟自然保护区	霍城县	27 000	四爪陆龟及其生境	1983	自治区级
卡拉麦里有蹄类自然保护区	富蕴县 奇台县	1 589 958	野生动物等	1986	自治区级
新疆巴音布鲁克天鹅自然保护区	和静县	148 689	湿地及天鹅	1980	国家级
塔什库尔干珍贵动物自然保护区	塔什库尔干县	1 500 000	野生动物等	1986	自治区级
新疆布尔根河狸自然保护区	青河县	5 000	河狸及其生境	1980	自治区级
新源县山地草甸类草地自然保护区	新源县	65 300	山地草甸类草地生态	1986	自治区级
福海县金塔斯山地草原类自然保护区	福海县	56 700	山地草甸类草地生态	1986	自治区级
奇台县荒漠类草地自然保护区	奇台县	38 600	荒漠类草地生态系统	1986	自治区级
新疆伊犁黑蜂自然保护区	伊犁地区		新疆黑蜂及生境	1980	自治区级

（续表）

自然保护区名称	地点	面积/hm²	主要保护对象	建立时间	保护区级别
新疆艾比湖湿地自然保护区	博州	267 085	珍稀野生动植物	2000	国家级
新疆夏尔希里自然保护区	博州	31 400	森林及野生动物	2000	自治区级
阿勒泰两河源头自然保护区	阿勒泰	1 130 000	生态系统及子鹿	2001	自治区级
阿勒泰克科苏湿地自然保护区	阿勒泰	30 666.67	湿地	2001	自治区级
新疆中昆仑自然保护区	且末县	3 200 000	藏羚羊	2001	自治区级
额尔齐斯河科克托海湿地自然保护区	哈巴河县	99 040	湿地	2005	自治区级
新疆帕米尔高原湿地自然保护区	阿克陶县	125 600	湿地	2005	自治区级
青格达湖湿地自然保护区	五家渠	2 912	各种水禽湿地生境	2002	自治区级

资料来源：武星斗. 新疆年鉴（2008）. 新疆年鉴社，2008。

五、矿产种类齐全，石油、天然气储量丰富

新疆矿产资源极为丰富，是我国重要的石油、天然气、煤炭、黑色金属、有色及稀有金属和非金属矿产资源的富集区。新疆矿产资源具有分布广、矿种齐全、配套性高、储量大、质量好等特点，具有巨大的开采潜力，是我国重要的矿产和能源资源储备基地（详见第十五章）。

第三节　生态环境

安全的生态环境是人类生存发展的基本条件，是经济、社会发展的基础。新疆位于欧亚大陆腹地，气候干旱，生态环境脆弱。在人类不合理开发和自然因素的共同作用下，新疆的生态安全面临着威胁，形势比较严峻。

一、河湖水量减少，水质咸化

随着新疆经济的发展，用水量开始增多，水资源供需矛盾十分突出。出

现了河流流程缩短，湖泊干涸、萎缩，水质咸化加剧的趋势。

(一)河流缩短

多数河流的河水在出山口处就被人工渠道引入灌区，使流程缩短。新疆多数河流引水率高达 70%～80%，大大超过干旱区 50% 的界限。在 20 世纪 50 年代时，塔里木河下游的卡拉水文站水量为 14.8×10^8 m^3，可流入台特玛湖；60～70 年代水量减少为 6.4×10^8～10.5×10^8 m^3，时断时续可流至阿拉干；80～90 年代水量进一步减少到 2.4×10^8～3.8×10^8 m^3，水量几乎全被消耗在卡拉和铁干里克灌区，大西海子以下遗留 320 km 长的干河道。其他中小河流更是如此，多数不能到达归宿地。

(二)湖泊干涸、萎缩

新中国成立初，新疆曾是一个多湖泊的地区，面积大于 1.0 km^2 的湖泊有 139 个，湖泊总面积约达 9 700 km^2，占全国湖泊总面积的 7.3%，居全国第四位，仅次于西藏、青海和江苏。至 20 世纪 70 年代末，湖泊面积仅余 4 750 km^2，丧失了近 5 000 km^2。著名的罗布泊、玛纳斯湖、艾丁湖、台特玛湖，早在 20 世纪 70～80 年代已干涸，艾比湖由 1 200 km^2 缩小到 530 km^2。博斯腾湖、巴里坤湖及布伦托海湖水位和湖面也有不同程度的下降和缩小。天然湖泊萎缩导致区域环境退化，降低了对洪水调蓄能力，湿地生物多样性锐减。

随着人工绿洲不断扩大，山区和平原水库的兴建及上游截流改道，许多原来流入沙漠的河流下游水量减少或断流，导致尾闾湖泊干涸。水环境的上述变化，致使沙漠地区更加干旱，植被衰败，加强了地区的风蚀和风积作用。

(三)水质咸化

新疆的河流出山口以上的河段，河水矿化度大多小于 0.5 g/L，多属清洁淡水。流经灌区后，由于农田排水的泄入，使河水矿化度显著增加。随着绿洲的开发，农业灌溉用水量猛增，河水矿化度不断提高，水质咸化趋势明显。1958 年前，塔里木河是一条淡水河，无论是年内任何季节或从上游到下游，河水矿化度均未超过 1.0 g/L。1998 年监测结果显示，淡水只占年径流量的 34.9%，其余为微咸水、半咸水或咸水。20 世纪 50 年代，博斯腾湖湖水矿化度为 0.25～0.39 g/L，80 年代曾达到 1.6～1.9 g/L，近年略有降低，也在 1.1～1.4 g/L。

水质咸化会导致水中生物种类和数量减少，甚至绝迹。新疆水质咸化趋势明显，采取有效措施，"淡化"水质已刻不容缓。

二、土地荒漠化不断扩展

土地荒漠化是发生在干旱半干旱地区的土地退化，是由于气候变化和人类活动等多种因素共同造成的。表现为风蚀、水蚀和盐渍化，从而导致土地的生产力下降和丧失。新疆荒漠化土地面积共 $101 \times 10^4 \ km^2$，约占全国荒漠化土地面积的 30%，在这种先天不足的情况下，加上盲目开垦，不合理灌溉和破坏植被，生态更加失调，荒漠化不断扩展。

(一)盐渍化

土壤盐渍化问题是制约新疆农业生产水平提高和人工绿洲健康发展的重要因素。20 世纪 80 年代，第二次土壤普查时新疆土壤盐渍化面积达 $122.88 \times 10^4 \ hm^2$，占普查耕地面积的 30.13%。其中，轻度盐渍化土壤面积占 52.66%，中度占 27.87%，重度占 19.46%。

截至 2007 年，新疆各类盐渍化土地总面积约 $11 \times 10^4 \ km^2$。盐渍化的耕地面积约 $126.7 \times 10^4 \ hm^2$，约占现耕地面积的 30.8%(土地详查面积)，其中强度盐渍化耕地占 18%，中度的占 33%，轻度的占 49%。南北疆比较，南疆盐渍化更重，占耕地面积的 25%～40%，北疆为 15%～20%。耕地土壤盐渍化发生主要是由于灌溉不合理，有些地区的毛灌溉定额高达 18 000～22 500 m^3/hm^2，引起地下水位上升，使地下水中的盐分不断向表土聚积。耕地盐渍化造成的粮食损失每年约 2×10^8～$2.5 \times 10^8 \ kg$，棉花减产 50 万担，成为阻碍农业高产的重要因素之一。

(二)沙漠化

新疆是我国沙漠化面积最大、分布最广、危害最严重的省区，也是世界严重沙漠化地区之一。新疆由风蚀风积造成的荒化土地(沙漠、戈壁)共 $79 \times 10^4 \ km^2$，其中沙漠面积约 $42 \times 10^4 \ km^2$。全疆 89 个县(市)中，53 个县(市)有沙漠分布。许多绿洲都被戈壁和沙漠包围，沙漠化对绿洲的危害形势极为严峻。新疆的沙漠主要是由于气候干旱形成的，但不合理的人类活动，对沙漠化的发展起到了加速和促进作用。以塔里木盆地为例，沙漠面积 $33.7 \times 10^4 \ km^2$，按从早更新世形成算起约 69 万年，平均每年扩展 0.49 km^2；历史时期按 2000 年计算共扩大 $1.99 \times 10^4 \ km^2$，平均每年扩大 170 km^2。进入 20 世纪 90 年代以来沙漠化扩大速度有所减缓，全疆平均每年约减少 83 km^2。但在一些地区仍然强烈扩展，如塔里木河下游地区，用 1959 年、1983 年、1992 年和 1996 年 4 个时段航空像片进行对比，沙漠化土地面积平均每年增长 0.24%，其中极强和强度沙漠化面积增长更大，达到 0.45% 和 2.49%；并且从发展趋势看，沙漠化很难逆转。

新疆土地沙漠化的形成主要有三种，一是流动沙丘向外侵袭，这在塔克拉玛干南缘较广泛；二是固定和半固定沙丘活化，这在准噶尔盆地南缘和绿洲与荒漠过渡带较多；三是潜在沙漠化土地转变为沙漠化土地，这在弃耕地断流河道下游和干涸湖泊附近较多。

三、水土流失加剧

由于植被覆盖度低，荒漠化严重，新疆是我国水土流失严重的地区。全国第二次水土流失遥感调查成果表明：新疆水土流失的总面积约为 $103.6 \times 10^4 \ hm^2$，占新疆国土总面积的 62.4%。其中，水蚀面积约为 $11.5 \times 10^4 \ hm^2$，风蚀面积约为 $92.1 \times 10^4 \ hm^2$。

新疆山地面积占土地总面积约 40%，森林和草地被破坏，加剧了山地侵蚀，大量泥沙下泄，带来水库被淤、库容减少，调洪能力大大降低，洪患日趋严重。现全疆水库 1/4 的库容被泥沙淤积；引水枢纽大部分被泥沙磨损、淤积而功能下降，实际引水能力已不足设计能力的 70%，全区水土流失面积达 $11 \times 10^4 \ km^2$，占全国水土流失面积的 6.1%。近 40 年来，新疆各地共发生大小洪水 166 次之多，冲蚀草场耕地约 $450 \times 10^4 \ km^2$，其中 1996 年特大洪水涉及全疆 7 地州 30 多个县市，直接经济损失 33.7 亿元。山区土地侵蚀造成的泥石流也十分严重，从新中国成立至 20 世纪 90 年代初，发生重大泥石流灾害 15 次，对经济建设和人民生命财产安全造成重大危害。

新疆生态环境十分脆弱，除风力、水力和重力侵蚀外，人类不合理的活动更加剧了水土流失，其中草原超载放牧和新疆南部塔里木河流域滥开荒现象尤为突出，水土保持的速度远远比不上人为破坏的速度。从 2000 年开始，新疆加大了水土保持力度，通过连续向塔里木河下游绿色走廊输水，沿河两侧 600 km² 范围内地下水得到补充，下游生态有了显著改善，对遏制水土流失起到了一定的作用。

四、生物多样性严重受损

生物多样性是人类赖以生存和发展的物质基础。新疆是干旱地区，生物多样性的多度和丰度存在着先天缺陷，生态系统稳定性差，受损和破坏后恢复难度大。新疆生物多样性受损主要表现在以下几个方面。

(一)森林破坏

新疆范围内的森林覆盖率由新中国成立前的 1.5% 提高到 2007 年的 4.08%。主要由人工造林及山区迹地更新提高了覆盖率，但人工林的生态功能不及天然林，幼龄林不如中龄林和成熟林。遥感监测显示：南疆西部、北部植被覆盖有所增加(包括巴州北部、阿克苏、喀什等地区)，但和田地区和巴州南部及尉犁县植被继续退化。荒漠河岸林和灌木林面积减少，植被破坏严重。

从 20 世纪中叶以来，仅国家计划用材、地方和群众自采用材耗去山地森林资源量 $5\,000 \times 10^4$ m^3 以上，占森林总蓄积量的 1/5。在天山和阿尔泰山两大林区，从 20 世纪 50～80 年代，云杉林减少 2.5×10^4 hm^2，落叶松减少 2.6×10^4 hm^2，两大林区年超耗约 40×10^4 m^3。在山区森林面积急剧减少的同时，林分质量、郁闭度和蓄积量也在迅速下降。目前，东天山已基本无林可采。采伐迹地更新很差，12×10^4 hm^2 采伐迹地中，人工更新仅 3.6×10^4 hm^2，保存不到 1.4×10^4 hm^2，而天然更新地也只有一半能成林。新疆的平原林破坏更为严重，塔里木河两岸胡杨林，由 20 世纪 50 年代的 46×10^4 hm^2 减少到 70 年代末的 17.5×10^4 hm^2，近年来虽然有一定程度恢复，也只有 29.8×10^4 hm^2，远小于 50 年代的面积。准噶尔盆地梭梭林减少 8.0×10^4 hm^2；伊犁河和额尔齐斯河谷林现仅有 5.3×10^4 hm^2。

(二)草地退化

由于自然和人为因素的影响，全区草场普遍超载，致使草场覆盖度降低，优良牧草减少，草场退化，产草量急剧下降。由于缺水、超载过牧、滥垦、滥挖和鼠害等原因，全区优等草场和良等草场面积减少，中低等草场和劣等草场面积增加，其中平原草场退化比山区草场更为严重。

新疆是我国重要牧区之一，天然草地面积 $5\,725.88 \times 10^4$ hm^2，占新疆土地总面积的 34.44%，仅次于西藏自治区和内蒙古自治区，其中可利用草地面积 $4\,800.68 \times 10^4$ hm^2。新疆草地退化率从 1980 年的 5.83% 增加至 2007 年的 80%，退化面积从 466.67×10^4 hm^2 增加至 $4\,580.00 \times 10^4$ hm^2。在不到 30 年时间里，新疆草地退化面积扩大了近 10 倍。严重退化草地面积也在扩大，2007 年新疆草地严重退化面积占 37%。新疆的草地退化势态非常严峻，而且没有缓和的趋势。《2007 年新疆环境状况公报》显示，伴随着草地退化，草地生产力迅速下降，单位面积产草量比 20 世纪 60 年代下降 30%～50%，严重者达 60%～80%。与此同时，草群中优良牧草种类成分下降，有毒有害植物蔓延，它们不仅消耗土壤水分和养分，妨碍优良牧草正常生长，而且还经常引发家畜中毒事件，在给畜牧业生产造成损失的同时，也威胁着生态环境的安全。草地退化带来自然灾害频繁发生。新疆虫害发生面积大，危害性强，发生频率高，"七五"期间，新疆蝗虫发生面积 780×10^4 hm^2，鼠害发生面积 653.3×10^4 hm^2；"八五"期间，蝗虫发生面积 425.7×10^4 hm^2，鼠害发生面积 965.06×10^4 hm^2；"九五"期间，蝗虫发生面积 $1\,072.67 \times 10^4$ hm^2，鼠害发生面积 $1\,314.8 \times 10^4$ hm^2。而且近几年来，新疆蝗虫、鼠害等自然灾害持续发生，部分地区有加剧趋势，给畜牧业生产造成很大损失，加重了草地生态环境的进一步恶化。

（三）湿地缩减

目前，新疆湿地总面积约为 148×10^4 hm²，占全疆总面积的 0.89%，面积大于 100 hm² 以上的湿地有 435 块，其中河流湿地 45 块，湖泊湿地 108 块，沼泽湿地 148 块，人工湿地 134 块。湿地的垂直分布从 -154.13 m 至 4 800 m，形成了复杂多样的内陆干旱区特殊的湿地生态系统。全区河流湿地面积为 20.7×10^4 hm²，占全区湿地面积的 13.87%；湖泊湿地共有 69.6×10^4 hm²，占全区湿地总面积的 46.97%；沼泽湿地面积 37×10^4 hm²，占全区湿地面积的 24.90%；水库湿地面积 14.7×10^4 hm²，占湿地总面积的 9.65%；其他湿地 6.4×10^4 hm²，占湿地总面积的 4.61%。

新疆湿地面积由新中国成立初的 280×10^4 hm² 缩至目前的 148×10^4 hm²，减少了近一半。玛纳斯湖干涸后，湖滨高大芦苇只留下根茬。艾比湖周围 4.7×10^4 hm² 芦苇沼泽已干涸。乌鲁木齐河下游东道海子周围沼泽地现已荡然无存。塔里木河中下游的诺乎鲁克湖沼区原茂密的芦苇、香蒲和苔草，退化成低矮芦苇；阿克苏甫沼泽，地下水位埋深降至 $3 \sim 5$ m。七克里克一带的芦苇湿地，已经变成了风蚀地和低矮沙丘。

（四）动物种类灭绝或减少

由于人类经济活动频繁，侵占了野生动物的生存环境，加之无限制的捕猎，有的野生动物已灭绝，如新疆虎，已看不到踪迹；有的离境，如蒙古野马和赛加羚羊；有的濒危，如新疆大头鱼；有的数量减少，如鹅喉羚、马鹿、天鹅、大雁；有的分布区面积缩小，如野骆驼、野驴的栖息地等。目前，新疆被列入《中国濒危动物红皮书》的动物已有 83 种，约占全国濒危动物种数的 15.4%，其中列为极危的 24 种。

五、自然灾害频发

新疆是一个自然灾害频发的省区。地质灾害主要有地震、滑坡、崩塌、泥石流等；气象灾害主要有干旱、洪水、寒潮、大风、干热风、霜冻、雪灾、冰雹、沙尘暴、低温冷害等。这些灾害常给农牧业生产带来极大的危害。

（一）主要地质灾害

1. 地震

新疆是我国主要的内陆地震活动区，地震频发，每年 4 级以上的地震多的时候达到上百次。20 世纪以来，新疆境内发生 6 级以上地震 104 次，其中 7 级地震 14 次，8 级地震 2 次，平均每年发生一次 6 级以上地震。中强地震活动主要集中在天山地震带、阿尔泰地震带以及西昆仑地震带。南、北天山地震带强震活动存在着差异，南天山西段地震活动水平明显高于东段。新疆的地震活动主要有以下几个区域：乌恰—喀什地区（包括巴楚—伽师）、乌什—柯坪地区、南天山东段（包括库尔勒—轮台—库车、拜城）、北天山地震带（包括乌鲁木齐—西部边界）、阿尔泰地区。其中，乌恰—喀什地区位于构造运动强烈的帕米尔东北缘，是中国大陆主要的强震活动区，历史上曾发生过 1902 年阿图什 8 级大地震。1996～2003 年，在伽师附近连续发生 12 次 6 级地震，形成了近些年中国大陆 6 级地震集中活动区，该区域地震造成的灾害损失也是最严重的。

2. 泥石流

泥石流具有突然暴发、来势凶猛、地质地貌过程强烈的特点，是新疆主要的山地灾害之一，主要分为暴雨型泥石流、冰川泥石流、融雪泥石流等。暴雨型泥石流主要分布在天山山区及其南北麓、昆仑山北麓、阿尔泰山南麓海拔 2 500 m 以下的山地。一般出现在 6～9 月。冰川泥石流主要分布在天山山区和昆仑山—喀喇昆仑山山区。天山山区泥石流分布在海拔 3 000 m 附近，一般出现在 6～7 月。昆仑山—喀喇昆仑山山区泥石流分布在海拔 4 200 m 附近，一般出现在 7～8 月。融雪泥石流主要发生在天山北坡和阿尔泰山海拔 2 500 m 的山地，一般出现在 3 月中旬至 5 月初。

(二)主要气象灾害

1. 干旱

干旱灾害是新疆经常发生的、危害最严重的灾害，表现为影响范围广、持续时间长，对农业生产危害极大。在北疆平原区干旱发生频繁，几乎每三年就出现一次干旱年。春旱严重，从统计资料来看，北疆 47 年中春季出现阶段性干旱 15 次，出现频率是 31.9％，与秋季出现干旱的次数和频率相当。

冬季到初春若发生长时间干旱，在无水草场和冬春牧场，会使牲畜长期处在缺乏饮水的条件下，形成一种"渴灾"，这种旱灾对畜牧业的危害较大，是新疆干旱的一种特殊形式，俗称"黑灾"。黑灾是牧区的一种灾害，其分布与冬春季降水量的分布有关。具有南疆多、北疆少、山区多、平原少、干旱区多、湿润区少、山麓多、河谷少、背风冬窝子多、迎风冬窝子少的特点。南疆克孜勒苏柯尔克孜自治州、阿克苏地区的柯坪、乌什等牧场发生较多，帕米尔高原、昆仑山、阿尔金山冬春牧场、天山南麓冬季牧场次之，北疆冬牧场发生较少。

2. 洪水

洪水灾害是新疆主要的自然灾害之一，新疆的洪水类型主要有暴雨型洪水、升温型洪水、暴雨与升温混合型洪水和溃决型洪水四种类型。暴雨型洪水是新疆的主要洪水灾害，来势凶猛、洪峰大，往往挟带泥石流，破坏性极强，成灾比例高，主要分布在天山南北坡中低山带、准噶尔西部山区、阿尔泰山区以及帕米尔高原山区。

根据资料统计，新疆重大洪水灾害发生次数最多的地区是南疆的阿克苏、喀什地区；其次是北疆的阿勒泰、塔城、伊犁、昌吉、博尔塔拉等地州以及南疆的巴音郭楞蒙古自治州；再次是乌鲁木齐、哈密、吐鲁番、克孜勒苏、和田等地州。克拉玛依、石河子市是新疆洪水灾害发生次数较少的地区。

3. 寒潮

寒潮是一种危害程度大，影响范围广的灾害性天气，其天气特征是气温急剧下降，一般 24 小时内降温幅度在 10℃ 以上，并常伴随有大风雪天气。对新疆经济发展危害最大的寒潮天气主要出现在春季，特别是 4、5 月份；春季的寒潮灾害可带来雨雪、大风、降温、霜冻，往往同时对农业、牧业、交通、石油造成严重影响；冬季的寒潮主要造成雪灾、冻害，对牧业、交通危害显著；秋季的寒潮如果在 9 月中上旬出现，会造成棉花的霜后花增加，对棉花的产量、质量产生极大的影响；春季寒潮天气中的大风及沙尘暴对交通运输，特别是兰新铁路的百里风区、三十里风区造成极大危害；全疆性寒潮灾害北疆以降温、大风为主，南疆则以大风、沙尘暴为多。

4. 雪灾

新疆是我国雪灾多发区之一，以暴风雪、暴雪、雪暴、雪崩、白灾造成的灾害为主，对农业(含林果业)、牧业、交通等有严重影响。

新疆的暴雪、暴风雪发生的频率并不高，主要伴随寒潮而发生，北疆的塔城、阿勒泰、伊犁地区为多发区。雪暴(包括风吹雪)，俗称"白毛风"，大量的雪被强风裹挟而行，水平能见度降到 1 km 以下，容易吹散畜群，使人迷路，造成损失。新疆北部山区和平原的风吹雪较南部地区广泛，山区风吹雪主要发生在海拔 2 700 m 的森林带以上的高山或极高山带，主要发生在 10 月到翌年的 5 月；平原风吹雪最为严重的地区是阿勒泰和塔城，主要原因是这些地区有很多向西敞开的山隘口，另外，乌鲁木齐到塔城公路的老风口、阿拉山口、乌伊公路松树头、独库公路拉尔墩山隘、伊焉公路艾肯山隘都是风吹雪的多发区。雪崩在新疆呈带状分布，主要发生在山区。天山是雪崩的多发区，西部的巩乃斯河谷最为活跃，其次是阿尔泰山区，昆仑山区偶尔发生。

白灾是雪灾的次生灾害，是一种牧业灾害。积雪覆盖牧草，形成冰壳，致使牲畜吃草困难，冻饿而死。白灾最严重的地区是阿尔泰山区、伊犁河谷地区，天山南北次之，帕米尔高原、昆仑山、阿尔金山最轻，具有北疆多、南疆少、西部多、东部少、山区多、平原少、迎风坡多、背风坡少的特点。

5. 风灾

风灾是新疆主要灾害性天气之一，大风日数多，风力强，持续时间长，对生产、交通和人民生活造成极大危害。新疆的风灾包括由大风引起的灾害、沙尘暴和干热风。新疆大风分布特点是北疆多于南疆，中、低山区多于平原地区，其中，北疆西部的阿拉山口大风最多，其次是南北疆气流通道的达坂城。大风灾害在新疆农牧区普遍存在，主要分为五个大风危害区：北疆西北部河谷地带大风危害区，包括额尔齐斯河谷、额敏河谷、博尔塔拉河谷等，是冷空气入侵新疆的主要通道，大风日数居全疆农区之首，且风力强劲；准噶尔盆地西部山地大风危害区，包括北起和布克赛尔，南到克拉玛依，西至托里的三角地带；乌鲁木齐—昌吉大风危害区，包括乌鲁木齐县达坂城到昌吉附近地区；吐鲁番—哈密盆地大风危害区，区内有著名的"百里风区""三十里风区"，风灾频繁，以托克逊县最重，吐鲁番和哈密次之，春季对兰新铁路运输危害特别严重，每年都要发生运输中断的事件；塔里木盆地东部大风危害区，位于天山和阿尔金山之间，北临天山山隘，东向甘肃开口，是冷空气入侵南疆的通道，这里的风灾位居南疆之首。

沙尘暴灾害是风灾的一种，是干旱和半干旱地区常出现的灾害性天气。特大沙尘暴带来的沙土可以掩埋农田、公路和铁路，对生产、生活和交通带来极大的影响。新疆沙尘暴的高发区在古尔班通古特和塔克拉玛干沙漠，以沙漠中心向四周逐渐减少。全疆主要有四个沙尘暴危害区：塔里木盆地西南部和阿尔金山北麓沙尘暴危害区，此区东起若羌，经和田、莎车至英吉沙、岳普湖和巴楚东部，包括源于昆仑山北坡和帕米尔高原各河流的中下游地区，其中民丰至于田，皮山至莎车，岳普湖、麦盖提和巴楚之间是主要危害区；塔里木盆地东北部沙尘暴危害区，此区西起库车，经库尔勒南部向东直至若羌以北地区，包括塔里木河中下游、孔雀河下游和博斯腾湖南岸；吐鲁番—哈密盆地绿洲沙尘暴危害区，本区以吐鲁番到托克逊危害最重；准噶尔盆地南部沙尘暴危害区，包括乌苏至精河、玛纳斯河下游和奇台北部等地，其中玛纳斯河下游垦区是危害较重的地区。

干热风是一种高温并伴有一定风力的农业气象灾害。主要发生在春夏之间，对小麦灌浆危害极大。干热风在新疆各地均可出现，分布规律是东部多于西部，南疆多于北疆，平原多于山地。吐鲁番盆地、塔里木盆地腹地偏东地区和准噶尔盆地腹地偏南处是全疆三大干热风中心。吐鲁番盆地的托克逊年干热风日数在 30 d 以上，是全疆乃至全国干热风最盛的地区。

6. 冰雹

冰雹灾害是新疆主要灾害性天气之一，虽然降雹持续时间短，覆盖范围小，但却使受灾区在瞬间遭到毁灭性打击。新疆冰雹地理分布特点是"三多一少"：山区的盆地、谷地多；山地的背风坡多；向东开口的喇叭形河谷地区多；盆地中心少。阿克苏地区是新疆冰雹灾害最严重的地区，另外，从塔城南部的奎屯河到昌吉回族自治州西部的玛纳斯河流域和喀什地区、伊犁地区、博尔塔拉蒙古自治州等地，也是新疆冰雹灾害的多发地区。

7. 霜冻

霜冻是危害新疆农业生产的一种灾害性天气。新疆春、秋两季冷空气活动频繁，气温变化不稳定，秋霜往往过早来临，春霜冻也常常结束较晚，致使新疆各地每年都有不同程度的霜冻发生，导致大面积的农作物和畜牧业受灾。霜冻多发地区主要是阿尔泰山、天山和昆仑山等高寒山区；其次是阿勒泰平原地区和塔城地区北部及伊犁河谷东部；一般霜冻区包括准噶尔盆地及北疆沿天山一带，伊犁河谷西部及南疆的拜城、焉耆、阿合齐等山间盆地及河谷地带；霜冻较少的地区包括鄯善、哈密、若羌、且末、民丰等县；塔里木盆地北部、西部边缘地区及吐鲁番盆地很少发生霜冻灾害。

第四节　社会经济

一、人口增长快，民族众多

(一)新疆人口概况

1949 年，新疆总人口为 433 万人；2007 年，为 2 095.19 万人。新疆是我国人口增长比较快的区域之一。

1. 人口构成

(1)性别构成

人口性别比主要反映男性和女性之间的比例关系，即以女性人口数为 100 来计算男女人口的比例，通常性别比在 103～107 最为合理。截至 2007 年，新疆 2 095.19 万总人口中，男性人口为 1 072.53 万人，占总人口的 51.19%；女性人口为 1 022.66 万人，占总人口的 48.81%，人口性别比为 104.8，较为合理。

(2)年龄构成

从表 2.5 中可以看出，新疆人口年龄构成比较合理，截至第五次人口普查，新疆 15～64 岁的人口为 1 256.4 万人，占人口总数的 68.06%，65 岁以上的老年人口占 4.67%。根据联合国的统计标准，如果一个国家或地区 60 岁以上老年人口达到总人口数的 10% 或者 65 岁以上老年人口占人口总数的 7%

以上，那么这个国家或地区就属于人口老龄化。按照这个标准，目前新疆还没有进入老龄化社会阶段。新疆人口年龄构成的变化比较明显，1990~2000年，婴幼儿人口数出现了负增长，减少了24.55%。而这一期间，65岁及以上的人口数量增长明显增加，增长了45.6%。2010年，新疆开始进入老龄化社会。

表2.5　人口年龄构成表　　　（单位：万人）

指标	第二次普查 （1964年）	第三次普查 （1982年）	第四次普查 （1990年）	第五次普查 （2000年）
0~5岁	121.86	186.7	218.85	165.12
6~14岁	146.77	330.85	282.12	338.18
15~64岁	428.73	742.42	955.49	1 256.4
65岁及以上	29.65	48.18	59.23	86.25

（3）职业构成

从表2.6中可以看出，新疆从事第一产业的人口比例在减少，而从事第三产业的人口比例逐年增加。截至2007年，新疆的第一产业、第二产业和第三产业从业人口的比例为3.5∶1∶2.5，第一产业从业人数比例较大，新疆仍然是农业大省。随着就业渠道不断拓宽，就业结构趋向合理。第一产业对劳动力的需求逐渐下降，第三产业就业岗位不断增加。

表2.6　人口职业构成表

项目	1995年	2000年	2007年
就业人员合计/（万人）	676.0	672.5	830.42
第一产业	388.16	387.9	417.73
第二产业	124.21	92.7	118.34
第三产业	163.63	191.9	294.35
就业人员构成（合计＝100）			
第一产业	57.42	57.68	50.30
第二产业	18.37	13.78	14.25
第三产业	24.21	28.54	35.45

数据来源：新疆维吾尔自治区统计局．新疆统计年鉴（2008）．中国统计出版社，2008。

（4）城乡构成

随着城镇化进程的不断推进，截至 2007 年，新疆城镇人口比重增加幅度较大，由 1978 年占总人口的 26.07％ 上升到占总人口的 39.15％。乡村人口比重逐年下降，由 1978 年的 73.93％ 下降到 2007 年的 60.85％（表 2.7）。

表 2.7 人口城乡构成表

年份	年末总人口数（万人）	按城乡分			
		城镇人口		乡村人口	
		人口数/（万人）	比重/％	人口数/（万人）	比重/％
1978	1233.01	321.4	26.07	911.61	73.93
2007	2 095.19	820.27	39.15	1 274.92	60.85

数据来源：新疆维吾尔自治区统计局 . 新疆统计年鉴(2008).中国统计出版社，2008。

2. 人口分布与人口密度

从南北疆看，1949 年南疆人口占全疆总人口的 70.62％，北疆占 24.18％，南疆比重远大于北疆。新中国成立后开发新疆的重点在北疆，并且北疆的自然条件比南疆优越，吸引了大量人口，到 2007 年，南疆人口比重下降到 48.08％，而北疆人口比重增加到 46.31％，人口增长方向明显（表 2.8）。

表 2.8 新疆南北疆人口比重和人口密度变化比较①

年份	总人口/（万人）	北疆		南疆		人口密度/ km²		
		人数/（万人）	比重/％	人数/（万人）	比重/％	全疆	北	南
1949	423.51	102.39	24.18	299.07	70.62	2.54	2.61	2.81
1955	490.92	121.60	24.77	345.75	70.43	2.95	3.10	3.25
1978	1 090.49	472.62	43.34	547.08	50.17	6.55	12.06	5.14
1994	1 574.79	714.66	45.38	766.30	48.66	9.46	18.24	7.21
1998	1 702.07	774.93	45.53	825.66	48.51	10.22	19.78	7.76
2007	2 095.19	970.22	46.31	1 007.33	48.08	12.30	24.61	9.54

数据来源：新疆辉煌 50 年，2000 年 5 月。新疆维吾尔自治区统计局 . 新疆统计年鉴(2008).中国统计出版社，2008。

---

① 南疆包括巴音郭楞蒙古自治州、阿克苏地区、克孜勒苏柯尔克孜自治州、喀什地区、和田地区；北疆包括乌鲁木齐市、克拉玛依市、石河子市、昌吉回族自治州、伊犁哈萨克自治州直属县市、塔城地区、阿勒泰地区、博尔塔拉蒙古自治州；此人口不含兵团人口。

　　从各地州来看，人口分布也极不平衡，人口最多的地区是喀什地区，喀什地区2007年的人口为369.43万人，占全疆总人口的18.1%。其次为阿克苏地区，为220.31万人，占全疆总人口的10.8%。人口最少的地区是博州，2007年的人口为47.29万人，占总人口的2.31%。

　　新疆人口分布很不均匀，人口集中在天山南北坡和喀什地区，以南疆铁路和欧亚大陆桥为载体，人口快速发展（图2-8）。

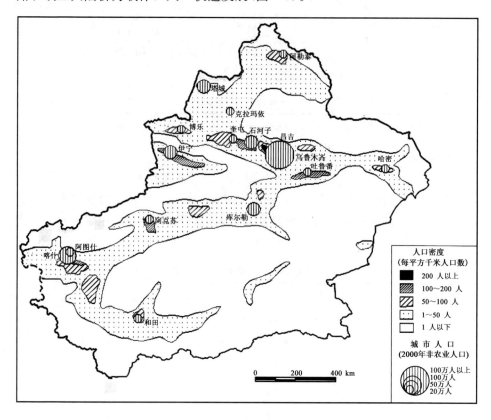

图2-8　新疆人口分布示意图

（二）新疆民族概况

　　新疆自古以来就是一个多民族聚居的地方。目前，新疆主要生活着维吾尔、汉、哈萨克、回、蒙古、柯尔克孜、塔吉克、锡伯、乌孜别克、满、达斡尔、俄罗斯等13个民族。据2000年第五次人口普查，新疆共有47个民族。主要少数民族的分布情况如下。

1. 维吾尔族

　　全疆维吾尔族的总人数为825.67万人。天山以南的维吾尔族占全疆维吾

尔族总人数的 80% 以上，喀什、和田和阿克苏三个地区的维吾尔族人数为
6 154 645 人，占维吾尔族总人数的 74.5%。南疆的维吾尔族主要从事农业，
其次为商业；北疆的维吾尔族从事农业，商业和交通运输业等。

2. 汉族

人数为 749.77 万人，天山以北的汉族人口数占全疆汉族总人口数的
72.7%，天山以南的汉族主要分布在兵团、城镇等地。

3. 哈萨克族

总人数为 127.75 万人，集中分布在伊犁哈萨克自治州，占全疆哈萨克族
总人数的 78.5%，另外在天山北坡的昌吉到巴里坤之间、博尔塔拉等地也有
少量分布。主要从事牧业，部分哈萨克族从事农业和工矿业。

4. 回族

人数为 81.3 万人，全疆各地都有分布，主要从事工商业，比较集中分布
的区域有：昌吉回族自治州和焉耆回族自治县，这两区的回族人数占全疆总
回族人数的 24.5%。

5. 蒙古族

人数为 15.69 万人，主要聚居于巴音郭楞蒙古自治州、博尔塔拉蒙古自
治州及塔城地区的和布克赛尔蒙古自治县，另有部分居住于伊犁、昌吉、哈
密和乌鲁木齐等地。主要从事畜牧业或半农半牧。新疆蒙古族讲蒙古语的卫
拉特方言，原使用托忒蒙文，现推行内蒙古自治区通用的胡都木蒙文。

6. 柯尔克孜族

人数为 15.96 万人，大多数聚居于克孜勒苏柯尔克孜自治州，少数散居
于南疆的乌什、阿克苏、莎车、英吉沙、塔什库尔干、皮山等县和北疆的特
克斯、昭苏、额敏、博乐、精河、巩留等县市的山区，主要从事畜牧业，柯
尔克孜族属阿尔泰语系突厥语族。柯尔克孜文是以阿拉伯字母为基础的拼音
文字。

7. 锡伯族

人数大约为 3.93 万人。大部分聚居于伊犁河流域的察布查尔锡伯自治
县、霍城县和巩留县，主要从事农业、畜牧业。新疆锡伯族使用本民族
1947 年创制的锡伯文。不少人兼通维、汉文。

8. 塔吉克族

人数为 3.96 万人，大多数聚居于帕米尔高原上的塔什库尔干塔吉克自治
县，少数分布于沿喀喇昆仑山的莎车、泽普、叶城、皮山等县的高寒地带，
塔吉克人从事畜牧业，兼营农业，操本民族语言(属印欧语系伊朗语族)，通
用维吾尔文。

9. 乌孜别克族

人数为 1.32 万人，散居于伊宁、喀什、乌鲁木齐、塔城、莎车等县市的城镇，多数从事商业、手工业，部分经营农牧业。乌孜别克语与维吾尔语十分接近。乌孜别克族有自己的文字，一般都兼通维吾尔文。

10. 满族

人数为 2.23 万人，多数居住于伊犁、昌吉和乌鲁木齐市。满族通用汉语汉文。

11. 达斡尔族

人数为 6 405 人，多数聚居于塔城，少数居住在乌鲁木齐市和霍城县。达斡尔族操本民族语言，普遍使用汉文。

12. 塔塔尔族

人数为 4 695 人，主要居住于伊宁、塔城和乌鲁木齐市。多数经商，少数从事农、牧、手工业。塔塔尔族有本民族的语言文字，也通用维吾尔语言和文字。

13. 俄罗斯族

人数为 1.06 万人，散居于伊犁、塔城、阿勒泰地区和乌鲁木齐市，职业比较广泛。使用本民族的语言和文字。

二、快速发展的新疆经济

(一)发展现状

1. 经济结构的逐渐优化

1949 年新中国成立前，新疆经济是以农牧业为主体的自然经济，生产力水平低下，生产方式落后，发展处于停滞状态。

新中国成立以来，特别是 20 世纪 70 年代末实行改革开放政策以来，新疆进入了经济快速发展、综合实力明显增强的时期。2000 年国家开始实施西部大开发战略，把促进新疆发展摆在更加突出的位置。多年来，新疆充分发挥自身比较优势，着力调整经济结构和转变经济增长方式，着力加强基础设施建设和生态环境保护，着力改善民生和提高基本公共服务水平，努力实现新疆发展与全国发展相协调、南疆发展与北疆发展良性互动的新格局。

近年来，新疆工业、农业和第三产业均保持快速发展。工业化进程加快，工业取代农业成为主要产业。第三产业在经济发展中的作用突出，批发、零售贸易和餐饮业发展迅速，邮电通信网络快速普及，房地产、金融等新兴行业快速发展。2008 年，第一、二、三产业占地区生产总值的比重分别为 16.4%、49.7%、33.9%。

2. 农业综合生产能力进一步增强，农村经济全面发展

依托丰富的水土、光热资源，新疆在资源优势向经济优势转化方面取得了显著成效，有力地推动了全区经济的快速发展，尤其是农业资源开发成效显著。目前已形成了棉花、粮食、甜菜、林果和畜牧等优势主导产业。2008年农业增加值达691亿元人民币，比2000年增长了1.4倍。2008年粮食总产量达$1\,022.85\times10^4$ t，保持了新疆维吾尔自治区内供需平衡，并且略有节余。新疆是中国重要的商品棉基地，2008年棉花总产量达301.55×10^4 t，棉花总产、单产和人均占有量均位居中国首位。现代畜牧业加快发展，已占农业总产值的27%，2008年肉类产量达175.49×10^4 t，比2000年增长了95%。特色林果业发展迅速，2008年林果总面积突破100×10^4 hm²，林果总产量超过400×10^4 t，总产值超过60亿元人民币。截至2008年，新疆有各类农产品加工企业1 059家，并成为中国最大的番茄制品加工出口基地。乳品日加工能力在短短几年里从不足1 000 t提高到近3 000 t，是全国增长最快的省区之一。甜菜糖生产能力达到60×10^4 t，成为全国最大的甜菜糖生产基地。葡萄酿酒业发展迅猛。农产品加工企业使新疆50%以上的种植面积实现了订单生产，辐射带动了新疆65%的农户。新疆已成为全国最大的商品棉、啤酒花和番茄酱生产基地，全国重要的畜牧业、甜菜糖和瓜果生产基地。

3. 基础设施建设不断加强

新疆根据"绿洲生态、灌溉农业"的特点，建成了以阿克苏克孜尔水库、和田乌鲁瓦提水利枢纽等为代表的一批现代大型水利工程和大批干支渠及其防渗工程，全区的引水量、水库库容和有效灌溉面积迅速增加。投资100多亿元人民币的塔里木河综合治理项目2008年完成，结束了塔里木河下游300多千米河道断流30年的历史。全面推进三北（东北、华北、西北）防护林、平原绿化、退耕还林、退牧还草等生态工程建设，改善农业生产条件。建成喷灌、滴灌等高效节水农田近80×10^4 hm²，年节水50×10^8 m³以上。2008年年底，新疆已有国道主干线8条、省道66条、县级公路600多条，通车总里程达到14.7×10^4 km，基本形成以乌鲁木齐为中心，以国道干线为主骨架，环绕两大盆地（准噶尔盆地、塔里木盆地）、穿越两大沙漠（古尔班通古特沙漠、塔克拉玛干沙漠），横贯天山、连接南北疆的干支线公路运输网络。相继建成南疆铁路、北疆铁路以及兰新铁路复线等工程，2008年新疆铁路运营里程超过3 000 km。航空事业发展迅速，已形成以乌鲁木齐为中心，联结国内外近70个大中城市和区内12个地州市，拥有114条国内外航线的空运网，通航里程超过16×10^4 km，成为国内拥有航站最多、航线最长的省区（图2-9）。邮电通信业快速发展，基本形成程控交换、光纤通信、数字微波、卫星通信、

移动通信等完整的现代化通信体系，光缆、数字微波和卫星通信等现代化传输网络已覆盖全疆。

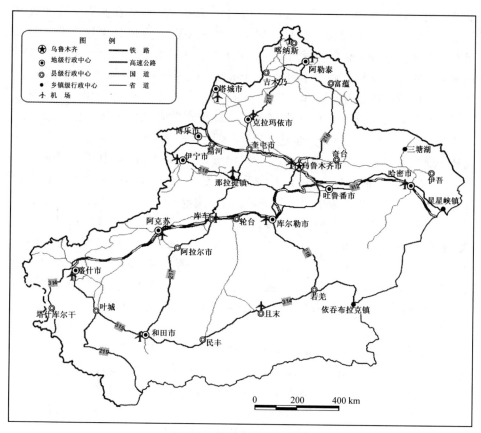

图 2-9 新疆交通示意图①

4. 现代工业体系逐步形成

新疆的工业经历了从无到有、从小到大的发展过程。近年来，通过实施优势资源转换、大企业大集团战略和中小企业成长工程，新疆的新型工业化进程加快，主要工业产品产量成倍增长，逐渐形成了包括石油、煤炭、钢铁、化工、电力、建材、纺织等门类比较齐全的现代工业体系，形成了天山北坡经济带、乌昌(乌鲁木齐和昌吉回族自治州)一体化经济区、库尔勒—库车石化工业带等工业聚集区，建成了32个国家和自治区级工业园区。2008年，工业对国民经济增长的贡献率达52.3%，工业增加值达1 790.7亿元人民币，

① 引自：武星斗. 新疆年鉴(2008). 新疆年鉴社，2008。

比 1952 年增长 274 倍，比 1978 年增长 16.6 倍，比 2000 年增长 3.98 倍，成为推动新疆经济快速增长的重要因素。重点行业和领域的信息技术应用不断加强，主要污染物排放总量得到初步控制，节能减排工作取得成效。

5. 矿产资源有效开发

新疆是中国的石油、天然气、煤炭等矿产资源最为丰富的地区之一。国家坚持对新疆油气大勘探、大开发和大投入的方针，努力将资源优势转化为经济优势，通过资源开发带动新疆经济快速发展，造福新疆各族人民。2008 年，新疆原油产量达 $2\,722\times10^4$ t，成为国家第二大原油产区；天然气产量 240×10^8 m^3，居全国第一位。随着新疆石油、天然气的开发以及中国与西亚国家在相关领域的合作，新疆的管道运输建设快速发展，2008 年新疆拥有各类油气输送管道超过 4 000 km，基本形成了北疆、南疆、东疆油气管网的框架。近年来，依托煤炭资源进行的煤电煤化工产业在新疆快速兴起。能源及化工业的快速发展，不仅满足了新疆经济发展对能源和石化产品的需求，而且有力带动了相关产业的发展，刺激了服务业的增长，对促进区域经济结构的形成和升级、解决就业以及推动城市化进程等发挥了重要作用。

6. 开放水平不断提高

新疆是中国向西开放的重要门户，也是新欧亚大陆桥的重要通道。新疆与蒙古、俄罗斯、哈萨克斯坦、吉尔吉斯斯坦、塔吉克斯坦、阿富汗、巴基斯坦、印度 8 个国家接壤，是中国陆地边境线最长的省区。改革开放以来，新疆实现了由封闭、半封闭向全方位开放的历史性转变。目前，新疆有国家批准的一类口岸 17 个、自治区批准的二类口岸 12 个，辐射周边十几个国家。截至 2008 年年底，新疆已与 167 个国家和地区开展了经济贸易合作和科技文化交流。2008 年，新疆外贸进出口总额达 222.17 亿美元，居全国第 12 位（中西部省区市第 2 位）；非金融类对外直接投资 1.64 亿美元，居全国第 13 位；对外承包工程业务完成营业额 7.95 亿美元，居全国第 14 位；对外劳务合作业务派出各类劳务人员 8 548 人，居全国第 13 位。

（二）新疆生产建设兵团在新疆开发建设中的作用

1949 年 9 月 25 日新疆和平解放后，中国人民解放军第一兵团进驻新疆各地区，新疆的屯垦事业揭开了崭新的历史篇章。

新中国成立前，新疆经济十分落后，百业凋零，物资奇缺。广大农村异常贫困，就地解决近 20 万军队粮饷绝无可能。1949 年 12 月 25 日中央军委发布《关于 1950 年军队参加生产建设工作的指示》，决心在全军立即开展大生产运动，从根本上解决部队粮饷问题。1950 年 1 月 21 日新疆军区发布命令："全体军人，一律参加劳动生产，不得有任何人站在劳动生产之外"，"全疆部队除担任祖国边防警卫和城市卫戍勤务外，必须发动 11 万人到开垦种地的农业生产战线上去"。要求当年"开荒种地 4×10^4 hm²"。遵照命令，全军指战员投入开荒生产，当年开荒播种 5.58×10^4 hm²，收获粮食 $3\,292.2\times10^4$ kg。随后，还节省部分军费投入新疆工业建设，先后兴建的项目有：六道湾露天煤矿、乌拉泊水电站、新疆水泥厂、七一棉纺厂、八一钢铁厂、十月汽车修配厂（现十月拖拉机厂）、新疆机械厂、八一面粉厂、木工厂等 10 多个工矿企业。同期，生产部队为解决农副产品加工和建筑工程的需要，各师、团先后建成了小型发电、碾米、磨面、榨油、轧花、修造、皮革、被服、锯木、砖瓦、陶瓷、印刷等各类作坊 76 个，初步奠定了新疆工业发展的基础。

1954 年 10 月 7 日，经中央军委批准，新疆军区生产部队成立"新疆军区生产建设兵团"，下辖 10 个农业建设师，2 个生产管理处，1 个建筑工程师，1 个建筑工程处及一些直属单位，总人口 17.5 万人，官兵 10.55 万人。有农牧团场 43 个，耕地 7.73×10^4 hm²，当年粮食总产 7184.4×10^4 kg，棉花总产 188.96×10^4 kg，工农业总产值 8 856 万元。

1958～1960 年，全国"大跃进"的形势如火如荼，兵团迅速掀起垦荒造田大兴水利建设高潮，重点开发南疆塔里木河流域和北疆玛纳斯河流域，共开垦荒地 56.67×10^4 hm²，新建农牧团场 107 个。同时，兵团工业生产也蓬勃发展，1958 年新增各类企业 100 个，1959 年新建企业 132 个，其中现代化企业 37 个。1960 年工业总投资达 7 548 万元，除续建工程外，又新建企业 39 个，至年底，全兵团已拥有各类工业企业 343 个，工业总产值达 60 149 万元，比 1957 年增长 2.5 倍。此期兵团工农业生产发展规模是新疆农垦发展史上发展最快的 3 年。

1961～1962 年，中央实施"调整、巩固、充实、提高"八字方针，兵团压缩基本建设投资，纠正高指标，把农业放在第一位，精简机关，下放干部，撤销 9 所学校，对 36 家产品质次价高的企业实行关、停、并、转，坚决执行中央"农业第一，粮食第一"方针，加强农田水利建设。经过调整，从 1963 年起，兵团各项事业很快进入一个全面大发展时期，农牧团场基本实现机械化、水利化、园林化。

"文化大革命"期间，兵团事业遭到严重破坏，生产不断下降，兵团经济濒临崩溃边缘。1975 年 3 月 25 日中共中央、中央军委决定撤销新疆军区生产建设兵团及各师建制，所属企事业单位全部移交地方管理。

中共十一届三中全会后，一系列改革开放政策使新疆农垦得到恢复和发展。鉴于新疆农垦事业面临的实际状况和兵团的特殊地位和作用，1981 年 12 月 3 日，中共中央作出《关于恢复新疆生产建设兵团的决定》，生产建设兵团开始了第二次创业，其建设和发展进入了一个新时期。

1983 年以后，新疆生产建设兵团坚持以经济建设为中心，加速进行农垦经济体制改革，推行各种形式的家庭联产承包责任制，实行财务包干、自负盈亏的管理办法，建立了收入和效益挂钩的新分配制度。1986 年，兴办各种家庭农场 4.46 万个，发展庭院经济。工业调整结构，实行厂长（经理）经营承包责任制，搬掉干部"铁椅子"，解放了生产力，推动了各项事业的发展。

1990 年兵团国民经济和社会发展在国家实行计划单列，为兵团经济发展创造了良好的外部环境。到 2001 年，新疆生产建设兵团在两大沙漠边缘兴修水利、植树造林、防风固沙，建起了数千 km 的绿色屏障，形成了 $1\,064\times10^3$ hm^2 新绿洲，国内生产总值占自治区的 13.2%。

2009 年，新疆生产建设兵团拥有耕地面积 105.71×10^4 hm^2，人口250.12 万人，在岗职工 69.10 万人，辖有 14 个师（局），174 个农牧团场，659 个独立核算工交建商企业。已形成农林牧渔综合经营、工农商学兵并举、科教文卫体全面发展的相对独立的垦区区域，办有各种类型的普通高校、成人高校、中专、技校及中小学校，还有众多的医疗、科研、勘测设计机构和文化艺术单位。如今，兵团以占全疆 1/7 的人口，生产新疆 1/7 的粮食、超过 1/2 的棉花和 1/3 的棉纱、棉布和食糖。在兵团成立后的 55 年里，先后治理了数十条河流，修建水库一百多座，修渠道八万多千米，形成了内陆地区独具一格的灌溉渠系配套、机械化、规模经营的现代化农业，在过去荒无人烟的戈壁大漠上建成了一个田陌连片、渠系纵横、林带成网、道路畅通的绿洲生态经济网络，建设起了石河子、奎屯、五家渠、阿拉尔、北屯等军垦新城。在发展农业的基础上，兵团从农副产品加工业起步，发展现代工业，形成了以轻工、纺织为主，钢铁、煤炭、建材、电力、化工、机械等门类比较齐全的工业体系。兵团的商业网点遍布天山南北，为繁荣市场、发展边疆经济作出了重要贡献。

新疆生产建设兵团对新疆的发展发挥了重要作用。兵团的农牧团场、工交建商企业在依法向当地政府纳税的同时，几十年来坚持为新疆各族人民服务的宗旨，积极支援地方建设，每年抽调大批技术人员到附近的县、乡、村举办种植、农机等各类培训班，推广先进技术；筹集资金帮助地方搞规划和建设，为各民族群众送医送药，给予各方面的帮助。为支持新疆工业发展，兵团还把已经建设起来的规模较大的一批工交建商企业无偿移交给地方，为自治区的现代化建设作出了贡献。

兵团作为新疆稳定、边防巩固的重要力量，坚持劳武结合，与军队、武警、人民群众共同在边境地区建立了"军、警（武警）、兵（兵团）、民"四位一体的联防体系，近五十年来在打击和抵御境内外分裂势力的破坏和渗透活动、保卫祖国边疆的稳定和安全等方面，发挥了不可替代的特殊作用。

在屯垦戍边中建立与地方政府的密切关系。兵团自觉接受自治区人民政府的领导，遵守政府的各项法规和法令，尊重少数民族的风俗习惯和宗教信仰，努力为新疆各族人民办好事、办实事，积极发展融合型经济，密切了与各族群众的血肉联系，做到边疆同守、资源共享、优势互补、共同繁荣。

在长期发展中，新疆生产建设兵团已有汉族、维吾尔族、哈萨克族、回族、蒙古族等 37 个民族成分。垦区主要有伊斯兰教、佛教、基督教和天主教等。新疆生产建设兵团全面贯彻中央政府制定的民族宗教政策，依法管理宗教事务，使兵团成为各民族团结的大家庭。

新疆生产建设兵团的发展，对加快新疆经济发展，促进民族团结，保持社会稳定，巩固边防，维护祖国统一，发挥着十分重要的作用。

（三）制约新疆经济发展的因素

1. 交通区位处于劣势

新疆位于祖国内陆腹地，远离国家经济活动中心，属于末梢市场，与全国各区域经济联系不便。同时，新疆"三山夹两盆"的自然地貌，造成内陆干旱且封闭性极强的绿洲经济特征，绿洲高度集中在洪积物组成的山前盆地、大河三角洲和风蚀湖滨平原等地带上，相隔距离遥远，造成经济活动的运输成本很高。

2. 经济基础薄弱

改革开放以来，新疆经济发展迅猛。但是，与东部发达省区相比则显得经济基础太弱、经济总量太小，特别是基础设施薄弱，难以支撑地方经济不断发展。

3. 生态环境脆弱

新疆属于典型的内陆干旱型自然地理生态系统，是山地生态系统、绿洲生态系统和荒漠生态系统的统一。随着人口的较快增长和人类经济活动空间的不断扩大、特别是大规模开垦荒地，已经造成绝大多数绿洲存在程度不同的缺水问题。加之缺少河流、湖泊等大面积水系的荡涤作用，绿洲生态系统的自净能力、修复能力不断下降，严重影响了地区经济的发展。而石油石化、钢铁、有色金属及建材等产业，大多属于高耗能、高耗水、污染比较严重的产业，不当的开发，进一步加剧本来已经非常脆弱的绿洲生态系统。

4. 人才队伍问题突出

一是人才队伍的质量不高，高学历的人才很少，导致新疆高新科学技术的转化与利用慢。二是新疆区域经济发展很不均衡，使新疆的人才在区域的分布和行业的分布也很不均衡。就区域分布而言，新疆的科研机构和高等院校，大多集中在乌鲁木齐和石河子市，新疆人才也大多集中在这些区域。三是人才流失严重。改革开放以来，沿海地区利用其优越的地理位置和各种有利因素，经济发展很快，沿海与西部经济发展距离不断拉大，由于受利益的驱动和社会环境的影响，人才也大量向东部流动，而且流失的主要是中青年专业技术人员和业务骨干，其中不乏高技术人才。

三、生产部门特点和布局

(一)农业生产部门特点和布局

1. 种植业

(1)粮食作物

新疆的粮食作物主要有小麦、水稻和玉米。冬麦主要分布在冬季气温较高的塔里木盆地农区和冬季有稳定降雪的北疆山前平原农区；春麦集中在北疆北部，西部，伊犁河谷东部，天山北坡东部，东疆和南疆的开都河—孔雀河流域；水稻主要分布在有水源保证的大河沿岸，河滩低地和冲积扇扇缘的泉水溢出地带，以昌吉—米泉，开都河—孔雀河流域和阿克苏冲积平原最集中；玉米分布在南疆和东疆区。

新疆的粮食基地主要集中在三大区域：伊犁河谷区，是新疆最大的粮食基地；塔城—博乐区，包括塔城盆地和博尔塔拉谷地，人少地多，为粮食生产商品率最高的地区，主要供应克拉玛依、乌鲁木齐和阿勒泰地区；阿克苏区，主要集中在阿克苏河流域和拜城盆地，光热水土资源丰富，开发潜力大，对支援塔北石油和南疆缺粮地区有重要意义。

(2)经济作物

新疆要发展农业必须在确保粮食稳定增产，区域平衡的基础上，要积极发展棉花、油料、瓜果、啤酒花等具有优势的经济作物。

棉花种植区目前分布在全疆 50 多个县市。2007 年棉花播种面积达 $1\,782.60\times10^3$ hm^2，占农作物播种面积的 40.57%，占经济作物播种面积的 59.11%。目前，新疆已经形成叶尔羌河流域、塔里木河中下游地区、准噶尔盆地南缘三大优质棉产业带，生产了全区 85% 以上的棉花。长绒棉、彩色棉也已形成一定规模，有机棉开始发展。

新疆是新中国成立后发展起来的甜菜糖产区，大面积种植甜菜是在改革开放之后。2007 年甜菜种植面积 94.02×10^3 hm^2，产量 586.93×10^4 t，新疆的水土资源和热量条件不仅适宜甜菜的生长，而且甜菜含糖率高。新疆甜菜的含糖率达 16.8%，出糖率达 13.2%，均高于内蒙古、黑龙江地区。新疆甜菜的主要产区为：石河子—呼图壁甜菜区，本区主要集中在乌伊公路两侧；
伊犁甜菜区；塔城甜菜区，本区水资源短缺，发展潜力不大；奇台—吉木萨
尔甜菜区；南疆甜菜区，本区集中在水资源较充足的阿克苏、焉耆一带，有
一定发展潜力。

新疆油料作物种类多，有油菜、胡麻、红花、芝麻、花生、葵花子等。
棉花籽是棉区主要的油料作物，2007 年新疆油料播种面积(油菜、葵花、胡
麻)176.47×10³ hm²，产油料 40.3×10⁴ t。新疆油料作物播种面积的 86%分
布在北疆，特别是伊犁和塔城两个地区，其次是昌吉和博乐地区；南疆油料
作物种植主要集中在拜城盆地、焉耆盆地和乌什谷地，约占新疆油料面积的
10%左右。

新疆气候干燥，光照充足，热量丰富，气温日较差大，对瓜果生产十分
有利。葡萄是新疆的主要果品，2007 年播种面积已达 109.857×10³ hm²，年
产葡萄 165.5×10⁴ t，居全国首位。吐鲁番和和田地区是两大葡萄生产基地。
苹果园主要分布在伊犁河谷地，天山南北麓山前平原与喀什三角洲；梨园集
中在库尔勒、喀什、叶城一带，其中库尔勒是商品梨生产基地；杏分布在南
疆各地；瓜集中分布在天山北麓、吐鲁番及喀什一带。

2. 畜牧业

新疆是我国主要的牧区之一，可利用的草场面积达 7.11 亿亩[①]，70%以
上的畜牧产品来自天然草场。畜牧业是新疆农业的主要组成部分，牲畜总头
数为 5 144.16 万头。2007 年畜牧业产值达 231.51 亿元，占农业总产值的
21.77%。新疆以养羊业为主，羊毛、羊皮、羊线的产量，及羊和骆驼的牧养
数量在全国居领先地位。2007 年底，新疆羊存栏 4 083.44 万只，占全国的
14.3%。新疆的牧业商品基地布局如下。

养羊业生产基地：新疆细毛羊基地在伊犁、塔城、博乐等地；肉羊基地
分布在阿勒泰地区和巴州的和静县；羔皮羊基地以阿克苏为主。

养牛业生产基地：乳肉兼用的新疆褐牛集中在伊犁、塔城、阿勒泰、博
乐和和静县；奶牛基地主要集中在大中城市、工矿区和旅游区。

养马业生产基地：建立在伊犁河谷、焉耆盆地和巴里坤盆地。

养驼业生产基地：南疆塔北和北疆阿勒泰、塔城以毛肉为主，南疆南和
北疆昌吉以毛役为主。

3. 林业

新疆森林覆盖率低，仅为 1.12%，居全国各省区第 11 位。蓄积量中，北

---

① 1亩=666.67 m²，下同。

疆占 94%，南疆占 6%。森林绝大部分集中在天山北坡和阿尔泰山两大林区，林业生产采重选轻，上述两大林区的年生长量为 306×10^4 m³，而年消耗量为 345×10^4 m³。林地基地分布情况如下。

阿尔泰山水源涵养林，用材林基地：阿尔泰山林区为新疆主要的林区，绝大部分是落叶松。

天山北坡水源涵养林，用材林基地：本基地东起巴里坤，西至伊犁，林带宽 10～30 km。有林地森林覆盖率为 27%。中部、东部已成过伐区。

天山南坡水源涵养基地：活木蓄积量仅有北坡的 1/20，树种以落叶松、云杉为主。

塔里木盆地胡杨林和准噶尔盆地次生林：尚存有林地面积 500 万亩，蓄积量 454×10^4 m³，比 20 世纪 50 年代减少一半以上。因此，防风固沙、保护绿洲至关重要。

农区农田防护林：建立绿洲为中心的防护林体系，是我国"三北"防护林体系的重要组成部分，对改善农业生态环境极为重要。

近几年，以特色林果业为主的林业发展取得新突破，2007 年，林果总面积 86.67×10^4 hm²。发展林果业，既可以获得经济效益，又可以改善生态环境。

4. 渔业

新疆可供渔业利用的水面为 343.2×10^3 hm²，养殖面积 77.59×10^3 hm²。有经济鱼类近 20 种，品质优良。1981 年渔业产值占农业总产值的 0.14%，2007 年占 0.6%。2007 年水产品产量 8.89×10^4 t（图 2-10），人均 4.24 kg。新疆渔业水体面积大，光热丰富，饲料、肥源充足，利于发展渔业。主要渔业基地有福海捕捞渔业基地、博斯腾湖渔业基地、大泉沟—蘑菇湖水库、红雁池电场等。

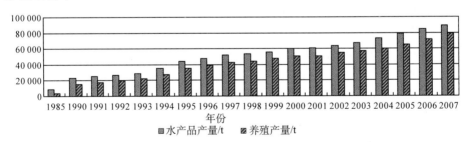

图 2-10　1985～2007 年新疆主要年份水产品产量图

新疆渔业发展迅速，以养殖为主、捕捞为辅。从图 2-10 可以看出，从 1985 年到 2007 年，渔业总产量逐年攀升，2007 年达到 8.89×10^4 t，为历史最高水平(其中养殖产量 $7.86×10^4$ t,占 88.48%;捕捞产量 $1.03×10^4$ t,占 11.52%),比 1985 年增长 $7.99×10^4$ t,年均增加 6 660 t。近年来,阿勒泰地区、阿克苏地区、昌吉回族自治州、巴音郭楞蒙古自治州、伊犁哈萨克自治州等地都把渔业发展作为区域经济的支柱产业,成为农业经济新的增长点。

(二)工业生产部门特点及其布局

1. 蓬勃兴起的新疆能源工业

新疆拥有得天独厚的能源资源,煤炭、石油、天然气等一次能源蕴藏量巨大,太阳能、风能、生物能等可再生能源也十分可观。能源工业是新疆国民经济的重要支柱。

(1)煤炭工业

新疆煤炭资源丰富、煤田煤质优、品种全、易开采,开采规模大,形成了乌鲁木齐矿务局、哈密矿务局、艾维尔沟煤矿等大型煤炭生产基地和昌吉、伊犁、克州康苏、拜城铁力克、库车俄霍布拉克、塔城铁厂沟等一大批中小型矿区。神华集团、新汶矿业集团、山东鲁能、中国华电国投集团、徐矿集团、潞安集团等大型企业介入新疆煤电、化工产业群建设,投入资金总额超过 1 000 亿元。依托准东、吐哈、伊犁、库拜四大煤炭工业基地,煤电煤化工建设掀起热潮。由山东新汶矿业集团总投资 25 亿元的煤化工项目在伊犁已经开工,此项目被列入中国七大煤化工基地之一,也是新疆唯一一个进入国家"十一五"规划的煤化工基地;入驻准东的国内外企业已达 40 多家,2006 年9 月,新疆准东煤电化基地千万吨矿区一期工程已开工建设;以哈密大南湖为代表的"西电东送"煤电基地已开工建设,煤电一体化、煤液化、煤焦化、煤化工等多产业融合发展的联动体系逐步形成,新疆煤电、煤化工产业快速崛起。2007 年,原煤产量达到 $5 018.64×10^4$ t,比 1978 年增长 3.7 倍。煤炭开采业实现增加值 32.32 亿元,占规模以上工业的 2.3%;实现利润 5.03 亿元,实现利税 11.27 亿元。

(2)石油工业

新中国成立后,尤其是近二十年来,新疆的石油资源在勘探、开发和加工方面取得了举世瞩目的成果。独山子 $1 000×10^4$ t 炼油和 $100×10^4$ t 乙烯、克拉玛依 $20×10^4$ t 甲醇、美克公司天然综合化工、联合化工 $4×10^4$ t 聚甲醛等一批已开工和待开工的重大建设项目,进一步促进了石油工业的快速发展。目前,新疆石油化学工业已形成了三大石油天然气生产基地,即准噶尔盆地的新疆油田公司、塔里木盆地的塔里木油田公司以及吐哈盆地的吐哈油田公司;五大炼油厂,即克拉玛依炼油厂、独山子石化公司、乌石化公司、中石化库车石油化工厂、泽普石油化工厂。石油石化产品与下游相关产业一体化发展格局已初步形成，主要石油石化产品形成一定生产规模。新疆已成为我国西部重要的石油天然气生产、加工、输出基地和21世纪中国重要的能源战略接替区。

（3）电力工业

新中国成立初期，新疆全区装机容量不足 1 000 kW，年发电量仅 97×10^4 kW·h，2007 年，全年完成发电量 413.32×10^8 kW·h，其中火电 344.94×10^8 kW·h，占总发电量的 83.46%，水电 63.4×10^8 kW·h，占 5.34%，风电 4.98×10^8 kW·h，占 1.2%。发电能力稳步增长，截至 2007 年年底，新疆有发电企业（含自备电厂）197 家，其中水电企业 97 家，火电企业 92 家、风电企业 8 家，发电装机总容量 873.32×10^4 kW，其中火电 649.15×10^4 kW，水电 191.51×10^4 kW，风电 32.66×10^4 kW。新疆风能的真正利用始于 1989 年。至 2003 年，全区共安装大小风力发电机 3 000 多台，为广大农牧区和边防哨卡提供了新能源，对改善农牧区人民和边防官兵的物质文化生活有着积极作用和深远意义。

（4）太阳能利用

新疆太阳能利用始于 1990 年年初，太阳能设备逐渐进入工业化生产，面向市场、面向农牧区，尤其是在太阳能热水器和太阳能光电源的领域内发展比较迅速。目前，全疆共推广各种类型的太阳灶 3 000 多台，推广太阳能热水器 5×10^4 m² 以上，建成太阳能采暖楼房 7 栋，推广各类小型太阳电源 200 kW 以上，太阳能温室（包括塑料大棚）在广大农村和牧区全面兴起。

2. 纺织工业

新疆纺织业历史悠久，是新疆经济建设的重点支柱产业之一。目前，新疆纺织业已形成棉纺织、印染、毛纺织、丝绸、针织、化纤、麻纺、服装等门类比较齐全、布局相对合理、比较完整并具有一定规模的纺织工业体系。一批国内外知名企业纷纷落户新疆，如浙江申州集团、浙江宝利来制衣公司、山东鲁泰公司、香港佰隆集团、香港溢达、江苏华芳、浙江雄峰、雅戈尔、澳洋、浙江金鹰等，成为推动纺织业发展的主力军。天山纺织（集团）有限公司 10 万锭数字纺纱系统项目、新棉集团喀什纺织公司新增 7 万锭精梳生产线项目，以及玛纳斯澳洋科技有限公司、新疆鲁泰棉业有限公司、阿瓦提恒丰农业发展有限公司等一批重点企业和重点项目已建成投产或正在实施中。

2007 年，全区共有规模以上纺织企业 98 家，拥有资产 192.64 亿元，实现增加值 34.16 亿元。目前的生产能力为：棉纺环锭 288.04 万枚，转杯纺 7.01 万头，棉布织机 6 633 台。2007 年，生产纱 40.89×10^4 t，比 1978 年增长 13.6 倍，纺纱生产能力已位居西部十二省（区、市）之首。同时，亚麻、化纤产业不断壮大，已经发展成为新疆纺织工业中具有较强潜力的新兴优势产业。

3. 特色轻工业

改革开放以来，新疆轻工业快速发展壮大，特别是进入 21 世纪后，以西部大开发战略和推进新型工业化进程为契机，依托农牧业及林果业的特色资源优势，轻工业进入了蓬勃发展的时期。目前，轻工业涉及采盐、农副食品加工、食品制造、饮料制造、塑料、造纸、烟草、皮革、家具等多个行业，占全国轻工 44 个行业的 86%。中粮屯河、中基番茄、啤酒花股份、冠农果茸、香梨股份、伊力特、新天国际、新疆天业、麦趣尔、博湖苇业等一批本地企业迅速崛起。多家知名大企业、大集团落户新疆，如台湾顶新国际集团、杭州娃哈哈集团、江苏南京雨润集团、台湾旺旺集团、湖北安淇酵母股份有限公司、浙江天洁集团、浙江卡森集团，为新疆进一步发展壮大轻工产业集群奠定了良好基础。目前，以番茄制品、松木家具、啤酒花、胡萝卜汁、杏浆等为代表的一批特色轻工产品，已初步形成规模，新疆已成为亚洲最大松木家具出口基地之一，我国最大的啤酒花、番茄酱及甜菜糖生产基地。

2007 年，以新疆屯河糖业、新疆四方糖业、新疆伊力特糖业三大糖业集团为代表的制糖行业共产糖 64.94×10^4 t，产量列全国各甜菜制糖省区第一名，占全国甜菜糖总量的 60%；以中粮屯河、中基、天业三大番茄加工企业集团为首生产的番茄酱产量名列全国第一、世界第二，出口占国际贸易量的四分之一，已成为全国规模最大、出口最多的番茄种植与加工生产基地；塑料合成树脂生产能力达 54×10^4 t。

4. 钢铁工业

新疆是我国黑色金属矿产资源富集的地区之一，具有发展钢铁工业的良好条件。改革开放以来，钢铁行业得到了快速发展，已初步形成了以八一钢铁集团、八一钢铁股份公司两个大型企业为主，新疆伊犁钢铁有限责任公司、新疆天基钢铁有限公司、博州钢铁有限责任公司、新疆金特和钢钢铁有限公司等中型企业为辅的钢铁生产和以新疆钢铁雅满苏矿业有限责任公司、伊吾县宝山铁矿、富蕴县蒙库铁矿有限责任公司、富蕴县蒙库富钢选冶有限责任公司等为主进行矿产开发的产业基础，形成了集采选、冶炼及压延加工为一体的生产格局。

目前，全区规模以上黑色金属矿采选、冶炼及压延加工企业 80 家，其中大型钢铁企业 2 家，形成了年产钢 539×10^4 t、铁 433.80×10^4 t、钢材 610.79×10^4 t 的生产能力。2007 年，黑色金属矿采选、黑色金属冶炼及压延加工工业增加值 60.22 亿元，占规模以上工业增加值的 4.3%；实现利润

23.38 亿元，占规模以上工业利润总额的 3.4%。生产铁矿石原矿量 1 286.32×
10^4 t，比 1978 年增长 26.8 倍；生铁 394.97×10^4 t，增长 21.5 倍；粗钢
447.24×10^4 t，增长 51.9 倍；钢材 470.94×10^4 t，增长 68 倍。

5. 有色金属

新疆具有丰富的有色、稀有金属资源，为新疆有色金属工业的发展奠定
了良好的基础。改革开放以来，新疆相继建成了新疆有色金属工业(集团)公
司、新疆众和铝业股份公司(上市公司)等主要企业，以及可可托海稀有矿、
喀拉通克铜镍矿、阜康冶炼厂、阿希金矿。克拉玛依金矿、阿舍勒铜矿等一
大批大型矿山企业，贵金属、有色金属矿产资源开发已初具规模。一批重大
项目已经建成或正在建设，1.5×10^4 t 镍、5×10^4 t 钢、电解钴项目先后在阜
康开工或投产，1×10^4 t 高冰锦冶炼项目在哈密开工，1×10^4 t 镍技改扩建工
程和铍铜合金项目相继在富蕴开工或投产，伊犁铝厂全面恢复生产，哈图金
矿 500 t/d 选矿厂投料生产，乌鲁木齐 400 t 金属锂项目和可可托海三号脉二
期工程已开工。目前，可可托海稀有金属公司锂、铍、钽、铌综合选矿能力
快速提高，有色金属向超纯、超细方向发展；喀拉通克铜镍矿通过技术改造
扩大了铜镍产能，正在向年产万吨镍的水平发展；阿舍勒铜矿产能扩大到日
处理 4 000 t 的选矿能力；富蕴铍业公司成为亚洲第二、中国第一的铍冶炼企
业；新疆锂盐厂是中国规模最大、技术最先进的锂盐企业。

2007 年，全区规模以上有色金属工业 62 家，实现增加值 45.34 亿元，占
规模以上工业的 3.2%；实现利润 29.49 亿元，占规模以上工业的 4.3%；生
产铝 54 089 t，比 1978 年增长 35 倍；铜 4 000 吨，增长 145.7 倍；镍 4 873 t；
铝材 20 713 t。

四、城市结构单一，城镇化水平较低

(一)新疆城市发展历程

新疆城市发展历史悠久，早在西汉时期，新疆轮台就已经设置"西域都护
府"，管辖当时的西域。古丝绸之路曾给新疆这块土地带来繁华，伊川、巴里
坤、阿克苏、乌鲁木齐、吉木萨尔等城镇相继发展起来。由于气候干旱，环
境恶劣，交通闭塞，很多城镇逐渐衰败。

1945 年设立的迪化市，现为乌鲁木齐市，是新疆第一座具有现代意义的
城市。新中国成立初期，大批人员进入新疆，支援建设，新疆的城市化水平
逐渐提高。1955 年设立了伊宁市，1958 年设克拉玛依市。到 1961 年，新
疆城镇人口从 1949 年的 52.93 万人增加到 166.54 万人，城市化率也从 1949 年
的 12.21% 提高到 23.45%，这一阶段新疆的城市化水平稳步提高。1962 年开

始，按照中央的路线方针，新疆实行精简下放政策，随后新疆的城市化进入了一个缓慢发展期。

改革开放后，新疆经济快速发展，城市化水平也随之提高。1979年设立库尔勒市，1983～1986年，相继设立了昌吉、塔城、吐鲁番、阿克苏、阿勒泰、和田、博乐、阿图什等8个城市。1996年设立了乌苏市、米泉市，同时克拉玛依由县级市升格为地级市。2003年又设立了五家渠市、阿拉尔市、图木舒克市。2007年6月30日，将昌吉回族自治州米泉市并入乌鲁木齐市，撤销米泉市和乌鲁木齐市东山区，设立乌鲁木齐市米东区。乌昌经济一体化，加速了乌鲁木齐城市化的发展。

(二)新疆城镇化水平

1. 城市化水平增长低于全国平均水平，与发达地区相比差距较大

2000年，全国城镇化率为36.22%，新疆为33.75%；2007年，全国城镇化率增加到44.94%，增长了8.72个百分点，而新疆增加到39.15%，增长了5.40个百分点，新疆的城镇化增长速度低于全国平均水平，城镇化率居全国第23位。新疆城市化水平进程缓慢，落后于全国城市化进程。从2000年到2007年，新疆城镇化率增长了38.15%，同时，全国的城镇化增速为43.94%（表2.9）。

表2.9　新疆2000～2007年城镇化率与全国的比较

年份	新疆城镇化率/%	全国城镇化率/%
2000	33.75	36.22
2001	33.75	37.66
2002	33.84	39.09
2003	34.39	40.54
2004	35.15	41.76
2005	37.15	42.99
2006	37.94	43.90
2007	39.15	44.94

数据来源：新疆维吾尔自治区统计局. 新疆统计年鉴(2008). 中国统计出版社，2008。中华人民共和国国家统计局. 中国统计年鉴(2008). 中国统计出版社，2008。

2007年新疆的城镇化率与山东、江苏、浙江、福建、广东等省份相比，分别低了7.6、14.05、18.05、9.55、23.99个百分点，差距很大（表2.10）。

表 2.10　2007 年新疆与东部省份及全国的城镇化率比较

地区	总人口/万	城镇人口/万	城镇化率/%
山东	9 367	4 379	46.75
江苏	7 625	4 057	53.20
浙江	5 060	2 894	57.20
福建	3 581	1 744	48.70
广东	9 449	5 966	63.14
新疆	2 095	820	39.15

数据来源：中华人民共和国国家统计局．中国统计年鉴(2008)．中国统计出版社，2008。

与西北五省市比较，新疆的城镇化水平处在第四位。仅高于甘肃，略低于陕西、青海，比宁夏明显偏低(表 2.11)。

表 2.11　2007 年新疆与西北省份的城镇化率比较

地区	总人口/万	城镇人口/万	城镇化率/%
陕西	3 748	1 522	40.62
甘肃	2 617	827	31.59
青海	552	221	40.07
宁夏	610	269	44.02
新疆	2 095	820	39.15

数据来源：中华人民共和国国家统计局．中国统计年鉴(2008)．中国统计出版社，2008。

2. 城市规模小，数量少；结构不完善，经济辐射拉动能力弱

新疆特大城市独一，中等城市少且不完善，小城市众多，总体上尚未完全形成多层次合理的城镇网络。城市规模等级的断档，阻碍了各种规模城市功能的正常发挥。小城市比重大，城市规模普遍偏小，无法产生规模效益和聚集效益，从而造成城市聚集经济效益低，辐射能力差，吸引范围小。且很多小城市是地、州所在地，仅为行政中心。

新疆现有特大城市 1 个，大城市 1 个，中等城市 7 个，小城市 12 个。总体呈现出大城市比例偏低，中小城市比例明显偏高的特征，见表 2.12。

在缺少大城市和中等城市的体系中，首府特大城市的负担过重，各城市间不能进行合理的分工协作，难以发挥其群体效益。新疆城市呈首位规模分布，即首位城市人口所占比重过大，乌鲁木齐城镇人口占新疆城镇人口的 1/5 强，与下级城市相比，规模相差悬殊。这种城市体系说明整个区域中的人口

和各种经济要素在首位规模城市高度聚集，不利于首位规模城市带动整个城市体系在区域中发挥作用。

表 2.12　新疆城市规模（2007 年市区非农业人口）

城市规模	人口规模	数量/个	城市
特大城市	≥100 万	1	乌鲁木齐
大城市	50 万～100 万	1	石河子
中等城市	20 万～50 万	7	哈密市 奎屯市 库尔勒市 克拉玛依市 伊宁市 阿克苏市 昌吉市
小城市	≤20 万	12	喀什市 博乐市 图木舒克市 阿勒泰市 阿拉尔市 和田市 阜康市 塔城市 乌苏市 五家渠市 吐鲁番市 阿图什市

新疆幅员辽阔，交通线过长，乌鲁木齐市的辐射量，在扩散中已耗散殆尽，难以推动新疆经济高效快速发展，只有把这种辐射作用集中到各个地、州的中心城市，才能有带动的能力。

3. 城市密度低，区域分布不平衡

新疆城市空间分布分散，两个城市间的平均距离 1 000 km，城市之间的吸引力较小，容易相互"孤立"，缺乏紧密联系，形成"割据"状态。

从经济实力来看，除了乌鲁木齐、克拉玛依等少数几个城市外，新疆的其他城市经济实力普遍较低。

新疆城市分布的特点是北疆稠密，南疆稀疏，在宏观空间分布上，主要沿着交通干线、盆地边缘以及河谷地带，呈串珠状、条带状分布。具有沿交通线分布和沿资源开发带分布的特点。新疆城市串起来有两条线，一条线是从阿勒泰、塔城、博乐、阿克苏到喀什，另一条线沿天山南北坡分布从克拉玛依、乌鲁木齐、昌吉、库尔勒、哈密到吐鲁番，总体上呈"人"字形分布。

（三）新疆城市规划

根据新疆兵团城镇（城市）总体建设规划，兵团城镇体系预计到 2020 年，以石河子市为重点的中心城市发展初见成效，人口规模超过 50 万，城镇化水平达到 75%。图木舒克、阿拉尔、北屯、五家渠 4 个小城市得到快速发展，其中阿拉尔市将成为带动兵团南疆各师城镇发展的副中心城市，每个城市人口规模将在 10 万～20 万人，城镇化水平达到 65% 以上。

根据新疆维吾尔自治区城市建设总体规划，预计 2020 年，建设成特大城市 1 个，大城市（或城市区域）3 个，中等城市 6 个，小城市 30 个，小城镇 270 个左右，设市城市达 40 个左右，见表 2.13。

表 2.13　新疆城镇体系等级规模结构规划(城镇非农业人口，2020 年)

级别	人口规模/(万人)	数量	城镇名城
一级	>100	1	乌鲁木齐
二级	50～100	3	库尔勒、奎—独—乌(奎屯、独山子、乌苏区域)、石河子
三级	20～50	6	克拉玛依、伊宁、阿克苏、哈密、喀什、昌吉
四级	10～20	9	阿勒泰、和田、博乐、库车、阜康、吐鲁番、鄯善、莎车、塔城
五级	5～10	13	新源、叶城、呼图壁、阿图什、奇台、额敏、北屯、五家渠、芳草湖、图木舒克、阿拉尔、霍尔果斯、阿拉山口
六级	2～5	25	麦盖提、玛纳斯、水定、巴楚、特克斯、拜城、沙雅、尼勒克、英吉沙、阿瓦提、吉里于孜、疏勒、吉木萨尔、乌什、巩留、巴仁、布尔津、疏附、昭苏、库额尔齐斯、托里、托克逊、木垒、察布查尔、喀拉喀什
七级	<2	247	略

1. 逐步形成"一圈、三带"的空间组合模式

"一圈"即乌鲁木齐都市圈，"三带"即北疆铁路沿线城镇发展带、南疆铁路沿线城镇发展带和沿边境城镇发展带。在目前沿塔里木和准噶尔两大盆地环状城镇体系空间格局的基础上，最终实现网络化城镇体系空间格局。

(1)优先建设乌鲁木齐都市圈

乌鲁木齐都市圈的核心范围包括乌鲁木齐市及其临近的昌吉市、五家渠市、米泉市和阜康市等。乌鲁木齐都市圈发展方向是：以中心城市和周围城镇之间的有机联系和合理分工为前提，强化中心城市商贸、金融、服务和科技创新、体制创新功能，生产中心功能通过发达便捷的交通、通信等基础设施联系，疏散到外围城镇。

(2)注重城乡协调，发展北疆铁路沿线城镇发展带

北疆铁路沿线城镇发展带包括乌鲁木齐、克拉玛依、石河子、昌吉、米泉、阜康、五家渠、玛纳斯、呼图壁、乌苏、沙湾、精河、奎屯、博乐、伊宁、阿拉山口、霍尔果斯等市、县、边境口岸和沿线兵团部分团场。

以天山北坡城镇密集地带的优先发展为基础，该区域逐步实现科技、经济、生态、社会和城乡协调发展，成为特色优势资源转化增值和与东部、中亚合作的示范基地，以及具有较强创新能力、多功能、现代化、外向型的城市经济区域，以此带动和辐射自治区社会经济的全面发展。到2020年，城镇化水平达到65%。

(3)实施以区域性中心城市为重点的点轴开发，培育南疆铁路沿线城镇发展带

南疆铁路沿线城镇发展带包括哈密、吐鲁番、巴音郭楞、阿克苏、喀什、克孜勒苏等地州所属城镇和兵团部分团场。强化哈密、吐鲁番、库尔勒、阿克苏、喀什等中心城市的作用，以南疆铁路、314国道为发展轴，带动沿线城镇发展。注重生态环境的改善，实现可持续发展。

(4)依托边境口岸、边境城镇和兵团边境团场，形成沿边城镇开放带

新疆维吾尔自治区沿边城镇开放地带划分为四大区。遵循"突出重点、纵深配置、协调发展"原则，在自治区城镇体系大背景下，把边境口岸、边境城镇、腹地城镇作为一个相互联系的、以发展外向型城镇经济为目标的有机整体统一规划。选择沿边的14个开放口岸中条件较好的霍尔果斯、阿拉山口、巴克图、都拉塔、吉木乃五个口岸重点建设，同时通过重点口岸、边境经济合作区、开发区、跨国经济合作区及保税区的建设，形成重点突破，以局部带动整体；另一方面，依托后方大中城市，形成以口岸、经济合作区为前沿，以边境城市、骨干城市为节点，以乌鲁木齐为核心的外向型经济发展的空间格局。

2. 城镇体系职能结构

新疆维吾尔自治区城镇体系形成以下主要职能类型的城市。

跨省域中心城市：乌鲁木齐市，自治区的政治、经济、文化、交通、科技、信息中心，我国西北地区重要的中心城市，未来现代化国际商贸城市。

区域性中心城市：库尔勒、克拉玛依、石河子、奎—独—乌区域、伊宁、喀什、阿克苏、哈密。通过扩大城市规模、完善功能、增强实力，发挥区域性经济中心作用。

地区中心城市：昌吉、塔城、阿勒泰、博乐、吐鲁番、和田、阿图什等。通过特色产业开拓，体现城市特色，壮大自身的综合实力，促进地区范围内的城镇化进程。

市、县域中心城镇和具有特殊职能的小城镇：包括市、县域中心城市、垦区中心城镇、工矿、交通、旅游城镇、口岸城镇等，如乌苏、阜康、米泉、五家渠、图木舒克、阿拉尔、北屯、阿拉山口、霍尔果斯、三道岭、大河沿

等，以生态建设为基础，以市场为导向，发展特色产业经济。

一般建制镇、农牧团场和集镇：深化农业体制改革，推进农业产业化进程，促进农村剩余劳动力的转移。

3. 城市经济区

充分发挥中心城市的辐射带动作用，到 2020 年规划建立七个城市经济区，见表 2.14。

表 2.14　新疆维吾尔自治区各城市经济区范围

	经济区	影响范围
1	乌鲁木齐经济区	乌鲁木齐、石河子、吐鲁番、鄯善、托克逊、昌吉、阜康、米泉、呼图壁、玛纳斯、奇台、吉木萨尔、木垒、五家渠
2	奎—克—乌经济区	奎屯、克拉玛依、博乐、精河、温泉、塔城、乌苏、额敏、沙湾、托里、裕民、和布克赛尔、阿勒泰、布尔津、富蕴、福海、哈巴河、青河、吉木乃、北屯
3	哈密经济区	哈密、巴里坤、伊吾
4	伊犁经济区	伊宁、伊宁县、察布查尔、霍城、巩留、新源、昭苏、特克斯、尼勒克
5	库尔勒经济区	库尔勒、轮台、尉犁、若羌、且末、焉耆、和静、和硕、博湖、库车、沙雅、新和、策勒、于田、民丰
6	阿克苏经济区	阿克苏、温宿、拜城、乌什、阿瓦提、柯坪、阿合奇、巴楚、阿拉尔、图木舒克
7	喀什经济区	阿图什、阿克陶、乌恰、喀什、疏附、疏勒、英吉沙、泽普、莎车、叶城、麦盖提、岳普湖、伽师、塔什库尔干、和田、墨玉、皮山、洛浦

乌鲁木齐经济区：开展乌鲁木齐都市圈的规划和建设工作，加大对外开放的力度，以开放促进区域经济的发展。加强其对中亚、欧洲的国际贸易以及丝绸之路旅游热线中心城市建设工作，重点协调都市圈内各城市之间的产业关系，加强横向联系和分工协作。

以石河子为副中心，积极发展集约型的生态农业，形成纺织、电力、食品加工、造纸等支柱产业。

以吐鲁番为副中心，发展特种农业、旅游业和石油天然气工业，带动地区经济腾飞。

奎—独—乌经济区：发挥区域的产业组合优势，协调三地关系，大力加强基础设施协调规划建设，增强城市的积聚和辐射功能，成为北疆西北部的经济中心。阿勒泰、北屯为副中心，建成区际牧业基地、有色冶金、农副产品加工基地，积极培育旅游等新的经济增长点，大力发展第三产业，加快城镇建设步伐，带动地区经济发展。塔城、博乐为副中心，依托口岸和陆桥优势，大力吸引外资，积极开拓中亚市场，以开放开发促进区域经济发展。

伊犁经济区：自治区重要的农业和畜牧业发展基地，利用口岸及精伊霍（精河—伊宁—霍尔果斯）铁路，大力发展外向型经济，注重边境城镇的建设和城镇产业的协调发展。

哈密经济区：重点发展采矿、冶金、化工和交通运输业，充分发挥交通优势，成为新疆名副其实的门户。

库尔勒经济区：形成以食品、轻纺、建材、造纸等行业在内的综合性工业基地和石油工业中心。库车为副中心，新兴石油工业基地。

喀什经济区：形成以旅游产业、轻纺工业和食品等为主的支柱性产业，强化喀什市在经济区中的对外贸易和旅游中心的地位。

阿克苏经济区：形成农副产品加工和新的石油工业基地。

和田为副中心，建成具有自治区意义的丝绸、地毯加工基地，发展具有一定规模的棉纺和果品加工业，加强旅游业等第三产业的发展。

第三章　新疆地理区划

章前语

新疆地域辽阔，地理环境复杂多样，区域差异显著。为了因地制宜地利用资源，科学管理，根据区域分异及地域分工等理论，结合新疆的自然、人文和经济特征，进行新疆地理的区域划分，分析地区差异和发展规律。本章对新疆自然地理差异、人文地理差异及经济发展差异进行了分析，并对新疆综合自然区划、综合经济区划及综合地理分区进行了阐述，可以让大家更好地了解新疆区域地理格局，也是指导协调区域可持续发展的科学基础。

关键词

区域差异；自然区划；经济区划；综合地理分区；新疆

第一节　自然地理差异

新疆地域辽阔，地质构造复杂，地貌形态多样，地貌类型众多，天山横亘在新疆中部，将新疆分为南、北两个区域。南疆属于典型的干旱区，北疆属于干旱、半干旱区。植被和土壤的水平地带性和垂直地带性显著。

一、水平地带性

（一）植被的水平地带性

1. 草原地带

新疆草原带是欧亚草原的一部分，北、中部的森林草原和真草原亚地带在新疆境内中断，只有南部的荒漠草原亚地带在阿尔泰山南麓与准噶尔盆地北缘之间，以一条狭窄的带状通过。典型的草原地带性植被在准噶尔北部平原得不到发育，荒漠草原占据山前倾斜平原，优势种由旱生丛生禾草和旱生多年生杂草类构成，如沙生针茅、中亚针茅、针茅、隐子草、糙隐子草、沙生冰草、多根葱、柳叶凤毛菊、旱生的小半灌木小蒿、席化蒿、阿列兴蒿、小蓬，盐生假木贼、木地肤、驼绒藜等，形成了新疆唯一的水平地带性草原植被。

2. 荒漠地带

地带性荒漠覆盖着宽广的山地和辽阔的冲积平原，在几乎所有的山前洪积扇（阿尔泰山除外）、古老的冲积锥、三角洲和阶地，地带性荒漠都可上升至低山和前山带，塔里木盆地南部甚至进到中山和亚高山带。荒漠植被由超旱生的小半乔木、半灌木、小半灌木、灌木组成。以梭梭、蒿类、假木贼、猪毛菜、驼绒藜、琵琶柴、戈壁藜、合头草、白刺、麻黄、沙拐枣、霸王、裸果木等属的植物为建群种。在不同的群落中往往发育着由一年生盐柴类、多年生禾草或短生植物构成的层片。荒漠地带的隐域植被有胡杨林、柽柳灌丛、盐生草甸、荒漠化草甸、多汁盐柴类荒漠。

（二）土壤的水平地带性

新疆地跨中温带和暖温带两个气候地带，地域辽阔。北疆的准噶尔盆地、南疆的塔里木盆地、东疆的吐鲁番盆地和哈密的倾斜平原等平原区，均为半干旱荒漠、荒漠和极干旱荒漠地带。南疆内陆盆地中的平原区，是典型的大陆干旱型荒漠区。新疆土壤沿南北方向呈带状分布，比东西向分异明显。总体特征是由北偏西向南偏东的方向呈规律的条带状分布。这是新疆土壤水平分布规律的最大特点。

以北疆古尔班通古特沙漠为界限，西北为温带半荒漠带的棕钙土，东南为生长梭梭的荒漠带灰漠土。东天山的东疆荒漠地区分布着灰棕漠土。在南疆范围内，按照水热条件的南、北与东西差异，与其相适应的棕漠土又可分为两个带，天山南麓分布着石膏棕漠土，而石膏盐磐棕漠土分布于昆仑山—阿尔金山北麓，中间被塔克拉玛干沙漠隔断。

二、垂直地带性

（一）地貌垂直带

由于大气环流的影响，新疆降水自西向东减少，且迎风坡多于背风坡，致使地貌类型的垂直带分异十分显著。

阿尔泰山流水侵蚀作用带海拔较天山低 200 余米；天山北坡迎风坡流水侵蚀地貌带宽 20～65 km，长达 1 100 km，而南坡（背风坡）宽约 15 km，长 375 km；昆仑山流水侵蚀作用主要发生在河谷地区，以干燥、冰川与寒冻作用为主。

阿尔泰山西部中山森林茂密，水系发育，流水侵蚀地貌带宽达 105 km，而东部青河附近，宽仅为 25～30 km，至东部北塔山及哈甫提克山则河流稀少，山体基岩裸露，干燥作用强烈；天山西部婆罗科努山与哈尔克山的中山森林茂密，河流众多，流水侵蚀强烈，而东部觉罗塔格、库鲁塔格山却几乎为无径流区，为干燥作用山地；昆仑山西部北坡可见小片森林，海拔约4 100～3 500 m处存在宽约25～70 km的半干燥作用带，向东至克里雅河附近的半干燥作用带缺失，至阿尔金山干燥作用带上限达4 500 m，干燥作用十分强烈。

　　阿尔泰山和天山的地貌垂直带较明显，自高向低分别为冰川与寒冻剥蚀的高山或极高山、流水侵蚀中山、干燥半干燥作用中山或干燥作用低山丘陵，随着降水量自西向东、自北向南减少，流水侵蚀作用带逐渐变窄或缺失。

　　(二)植被的垂直分布规律

　　高峻的山岭围绕着准噶尔盆地和塔里木盆地，在这些山地的山坡上，自下而上发生一系列随着高度而更迭的垂直带，每一垂直带是由反映该带自然条件特点的植被所构成，大致与山坡等高线平行，并有一定的垂直幅度。处于不同气候带或不同植被区域的山地，其植被垂直带结构不同。

　　1. 山地荒漠垂直带

　　由超旱生小半灌木植物构成，在本区山地(除阿尔泰山外)占据着垂直带结构的基部，由山里至前山带随纬度的降低而升高，在昆仑山可达亚高山带。在极端干旱和石质化的山坡上，发育着盐柴类小半灌木组成的山地荒漠垂直带，其建群种有琵琶柴、假木贼、天山猪毛菜、圆叶盐爪爪、合头草等，并常有喀什霸王、裸果木、喀什麻黄等加入。群落组成贫乏，盖度低。该群落在天山南麓山地的石质低山十分发达，在昆仑山则发育在黄土坡一带，而在天山北麓山地较少发现。

　　蒿属荒漠构成的山地垂直带广泛发育于南北疆山地黄土覆盖的前山带山坡上，通常处于小半灌木盐柴类荒漠的上部。北疆西部的山地蒿属荒漠中混生多种短命植物，表征春季多雨、夏季干热的中亚荒漠气候，南疆则缺乏短命植物，在该带的上部，有针茅和狐茅等草原禾草出现，表明山地荒漠向山地草原的过渡。

　　2. 山地草原垂直带

　　新疆的草原植被在阿尔泰山构成垂直带谱的基带，在天山北麓和准噶尔西部山地普遍发育于中、低山带，在极端大陆性气候的南疆山地因受到荒漠的逼迫而上升得很高。按高度更迭又可分为：荒漠、真草原和草甸草原等三个草原垂直带。

　　荒漠草原垂直带位于本带的下部，是向上山地荒漠垂直带的过渡带。植被建群种以草原旱生禾草，即新疆针茅、针茅、沙生针茅、东方针茅、戈壁针茅、沟叶狐茅、无芒隐子草等占优势，并混有相当多的蒿类、驼绒藜、木地肤等荒漠小半灌木，在大陆性气候强的山地特别发育，在昆仑山和帕米尔高原甚至占据了整个草原垂直带。

真草原垂直带亚带处于中山带。建群植物为旱生禾草与杂类草，主要有针茅、长羽针茅、细叶针茅、红针茅、短花针茅、西北针茅、沟叶羊草、冰草、糙隐子草等。在伊犁尚有白羊草为建群种的草原群系。草原杂类草主要有蓬子菜、穗花婆婆纳、冷蒿、黄花、棘豆等。在强度石质化或碎石质山坡上，出现大量中旱生灌木：兔儿条、小叶忍冬、多种锦鸡儿，还有沙地柏等，构成灌木草原或草原灌丛。在塔尔巴哈台山南坡甚至形成独特的草原灌丛垂直带。

草甸草原垂直带处于真草原垂直亚带的上部，其特点在草原禾草为主的群落中，有大旱中生、中旱生的草甸草类加入，如苏马兰、牛至、山糙苏、梯牧草、天山异燕麦、亚洲异燕麦、斗篷草、拉拉藤、丘陵老鹳草等。

3. 山地森林—草甸垂直带或森林草原垂直带

天山南北坡植被垂直带差异见表3.1。森林与草甸植被在山地的分布，与

表 3.1 天山南北坡植被垂直带对比

山地垂直带（自上而下排列）	天山北坡		天山南坡	
	西段 精河附近	东段 博格达山北坡	西段 库车附近	东段 博格达山南坡
雪线/m	3 800	3 900	4 200	4 300
雪线≥3 000 m	高山垫状植物	高山垫状植物	高山裸岩带 高山嵩草芜原	高山裸岩带 高山嵩草芜原
3 000～2 000 m	高山嵩草芜原 云杉林	高山嵩草芜原 云杉林	亚高山草原（林） 山地荒漠草原 嵩类荒漠	山地草甸带（林） 亚高山草原 半灌木盐柴荒漠
2 000～1 000 m	云杉林 山地草甸草原 山地狐茅针茅草原	云杉林 山地草甸草原 山地荒漠平原	半灌木盐柴荒漠 灌木荒漠及砾石戈壁	半灌木盐柴荒漠 灌木荒漠及砾石戈壁
1 000 m 以下	狐茅针茅草原 半灌木盐柴荒漠 梭梭荒漠	嵩类草原 芨芨草荒漠草甸 半灌木盐柴荒漠 白梭梭荒漠		灌木荒漠及砾石戈壁 盐沼泽

资料来源：新疆地理学会. 新疆地理手册. 新疆人民出版社，1993。

最大降水带符合，一般在河谷切割的中山带，在大陆性气候较强的南疆山地，此带基本上消失，仅在亚高山草原垂直带局部湿润的谷底阴坡出现片段的森林，在温暖湿润的伊犁河谷地，天山北坡出现了"覆层结构"的森林垂直带，下部为阔叶林（野苹果、野杏），上部为针叶林带（雪岭云杉），其他山地—森林草甸垂直带均缺乏阔叶林带，为针叶林构成。

（三）土壤垂直分布规律

山地上的各土壤类型，由于其所处海拔高度不同而呈现垂直秩序排列，这种分布特点称为土壤的垂直分布规律。新疆三大山系分别位于不同的生物气候带内，也就形成了三种不同的垂直结构类型。

阿尔泰山南坡位于温带半荒漠地带内，纬度高，气候高寒，雨水充沛，土壤垂直带谱相当完整（表3.2）。阿尔泰山东南部，受盆地干旱气候影响，森林大部分分布在阴坡。准噶尔西部山地的土壤垂直带结构很不完整。不同于阿尔泰山南坡，天山北坡中部的垂直带结构属于温带荒漠类型（表3.3）。天山北坡西部的基带土壤为栗钙土或灰钙土。天山南坡位于暖温带干旱荒漠区，深受塔里木盆地极端干旱暖热气候的影响，土壤垂直结构与天山北坡有所不

表 3.2　阿尔泰山山地土壤垂直带分布　　　　　　　　　（单位：m）

景观垂直带	土壤垂直带	阿尔泰山西北部区（布尔津山区）	阿尔泰山东南部区	
			（阿尔泰山区）	（青河山区）
高山带	山地冰沼土	2 400～3 300		
	高山草甸土		2 500 以上	2 800～3 300
亚高山带	亚高山草甸土		1 800(2 100)～2 500	
	亚高山草甸草原土			2 100(2 500)～2 800
山地森林和森林草原带	山地棕色针叶林土	1 800～2 400（阴坡）		
	山地灰色森林土	1 800～2 400（阳坡）1 200～1 800（阳坡）	1 500～1 800(2100)（阴坡）	1 700～2 500（阴坡）
山地灌木草原带	山地黑钙土	1 200～1 500(1 800)（阳坡）	1 500～2 100（阳坡）	1 700～2 100
	山地栗钙土	800～1 200	1 100～1 500	1 300～1 700
山地半荒漠带	山地棕钙土		700～1 100	1 100～1 300

资料来源：新疆地理学会．新疆地理手册．新疆人民出版社，1993。

表 3.3 天山北坡山地土壤垂直带分布

（单位：m）

景观垂直带	土壤垂直带	西部天山（伊犁地区）	天山北坡			
			西北部天山（精河山区）	中部天山北坡（马纳斯山区）	东部天山北坡（巴里坤山区）	东部天山北坡（伊吾山区）
高山带	高山草甸土	2 800 以上	2 800 以上	3 000（3 300）以上	2 900 以上	2 900 以上
亚高山带	亚高山草甸土	1 800（2 700）~2 800	2 700~2 800	2 500（2 700）~3 000（3 300）		
	亚高山草甸草原土				2 600（2 700）~2 900	
	亚高山草原土					2 700~2 900
山地森林带（或在阴坡，或呈片段分布而不呈带状）	山地灰褐色森林土	1 800~2 700（阴坡）	2 100~2 700（阴坡）	1 800~2 700（阴坡）	2 200~2 700（阴坡）	
山地草原带	山地黑钙土	1 500~1 800	2 100~2 700（阳坡）	1 600~1 800（2 500）	2 200~2 600（阳坡）	
	山地栗钙土	1 100~1 500	1 900~2 100	1 100~1 600	1 600（1 800）~2 200	
山地半荒漠带	山地灰棕漠土		1 700~1 900	800~1 100	1 500~1 600（1 800）	2 000~2 300
山地荒漠带	山地棕漠土		1 700 以下	1 500 以下		2 000 以下

资料来源：新疆地理学会·新疆地理手册·新疆人民出版社.1993。

同。新疆南部的昆仑山和阿尔金山北坡，南有高山屏障，北受塔里木盆地极端干旱气候影响，山地气候属于极端干旱型，整个山区的荒漠占绝对优势，且上升到海拔 3 200 m 以上。

第二节　人文地理差异

新疆有 47 个民族，各族人民创造了丰富多彩的传统历史文化，在相互的融合与交流中，各民族既保持了本民族的独特文化，又吸收了其他民族的精华，形成了今天新疆独特的多元民族文化。各民族在语言、习俗、宗教文化等方面也是各有差异。

一、人文地理差异

新疆是一个多民族聚居的地区，各民族都有自己独特的民族文化，其人文景观有其独特性。维吾尔族和汉族在各个地、州都有分布，其他民族在几个民族自治州和几个民族自治县比较集中地分布。具体地说，天山以南的阿克苏、喀什和和田等地区是比较典型的维吾尔族聚居地，具有浓郁的维吾尔族文化色彩。天山以北的塔城、阿勒泰等地区哈萨克族分布比较集中，牧业是主要的生产方式。

（一）居民

新疆人文地理区域差异明显，传统上分为北疆区、南疆区和东疆区。北疆地区土地总面积为 36.69×10^4 km²，约占全疆的 22.04%，总人口为 898.5 万人，占全疆总人口的 42.88%，其中维吾尔族占该区总人口的 12.20%，汉族占 60.90%，其他民族占 26.9%。该地区除了汉族和维吾尔族外，还有哈萨克族、回族、蒙古族、塔塔尔族、乌孜别克族等民族聚居。汉族和维吾尔族分布广，每个地、州都有分布；哈萨克族主要分布在伊犁哈萨克自治州（含阿勒泰、塔城两地）；回族主要分布在乌鲁木齐市和昌吉回族自治州；蒙古族主要分布在巴音郭楞蒙古自治州、博尔塔拉蒙古自治州等地区；塔塔尔族主要分布在伊宁、乌鲁木齐、塔城等地；乌孜别克族主要分布在乌鲁木齐、伊宁、塔城等地，伊宁最多。

南疆地区土地总面积为 106.34×10^4 km²，总人口为 981.98 万人，占全疆总人口的 46.87%，其中维吾尔族占该区总人口的 78.60%，汉族占 17.72%，其他民族占 3.68%，是以维吾尔族为主体的民族聚居区。该地区除了汉族和维吾尔族外，还有蒙古族、柯尔克孜族、塔吉克族、乌孜别克族等民族聚居。维吾尔族分布广泛，五个地、州都有分布；蒙古族集聚分布在巴音郭楞蒙古自治州；柯尔克孜族主要分布在克孜勒苏柯尔克孜自治州；塔吉克族主要分布在喀什地区的塔什库尔干塔吉克自治县；乌孜别克族主要分布在喀什、莎车和叶城等市、县。

东疆地区包括哈密地区和吐鲁番地区。土地总面积 20.73×10^4 km²，总人口为 114.68 万人，占全疆总人口的 5.47%，其中维吾尔族占该区总人口的 46.52%，汉族占 43.76%，其他民族占 9.72%。

(二)民居

新疆位于欧亚大陆中心，远离海洋。地形地貌复杂，是典型的温带大陆性干旱与半干旱气候，在这种环境条件下，新疆形成了自己的地域民居风格。从建筑分类上说，主要有农区民居和游牧民居两种。

农区民居主要分布在新疆南部的塔里木盆地一带，多为土房。土房多以维吾尔的住宅最为典型，这种住宅多庭院式，一家一户有夯土围墙相隔。住房一般都是土木结构的平顶低屋，房顶用木头、芦苇秆或树梢覆盖，再抹上草泥护严。室内一侧设土炕，内墙砌开许多像壁橱一样的小龛，便于放置衣物、被褥等。这种土房结构简单、取材方便、造价低廉，而且有冬暖夏凉的特点。

游牧民居主要分布在新疆北部的准噶尔盆地一带，有哈萨克、蒙古、柯尔克孜等牧民的毡房和蒙古包等居所。毡房系活动式，便于拆装，每年随放牧季节而迁移。各民族毡房内部结构、陈设有所不同，但外观大同小异，都是圆顶、尖顶，高 3~5 m，底宽直径为 4~8 m，整座毡房用几十根柳木杆和羊毛绳组合、捆定，再用毛毡分块严实地盖在框架上，外面以羊毛绳拉紧加固。毡房朝东开一门，上部穹顶留天窗，可以活动开闭，利于采光、通风。蒙古包外形为尖角，是蒙古族牧民的典型民居。

(三)饮食

新疆饮食由于"丝绸之路"的开通和历代多民族共处，东西方农作物长期交流，形成了以维吾尔族传统饮食为特色的区域饮食文化风格。新疆人总体说都有爱吃肉、奶制品及瓜果的习惯。维吾尔族以面食为主，喜食馕、牛羊肉，喝奶茶。一般人家每日三餐，早餐吃馕、喝茶，午饭是各类主食、炒菜，晚餐仍为馕、茶或者汤面。哈萨克族以肉食、奶食、面食为主，名菜为手抓羊肉。塔吉克族常见的饮食有奶茶、奶粥、奶面片、汤面等。在社会历史发展中，新疆各民族饮食文化也有变迁。

(四)宗教

新疆是个信仰多元宗教的地区，新疆各民族在不同历史时期信仰过伊斯兰教、佛教(含藏传佛教)、基督教(含天主教、东正教)、道教、萨满教等，这些宗教的教义不同、形式不同。

二、维吾尔文化区城差异

新疆是以维吾尔族为主体的地区，但也有一定的地域文化差异。包括语言差异和音乐舞蹈差异等。地域差异的主要表现是东部和西部的不同：以吐鲁番为中心的东部地区受汉文化的影响较深；以喀什为中心的西部地区在接受内地文化的同时，也从来自西方的文化体系中摄取营养。

(一)语言差异

新疆各民族有一定的语言差异，现以维吾尔族为例说明。根据1955年和1956年民族语言科学讨论会的划分，维吾尔语有中心方言、和田方言和罗布方言三个方言区。中心方言区东起哈密，西到喀什，以乌鲁木齐为中心，占维吾尔族人口的4/5。中心方言是维吾尔书面标准语的基础。和田方言分布在莎车以东的和田地区，以及且末和若羌的部分地区。说和田方言的人口占维吾尔族的1/5。罗布方言分布在塔克拉玛干沙漠以东的尉犁县大部和若羌县部分地区，只占维吾尔族总人口的0.4%。中心方言通过报纸杂志、文艺作品、电台广播、学校教育对罗布方言区渗透。现在罗布方言只在一些老年人群中流行。

(二)音乐歌舞差异

仍以维吾尔族为例。维吾尔的民间音乐歌舞也有地域差异，大体可以分东疆、北疆(主要指伊犁维吾尔人的民间音乐歌舞)、南疆和多郎四个音乐歌舞色彩区域。

东疆区包括哈密和吐鲁番等地，这两地维吾尔人的民间音乐歌舞都有自己独特的演奏方式、民间歌曲结构和节奏调式风格，与南疆等其他地区有别。如：以吐鲁番的民间音乐歌舞"纳孜尔库姆"为例，其音乐歌舞具有热烈活泼、节奏欢乐、调式多变的独特演奏风格。因为该民间歌舞音乐是为歌颂劳动人民而创造的，所以其歌词内容和音乐节奏调式及歌舞演奏方式，始终以歌颂劳动人民的生产、丰收、欢乐为核心。哈密民间音乐歌舞的结构和调式受蒙古族、汉族等兄弟民族民歌的影响，具有民间音乐歌舞歌曲的结构，节奏调式温柔，歌舞歌曲的节奏调式变化较缓慢而单调，也区别于吐鲁番和其他地区。

南疆的喀什民歌节奏丰富，调式较多。和田民歌古朴短小，乡土气息较浓。库车民歌热烈活泼，透露出古龟兹声乐舞蹈的遗风。

叶尔羌河下游麦盖提和阿瓦提县等地属于音乐歌舞色彩区域，称之为"多郎音乐歌舞之乡"。多郎是麦盖提的古地名。多郎舞热情粗犷，反映狩猎和游牧生活，表现出骁勇善战的先民遗风。

北疆伊犁维吾尔人的民间音乐歌舞具有宽阔草原为背景的独特风格。音乐舞蹈演奏音调和节奏调式，与其周围生活的哈萨克等民族音乐演奏音调和节奏调式有很大区别。伊犁维吾尔人的民间音乐歌舞活泼、高雅，音乐音调和节奏调式从较缓慢而越来越高潮化、合唱化和系列化，与其他地区的风格不同。所以，在维吾尔人民间有"歌词和作曲出自喀什，传到了阿克苏音调变化出现含糊音调，传到了库车音调恢复原委，传到了伊犁，伊犁人把它整容系列化演唱"的谚语。还有，在伊犁人的麦西热甫和民间宴会中，说笑话者特别幽默和富有灵感，把娱乐活动提升到格外欢乐的气氛。这种格外欢乐的娱乐活动气氛在新疆其他地区罕见。

第三节　经济发展差异

改革开放以来，新疆经济规模和经济发展水平有了很大的提升，基本上形成了较为齐全的工业部门，整个经济结构已经朝着现代工业经济结构演变。但是，因自然条件、自然环境、区位、资源禀赋、民族特征、经济活动等因素的差异，新疆与东部地区在经济水平、产业结构等方面存在很大的差距，而且其内部也存在显著的东疆、南疆和北疆的差距，地州市差距，城乡差距等。

一、三大区域经济发展差异

从表3.4可以看出，新疆东疆、北疆和南疆三大区域的经济总量及产业结构差异显著。北疆和东疆基本处于同一发展水平，而南疆与它们则有较大的差距，从三大区域所属县域的经济发展水平来看，也是北疆和东疆远远高于南疆。在经济发展水平排名前20名的市县中，有13个市县（不包括乌鲁木齐市、克拉玛依市和石河子市）位于北疆，占北疆市县的33.3%；东疆有3个，占东疆市县的50%；而南疆只有4个，占南疆市县的9.5%。而经济发展最落后的20个市县均在南疆，占南疆市县的47.6%。另外，东疆两个地区的综合评价值均高于全疆平均值；在北疆地州中，昌吉回族自治州、阿勒泰地区与全疆平均基本持平，博尔塔拉蒙古自治州和伊犁哈萨克自治州稍低，其余地、州、市均高于全疆平均；在南疆地、州中，除巴州外，其余地州的综合评价值均远低于全疆平均水平。

表 3.4　新疆社会经济发展情况（2007 年）

区域	地州	GDP 总量 /（万元）	人均 GDP /（元·人⁻¹）	产业结构/%		
				第一产业	第二产业	第三产业
北疆	乌鲁木齐市	8 202 800	31 140	2.0	38.6	59.4
	克拉玛依市	5 151 297	98 398	0.5	89.6	9.9
	石河子市	732 468	23 797	6.9	47.7	45.4
	昌吉回族自治州	3 131 995	20 893	31.1	38.2	30.7
	伊犁哈萨克自治州直属县(市)	2 364 705	9 534	25.1	34.1	40.8
	塔城地区	2 039 121	15 451	36.7	31.1	32.2
	阿勒泰地区	992 804	17 412	22.0	45.9	32.1
	博尔塔拉蒙古自治州	770 414	16 437	32.0	13.5	54.5
东疆	吐鲁番地区	1 720 268	28 907	9.6	68.2	22.2
	哈密地区	919 912	16 910	15.5	34.6	49.9
南疆	巴音郭楞蒙古自治州	4 690 028	37 466	14.7	67.9	17.4
	阿克苏地区	2 315 179	9 898	36.7	26.7	36.6
	克孜勒苏柯尔克孜自治州	237 132	4 712	25.3	18.3	56.4
	和田地区	636 962	3 405	40.1	17.6	42.3
	喀什地区	2 161 927	5 852	42.0	23.2	34.8
全疆	新疆	35 231 600	16 815.46	17.8	46.8	35.4

数据来源：新疆维吾尔自治区统计局.2008 年新疆统计年鉴.中国统计出版社，2008。

　　自改革开放以来，新疆经济发展经过战略性结构调整取得了显著的成效。1978～2007 年的 29 年间，新疆 GDP 年均增长 16.19%，2007 年 GDP 达 3 523 亿元，人均 GDP 为 16 815 元。与之相适应，产业结构不断向合理方向调整。1978 年第一、二、三产业比重为 35.8∶47.0∶17.2，2007 年为 17.8∶46.8∶35.4。产业结构经过优化调整已日趋符合经济发展的潮流，第一产业份额相应减少，第二、三产业进一步壮大。因历史、区位、发展基础等原因，产业空间布局结构处于非均衡发展阶段，三大区域之间产业结构调整、三次产业的比例等方面有很大的差别。

二、地州间经济发展差异

（一）经济规模差异

　　区域经济发展水平的高低由相对经济规模来反映。经济规模是由影响经济的各因素，经过长时间的演变及其相互之间的作用，最终形成的经济结果。同时，当经济规模发生变动后，又反过来影响各经济因素。经济规模分为总量经济规模和均量经济规模，均量经济规模考虑到了经济产出的地域规模和人口规模，更能反映出区域经济发展水平的高低。

1. 总量规模差异

从表 3.4 中，可以看出 15 个地州市间的各项经济指标和总量经济规模的差距比较大。全疆 15 个地州市中，乌鲁木齐市的国内生产总值最多，克孜勒苏柯尔克孜自治州的最少，克州的国内生产总值为乌鲁木齐市的 2.89%。克拉玛依市的国内生产总值在全疆中占有绝对比重，而农林牧渔业总产值在全疆各地州市中排名最后，只占全疆的 0.58%。阿克苏地区及喀什地区的农林牧渔业总产值数位居全疆前列。巴州的国内生产总值在全疆中占有较高的地位。

2. 均量规模差异

15 个地州市间的人均国民生产总值差距很大，区域间的经济发展水平差异突出。2007 年，全疆人均 GDP 为 16 815 元，人均 GDP 最高的三个地区分别是克拉玛依市、巴音郭楞蒙古自治州和乌鲁木齐市，分别为 98 398 元、37 466元和31 140 元，前两位均为新疆的石油工业基地；而最低的则是和田地区、克孜勒苏柯尔克孜自治州、喀什地区，分别为 3 405 元、4 712 元和5 852元。人均 GDP 最大差值即最高的克拉玛依市 98 398 元与最低的和田地区 3 405 元差值为 95 994 元，最高竟然是最低的28.9 倍，差距如此巨大。总体上，15 个地州市中只有乌鲁木齐市、克拉玛依市、昌吉回族自治州、石河子市、阿勒泰地区、哈密地区、吐鲁番地区及巴州共 8 个地州市的均量经济规模较好，其余各地州市的均量经济规模均低于全疆平均水平。

3. 经济增长速度的差异

各地州市 GDP 总量和均量，1978～2007 年的增长率也有很大的差异。从经济总量的增长速度来看，乌鲁木齐、克拉玛依、昌吉、阿勒泰、吐鲁番以及巴州等地州市的增长速度高于全疆平均速度，其他地州的增长速度都不到全疆平均增长水平。增长速度最高的阿勒泰地区(20.38%)比增长速度最小的石河子市(12.52%)高出 8%。从人均量的增长速度来看，巴州、吐鲁番、昌吉回族自治州和石河子等地州市的增长速度高于全疆平均速度，其他地州的增长速度都不到全疆平均增长水平。增长速度最高的巴州(17.75%)是增长速度最低的和田地区(5.91%)的 3 倍。

(二)产业结构差异分析

从新疆各地州 2007 年的三次产业的比例来看，各地州的三次产业结构与全疆的平均值的差距比较大。2007 年全疆的三次产业比例为 17.8∶46.8∶35.4，而全疆 15 个地州市中第一产业的比重高于 17.8 的地州市有 9 个，占地州市总数的 60%。第二产业的比重高于全疆平均水平的地州市有 4 个，占地州市总数的 26.7%。新疆首府乌鲁木齐市的第二产业的比重为 38.6%，不仅低于全国平均水平，而且也低于自治区的平均水平。第三产业的比重高于全疆平均水平的地州市有 8 个，占地州市总数的 53.3%。从资料可以看出，新疆大部分地州市第一产业的比重高出全疆的平均水平，表明新疆的第二、第三产业集中在少数地州市，大部分地州市的经济发展水平仍处于工业化前期阶段。

第一产业的比重最高的是喀什地区，第一产业占 GDP 的比重达 42.0%。第二产业的比重高出 40% 的地州市有 5 个，第二产业的比重最高的是石油城市克拉玛依，比重为 89.6%，比全疆的平均水平高出一倍，比全国的平均水平也高很多。第二产业的比重最低的是和田地区，比重为 17.6%，与克拉玛依市的相对偏离度达 5.1∶1。克拉玛依市、巴州、吐鲁番地区、昌吉回族自治州和乌鲁木齐市的工业总产值占全疆工业总产值的 73.02%，表明新疆的工业集中在天山南北坡的少数几个地州。

与 1978 年相比，除了克拉玛依以外，其他 14 个地州市的第一产业的比重呈下降趋势；第二产业的比重在克拉玛依、石河子市、乌鲁木齐市、哈密地区、克州、博州和喀什等 7 个地州市呈下降趋势，其余的地州市呈增长趋势；从第三产业的比重来看，除了巴州和吐鲁番呈下降趋势以外，其他的地州市都呈现出增长趋势。

三、城乡发展差异

2007 年，新疆城镇居民人均可支配收入 8 871 元，比 1978 年增长 27.8 倍，而同期的农村居民人均纯收入为 2 737 元，较 1978 年增长 23 倍；城乡居民的收入差距比由 1978 年的 2.68∶1 扩大到 2007 年的 3.24∶1。从"十一五"要实现的目标来看：城市居民人均可支配收入达到 11 900 元，年均增长 8%；农牧民人均纯收入达到 3 390 元，年均增长 6.5%。据这一资料推测，若将城市居民的一些隐性福利计算在内，城乡居民真实的收入差距将更大。

从教育方面来看，城市中无论是师资力量还是教学设施都远远高于农村，这主要是因为现行的教育资源、教育投入的分配极不合理，农村占有的教育资源低于城市。存在的突出问题：一是农村中小学危房和缺房问题十分严重。根据"十五"期间"普九"义务教育规划测算，全区短缺中小学校宿舍 856×10⁴ m²。二是为实施"普九"义务教育，许多农村中小学举债建设，教育欠款较为普遍。三是财政投入仅能保证人员工资。水、暖、电、办公用品等公用经费严重短缺。与此同时，城乡在受教育程度上也有较大差异，据第五次人口普查资料统计，全区农村劳动力平均受教育年限 7.1 年，其中，文盲半文盲占 9.1%，小学文化程度占 46.2%，初中文化程度占 35.9%，高中文化程度占 6.5%，受中专以上教育的仅占 2.4％，这与城市人口的受教育程度相差很大。

在医疗卫生方面，全区卫生资源主要集中在北疆各大城市，农村特别是南疆偏远地区卫生资源极其缺乏。城镇居民一般享有公费医疗或医疗保险，而农村原先的合作医疗体系基本趋于名存实亡，大多数农民成为毫无保障的自费医疗群体，目前农民自付医疗费在 90％以上。同时，农村医疗人员稀缺且队伍素质偏低，医疗设备短缺。2007 年，在农村，每千农业人口拥有乡镇卫生院人员 1.46 人，全疆有 9 584 个行政村，其中设置医疗点的村数占 84.79％；村卫生室 7 932 个，其中村或集体办医占 45.89％。全疆卫生机构房屋建筑也主要集中在大城市，占总数的 62.99％，县以下（含县）只占 37.01％；万元以上设备在大城市占 75.31％，县以下（含县）地区只占 24.69％。至 2006 年全区共确定了 53 个新型农牧区合作医疗试点县，而目前新疆有 85 个县，865 个乡镇，9 584 个行政村，未纳入新型农牧区合作医疗的农牧民还很多。

在社会保障方面，城乡也同样存在着巨大的差距。城镇居民大多享有医疗保险、失业保险、养老保险及最低生活保障等，而农村居民则基本被排斥在这一保障体系之外。在扶贫救助方面，最低生活保障制度还未广泛惠及农村居民。

在基础设施方面，新疆基础设施建设与农业发展有关的主要包括两部分：一是公路、铁路、天然管道、电网改造、通信广播电视等基础设施建设；二是大中型农田水利设施建设。而基础建设中农业基础建设投资比重从 1997 年的 12.1％降到 2001 年的 9.5％。2007 年，全社会固定资产投资 1 850.84 亿元，其中城镇投资 1 659.19 亿元，占 89.65％；农村投资 191.65 亿元，仅占 10.35％。1998 年中央实施西部大开发以来，国家对农业、水利、生态建设以及农村公路建设、电网改造都有较大投入，但就目前新疆农村发展现状来说，其投资和倾斜力度还不够。

第四节　　地理区域划分

自然区划是对区域气候、地貌、土壤、植被等要素或所有自然要素的综合，遵循地带性与非地带性相结合、发生一致性、区域共轭性等原则，划分为不同等级的自然地理综合体。自然区划主要是根据自然地理条件的相似性和差异性进行地域划分，它对改造自然、合理利用自然资源、国土整治、经济建设等，有着重要的指导意义和参考作用，也是进行农业区划的依据和基础。

一、综合自然区划

(一)自然区划原则

自然区划原则,是反映自然地理区域分异的基本法则,是进行自然区划的指导思想,是选取区划指标、建立等级系统、采用不同方法的基本准绳。

1.发生学原则

发生学原则,是指所划分的区域要具有成因的一致性和区域发展的共同性。这里既强调区域历史演化上的共同性,又关注区划单元未来发展演变特点的共同性。因为区划最终要落实在现代自然综合体上,所以可理解为区域单元的自然特征是历史和现代发生形成的综合反映。

2.综合性原则

综合性原则,强调在进行某一级区划时,必须全面考虑构成自然环境的各组成要素及其本身综合特征的相似与差别,然后挑选出一些具有相互联系的指标作为确定区界的根据。贯彻综合性原则,目的是要保证所划分的单元,是一个具有特点的自然综合体,在综合分析的基础上再找出区域分异的主导因素。

3.主导因素原则

主导因素原则强调选取反映区域分异的重大影响因素或代表性因素,取其某些主导标志来作为确定区界的主要根据,并且特别强调在进行某一级区划时,必须按统一的指标来划分。

4.区域共轭性原则

区域共轭性原则,强调每个具体的区划单元都要求是一个连续的地域单元,不能存在着独立于区域之外而又从属于该区的单元。这一原则决定了区划单元永远是个体的,不能存在着某一区划单元的分离部分。

5.应用性原则

应用性原则,也称服务性原则或目的性原则,指自然区划应有明确的应用方向,或应有明确的目的性,这是人类有组织活动的必要前提。

(二)自然区划方案

本书采用的是中科院新疆地理研究所 1987 年编制的《新疆综合自然区划概要》,该自然区划按三级区划分:一级区按天山山脊线把新疆分为两个大区;二级区按山系、山前倾斜平原及沙漠分为 6 个地带;三级区按综合自然特征类似原则分为 37 个小区,小区内相似性突出,小区间差异性显著。

1.一级区的划分

在全国综合自然区划中,一级区是区域,二级区是带。1987 年的《新疆综合自然区划概要》，考虑到天山横亘新疆中部，是干旱中温带和干旱暖温带形成的重要因素和分界线，也是习惯上所称的北疆和南疆2个大区的天然分界线，因此，以天山山脊分水岭为分界线，把新疆划分为北疆和南疆2个大区，是新疆的一级自然区划。北疆包括阿尔泰山南坡、准噶尔西部山地、准噶尔盆地和天山北坡（包括北坡的山间盆地）；南疆包括天山南坡（也包括山间盆地）、塔里木盆地、昆仑山系北坡（包括帕米尔西部、喀喇昆仑山北坡、阿尔金山及昆仑山系中的山间盆地）。这里以大区的概念来对应全国综合自然区划中的带，北疆完全相当于全国区划中的干旱中温带；南疆完全相当于全国区划中的干旱暖温带。

发源于天山的河流，能流到塔里木盆地或南坡山间盆地的流域范围，都属于南疆，其他流域范围都属于北疆。南疆、北疆2个大区，无论山地、山前平原还是荒漠，在气候、水文、地质、土壤、植物和动物方面，都反映出自然条件的南北差异。因此，在土地利用、农林牧副渔业的比例关系及不利条件的改造措施等方面，也应有不同的考虑。

2. 二级区的划分

(1) 二级区的划分方案

按照"三山夹两盆"的大地貌特征，新疆境内从北向南可依次分为阿尔泰山、准噶尔盆地、天山、塔里木盆地、昆仑山系5个地貌单元，这5个地貌单元都是东西走向，为横向带状，是5个自然地理单元，可作为新疆综合自然区划中二级区的自然单元。但为了反映天山南坡和北坡的差异，把天山北坡划入北疆中温带干旱大区，把天山南坡划入南疆暖温带干旱大区，更能反映实际存在的地区差异。因此，沿天山山脊线把天山分为北坡与南坡两个自然单元，所以二级区实际上有6个自然地理单元。

(2) 二级区的范围和界线

① 阿尔泰山地和准噶尔西部山地

阿尔泰山地的范围，其北界（亦即上界）是国界线，向东延至北塔山，南界是山麓线，包括山间盆地；准噶尔西部山地的西界是国界线，东界是沙吾尔山、赛米斯台山、成吉思汗山、玛依力山东麓或南麓的连线，亦包括山间盆地，不过山间盆地所占比重比阿尔泰山大得多。

② 准噶尔盆地

北界为阿尔泰山南麓线，南界为天山北麓线，西界为准噶尔西部山地东麓连线，东界为木垒哈萨克自治县东界。木垒以东的巴里坤和伊吾二县属于天山山间盆地。

③天山北坡山区

北界是天山北麓线，南界是下列山段的山脊线：哈尔克山、帖尔斯克山、喀拉乌成山、天格尔山、博格达山、巴里坤山、喀尔里克山。包括伊犁和博乐谷地，赛里木、巴里坤及伊吾境内的山间盆地。南界既是天然山脊线，又是行政区界线。

④天山南坡山区

北界是天山山脊线，哈尔克山以东的山段如上所述，哈尔克山以西包括托木尔峰区及天山南脉科克沙勒山，其北界是国界线，西至克孜河谷；库尔勒以西是天山南麓线，西至阿图什及疏附县境，库尔勒以东为库鲁克山山脊线，也包括一系列山间盆地，如尤勒都斯、拜城、焉耆、吐鲁番、哈密等山间盆地。

⑤塔里木盆地

北界和西界都是天山南麓线，北界的山麓线向东止于库尔勒，库尔勒以东则沿库鲁克山山脊线为界，南界为昆仑山及阿尔金山北麓线，东界为新疆和甘肃间的省界。

⑥昆仑山区

北界（或下限）为昆仑山与阿尔金山山麓线，南界的西段为新疆与克什米尔地区之间的国界线，东段为新疆与西藏之间的省（区）界，最东段为新疆与青海之间的省界。昆仑山地亦包括许多山间盆地，如塔什库尔干、阿克赛钦、喀拉米兰、阿其克、阿牙克库木等山间盆地。

3. 三级区的划分

(1)三级区的划分依据

三级区是将 6 个二级区按照主要自然特征的差异来划分的，是省级综合自然区划中重要的自然地理单元，也是认识自然特征和因地制宜分配、组合农林牧副渔业比例的主要参考依据。同一个二级区（如山区或盆地）在大地形、垂直带等方面虽有类似之处，但在水分状况、热量情况等方面，仍显示出一定的地区差异，因此，需要在每一个二级区内再划分出几个三级区，划分的依据如下：

①把较大的山间盆地从山地划分出来

为了便于生产上使用，除盆地底部外，也包括盆地边缘集水区，这是因为盆地地势较平坦，土层较厚，对农林牧业生产比坡地有利。按海拔高低，盆地大致可分为两大类型：海拔 1 000 m（天山北坡）至 1 500 m（天山南坡及昆仑山北坡）的山间盆地，农牧业的利用价值不但高于山坡地，甚至超过山麓平原（或两大盆地边缘），如天山北坡的伊犁谷地及博乐谷地，天山南坡的托什干谷地及拜城、焉耆、吐鲁番、哈密等盆地；海拔 1 000～1 500 m 以上的高位山间盆地，在牧业和林业利用上，优于山坡地，如天山北坡的巴里坤盆地、天山南坡的尤勒都斯及哈尔峻盆地，昆仑山中的阿克赛钦、喀拉米兰、阿其克、阿牙克库木等盆地。

②根据迎风坡和背风坡来划分

例如准噶尔西部山地，西部塔城盆地是迎风坡，东部托里低山丘陵是背风坡，水分条件有明显差异，而植被垂直带的差异，主要表现在东坡的荒漠分布界线升高。

③根据水分条件的差异和可能变化划分

干旱区的开发，主要问题是水，根据水分条件的差异和可能变化，划分出三级区，对农业长远规划有实用价值。

(2)三级区的划分方案

阿尔泰山地和准噶尔西部山地划分成 5 个三级区，包括阿尔泰山区西段、阿尔泰山区东段、沙吾尔山区、塔城盆地、托里低山丘陵。

准噶尔盆地可划分为 6 个三级区，包括阿尔泰山南麓山前平原、额尔齐斯河与乌伦古河河间地、准噶尔盆地北部、古尔班通古特沙漠、天山北麓山前平原西段和天山北麓山前平原东段。

天山北坡山区可划分为 6 个三级区，包括伊犁河谷、博尔塔拉谷地、天山北坡山区西段、天山北坡山区东段、巴里坤—三塘湖盆地和伊吾—淖毛湖盆地。

天山南坡山区可分为 8 个三级区，包括哈密盆地、吐鲁番盆地、焉耆盆地、尤勒都斯盆地、天山南坡中段、拜城盆地、天山南脉及托什干谷地和柯坪—哈尔峻盆地。

塔里木盆地可划分为 7 个三级区，包括天山南麓山前平原西段、天山南麓山前平原东段、喀什—莎车三角洲、昆仑山北麓山前平原西段、昆仑山北麓山前平原东段、罗布洼地和塔克拉玛干沙漠。

昆仑山区可划分为 5 个三级区，包括中国境内帕米尔高原、喀喇昆仑山北坡山区、昆仑山中段及阿克赛钦盆地、昆仑山中段山区、阿尔金山区。

新疆综合自然区划的分级系统即分成了 2 个大区，6 个二级区和 37 个三级区(图 3-1)，图中标号代表的区域名称见表 3.5。

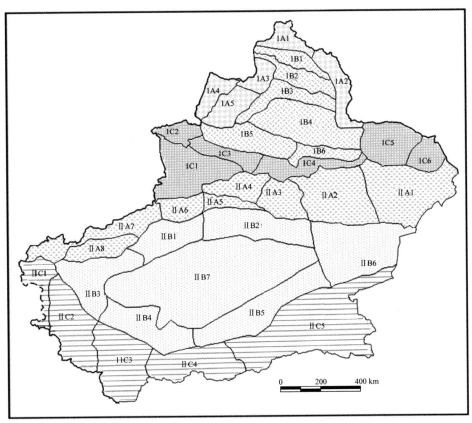

图 3-1　新疆综合自然区划示意图①

表 3.5　新疆综合自然分区系统

一级分区	二级分区	三级分区
北疆中温带干旱区 （Ⅰ）	阿尔泰山地和准噶尔西部山地 （ⅠA）	阿尔泰山区西段（ⅠA1） 阿尔泰山区东段（ⅠA2） 沙吾尔山区（ⅠA3） 塔城盆地（ⅠA4） 托里低山丘陵（ⅠA5）

---

　① 引自：中国科学院新疆地理研究所．新疆综合自然区划概要．科学出版社，1987。

（续表）

一级分区	二级分区	三级分区
北疆中温带干旱区（Ⅰ）	准噶尔盆地（ⅠB）	阿尔泰山南麓山前平原（ⅠB1）
		额尔齐斯河与乌伦古河河间地（ⅠB2）
		准噶尔盆地北部（ⅠB3）
		古尔班通古特沙漠（ⅠB4）
		天山北麓山前平原西段（ⅠB5）
		天山北麓山前平原东段（ⅠB6）
	天山北坡山区（ⅠC）	伊犁河谷（ⅠC1）
		博尔塔拉谷地（ⅠC2）
		天山北坡山区西段（ⅠC3）
		天山北坡山区东段（ⅠC4）
		巴里坤—三塘湖盆地（ⅠC5）
		伊吾—淖毛湖盆地（ⅠC6）
南疆暖温带干旱区（Ⅱ）	天山南坡山区（ⅡA）	哈密盆地（ⅡA1）
		吐鲁番盆地（ⅡA2）
		焉耆盆地（ⅡA3）
		尤勒都斯盆地（ⅡA4）
		天山南坡中段（ⅡA5）
		拜城盆地（ⅡA6）
		天山南脉及托什干谷地（ⅡA7）
		柯坪—哈尔峻盆地（ⅡA8）
	塔里木盆地（ⅡB）	天山南麓山前平原西段（ⅡB1）
		天山南麓山前平原东段（ⅡB2）
		喀什—莎车三角洲（ⅡB3）
		昆仑山北麓山前平原西段（ⅡB4）
		昆仑山北麓山前平原东段（ⅡB5）
		罗布洼地（ⅡB6）
		塔克拉玛干沙漠（ⅡB7）
	昆仑山区（ⅡC）	中国境内帕米尔高原（ⅡC1）
		喀喇昆仑山北坡山区（ⅡC2）
		昆仑山中段及阿克赛钦盆地（ⅡC3）
		昆仑山中段山区（ⅡC4）
		阿尔金山区（ⅡC5）

二、综合经济区划

新疆面积辽阔，资源丰富，发展潜力很大，完全有可能发展成为独立于我国西北的大经济区。经济区划工作的目的不仅是认识地区经济差异的现实，而且更重要的是指导各地区经济的定向发展。一个具有科学依据的经济区划方案，能够成为制定地区发展战略的基础，从而有助于实现资源的合理开发和生产力的合理配置。

本书采用 1988 年石玉林主编的《新疆资源开发与生产力布局》一书中对新疆进行的综合经济区划内容，该区划具有很强的指导意义。

(一)综合经济区划原则

遵循经济区划的一般准则和新疆的自然与经济条件，划分综合经济区划的原则主要有六条。

第一，自然条件的大体相似性，资源组合具有互补性。新疆深居欧亚大陆中心，四周高山环绕，是典型的干旱荒漠地理环境。加以目前处于工业开发的初级阶段，自然条件对经济的影响十分强烈，其区域差异比较显著，划分经济区必须充分予以考虑。一定地域范围内自然条件相似和大体相似就为组织和发展地区专业化生产(尤其是农业)创造了条件，而且为制定相同的生态保护措施提供了方便。

新疆当前面临的经济发展任务主要是资源的合理开发，并立足于利用当地资源发展加工工业。一定地域范围内若干资源的有利组合是迅速建立合理的经济结构、促进专业化部门发展的重要物质基础。

第二，充分考虑绿洲的分布与组合。绿洲是在干旱荒漠环境中，在水土光热的集聚地，经过人们多年垦殖形成的，它不仅是农业(主要为种植业)的基地，而且是建立城乡居民点和发展工业(主要是加工工业)的基地。各绿洲多不相连，为沙漠戈壁所分隔包围。绿洲的大小主要取决于水源。绿洲的容量都有一定限度，只有打破绿洲的封闭性，通过相邻绿洲的有机组合才能建立现代商品经济，加速内部经济循环，摆脱自给自足式的生产方式。

第三，体现经济发展方向，尤其是专业化方向的一致性。划分经济区的目的就在于确定地区的定向发展。每一个经济区都应建立和拥有自己的专业化部门。将经济发展方向一致的地区组织在一个经济区内，便于加强产业的优势。在新疆，为了向外输出专门化的产品，往往受到运距过长的限制，尤需提供价值较高或当地所特有的产品。而自然条件与地理位置的区域差异，为专业化部门提供了不同的可能性。

第四,体现经济上较先进地区对落后地区的带动支援作用。经济区为机能区(而非均质区),将先进地区与邻近的落后区结合起来,有利于尽快地脱贫致富,保持地区间的均衡发展。沿兰新铁路和天山北坡中段是新疆唯一的产业聚集带,将其分别划入三个不同的经济区将起到此种作用。

第五,具有紧密的内在联系,并受一个或一组中心城市的吸引。为将多个经济单元组织为一个有机整体,实现物质流、人流、信息流的交换,主要通过交通通信网络来实现。分析运输联系的强弱方向是判别区划界线的重要标志。经济中心的形成是经济区最重要的特征之一。经济区的分界在很大程度上是各经济中心吸引范围的分界线。经济中心必具有一定经济实力,它形成于交通便利的地点,有行政中心和物资集散中心,通过建立工业主导部门形成其经济实力。

第六,必须充分考虑民族区域自治的特殊需要,并尽量保持县级行政单位的完整。经济区划应有利于少数民族聚集区的经济发展,充分考虑长期历史发展过程中形成的行政区界和社会文化联系,重视不同民族的分布特点及其活动空间。保留至县级单位实则基本保持了绿洲单元,也便于各级行政部门、经济指导部门采纳实施。

(二)划分经济区的指标体系

指标体系共包括六个方面。

1. 反映资源丰富程度和组成特征及其分布的指标

主要有水资源的丰缺、土地资源的数量、构成及目前利用程度。矿产资源中本区最为重要的矿种(石油、煤炭、铁矿、化学矿)储量及相对丰度。

2. 反映人口特征与质量的指标

包括民族构成、人口性别比例、人口文化素质(劳动构成、城镇人口率、非农业人口率)等。

3. 反映土地利用与水资源利用程度、农业发展程度及农业结构特征的指标

如耕地面积、灌溉面积、平均灌溉定额、复种指数、各种作物种植面积及产量,主要作物单产及其在全疆所占比例,农业产值构成,人均占有粮食等。

4. 反映工业构成与发展水平的指标

包括轻重工业比、重工业中采掘业、原材料业与加工工业比、轻工业中以农产品为原料与以非农产品为原料之比,产值的部门构成,主要产品产量及其在全疆所占地位、人均产值。

5. 反映运输联系的指标

各区主要联系方向的交通线等级、数量与方向,能源、原材料、粮食、棉花等主要产品的区际调拨,各区的进出运量,客流的流向与流量。

6. 反映经济发展水平的指标

如工农业产值构成、国民收入及社会商品零售额、人均产值与人均收入。

(三)综合经济区划方案

通过分析资源、人口、农业、工业、交通、综合经济等各项指标，参照有关单位已经做出的各种部门区划与综合区划研究成果，提出以下新疆综合经济区划方案。

全自治区分为以下 5 个基层经济区和 13 个经济小区(表 3.6、图 3-2)。

表 3.6　综合经济分区方案

一级经济区	经济小区	范　围
I 新疆中部区	I_1 乌鲁木齐—昌吉小区	乌鲁木齐市、昌吉市、乌鲁木齐县、阜康县、米泉市、奇台县、吉木萨尔县、木垒哈萨克自治县、呼图壁县
	I_2 石河子—玛纳斯小区	石河子市、玛纳斯县、沙湾县
II 西北疆经济区	II_3 伊犁小区	伊犁地区
	II_4 塔博克小区	塔城地区(除沙湾)、博尔塔拉蒙古自治州、克拉玛依市、奎屯市
	II_5 阿勒泰小区	阿勒泰地区
III 东疆经济区	III_6 哈密小区	哈密地区
	III_7 吐鲁番小区	吐鲁番地区
IV 南疆东部经济区	IV_8 库尔勒小区	库尔勒市、尉犁县、焉耆回族自治县、和静县、和硕县、博湖县
	IV_9 库车小区	库车市、新和县、沙雅县、拜城县、轮台县
	IV_{10} 阿克苏小区	阿克苏市、温宿县、阿瓦提县、柯坪县、乌什县、阿合奇县
V 南疆西部经济区	V_{11} 喀什—阿图什小区	喀什市、阿图什市、疏勒县、疏附县、阿克陶县、英吉沙县、岳普湖县、伽师县、乌恰县、塔什库尔干塔吉克自治县
	V_{12} 泽普—莎车小区(叶尔羌)	莎车市、叶城县、泽普县、巴楚县、麦盖提县
	V_{13} 和田小区	和田地区

引自：石玉林. 新疆资源开发与生产力布局. 科学出版社，1988。

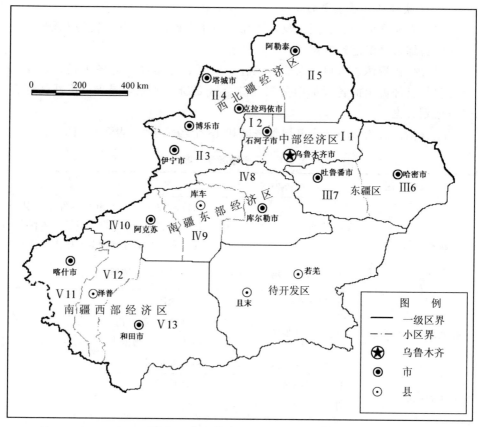

图 3-2 新疆综合经济分区示意图[①]

另外，巴州南部的且末、若羌为待开发区，未列入经济小区中。

以上 5 个经济区有着明显的自然地理界线和一定的资源组合特征；已经形成或有条件形成一些具有区际意义的专业化生产部门；在现有的若干行政中心城市中将发展成经济中心（一个或一组），但其实力标准低于内地。在各区内正在形成较为紧密的经济联系。

（四）综合经济区划方案说明

一级经济区的界限大多是比较明显的；而且往往既是自然区界，也是物资集散和经济交流的分界线。

由于天山山脉由东向西横贯于中部，将全疆分为南疆和北疆两大部分，北有准噶尔盆地，南有塔里木盆地，两大盆地中心水分稀少，皆为沙漠覆盖，

---

① 引自：石玉林．新疆资源开发与生产力布局．科学出版社，1988。

两盆地边缘的冲积平原地带，土层深厚、引水近便、光热充足，形成了众多的绿洲，南疆与北疆虽同属干旱区，但自然条件上有许多差异，对农牧业生产类型有着很大影响。东部的吐鲁番和哈密二盆地也位于天山南侧，但因深居于内陆，气候尤为干旱，降水最少，热量更丰，又形成一个东疆的特殊区域。

新疆境内天山中段和西段山体宽二三百千米，这成为了南北方向上相互联系的空间障碍，为南北疆的经济交流和交通联系带来困难，不仅导致了过去的封闭型自然经济，对于今后的现代化商品生产与交流也仍然是有重大影响的一条分界线。如南疆和北疆应做到并可能做到分区粮食产销平衡和能源平衡。

上述自然条件和空间位置首先决定了新疆分为南疆、北疆和东疆三大区域。再进一步地划分，鉴于新疆的现代商品生产尚处于初始阶段，劳动地域分工也还不十分明显，作为经济区心脏的经济中心，除了乌鲁木齐已初步形成外，其他城市经济实力还十分薄弱，还需要相当的投资和时间才能建成为经济中心。只宜根据地理位置和运输网络概略地再将南疆和北疆分别划为两部分，从而将全疆分为五个基层经济区。

经济区划的性质为机能区，而不是均质区。不能仅仅按生产条件近似来组成。而应体现出三个带动——城市带动乡村、工业带动农业、先进地区带动后进地区，应将较为发达的地带同与其靠近的不甚发达的地区相互组合。经过多年的建设，由于国家和自治区的生产力建设部署，新疆已初步形成了基本沿天山中段北坡和东段南坡，通过兰新铁路断续相连的产业带。在这里集中了2/3以上的工业，农牧业实力也很雄厚。为了发展现代经济，实行产业互补，体现上述的"三个带动"，应将这一产业带分别划入三个基层经济区。将西部的克拉玛依市和奎屯—乌苏，划入西北疆经济区，并将成为该区的经济中枢。将产业带东段哈密、吐鲁番自成一个区并将天山北部以牧为主的巴里坤—伊吾盆地划入，组成东疆经济区。产业带中部包括乌鲁木齐市，昌吉回族自治州和石河子市、塔城地区的沙湾县，组成中部区，这里将成为带动全疆发展现代经济的基地。

南疆东部的巴音郭楞蒙古自治州与阿克苏地区，农业生产条件基本相同，发展方向也相一致，而且在此基础上发展食品纺织等轻工业也需要统筹安排。目前阿克苏地区与巴音郭楞蒙古自治州由于产品类型大同小异，相互交流不多，目前的交流大多是经过巴州向外输出和转运。南疆铁路已通至巴州首府库尔勒，这里将成为南疆的前进基地。而今后还将沿库车、阿克苏方向推进。尤其塔里木河流贯二地州，目前在上、中、下游用水分配，生态环境的维护上已经出现尖锐的矛盾，迫切需要对全流域进行总体规划和治理。鉴于这些理由宜将阿克苏地区与巴音郭楞蒙古自治州划为一个区。

南疆西部三地州（喀什、和田二地区、克孜勒苏柯尔克孜自治州）距乌鲁木齐 1 400～2 900 km。而且在经济上较为落后，尽快脱贫致富是共同的当务之急。各种社会、自然条件上克州与喀什地区难以分割，水资源和矿产资源分布于克孜勒苏柯尔克孜自治州，而克州粮食、工业品又必须依靠喀什地区。喀什与和田地区也存在极大的相似性，目前可以发展并外运的商品不仅数量少，而且种类相同，如棉花、果品，必须减少内部矛盾，增强外销的可能性。因此将三地州作为一个经济区。

新疆牧业发展由于夏秋草场载畜能力比冬春草场多 40%，因而草原畜牧业与农区畜牧业有机结合是今后的主要方向和途径。因此在综合经济区划方案中，将农业区划中主要依生产条件划分的农、牧业地带予以打破，重新组合，以使农牧业更好地结合，更快地发展。

综上所述，鉴于新疆目前所处的经济发展阶段还较低，因此综合经济区划主要在分析大的自然条件差异、资源优势与组合，结合今后经济发展方向作出以上经济区形成趋势的预测，划分一级区。在各一级区中，有的已形成了或存在着二级经济区的明显地域差异。

三、新疆综合地理分区

地理分区是在对地球表层系统时空分异格局充分分析的基础上，融自然与社会指标体系为一体的地域划分。由于区域国土整治与开发的需要，地理分区需要从地理区位、地理景观格局、区域发展模式等多方面考虑区域的异质性特征。

（一）新疆地理分区的影响因素

在具体制订新疆地理分区方案时，在遵循地理分区的基本原则的同时，还要考虑到新疆的具体特点，有以下几个方面。

1. 绿洲经济的特点

新疆各区域从气候上来看，天山以南地区属暖温带干旱区，沿天山北坡一带属于中温带干旱区。气候的不同导致绿洲的生产方式，特别是农业生产方式具有很大的不同。新疆是农业大省，自然环境对其经济影响很大，往往是自然环境相似的地区，经济发展水平、经济结构及面临的问题也高度相似。在区域划分时，充分尊重绿洲经济的特点是十分重要的。

2. 在新疆的区域划分中，城市尤其重要

由于绿洲比较分散，在地理上相对封闭，这造成了绿洲与外界在交通通信上的不便。绿洲与较近的中心城市之间首先建立起密切的联系，进行商品、信息、人才等的交流，然后再依托中心城市对外交流，可以大大降低交易成本。在干旱地区的绿洲经济中，城市的作用要远强于其他类型的地区。所以，在新疆地理分区时，一定要在每个区域中有规模相对较大的中心城市存在，如没有这样的城市存在，原则上不宜单独划作一个区域。

3. 新疆是多民族聚集区，在行政区划分上更多地考虑到各民族分布的特征

民族的不同对社会、经济会产生不同的影响，虽然整个社会、经济在不断融合，但在不同的民族地区，民族的特点仍能强烈地表现出来。因此，在进行地理分区时，以行政区划为基础，充分重视民族分布特征是必须遵守的原则。

(二)地理分区方案

按照以上区域划分的原则，结合新疆综合自然区划，在新疆综合经济区划的基础上，根据自然地理环境和经济特点，将西北疆的伊犁河谷区划分出来，单独划为一个区；贯穿欧亚大陆桥的博尔塔拉并入中部经济区；南疆的待开发区若羌、且末与和田合并为一个区。由此，将新疆划分为七个地理分区，以塔里木盆地和准噶尔盆地作为南北疆中心，将七个地理分区命名为准南区、准北区、伊犁河谷区、塔北区、塔南区、塔西区和东疆区，见图 3-3。

1. 准南区

准南区位于天山北坡，准噶尔盆地南部，西侧与哈萨克斯坦接壤，西南为伊犁河谷区，南邻天山山脉，东为东疆区，东北与蒙古接壤。包括乌鲁木齐市、克拉玛依市、石河子市、奎屯市、昌吉市、米泉市、阜康市、沙湾县、乌苏市、呼图壁县、玛纳斯县、博乐市、精河县、温泉县、五家渠市、奇台县、木垒哈萨克自治县、吉木萨尔县等 18 个县市。本区国土面积 15×10^4 km²，占全疆的 9.04%，总人口约为 553.81 万人，占全疆的 26.43%，少数民族人口 137.23 万人，占本区的 24.78%。本区是全疆非农业人口比重最高、人口密度最大、经济最发达的区域。

2. 准北区

本区位于准噶尔盆地北部区，包括塔城(除沙湾、乌苏两县)、阿勒泰 2 个地州，共 2 个市 10 个县，分别是塔城市、阿勒泰市、托里县、裕民县、额敏县、和布克赛尔蒙古自治县、哈巴河县、布尔津县、吉木乃县、福海县、富蕴县、青河县，国土面积 18.54×10^4 km²，占全疆的 11.14%，与蒙古国、哈萨克斯坦、俄罗斯三个国家接壤，拥有五个口岸，分别是巴克图口岸、吉木乃口岸、阿黑土别克口岸、红山嘴口岸、塔克什肯口岸。该区人口 121.75 万人，占全疆的 5.81%，平均人口密度 6.6 人/ km²，少数民族人口

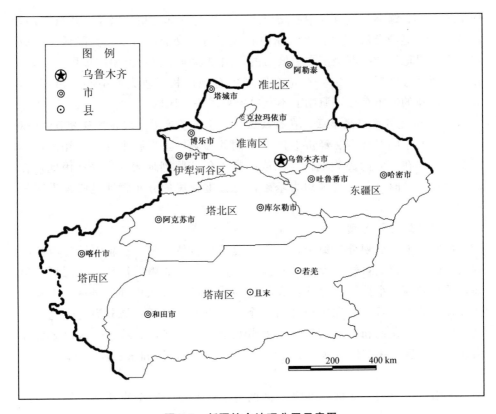

图 3-3　新疆综合地理分区示意图

65.01 万人，占本区总人口的 53.4%，哈萨克族人口 52.07 万人，占本区总人口的 42.77%。全区是一个以哈萨克族为主的多民族聚居地方，居住着哈萨克、汉、回、维吾尔、蒙古、柯尔克孜、达斡尔、锡伯、俄罗斯、塔塔尔等多个民族。

　　3. 伊犁河谷区

　　伊犁河谷区，行政上属于伊犁地区（除奎屯市），包括伊宁市、伊宁县、新源县、昭苏县、特克斯县、尼勒克县、霍城县、察布查尔锡伯自治县、巩留县等 8 县 1 市。面积 5.53×10^4 km²，位于欧亚大陆腹地新疆天山北坡西部山区，是祖国的西部边陲。北和博尔塔拉蒙古自治州接壤，东北与塔城地区的乌苏县相连；东南与巴音郭楞蒙古自治州的和静县毗邻；南和阿克苏地区的拜城、温宿县连接；西与哈萨克斯坦共和国交界。边境线长 437 km，边境设有国家一类口岸 3 个，分别是霍尔果斯、都拉塔和木扎尔特。伊犁河谷地区总人口为 239.47 万人，占全疆的 11.43%，其中：汉族 76.48 万人，占 31.94%；少数民族 162.99 万人，占 68.06%。伊犁河谷是中国西部面积最大的绿洲，也是中国西部风景最美的绿洲，素有"塞外江南""西陲宝地""瀚海绿洲"的美称。

4. 塔北区

本区位于天山南坡，塔里木北部区，北与伊犁哈萨克自治州、昌吉回族自治州、乌鲁木齐市相接；西与哈萨克斯坦、吉尔吉斯斯坦为界；西南与喀什地区相邻；南与和田地区、巴州的且末县和若羌县相依；东与吐鲁番地区毗邻。整个地区包括巴音郭楞蒙古自治州的库尔勒市、轮台县、尉犁县、焉耆回族自治县、和静县、和硕县、博湖县，以及阿克苏地区的阿克苏市、温宿县、库车县、沙雅县、新和县、拜城县、乌什县、阿瓦提县、柯坪县等，共 2 市、14 个县。面积为 26.15×10^4 km²，占全疆的 15.15%。总人口 333.42 万人，其中少数民族人口占 66.31%。有汉族、维吾尔族、回族、蒙古族、柯尔克孜族、满族、哈萨克族、俄罗斯族、乌孜别克族、锡伯族等 36 个民族。

5. 塔西区

塔西区位于塔里木盆地西部，北部有天山山脉，南部有昆仑山脉，西部有喀喇昆仑山。周边分别与印度、巴基斯坦、阿富汗、塔吉克斯坦、吉尔吉斯斯坦五国接壤，边境线总长约 2 125 km，占全区边境线总长的 37.62%。吐尔尕特口岸、伊尔克什坦口岸、红其拉甫口岸、卡拉苏口岸是本区联系中亚地区的重要通道。该区包括喀什市、阿图什市、巴楚县、泽普县、伽师县、叶城县、岳普湖县、疏勒县、麦盖提县、英吉沙县、莎车县、疏附县、塔什库尔干塔吉克自治县、阿合奇县、乌恰县、阿克陶县，共 2 市 14 县，面积 21×10^4 km²，区内总人口 419.44 万人，占自治区总人口的 20.2%。其中，少数民族人口 388.63 万人，占本区总人口的 92.66%，维吾尔族是当地的主要民族，另有柯尔克孜、塔吉克族等 20 余个少数民族。

6. 塔南区

塔南区位于塔里木盆地南部，南依昆仑山与西藏自治区交界；北临塔克拉玛干大沙漠，与阿克苏、吐鲁番、哈密地区、巴音郭楞蒙古自治州尉犁县相连；东部与甘肃、青海省相接；西部与喀什地区毗邻，西南以喀喇昆仑山为界，同克什米尔接壤；介于北纬 34.33°～41.36°，东经 77.40°～93.91°之间，东西横跨 1 476 km，南北相隔 776.1 km，土地总面积 58.58×10^4 km²，占新疆总面积的 35.19%，总人口 197.69 万人，占新疆总人口的 9.44%。全区有 9 个主要民族，其中维吾尔族 1 871 148 人，汉族 100 249 人，回族 2 533 人，柯尔克孜族 796 人，其他民族 854 人，塔南区是一个以维吾尔族为主体的多民族聚居区。该区也是著名的"玉石之乡""丝绸之乡""地毯之都"以及"瓜果之乡"，是一片富饶的宝地。

7. 东疆区

东疆区是新疆通向祖国内地的门户，又是沟通南北疆的要津，西部与巴州的和硕县相邻，南与巴州的尉犁、若羌相邻；东面是我国甘肃省；西北是乌昌地区；东北面与蒙古国接壤。东疆区包括哈密地区（哈密市、巴里坤哈萨克自治县和伊吾县）、吐鲁番地区（吐鲁番市、鄯善县和托克逊县），共 2 市 4 县。国土面积 20.97×10^4 km²，总人口 114.68 万人，少数民族人口 64.49 万，占本区的 56.23%，主要民族有维吾尔族、回族、哈萨克族、蒙古族、满族等。

第二篇　分　论

第四章 准南区

章前语

本区位于准噶尔盆地南缘与天山北坡中东段之间，地理位置优越，处于新疆的中心位置，是南北疆联系的枢纽。第二亚欧大陆桥贯穿整个区域，是通东达西、承北启南的国际大通道，是我国向西开放的桥头堡，也是新疆最具发展潜力和发展前景的区域。本区有自治区首府城市乌鲁木齐市，政治地位突出。昌吉市、石河子市、五家渠市、奎屯市分布在乌鲁木齐市周围，形成了新疆最大的城市群。目前，本区已经成为全疆最大的经济与文化教育中心和交通枢纽，是带动全疆社会经济发展的龙头，也是西部大开发战略重点建设的区域。本章从自然条件和社会经济两个角度对该区的地理特征进行了阐述，对本区乌昌经济一体化，科学教育，经济发展进行了较为系统的介绍，最后对该区可持续发展战略区域规划进行了探讨。

关键词

准南区；天山北坡；经济带；乌昌一体化；丝绸之路

第一节 区域概况

一、环境特征

（一）地势南高北低，水资源丰富

本区地势南高北低，南倚天山，北接准噶尔盆地。地处大陆腹地，属于中温带大陆干旱气候区。气候特点是：降水少，温差大，年均降水量在250～300 mm之间。

该区水资源较为丰富，发源于天山的乌鲁木齐河、头屯河、白杨河等河流在其各自的流域内形成了众多的淡水沼泽、淡水湖泊、人工水库及个别盐湖和微咸水沼泽等湿地类型。这些河流发源于山区，上游流急谷多；下游平原坦荡，河曲发育。新中国成立后兴修水库，渠灌农业迅速发展，成为著名的棉粮产地。位于博尔塔拉蒙古自治州的艾比湖，由博尔塔拉河、精河、奎屯河、四棵树河和喇叭河汇入，湖面 1 070 km²。2007 年 8 月 1 日，艾比湖湿地被国务院批准列为国家级自然保护区。天山 1 号冰川是世界上距离城市最近的冰川，其典型的冰川地貌被誉为"冰川活化石"。

该区光热资源丰富，平原农区光热资源西部多于东部，玛纳斯河流域 $\geqslant 10℃$ 积温可达 3 400～3 600℃，可种植水稻、棉花等喜温作物。奇台—木垒 $\geqslant 10℃$ 积温多在 3 000℃ 以下，适宜种春麦、油料等喜凉作物。博尔塔拉河下游及伊犁河谷西部，因海拔较低，热量资源较为丰富，$\geqslant 10℃$ 积温为 3 550℃，无霜期 180 d 上下，可种植棉花。

(二)能源储量丰富，开采条件好

该区石油矿产资源丰富，在乌鲁木齐市北有准东油田，西有克拉玛依油田。乌鲁木齐市地处准噶尔储煤带的中部，城区地下煤炭储量就达 100×10^8 t 以上，因此，乌鲁木齐也被称为"油海上的煤船"。该区还蕴藏丰富的各种有色、稀有矿产资源。芒硝矿已探明储量近 1.1×10^8 t，占全疆的 64% 以上，其中工业储量约占全疆的 70%，主要分布于乌鲁木齐达坂城盐湖和昌吉北部北沙窝。许多矿床分布在绿洲和交通干线附近，开采条件较为优越。尤以博尔塔拉蒙古自治州的芒硝、湖盐居多，主要分布于艾比湖与玛纳斯湖区，其中艾比湖盐储量达 1.25×10^8 t，芒硝近 1×10^8 t，并伴有碘、溴、硼等其他非金属矿。

石油和天然气是克拉玛依的主要矿产资源。克拉玛依的石油和天然气储量大、油层浅、质地优良。油气田分布横向连片、纵向叠合，由多种油气层系和油气藏类型组成，便于开采、加工、运输和使用，被誉为"黑色的金子"。1983 年，在市辖白碱滩、红山嘴、风城地区发现油层埋藏浅、物性好、储量丰富的重油，这在我国也极为少见。此外，还有天然沥青、煤、石膏、石灰石、芒硝、盐、石棉、水晶、耐火材料以及烧制砖瓦和超轻陶粒的黄土、砂石等建筑材料。

昌吉回族自治州矿产资源主要有煤、石油、天然气、铁、铜、金、玉石等 50 余种，特别是煤炭、有色金属、石油、天然气等资源储量可观，开发潜力巨大。煤炭预测储量 $4 300 \times 10^8$ t(其中吉木萨尔五彩湾至奇台将军庙一带的储量超过 $3 900 \times 10^8$ t)，已探明石油储量在 4×10^8 t 以上，天然气储量在 700×10^8 m³ 以上。

(三)旅游资源丰富，旅游业发展迅速

本区自然与人文景观类型多样，旅游资源丰富多彩，有蜚声海内外的国家 AAAAA 级景区——阜康天池风景区。此外，还有垦区新城石河子、石油之城克拉玛依、沙湾宁家河与乌鲁木齐水磨沟的温泉、奇台将军戈壁的硅化木等众多旅游景点。该区旅游交通便捷，为发展旅游业提供了便利条件。

（四）人口较为稠密，民族众多

本区总人口 553.81 万人，占全疆的 26.43%。其中，少数民族人口 137.23 万人，占该区总人口的 24.78%。本区是全疆非农业人口比重最高、人口密度最大、经济最发达的区域，居住着汉、维吾尔、哈萨克、回、蒙古等 47 个民族。

（五）交通便利，是新疆的交通枢纽

准南区沿天山北坡东西方向延伸，区内交通便利，铁路、公路、航空发展迅速。欧亚第二大陆桥贯穿全区，从乌鲁木齐站向西经 23 站到达阿拉山口站，向西进入哈萨克斯坦境内。欧亚第二大陆桥是本区乃至北疆铁路运输的主动脉；2007 年 6 月 14 日，乌鲁木齐—精河的铁路二线开工建设，精河将成为通往阿拉山口以及伊宁的交通枢纽；2007 年 9 月 10 日，奎屯—北屯铁路全线动工；乌鲁木齐至准东铁路，起自北疆支线乌北站，经乌鲁木齐市、阜康市，至北三台、五彩湾、准东、将军庙、北山、东地，线路全长约 393 km，在 2007 年 11 月 15 日开工建设；2009 年 5 月 25 日，克拉玛依石化公司铁路专用线建设项目破土动工。随着多条铁路的兴建，届时准南区将形成四通八达的铁路网。

区内高速公路、国道、省道连接成网，交通便捷。乌奎高速公路是新疆第一条高速公路，东起乌鲁木齐南郊的乌拉泊，西至奎屯市玛纳斯路西侧，连接乌鲁木齐、呼图壁、玛纳斯、石河子、昌吉、沙湾、奎屯等 7 个地州市县。奎赛高速公路东起奎屯南郊，与乌奎公路连接，经乌苏、精河、博乐岔口至赛里木湖。045 国道和 312 国道横穿东西，连接乌鲁木齐至精河的主要城镇，216 国道纵穿乌鲁木齐市，217 国道经克拉玛依市，过独山子区，向南延伸，区内有 22 条省道通过。

新疆民航以乌鲁木齐机场为中心，向外辐射。2010 年全年完成旅客吞吐量 1 169 万人次，邮货吞吐量 10.15×10^4 t，运输起降 11.86 万架次；运营新疆航空市场的航空公司达到 52 家，开通航线 130 条，通航城市达 79 个。目前，全疆共有乌鲁木齐、喀什、伊宁、库尔勒、阿勒泰、阿克苏、和田、塔城、库车、且末、克拉玛依（托管）、那拉提、喀纳斯、哈密、吐鲁番、博乐等 16 个在用机场。"十二五"期间，新疆还将新建塔中、莎车、楼兰、图木舒克机场，迁建石河子、且末、富蕴两个机场和改扩建乌鲁木齐、库尔勒、和田 3 个机场。预计 2015 年，新疆机场旅客吞吐量将达到 2 044 万人次，货邮

吞吐量 $20.4×10^4$ t，飞行起降 21 万架次。

欧亚第二大陆桥 该大陆桥东起中国的连云港，西至荷兰鹿特丹港，全长 10 837 km，其中在中国境内 4 143 km，途径中国、哈萨克斯坦、俄罗斯、白俄罗斯、波兰、德国和荷兰 7 个国家，可辐射到 30 多个国家和地区。1990 年 9 月，中国铁路与哈萨克铁路在德鲁日巴站正式接轨，标志着该大陆桥的贯通。1991 年 7 月 20 日开办了新疆——哈萨克斯坦的临时边贸货物运输。1992 年 12 月 1 日由连云港发出首列国际集装箱联运"东方特别快车"，经陇海、兰新铁路，西出边境站阿拉山口，分别运送至阿拉木图、莫斯科、圣彼得堡等地，标志着该大陆桥运输的正式开启。近年来，该大陆桥运量逐年增长，并具有巨大的发展潜力。

二、经济特征

准南区是全疆经济最发达的地区，第一产业以农、牧业为主，是新疆重要的农产品生产基地。本区拥有发达的基础设施，是全国重要的石油化工基地，有现代化的二、三产业。第一、二、三产业的比例为 10.2∶51.0∶38.8，产业结构合理。2007 年，准南区生产总值为 1 988.97 亿元；人均 GDP 为 3.4 万元，是全疆平均水平的 2.02 倍。其中克拉玛依市人均 GDP 高达 9.84 万元，为全疆人均 GDP 最高的地区（表 4.1）。

表 4.1　2007 年准南区经济状况

县市	GDP 总量 /（万元）	人均 GDP /（元·人$^{-1}$）	产业结构/%		
			第一产业	第二产业	第三产业
乌鲁木齐市	8 202 800	31 140	2.0	38.6	59.4
克拉玛依市	5 151 297	98 398	0.5	89.6	9.9
石河子市	732 468	23 797	6.9	47.7	45.4
奎屯市	401 569	28 683	4.4	50.5	45.1
昌吉市	1 080 307	25 042	15.7	39.5	44.8
阜康市	472 183	29 365	14.0	67.4	18.6
沙湾县	738 473	18 064	41.5	29.8	28.7
乌苏市	526 645	16 165	39.9	35.6	24.5
呼图壁县	459 337	21 187	43.3	32.4	24.3
玛纳斯县	609 173	23 233	45.9	35.2	18.9
博乐市	541 860	21 166	25.6	14.1	60.4
精河县	162 090	11 729	45.3	11.4	43.3
温泉县	69 824	9 487	48.8	13.4	37.8

（续表）

县市	GDP 总量 /(万元)	人均 GDP /(元·人⁻¹)	产业结构/%		
			第一产业	第二产业	第三产业
五家渠市	230 000	31 593	17.0	40.4	42.6
奇台县	275 597	13 424	52.5	16.7	30.8
木垒哈萨克自治县	76 411	10 054	48.2	11.8	40.0
吉木萨尔县	159 625	12 549	45.0	21.9	33.1
全区	19 889 659	34 024.42	10.2	51.0	38.8
全疆	35 231 600	16 815.46	17.8	46.8	35.4

数据来源：新疆统计局．新疆统计年鉴(2008)．北京：中国统计出版社，2008。

（一）农业地位重要，农牧业为主体

准南区是新疆重要的农业区，2007 年，本区农业总产值 139.04 亿元，占农林牧渔业总产值的 59.10%，处于主导地位；牧业总产值 83.95 亿元，占本区农林牧渔业总产值的 35.68%，而林业和渔业的发展则相对较为缓慢。从全疆来看，准南区的农林牧渔业也占有重要地位，占全疆的 1/5 以上。

昌吉农林牧渔业在本区处于重要地位，产值占本区农林牧渔业总产值的 50.59%，其中牧业具有绝对优势，占准南区牧业总产值的 64.61%（表 4.2）。

表 4.2　2007 年准南区农林牧渔业总产值　　（单位：万元）

	农林牧渔业总产值	农业	林业	牧业	渔业	农林牧渔服务业
乌鲁木齐市	189 911	86 706	1 570	88 672	3 962	9 001
昌吉回族自治州	1 192 472	600 042	21 362	542 356	9 755	18 957
乌苏市	207 572	162 369	3 035	36 405	1 567	4 196
沙湾县	263 515	194 077	864	64 292	899	3 383
博尔塔拉蒙古自治州	267 120	192 689	2 832	63 316	1 662	6 621
石河子市	95 672	78 470	367	10 604	2 459	3 772
克拉玛依市	59 070	23 015	5 133	14 677	466	15 779
五家渠	77 200	50 000	400	18 900	1 600	6 300
奎屯	4 828	3 043	66	259	—	1 460
全区	2 357 360	1 390 411	35 629	839 481	22 370	69 469
全疆	10 634 648	7 669 468	208 623	2 315 097	70 149	371 311
占本区比重	100	59.10	1.51	35.68	0.95	2.95
占全疆比重	22.17	18.13	17.08	36.26	31.89	18.71

数据来源：新疆统计局．新疆统计年鉴(2008)．北京：中国统计出版社，2008。

(二)工业部门齐全，为全疆重要的石油化工基地

本区工业发展迅速，经济实力较强。2007 年工业产值 2 277.71 亿元，占全疆工业总产值的 69.92%。本区工业化程度高于新疆其他各区，是全疆工业化的先导区。该区工业部门齐全，形成了石油化工、煤焦煤电、冶金、机械、建材、食品、纺织、医药等产业部门。石油工业已成为本区第一大支柱产业，石油工业增加值已占规模以上工业增加值的 60% 左右。石油工业的崛起，为新疆石化工业的兴盛奠定了基础。本区已建起独山子、乌鲁木齐、克拉玛依等石化基地。发展大乙烯、大芳烃、大甲醇、大化肥等为主体的产业链延伸路线，炼油、合成氨、尿素、聚酯、乙烯等项目相继投产。独山子石化基地 $1\ 000 \times 10^4$ t 炼油和 120×10^4 t 全面建成投产。该项目是新疆乃至全国迄今为止最大的石化建设项目，目前，独山子石化公司总资产 380 亿元，是中国最大的石油化工基地。

石油之城——独山子　新疆克拉玛依市独山子区地处天山北麓，准噶尔盆地西南边缘，南屏天山，北隔乌伊公路(312 国道)与奎屯市毗邻，西邻乌苏市，东与沙湾县接壤。距自治区首府乌鲁木齐市 250 km，距克拉玛依市区 150 km。全区总面积 448 km^2，建城区面积超过 20 km^2。全区总人口 7.5 万余人。

独山子地名来源于区境内的独山。独山呈东西走向"一"字形，因不与其他山体相连，独立于戈壁中而得名。在维吾尔语和哈萨克语中，称独山子为"玛依塔克"和"玛依套"，意思是"油山"。

独山子是我国石油工业的发祥地之一，是集炼油、化工和炼化工程建设、检维修一体化的我国西部重要的石油化工基地，被列为全国八大石化基地之一。区内有中石油独山子石化公司、独山子润滑油厂、中联油新疆分公司和新疆第一家高新技术上市公司——新疆独山子天利高新技术股份有限公司等多家炼油化工企业，建有国内规模最大的甲乙酮生产装置和西北地区最大的无纺布生产基地，年工业总产值超过 200 亿元。

奎屯—独山子石化工业园已进入快速发展的新时期，规划面积 89.9 km^2。在今后的发展中，工业园将遵循"发展绿色化工，构建和谐园区"的理念，结合近年来国际国内石化产品的市场需求，以及独山子千万吨炼油、百万吨乙烯项目的产品，立足于新疆丰富的煤、盐、棉花等资源，按照"积极关注上游，适度介入中游，最大限度地延长石化产业链"的原则，在工业园内拟重点规划建设石油化工区、塑料加工区、化工新材料区、乙烯下游产品加工区、精细化工区、物流仓储区和出口产品加工区。

2005 年 8 月 22 日，总投资 300 多亿元的 $1\ 000 \times 10^4$ t 炼油、120×10^4 t

乙烯工程正式动工建设，2007年7月，千万吨炼油部分投料试车；2009年9月，千万吨炼油、百万吨乙烯工程一次试车成功，举世瞩目，西部最大、国际一流的石油化工基地正迅速崛起。

第二节　区域资源开发

一、乌昌经济一体化战略

随着新疆经济的发展，首府乌鲁木齐城市化水平越来越高，城市发展迅速，对周边城镇辐射作用强劲。近在咫尺的昌吉回族自治州与乌鲁木齐经济互补，你中有我，我中有你。然而行政壁垒限制着区域经济的科学发展，两地迫切需要整合资源，协调发展，在此背景下乌昌区域经济一体化开始浮出水面。乌昌经济一体化是区域经济发展的一种新模式、新机制。其实质是通过融合发展，实现乌鲁木齐和昌吉、兵团与地方经济快速发展，打造规模经济，增强乌昌地区可持续发展能力和区域竞争力。乌昌经济一体化要按照提高乌昌地区整体效益和促进乌昌地区共同繁荣的战略要求，统一产业布局，实现市场一体化、政策一体化、产业一体化、基础设施和信息一体化及生态环境的一体化。

（一）乌昌经济圈的形成

昌吉回族自治州三面环绕乌鲁木齐，昌吉市距乌鲁木齐市30 km，两地经济具有很大互补性。自治区人民政府于2001年11月在《新疆维吾尔自治区城镇体系规划(2000～2020)》中明确指出：在乌鲁木齐城市经济圈中，乌鲁木齐市是核心，乌昌都市区是该城市圈的内层圈，包括乌鲁木齐市、米泉市、昌吉市和五家渠市。乌昌都市区是乌昌经济圈的前身，乌昌经济圈等同于现在的"大乌鲁木齐市"，包括乌鲁木齐市、昌吉市、米泉市、阜康市、吉木萨尔市、呼图壁县、玛纳斯县、奇台县、木垒哈萨克自治县共5市4县。乌昌经济圈建立的主旨是打破行政界限的束缚，变"行政区经济"为"经济区经济"，把乌鲁木齐单个城市的建设演化为以乌鲁木齐为核心的组群城市建设。2004年12月，新疆维吾尔自治区党委、人民政府做出了在不涉及乌鲁木齐市、昌吉回族自治州行政区划调整的前提下，成立乌昌党委、加快推进乌昌经济一体化的重大战略决策。实现市场统一、财政统一、规划统一。在这一过程中，昌吉回族自治州最富庶、回族人口最多、距离乌鲁木齐最近的米泉市划归乌鲁木齐，与东山区合并成立了米东区。

（二）乌昌地区经济发展迅猛

包括世界 500 强企业在内的一批投资规模大、产业联动强、知名度高的企业纷纷在这里生根结果。全疆排名前 50 位的工业企业一半以上集中在乌昌地区，带动了这里新型工业化的迅猛发展。数据表明，目前乌昌地区的 GDP 总量已经占到全疆的 1/3 强，财政收入占到 40％多。2007 年，乌昌地区生产总值 1 141.5 亿元，比 2004 年增长 65.4％；地方财政收入 113.6 亿元，比 2004 年增长 78.1％；固定资产投资 397.5 亿元，比 2004 年增长 50.4％，乌昌地区已成为全疆经济的"领跑者"。工业产业主要集中在乌鲁木齐市经济技术开发区、高新技术开发区、米东新区三大板块。此外，乌昌区域还形成了"两条走廊"，即沿乌鲁木齐向西，昌吉市、呼图壁县、玛纳斯县以农副产品加工为主的工业走廊；沿乌鲁木齐向东，米泉市、阜康市、吉木萨尔县、奇台县、木垒哈萨克自治县以煤电煤化工、石油化工为主的工业走廊。乌昌经济一体化很快形成了区域"同城效应"的新优势，新疆屯河、特变电工、中泰化学、夏梦雅泰、金风科技、新能源、新疆众和、SK 手机、驰达电器等一批成长型企业快速崛起。

（三）乌昌经济一体化进程

加快推进乌昌经济一体化必须坚持"三统一"原则：财政统一、市场统一、规划统一，这是乌昌经济一体化的基本原则，也是有别于国内其他区域经济组织的显著特点。财政统一是核心，市场统一是关键，规划统一是基础，三者是相互联系的有机统一体。加快推进乌昌经济一体化"三步走"的战略目标是：第一步，抓好米东新区的建设发展，先行取得突破，积累成功经验，发挥示范效应，带动乌昌经济的整体推进；第二步，推动乌鲁木齐两个国家级开发区在昌吉、阜康、米泉、五家渠市建立工业园区，充分利用国家级开发区的体制和政策优势，带动整个乌昌地区工业特别是高新技术产业的快速发展；第三步，依托八钢和昌吉工业带，加快昌吉市和头屯河区的融合发展，推动乌昌地区制造业的大发展，并进一步统一这个地区的规划建设，使头屯河成为乌昌地区的城市"中心河"。乌昌一体化重点是发展，核心是新型工业化，关键是体制、机制创新，目的是造福各族人民。

二、天山北坡经济带——新疆经济的"发动机"

天山北坡经济带地处准南区的中部，包括新疆首府乌鲁木齐市，全国闻名的石油名城克拉玛依市，绿洲农垦新城石河子市，昌吉回族自治州的昌吉市、米泉市、阜康市、呼图壁县和玛纳斯县 5 个县市，塔城地区的沙湾县、乌苏市，伊犁哈萨克自治州的奎屯市，以及新疆生产建设兵团的农六师、农七师、农八师和农十二师。经济带面积 9.54×10^4 km²，占全疆总面积的 5.7%；人口 484.58 万人，占全疆的 23.1%；2007 年经济带的国内生产总值占自治区的 52.2%，其中工业产值占自治区工业产值的 62.3% 以上，农业产值占自治区农业产值的 27.2% 以上。

(一)经济优势突出

天山北坡经济带在全区经济发展中的战略地位突出，经济的快速发展将对全疆、西北省区乃至周边国家的经济发展起着非常重要的带动作用。经济带已初步形成中国重要的石油、石化基地和西北重要的轻纺、食品工业基地。全疆上市公司 32 家，本区有 24 家，占全疆上市公司的 75%，这些企业成为全疆经济的"发动机"。金风科技目前是国内风机制造龙头企业，生产的风力发电机组已经遍布中国 11 个省区，在中国风电制造业市场占有率达到 33%，内资企业机组的市场份额达 80% 以上，位居全国第一。新疆屯河投资股份有限公司对新疆丰富的果蔬资源：番茄、胡萝卜、南瓜、杏子、枸杞、红花、石榴、核桃、无花果等特色资源进行规模化开发及系列深加工，在调整新疆农业产业结构、带动农民走向富裕方面发挥了重要的作用，为新疆经济建设作出了应有的贡献。屯河投资股份公司还在经济发展相对滞后的南疆地区大力发展林果加工业，确立了以南疆为重点的林果加工产业，在喀什、和田地区投资建设的杏加工厂，对边疆稳定、民族团结、农民增收、缓解社会就业压力等方面发挥了龙头企业作用。

(二)工业园区的集聚效应

工业园区在天山北坡经济带迅速发展，并以其独特的经济效益与综合效应成为带动全疆经济发展的引擎。

位于本区中部的石河子经济技术开发区，是以农业为特色的国家级开发区。有台湾顶新集团康师傅方便食品、旺旺集团乳制品和休闲食品、内蒙古伊利乳制品、江苏华芳纺织、雨润肉制品、浙江娃哈哈饮料、雄峰纺织、弘生家纺、北京燕京啤酒、贵航采棉机和河北华龙日清今麦郎食品等一批知名企业落户。石河子开发区已成为自治区重要的棉纺织、绿色食品、现代农业装备和化工产业基地，而且产业基础雄厚，增长潜力巨大，在推进农八师石河子市乃至兵团经济发展中的作用越来越显现。

米东新区雄踞天山北坡龙头，跨区域突破行政区划限制，集乌鲁木齐和昌吉两地优势，以拉长产业链为重点，大力培育石油化工、煤化煤电、环保建材、机械制造基地，园区经济呈现快速发展态势。

博乐市工业园区，落户的企业有：中粮博州甜源糖业有限公司、新疆博乐互益纺织有限公司(香港独资)、艾比湖油脂化工厂、雄鑫混凝土搅拌厂、水泥厂、轻质碳酸钙厂、再生塑料厂、污水处理厂等企业。

各个园区科学定位，依托本地资源特色，加快发展。如以化工为特色的克拉玛依化工园，以高科技为特色的乌鲁木齐市高新技术产业开发区，以农副产品加工为特色的石河子工业园区等。各园区注重多渠道吸收和转化新产品、新技术等科技成果，乌鲁木齐市高新技术产业开发区、乌鲁木齐市经济技术开发区、昌吉高新技术产业开发区已逐渐成为聚集研发机构、科技孵化企业、科技中介机构的高新技术工业园区。这些工业园区聚集了很多实力雄厚的企业，规模经济凸显，对带动整个新疆的经济发展起到了带头作用。

(三)城市群效应凸显，辐射作用明显

受到地貌形态影响，本区除克拉玛依以外，其余 8 个城市均位于准噶尔盆地南缘、天山北坡一线，构成线型"串珠"式城镇带和片状城市群的雏形。

随着近几年的发展，城市规模整体的提升，城市群内部已经具备 3 个经济发展集聚中心，即乌鲁木齐都市圈、石河子市为中心的城镇群经济区和以奎屯—乌苏—克拉玛依为核心的城镇群经济区。天山北坡城市群的出现，带动了全疆经济的发展，对准北区、塔北区辐射作用显著。

三、新疆的科技文化教育中心

本区是新疆科技文化教育中心，会聚了全疆 21.22% 的各级教育工作者。本区有国家级 211 大学 2 所(新疆大学、石河子大学)，自治区级重点大学 2 所(新疆师范大学、新疆医科大学)，普通高等学校 22 所，占全疆普通高校的 68.75%；中等专业学校 30 所，占全疆中等专业学校的 40.54%；中等师范学校 4 所，占全疆中等师范学校的 30.77%；普通中学 298 所，占全疆普通中学的 16.28%；全日制高中 112 所，占全疆全日制高中的 24.67%；小学 414 所，占全疆小学的 9.02%；盲聋哑学校 4 所，占全疆盲聋哑学校的 44.44%。作为本区唯一一所自治区级重点师范类院校的新疆师范大学，自建校以来一直向全疆各地州输送一批又一批优秀的各级教育工作者。

准南区是全疆的科技研发中心。中央所属和自治区所属的主要科研机构 126 个，有 83 个分布在本区，企业技术开发力量也大多集中于此。新疆高等学校的研究开发机构 39 个，有 35 个分布在本区；国有大中型工业企业已建立企业技术开发中心 35 个，有 29 个分布在本区。

第三节 产业规划与可持续发展

一、产业规划

(一)农业产业化

乌昌地区重点培育壮大粮食、棉花、番茄加工、葡萄酿酒、制种等优势产业带、产业区，巩固壮大以奶源基地和优质牛、羊、猪、家禽为重点的畜牧业；加大对农牧业龙头企业的支持力度，推进以粮棉油、番茄、葡萄、乳、肉、禽、蔬菜等为重点的优势农产品加工业的快速发展。

石河子市郊的团场在稳定粮食生产的基础上，做精做强棉花，大力发展奶牛、肉牛、肉羊、渔业及特种养殖，逐步形成区域化养殖、规模化生产、社会化服务、一体化经营的养殖业发展格局。积极发展绿色蔬菜生产，稳步发展鲜食葡萄、花卉、蟠桃和酱用番茄生产，形成以名优特色果品生产基地为主体、蔬菜花卉业长足发展、设施园艺业初具规模的果蔬园艺业新格局。走以棉花、果蔬、畜牧、种子四大农畜产品的产业化发展的道路，把石河子垦区建设成为国内有影响、西部地区最大的绿色、有机农畜产品生产、加工基地，新疆最大的农副产品集散地。

克拉玛依依托农业综合开发区和龙头企业，带动小拐乡、乌尔禾乡和牧场发展，形成"一区多企促两乡三牧场发展"的格局。以农业开发区、克拉玛依区为棉花主产区优化种植布局，规模化生产；综合治理荒漠化和沙化土地，扩大速生丰产林和红麻种植面积；建设无公害绿色畜禽产品基地、优质棉生产基地、优质饲草料基地、特色瓜果蔬菜基地、速生丰产林基地。将农业综合开发区建成集休闲、生态为一体的克拉玛依市"前花园"；具有"国内水准、疆内一流"的区域农副产品加工基地、新疆现代农业示范基地、国家级农业综合开发高新技术示范园区。

博乐重点发展棉花、蔬菜、瓜果、枸杞、肉类、禽蛋等。大力推行农牧结合，以农促牧，草原牧业和农区牧业结合，着力发展现代畜牧业，提高肉牛、奶牛、肉羊、细毛羊、禽蛋等畜禽产品的区域化、专业化生产水平。加大退耕还林、还草、还牧力度，扩大饲草料种植。

(二)工业发展

乌昌地区工业依托发展基础和资源优势，乌鲁木齐市重点发展高新技术产业、都市工业、外向型出口加工业，昌吉回族自治州重点发展能源工业和特色加工业，全力打造乌昌地区"三大工业板块"，构建"两大工业走廊"。"三大板块"是，以乌鲁木齐两个国家级开发区为依托的高新技术产业板块，以米东新区为基础的石化煤化工业板块，以昌河新区为龙头的冶金工业板块。"两大工业走廊"是，以米东新区—阜康市—吉木萨尔县—奇台县为重点的东线能源工业走廊，以昌吉市—五家渠市—呼图壁县—玛纳斯县为支撑的西线加工工业走廊。乌昌地区应着力发展大芳烃及其下游产品，大化肥、甲醇为主的天然气化工产品，精细化工产品和石油天然气化工下游产品等四大系列产品；发展现代钢铁工业，重点实施年产 500×10^4 t 钢改造扩能工程；开发油田生产用节能变频控制设备、抽油机智能控制系统等产品；重点发展大型超高压、大容量节能、环保变电设备，各类长距离大截面高电压直流输电线等新产品，新型、高效和节能电控装置，新型农业机械及特色农产品深加工设备等；加快发展以阜康重化工园、准东北塔山煤电和煤化工为重点的煤—电—铝（铜、锌、镍）、煤—电—化工等产业，形成煤电、煤焦化、煤化工等多产业一体化发展体系，实现煤炭加工的规模化、集约化经营；依托乌昌地区科技资源优势，重点发展以电子铝箔、单晶硅为主导的新材料工业，以太阳能、大型风力发电为主的高效清洁能源设备制造工业，以胚胎生物工程技术、现代维药为重点的生物工程和新医药工业，以移动通信终端制造、集成电路等为主的电子信息工业；重点建设年产 1.2×10^4 t 高压电子铝箔、100×10^6 W 晶体硅太阳能电池片等项目，创建我国最大的风电设备制造企业；振兴传统优势工业，加快纺织、建材、食品、家具等传统优势产业的技术改造，加快发展食品、服装、包装、印刷、工艺美术及旅游产品等都市型工业，积极发展高附加值的特色农副产品精深加工业，巩固壮大棉纺、粮油、饲料、番茄、酿酒、乳肉制品等加工业，大力发展亚麻、鹰嘴豆、红花、菌草、大蒜等特色农产品精深加工业，强化农产品加工出口在自治区的领先地位。

石河子重点发展化工、纺织、能源、食品、现代农业机械、建材六大主导产业。依托原盐、石灰石、煤炭和天然气资源，大力发展重化工业。以天业集团为龙头积极发展盐化工；以天富集团为龙头积极发展煤化工；发挥棉花资源优势，采用新型纺纱、织造等先进工艺、技术和装备，扩大纺织规模，提升纺织工业水平；抓好现代农业机械设备的开发生产，扶持拥有自主产权的国产采棉机研发和推广，提高农用节水器材及其配套设备制造能力和一定规模的现代农业机械装备制造能力；以电源建设、煤矿建设为重点，稳步发展热电，积极发展水电、太阳能、生物能等清洁能源，优化能源结构；重点建设石河子南热电厂、天业集团自备电厂、肯斯瓦特水利（发电）枢纽工程、天富、天业煤矿扩建等工程；大力发展循环经济，加快以电石渣、粉煤灰、硫酸钙渣、炉渣等固体废弃物为原料的水泥项目建设步伐。

克拉玛依突出资源优势，加快发展石油石化产业。石油石化资源是克拉玛依市的特色优势资源，是主要的支柱产业。实施加快发展战略，继续保持油气产量增长势头，产量规模保持西部地区前列，实现从大油田向大油气田转变的历史性跨越。以建设"国家级石油化学工业园"为目标，加快推进石化工业园区、民营科技园区建设，按照"一区两园"格局，采取产品项目链接、公用辅助设施、物流传输、环境保护和管理服务"五个一体化"园区建设模式。发展以石油石化产业为主导的综合工业体系，积极探索煤化工、盐化工产业发展思路，努力打造聚集程度高、专业分工配套、核心竞争力和创新能力强的产业集群，走克拉玛依特色的新型工业化道路。

博尔塔拉蒙古自治州以博乐—精河—阿拉山口为节点，以点连线，以线带面，构筑天山北坡经济带最西端新兴经济区。借助自治区优先发展天山北坡经济带的战略部署和阿拉山口口岸的进一步开放，新兴经济区以进出口贸易加工和外向型经济为方向，大力发展新型工业化、流通服务业和对外经贸。博乐市工业重点发展棉纺织、粮油加工、制糖、塑料制品、矿业等行业，精河县地处北疆铁路、公路交会处，建成向西出口加工基地和货物集散中心；工业着力发展盐化工、枸杞加工、棉纺织、矿业、建材、机械制造等工业，依托石油管道和交通优势发展石油化工、天然气化工和煤焦化工业；以铁路、公路为依托建设物流中转中心。

准南区将建设成为中国西部重要的石油天然气化工基地，成为西部地区重要的钢铁工业基地。新疆重要的特色化工产业基地、纺织工业基地、绿色食品加工基地和现代农业机械装备生产基地。

（三）发展壮大特色旅游业

依托乌昌地区特色旅游资源，发展丝绸之路文化旅游、民族风情旅游和冬季冰雪旅游。加强天池风景名胜区、南山景区、江布拉克高山草原、恐龙沟硅化木国家地质公园等著名景区（景点）的开发建设。开辟车师古道（吉木萨尔—吐鲁番）旅游线路，培育红色旅游、都市旅游、会展、商务等新型旅游品牌项目，发挥乌鲁木齐市旅游集散功能，形成以乌鲁木齐为中心，以天池风景区为龙头，点、线、面结合，山区、平原、城市互补，休闲、娱乐、购物为一体的大旅游格局，促进区域旅游联动发展。

石河子用好用足独特的军垦文化红色旅游资源，以城市旅游为核心，依托绿洲农业，形成红（红色旅游）绿（生态环境）相映、人文与生态有机结合的旅游格局，打好红色牌，建好绿色城，逐步形成"红色之旅、人文荟萃、和谐繁荣"的特色旅游大环境。积极参与自治区旅游资源开发，与周边市、县合作，打造"丝绸之路风情游"和"新疆军垦文化红色旅游"两块品牌，培育壮大石河子旅游业。

博州推出"一边"(阿拉山口边境游)"二区"(赛里木湖为主的草原高山湖泊旅游名胜区、艾比湖为主的生态人文、科考旅游区)"三线"(北疆铁路一线、312国道一线和州内环线开发)旅游布局。重点开发赛里木湖草原风情、艾比湖生物多样性景观、怪石峪特色山石、哈日图热格高山林海、新疆北鲵生物科考、温泉地热水疗和阿拉山口边境旅游。加强民族民风民俗旅游博物馆和景点建设,积极挖掘以蒙古族察哈尔"西迁"、土尔扈特"东归"为主的少数民族历史文化。

二、可持续发展

坚持经济社会和资源环境协调发展,大力发展循环经济,加强环境保护治理,改善自然生态环境,建设资源节约型、环境友好型社会,是增强本区可持续发展能力的关键。

(一)发展循环经济,建立节约型社会

以资源高效循环利用为重点,按照"减量化、再利用、资源化"原则,积极发展环保产业,大力推进节约降耗,全面推行清洁生产,用最少的资源消耗和环境成本,获得最大的经济和环境效益。统筹规划矿产资源开发,实现保护性开发。加强对钢铁、电力、煤炭、石化等重点行业的资源消耗管理,实现能量梯级利用。充分发挥建材、钢铁、电力等行业对废弃物的消纳功能,提高综合利用率,降低最终处置量。

加强城镇生活污水再生利用,推进废旧物资的回收及垃圾资源化利用。倡导健康文明、节约、环保的生活消费方式。鼓励使用具有能效标志、节能节水认证和环境标志的产品,把各类节约降耗行为变成全社会的自觉行动。

(二)加强生态建设与环境保护,促进人与自然和谐发展

随着人口增长和农牧业的快速发展,本区的森林植被遭受不同程度的破坏,森林面积不断缩小,部分地段出现河岸崩塌和谷地森林消失的情形,分布其间的山间草场也开始退化。因此,保护和恢复森林植被是本区生态环境治理的核心内容之一,关系到本区环境、社会、经济的可持续发展。实施生物治理工程,系统地保护和恢复森林植被,提高森林植被覆盖率。通过封山育林育草,人工造林,灌溉草场,草料地建设,草原围栏建设,实现新增和恢复谷地森林植被,增加森林覆盖率。进行灾害区和水土流失严重区的泥石流治理、滑坡治理和水土保持治理,减少天山谷地泥石流、滑坡等灾害发生,使本区的生态环境与经济建设和谐发展。

坚持保护优先、开发有序,加强人工生态建设与自然生态保护,控制不

合理的资源开发活动，实现区域生态环境系统的良性循环。加强荒漠植被封育保护及"三北四期"防护林建设，继续实施荒山绿化、退耕还林、退牧还草工程，加快城镇绿地系统建设，启动准噶尔盆地南缘防沙治沙工程和达坂城湿地保护工程。积极实施准噶尔南缘生态建设工程，加强天然林的恢复和保护，加大封沙育林、飞播造林和人工造林力度，提高植被覆盖率和森林覆盖率。加强乌鲁木齐河、头屯河、水磨河流域及柴窝堡湖污染治理。合理配置河流水系的生态用水，严格控制地下水开采量，创建节水型社会。加强乌鲁木齐市、米泉市塌陷区治理。

实施艾比湖流域生态环境综合治理，稳定入湖水量，积极开展防沙治沙和湿地保护，保持艾比湖水面面积。对博尔塔拉河、精河、大河沿子河源头区、哈日图热格等重要水源涵养区、艾比湖湿地自然保护区、赛里木湖湿地等重要生态功能保护区，禁止一切可能导致生态功能退化的活动。加强哈日图热格森林公园的保护。保护好各类水源涵养林、水土保持林、防风固沙林、生态公益林，最大限度地保护和发挥好森林的生态效益。

第五章　准北区

章前语

　　准北区位于新疆北部，包括阿勒泰地区和塔城(除乌苏和沙湾)地区的9县2市，国土面积 18.54×10^4 km²，区内人口 121.75 万人，少数民族人口65.01 万人。该区由北天山、阿尔泰山和准噶尔界山包围，形成众多盆地和山前冲积平原。气候干旱寒冷，山区降水多，丘陵、平原降水少。矿产资源丰富，尤其是稀有金属储量巨大，是国内著名的矿产基地。本区生态旅游资源丰富，著名的旅游风景区——喀纳斯，以其美丽迷人的景色享誉国内外。准北区地理位置优越，拥有5个口岸，成为新疆对外贸易的排头兵。采矿业和畜牧业是本区的支柱产业，在经济飞速发展的同时，合理开发和利用矿产及草场资源，保护生态环境，是实现本区可持续发展的关键。

关键词

　　阿勒泰；塔城；矿产；资源；阿尔泰山

第一节　区域概况

一、环境特征

(一)地势北高南低，山地垂直带显著

　　本区位于欧亚大陆腹地，分别属于中温带大陆性干旱、半干旱气候区和北温带寒冷区大陆性气候。全区地势总体呈北高南低。阿尔泰山脉位于本区东北部，山势西北高峻开阔，东南低矮狭窄，呈西北至东南走向。最高峰友谊峰海拔 4 374 m，位于中、俄、蒙三国交界处。阿尔泰山脉是跨国断块山脉，在我国境内山段属南坡，境内长约 500 km，绵延在哈巴河、布尔津、阿勒泰、富蕴、青河的北部。从阿尔泰山前至准噶尔盆地北缘是额尔齐斯河与乌伦古河水系冲击而成的河套平原(即河流阶地)和丘陵地貌，地势东南高西

北低。西北部为准噶尔西部山地，由许多海拔 1 000～2 500 m 的低山组成，主要是断块山脉，在断块山之间有断陷盆地和谷地，与山体相间排列。

本区自然植被、土壤的类型和分布受山地温湿垂直分布规模的影响显著，在阿尔泰山区，海拔 2 500～3 200 m 以上的高山带是永久冰雪裸岩地带，夏季在背风向阳处可偶见低矮草丛。在海拔 1 800～2 500 m 之间，高山带的南向坡呈矩状分布有高山草甸，海拔 1 500～2 400 m 之间，高山带的北向坡是山地寒温带针叶(松杉)林带。在海拔 800～1 500 m 的中山带是山地寒温带灌木丛草甸。在海拔 400～800 m 是山地寒温带灌木草原或灌木丛草原。在山前广漠的丘陵、河谷平原和戈壁沙漠地区是半旱生、旱生荒漠植被。

(二)气候温和适中，适宜喜凉作物生长

区内气候特点是热量由山地到平原渐增，降水从西部向东部，自山区向平原递减。区内降水量的空间分布是，从本区西北部山谷进入的大西洋和北冰洋温湿气流沿阿尔泰山爬升，在当地形成丰沛的地形雨。而准噶尔盆地北部、丘陵平原降水量少，年降水量只有 150～200 mm，积雪深度约 30～80 cm。至南部荒漠年降水量约 95 mm，只有零星积雪。区内降水量的季节分配是夏季多，冬季少，春秋季接近。区内气温差异明显，平原地区夏季较为炎热，冬季寒冷，春季升温不稳定，秋季气温下降迅速，气温年变化和日变化大。山区与平原地区相比，冬暖夏凉，热量不足。北面临近西伯利亚冷高气压区，各月平均气温低于 −11℃，降水量分布不均，是我国寒冷地区之一。本区富蕴县的可可托海(−51.5℃)是全疆气温最低的地方。

本区气候从总的方面来看温和适中，但因各地海拔、纬度和地貌部位的不同，有一定的差异。阿勒泰地区属北温带寒冷区大陆性气候，年均 3.7℃，年均降水量 171.5 mm，年均蒸发量 1 814.9 mm，年均无霜期 131 d，该区位置偏北，纬度高，热量资源较少，除福海至北屯一带可种植玉米、水稻等喜温作物外，其余地区只能种植春麦、油菜、苜蓿等喜凉作物。塔城地区属中温带大陆性干旱、半干旱气候，年均气温 7.0℃，年均降水量 223.4 mm，年均蒸发量 1 941.4 mm，年均无霜期 153 d。该区因地势较高，年≥10℃积温多在 3 000℃左右，是喜凉作物小麦、油料、甜菜、苜蓿、薯类等最适宜的温度。

(三)后备土地充足

全区农用地 1 817.68×10⁴ hm²，土地资源较丰富。在塔城盆地与额尔齐斯河流域还有较多的宜农可垦荒地。本区有优良的草场和原始森林，牧草地面积达 1 500.1 万亩，占全疆牧草地的 28.14%，林地面积 5.61×10⁴ hm²，占全疆林地的 8.29%，草场资源较丰富，宜发展畜牧业。区内天然湿地面积

有 17.07×10^4 hm²，占全疆的 13.47%。

(四)水力资源丰富，水电开发潜力大

本区地表水资源量约 168.24×10^8 m³，约占全疆的 18.75%，居全疆前列。大小河流共 163 条，地表水年径流量 151.971×10^8 m³，占全疆 16.6%。全区有额尔齐斯河、乌伦古河、吉木乃山溪三大水系。乌伦古湖水域面积超过 1 000 km²，是我国十大内陆淡水湖泊之一，为新疆第二大湖和重要的渔业基地。

全流域水能资源蕴藏丰富，额尔齐斯河为 421.7×10^4 kW，乌伦古河为 48.8×10^4 kW，吉木乃山溪水系为 4.5×10^4 kW。阿勒泰地区开发条件较好的优良站址有 39 处，是自治区重要的水能基地之一。

额尔齐斯河 额尔齐斯河是我国唯一流入北冰洋的河流，它源出我国阿尔泰山西南坡，山间两支源头喀依尔特河和库依尔特河汇合后成为额尔齐斯河，自东南向西北奔流出国，一路上将喀拉额尔齐斯河、克兰河、布尔津河、哈巴河、别列则克河等北岸支流汇入后，流入哈萨克斯坦境内斋桑湖，再向北经俄罗斯的鄂毕河注入北冰洋。全长 2 969 km，在我国境内 546 km，流域面积 5.7×10^4 km²，号称新疆第二大河。水中多产鱼，接近边境处河面宽达千米，可通轮船。流域内众多的支流均从干流右岸汇入，形成典型的梳状水系。

额尔齐斯河河谷宽广，水势浩荡，年径流量多达 119×10^8 m³，水量仅次于伊犁河，居新疆第二位。河床中巨砾迭瓦，银波翻腾，河曲异常发育。河谷次生林和河漫滩草甸宛若一条绿色飘带，镶嵌在荒漠戈壁上。其中北屯河段的河谷次生林最为茂密，绵延成一片绿色海洋，素有"杨树基因库"之美称。额尔齐斯河沿岸风光壮美，与阿尔泰山遥相呼应，有"金山""银水"之美称。额尔齐斯河下游的大支流布尔津河和哈巴河的河床中，心滩林立，碧水茫茫，河谷中湖沼密布，水草丛生，阡陌相连，绿树成荫，呈现一派"大漠水乡"的壮丽图景。布尔津县以下夏季可通小汽轮，可与邻国哈萨克斯坦开展跨国水上旅游。

(五)有色金属矿产资源富集

经地质调查，本区矿产资源丰富，种类多。有色金属矿产有铁、锰、铬、铜、镍、金、铂、铍、锂、钽、铌、铯等，非金属矿产有煤、石灰石、石棉、石英沙、石膏、盐类、膨润土、玉石、黏土、沥青、石油、大理石、花岗岩、珍珠岩、蛇纹岩等，还有水晶、海蓝、碧玺、紫牙钨等名贵宝石。目前已发现矿种 4 大类 94 种，占全国拥有矿种数的 55%，占新疆拥有矿种数的 68.1%。发现矿产地千余处，矿床 227 处，其中大中型矿床 114 处，已探明

储量的 51 种矿产品潜在价值达 2 000 亿元。其中铍、钾长石、白云母的资源储量居全国第一位，居全国前十位的矿种有 12 种，居全疆前十位的矿种有 8 种，主要是铜、铅、锌、金、云母等，保有资源储量占自治区保有储量的 70% 以上，稀有金属，如铍、锂、钽、铌、铯等，占全自治区保有储量的 100%。

区内富蕴县境内的喀拉通克铜镍矿是全疆最大的铜镍矿，哈巴河县境内的阿舍勒铜矿，是我国第二大铜基地，矿区伴生有金、银、铅、锌、铁、硫等多种成分，经济价值巨大。阿舍勒铜矿铜金属量 91.94×10^4 t，平均品位 2.43%，共生锌金属量 40.83×10^4 t，平均品位 2.78%，伴生金 18 t，银 1 174 t。主要大中型矿床为富蕴的可可托海、哈巴河的阿舍勒和托里的恰图山等。非金属矿以芒硝、湖盐居多，主要分布于玛纳斯湖区。新疆地矿局近期新发现矿产地及可供近期开发矿产地 19 处，其中本区有哈巴河县哲兰德金矿和青河县玉勒肯哈腊苏铜矿。

(六)动植物资源丰富，生态旅游发展空间广阔

本区植被茂盛，森林广布，成为众多野生动物栖息的天堂。野生动物有雪豹、赛加羚羊、野驴、河狸、北山羊、鹅喉羚、马鹿、棕熊、白鹳、高山雪鸡，白鱼、哲罗鲑、北极茴鱼、梭鲈、鲟鳇等。野生药用植物有冬虫夏草、贝母、党参、肉苁蓉、当归、甘草、麻黄、大芸等，经济类植物有芦苇、野蔷薇和野巴旦杏等。当地优良特色畜禽品种有新疆褐牛、阿勒泰白头牛、阿勒泰大尾羊、新疆细毛羊、巴什拜大尾羊、塔城飞鹅和火鸡等。

闻名遐迩的喀纳斯湖、布伦托海风景区，以及大漠风光、冰川雪岭、湖泊温泉和浓郁的草原风情、凉爽宜人的气候等为开辟地区独具风格的生态旅游提供了优越的条件。

二、经济特征

准北区牧业发达，工业以采矿业为主。产业结构比例为 25.1:39.4:35.5，第一产业比例高于全疆平均水平。区域内部经济发展比较平衡，人均 GDP 略低于全疆平均水平，哈巴河县、富蕴县的人均 GDP 远高于全区平均水平，这主要是因为当地采矿业比较发达(表 5.1)。

(一)畜牧业为主的农业

本区农产品有大麦、小麦、玉米、水稻、甜菜、棉花、黄豆、胡麻、油菜、葵花、红花、打瓜、苹果、葡萄等，畜牧业有阿勒泰大尾羊、新疆细毛羊、新疆褐牛、巴什拜大尾羊、阿勒泰马等，牲畜有绵羊、山羊、牛、马、骆驼等。其中新疆细毛羊和巴什拜大尾羊享誉全国。额敏县是新疆细毛羊改

表 5.1　2007 年准北区经济状况

县市	GDP 总量 /(万元)	人均 GDP /(元·人$^{-1}$)	产业结构/%		
			第一产业	第二产业	第三产业
塔城市	263 133	15 947	25.3	21.1	53.6
阿勒泰市	239 060	13 244	20.9	20.6	58.5
托里县	114 302	12 173	14.8	57.9	27.3
裕民县	55 241	9 953	44.0	21.7	34.3
额敏县	261 632	12 597	36.6	27.2	36.2
和布克赛尔蒙古自治县	106 380	16 886	26.7	41.5	31.8
哈巴河县	230 463	29 890	13.3	74.5	12.2
布尔津县	81 377	12 676	24.8	29.1	46.1
吉木乃县	27 487	7 721	36.7	21.7	41.6
福海县	120 155	16 392	39.6	30.3	30.1
富蕴县	237 391	28 740	17.2	66.1	16.7
青河县	50 300	8 934	34.2	22.8	43.0
全区	1 786 921	14 676.96	25.1	39.4	35.5
全疆	35 231 600	16 815.46	17.8	46.8	35.4

数据来源：新疆统计局. 新疆统计年鉴(2008). 北京：中国统计出版社，2008。

良县和全国褐牛基地县；也是著名的"中国红花之乡"，红花产业发展势头强劲，"塔原牌"红花油小包装产品和散装油在全国红花油市场已占领了主导地位。裕民县是"中国巴什拜羊之乡""中国打瓜籽之乡"。本区耕地面积35.43×10^4 hm^2，占全疆耕地面积的 9.35%。豆类、油料、苜蓿是本区的主要农作物，播种面积和产量在全疆排前列。见表 5.2。

表 5.2　2007 年准北区主要农作物面积和产量

品　种		准北区	全疆	占全疆比重
粮食	面积/(10^3 hm^2)	10.53	1 379	7.63%
	产量/(10^4 t)	74.86	867.04	8.63%
谷物	面积/(10^3 hm^2)	107.62	1 300.58	8.27%
	产量/(10^4 t)	7.04	846.35	8.32%
豆类	面积/(10^3 hm^2)	15.58	78.42	19.87%
	产量/(10^4 t)	4.42	20.69	21.36%

（续表）

品　　种		准北区	全疆	占全疆比重
油料	面积/(10^3 hm²)	49.05	176.47	27.80%
	产量/(10^4 t)	10.04	40.3	24.91%
苜蓿	面积/(10^3 hm²)	49.46	231.36	21.38%
	产量/(10^4 t)	37.25	205.47	18.13%

数据来源：新疆统计局. 新疆统计年鉴(2008). 北京：中国统计出版社，2008。

　　2007 年，本区农林牧渔业总产值 64.62 亿元，占全疆 6.08%，其中农业产值为 17.49 亿元，占全疆 2.28%；林业产值 1.12 亿元，占全疆 5.37%；牧业产值 29.5 亿元，占全疆 12.74%；渔业产值 0.53 亿元，占全疆 7.5%。从数据中可以看出，牧业是本区的主要产业。

　　准北区肉类产品中牛肉、山羊肉、绵羊肉分别占全疆的 11.54%、16.85%、11.18%；羊毛和禽蛋产品分别占全疆的 12.31% 和 13.19%（表 5.3）。年末牲畜存栏 635.61 万头，占全疆的 12.65%。本区水域多富于营养性，适宜冷水鱼类生长，水产品以乌伦古湖的冷水鱼最为著名，年最高产量达 5 255 t，是自治区重要的渔业生产基地之一。林业生产实现了较快发展。2007 年，全区人工造林面积达到 81 万亩，其中退耕还林面积 37 万亩。阿勒泰森林资源以云杉、西伯利亚落叶松为主，是新疆林业重点地区之一。额尔齐斯河流域生长的欧洲黑杨、银灰杨等 8 种杨树天然林是中国目前唯一的天然的多种类杨树基因库，也是全国唯一的天然多种杨树林自然景观。

表 5.3　准北区主要产品产量　　（单位：t）

各品种产量	准北区	全疆	占全疆比重
肉类总产	155 916	1 605 800	9.71%
牛肉	48 746	422 539	11.54%
山羊肉	13 150	78 024	16.85%
绵羊肉	63 945	572 176	11.18%
羊毛	11 467	93 400	12.31%
禽蛋	15 514	283 700	13.19%
牛奶	258 800	1 962 300	5.47%
水产品	5 311.6	88 876	5.98%

数据来源：新疆统计局. 新疆统计年鉴(2008). 北京：中国统计出版社，2008。

(二)采矿业为主的工业

本区已建成一批具有较高现代化水平的新型工业企业，形成了煤炭、电力、黄金、采矿、毛纺、造纸、制糖、食品、乳制品、酿酒等现代化工业。2007 年，全区工业总产值 96.71 亿元，占全疆的 2.79%；工业增加值 48.91 亿元；原煤 $221.6×10^4$ t，占全疆的 20.54%。区内年产矿量 $1\,317.34×10^4$ t，占全疆 11.34%；矿业总产值 41.27 亿元，占全疆 28.29%。采矿业是本区的支柱产业。

2007 年矿业进入新一轮开发，位于富蕴县城北西直距 70 km 处的蒙库铁矿进入全面开发阶段，这是新疆最大的铁矿，储量 $2.2×10^8$ t，平均品位 43%。新疆新鑫矿业股份有限公司喀拉通克铜镍矿生产高冰镍 10 330 t，实现产值 8.8 亿元，富蕴金山矿冶有限公司直接还原铁项目一期工程完工投产。新疆昆塔矿业公司在托里县投资的西部地区复杂含砷金精矿综合开发利用项目投产，该项目总投资 1.35 亿元，建成日处理 100 t 复杂含砷金精矿冶炼厂，是矿产资源深加工项目。

第二节　区域资源开发

一、阿尔泰山的矿产开发与环境治理

阿尔泰山山名源于突厥—蒙古语词，意为"金色"，缘于此山蕴藏丰富的黄金。阿尔泰山脉，不仅巍峨雄伟而且矿藏丰富，处于世界级有色金属、贵金属、稀有金属、黑色金属成矿带中段，是中国重要的矿产资源集中区之一。

(一)阿尔泰成矿带及矿产资源

阿尔泰成矿带主体位于准噶尔北部区内的阿勒泰地区，西南和东南少部分处在塔城地区和昌吉回族自治州境内。南北长约 460 km，东西宽约 410 km，总面积约 $11×10^4$ km²。该成矿带为新疆仅次于东天山地区的最重要的有色金属、黄金、铁矿、稀有金属及宝玉石矿产勘察开发基地。

已经建成并且正在生产的较大矿山有：可可托海稀有金属矿、柯鲁木特稀有金属矿、喀拉通克铜镍矿、多拉纳萨依金矿、托库孜巴依金矿、铁米尔特铅锌矿等。正在建设的矿山有阿舍勒铜矿、蒙库铁矿、萨热阔布金矿、可可塔勒铅锌矿等。区内已发现矿种 84 种，其中，位居国内前 10 位的有白云母、铍、长石、镍、铯、锂、铂族(铂+钯)、铋、碲、钽、铌等 12 种。位居自治区前列的有铜、镍、铅、锌、钴、金、银、硫等 8 种。

资源量预测为：铜 $1\,500×10^4$ t、镍 $160×10^4$ t、金 2 000 t、铅 $1\,000×$

10^4 t、锌 $2\,000\times10^4$ t、铁 6.3×10^8 t。已发现矿床 200 余个，其中大中型矿床约 100 个。这些已发现的 100 个大中型矿床中 77 处是白云母矿床，另有金属矿床 16 处，主要为铜、镍、铅、锌、钼、金、稀有金属、铁等矿种(伴生的铂族、钴、银等矿产不计)。其中，特大型矿床 1 处(可可托海稀有金属矿)，大型矿床 6 处(喀拉通克铜镍矿床、阿舍勒铜锌矿床、可可塔勒铅锌矿床、柯鲁木特稀有金属矿床、喀拉苏稀有金属矿床和蒙库铁矿床)，中型岩金矿 4 处，中型铜钼矿 1 处。

(二)矿山开发对环境的影响

矿产的大量开发促进了地区经济的快速发展，同时也对当地的地质生态环境造成了影响和破坏。因矿区处于特殊的自然地理环境和现代地质构造的活动带内，在内外力作用下，易诱发地质灾害，加上无保护措施的人类生产活动，矿业开发活动等外力作用使突发性地质灾害趋势加大，给人们的生命财产带来损失。主要表现有：

1. 采矿的外动力作用对地质灾害的诱发

采矿区外动力作用突发性灾害有崩落、塌陷、滑坡、泥石流等，易对地区造成巨大经济损失。近年来，由于人类生产活动范围不断扩大，矿产开发工程不断增加，突发地质灾害有增大的趋势。如 2004 年夏，矿产大县富蕴乌恰沟突发洪水并夹杂泥石流，造成刚通车一年的柏油路被毁，损失千万元。另外，沿地表露天采矿场和采矿坑，滑坡、崩塌时有发生，对人们的生产和生活带来损失和不便。

2. 采矿时因排水问题造成原地表沼泽化和盐渍化

在采矿区，如有河床阶地，其一般为丘陵与洼地相间分布，由于采矿时所用排灌系统不配套，受高地灌水的影响，低洼地长期受水浸湿而形成沼泽、苇湖，破坏了耕地。而在广大的冲积扇缘地带，地形由高向低逐渐平缓，由于受采矿排水系统的影响，地下水位逐步升高，造成大量良田熟土潮湿化和次生盐渍化而弃耕撂荒。

3. 矿产资源开发对土地草场的破坏

矿产资源的分布有一定的规律性，受一定地质构造环境的控制。阿尔泰山区主要金属矿产和非金属矿产的白云母、宝石等，主要分布在人迹罕至的山区，对其开发主要是局部破坏草地、森林和山地，生态破坏较为有限；其他非金属矿产主要分布在山前地带，对其开发主要是破坏荒漠地貌景观。据不完全统计，各类矿产资源开发共占用富蕴县土地面积 38.2 km^2，对开采区范围内土地、草场、林地造成不同程度的破坏。

4. 矿业开发活动对矿山地质环境的破坏

阿尔泰山采矿历史悠久，由于采矿活动所形成的废渣侵占土地资源和水资源。至 2007 年，阿勒泰区矿山占用破坏土地 1 196 hm²，其中尾矿堆放 96 hm²，露天采坑 8.52 hm²，采矿塌陷 1 092 hm²。萨尔布拉克金矿采用氰化堆浸提金工艺，造成氰化物对环境的一定污染；露天采矿带内，矿坑相连，形成深达几十米的堑沟，时有崩塌、滑坡发生的危险，曾因滑坡造成人伤机埋事故。矿坑两侧杂乱堆放的废石废渣，既破坏土地草场，也破坏地貌景观。沿河床和两岸阶地上百年的采金史，造成沿岸植被破坏；局部地段河流改道，河水悬浮物增多；无计划地乱采滥挖宝石，造成采区树木被炸死，草场被破坏。建筑用砂石、黏土、石料的无序开采，严重破坏了土地资源，破坏了地表生态环境和地质地貌景观。公路两侧被挖成千疮百孔，植被难于恢复。城镇、居民点附近的采矿采石活动，易造成空气质量的下降，自然景观的破坏。

(三)矿区环境治理措施

为保护好地质生态环境，保障矿区的生产生活环境，实现资源开发的可持续发展，矿区治理措施主要有以下几方面。

1. 山区森林草原带矿产资源开发的地质环境保护措施

保护重点是森林和地面植被不受破坏，山间河、溪不被堵截，水质不受污染。其措施是：

(1)山区降水量大，采矿权人必须限期恢复采矿破坏的植被裸地生态，严防水土流失。

(2)对采矿形成的矿渣、废石，要限定地点，划定区域堆放，不得堵截河道。随着开发的进程，逐步将废矿(石)堆建设人工植被，以防滑坡和泥石流发生。

(3)对选矿形成的尾矿及污水，进行无害化处理，并限定地点排入。必要时，还应建设保护河流和地下水质的防污染工程。

(4)严格控制爆破材料的用量，采用科学爆破，减少对森林、植被的破坏。

(5)坚决实施"破坏一点，绿化一片"的措施。矿业开发不可能不对自然环境产生破坏，但要采取措施，降低到最低程度，加强复垦和植被恢复。

2. 山前丘陵、荒漠、戈壁带矿产资源开发利用的地质环境保护措施

主要以保护土地、山体、荒漠植被、地貌、水体不受破坏和污染为目标。具体措施有以下几点。

(1)对因采矿造成的采空区，露天采矿破坏的地形地貌，要严防产生地面塌陷、滑坡、泥石流和水土流失，要加大植被恢复力度和回填力度。

（2）对采用剧毒药剂如氰化法提金工艺的矿山，开工前必须进行环境影响评价。

堆浸场地必须选择在地下水贫乏，人烟稀少的非草场地带，对污水必须进行无害化处理，达标后方得排放。对落后的混汞法提金工艺，要坚决取缔。

（3）公路、城建、水利建设工程开采砂、砾、石料，必须遵照有关规定，统一规划，合理选择砂石料场地，保护好山前、荒漠、戈壁的原始地貌。对破坏的绿洲、地貌，要实施生态恢复工程。

（4）加强地下水的检测，严防因采矿活动带来对地下水质的污染。

（5）要加强对平原土地、草场、林地的保护。一般情况下，采矿活动应尽量避开草场、林地。若确因客观条件无法避免，则应严格规划，限定废渣、废石堆放地点，适时进行植被恢复，保护好地质生态环境。

二、草原牧场——新疆重要的畜牧业基地

阿勒泰地处新疆北部，有着丰富的水资源和优质的天然草场，四季草场面积近 15 000 万亩，各类野生牧草达 1 500 余种。阿勒泰是新疆主要的草原畜牧业地区之一，发展现代畜牧业具有明显的优势。

（一）优良的牲畜品种

阿勒泰地区畜产品的饲养不同于其他省区，特别是在牛羊上，以牧区放牧为主。牛羊在草地上能吃到各种营养丰富的草料，牛羊肉具有味美鲜纯的特点。阿勒泰地区还有自己特有的畜种，如知名度很高的肉脂兼用的"阿勒泰大尾羊"。

阿勒泰投入大量资金用来加强品种改良、饲草料基地建设、牧民定居等工作，大力推进畜牧业生产方式的转变，提高增长质量和效益。至 2007 年年末，阿勒泰地区牲畜存栏 310.99 万头（只）。其中，牛存栏 82.83 万头，马存栏 19.48 万匹，山羊存栏 98.68 万只，绵羊存栏 83.54 万只。全年肉类总产量 7.27×10^4 t；奶产量 17.09×10^4 t。围绕打造自治区重要的奶业基地的目标，阿勒泰地区按照"牲畜品种优良化、畜群结构合理化、生产经营产业化、防疫体系网络化、产品营销市场化"的总体要求，统筹草原畜牧业、农区畜牧业和城郊畜牧业发展，注重提高质量和效益，推进现代化农业发展。

（二）优质的畜产品

阿勒泰市、福海县、富蕴县三县市集中发展优质牛羊肉业，进而辐射带动全区牛羊肉业发展。积极开展以新疆褐牛、阿勒泰羊等地方良种为主的、各具特色的肉类生产，努力构建地方良种与进口肉用牛羊经济杂交为核心的现代肉类生产体系，建设一批良种化和饲养水平较高的养殖小区、养殖大户

和家庭农场。

在阿勒泰市、福海县、布尔津县、哈巴河县四县市发展奶业，带动吉木乃县发展马、驼奶业。牧区以饲养新疆褐牛为主，农区以饲养荷斯坦、西门塔尔牛为主，城郊以饲养荷斯坦高产奶牛为主。已引进光明乳业、新疆阿尔曼乳业等优秀企业，在阿勒泰开展奶业加工。

青河县集中发展山羊绒业，以此带动全区绒山羊改良，提高羊绒细度、长度和个体产绒量。

(三)广阔的市场前景

本区畜牧业市场发展潜力大，发展优势突出。阿勒泰地区气候寒冷，居民对热量的要求量大，因此肉食消费量大；我国加入 WTO 以后，种植业面临严峻的挑战，而畜牧业具有了加快发展的机遇；新疆是伊斯兰民族聚居地，畜产品对伊斯兰民族和伊斯兰国家具有特殊的吸引力。目前新疆已有畜产品公司向内地省区及国外销售新疆畜产品，市场反映良好，随着加工畜产品规模的扩大，规格统一，质量稳定，成本降低，销售市场有望进一步扩大。

(四)草场退化

草地是发展畜牧业的基础，阿勒泰农牧民主要依赖于草地，草地牧养着阿勒泰家畜总数的 70％以上，草地畜牧业是农牧民的传统经济和主体产业，是经济收入的主要来源。但目前新疆大部分的天然草地都出现不同程度的退化，使得草地生态环境遭到破坏，草场的退化造成饲草饲料的不足，已成为制约畜牧业发展的主要因素。

第三节　产业规划与可持续发展

准北区作为新疆的畜牧业大区，随着基础设施的逐步改善，生产规模化、产业化水平日益提高，必将成为自治区重要的畜产品基地。作为新疆潜力巨大的矿产资源富集区，随着矿产勘探、开发力度不断加大，产业支柱地位日益突出，必将成为自治区重要的有色金属、黑色金属、稀有金属、贵金属矿产资源勘察、开发基地。作为旅游资源丰富、特色鲜明的地区，随着4A级景区喀纳斯的高水平规划、高起点建设、高标准经营，必将成为自治区重要的生态、度假、休闲旅游基地。作为新疆第二大丰水区，随着引额济克、引额济乌工程和一批水电项目的建设，水资源的综合开发利用水平日益提高，必将成为自治区重要的淡水资源供给区和冷水鱼繁育、生产、加工基地。本区地缘优势得天独厚，随着"中俄直达运输走廊"建设项目的实施，必将成为自治区对俄、哈、蒙进出口的重要贸易通道和出口商品的组装加工基地。

一、产业规划

(一)农业发展

以调整结构、发展生产为重点,提高农牧业综合生产能力。坚持农区畜牧业、城郊畜牧业和草原畜牧业协调发展。阿勒泰突出抓好优质牛羊肉、奶、皮革三大主导产品,加快传统畜牧业向现代畜牧业转变。围绕畜牧业发展,推广青贮玉米种植,建设饲草饲料基地,培育养殖大户,发展养殖小区;围绕市场需求,突出优势和特色,发展优质春小麦、豆类、油料、甜菜、瓜果等作物种植,加快建设无公害农产品基地;围绕旅游业和矿产业,积极发展设施农业、绿色农业和生态农业。建设全疆最大的绿色农产品生产基地,显著提高本区农产品竞争力。

塔城地区重点沿塔额公路两侧至额敏河上游主要农耕区、裕民县井灌区集中布局优质小麦商品生产区;在塔额公路以南至库鲁斯台草原农耕区、乌沙区沿 312 国道以南农业耕作区和裕民县井灌区,发展加工、饲用和青贮型玉米基地;在和布克赛尔蒙古自治县察和特农业综合开发区,发展优质棉基地,逐步扩大彩棉面积;在塔城盆地塔尔巴哈台山以南山前农业生产区,裕民县哈拉布拉河灌区,发展优质红花基地;在塔城盆地建设果蔬型出口蔬菜基地;在塔额公路沿线北部农业耕作区,以额敏县城郊乡为主,发展高糖、高产甜菜基地;在环塔城盆地的塔尔巴哈台山、乌日可夏依山、巴尔鲁克山山前旱作农业区发展高品质打瓜基地;在塔城市、额敏县浅山逆温带区域,集中发展苹果、酸梅、黑加仑等特色果品基地;在塔城盆地沿塔额公路,发展优质荷斯坦牛养殖基地;在塔城盆地塔额公路沿线北部区域、库鲁斯台草原、和布克赛尔蒙古自治县发展褐牛、肉用细毛羊、巴什拜羊养殖基地。

以加强基础设施建设为重点,大力发展设施农业,在塔城市、额敏县优先扶持引导农民集中发展设施农业;建设棉花、小麦、玉米、红花等主要作物种子工程。

(二)工业发展

实施优势资源转换战略,做大矿产业。加强地质调查与矿产评价工作,发现和提供一批新的矿产地,增加后备资源储量。围绕铁、铜、镍、铍、铅、锌等优势矿种,重点扶持阿舍勒铜业股份有限公司、新鑫矿业股份有限公司喀拉通克铜镍矿、有色集团稀有金属有限责任公司、八钢集团蒙库矿业分公司、金宝矿业有限责任公司、甘肃白银公司索尔库都克铜钼矿、华泰黄金有限责任公司、正元国际矿业有限公司、宏泰矿业有限责任公司、恒盛铍业有限责任公司和科克塔勒富桂铅锌矿等一批骨干企业。

大力培育肉类、乳品、豆类等一批成长性好的特色产品加工业,形成新的经济增长点。促进建材、皮革、制糖、制药、油脂、造纸等原有特色产业做大做强。充分利用地区及周边国家丰富的冷水鱼资源,引进稀有冷水鱼种,提高繁育水平,扩大养殖规模,鼓励支持有实力的龙头企业加快开发冷水鱼精深加工项目。依托阿勒泰市中心城市和周边口岸优势,建立进出口货物、旅游购物集散地。

塔城盆地沿边依托盆地内丰富的农业资源优势和巴克图口岸优势,突出发展绿色食品、边境贸易和旅游业;额敏县充分发挥地处塔城盆地中心、农业资源丰富和兵地融合的优势,突出发展特色农产品加工和建材等产业,建成中国最大的红花生产加工集散地和塔城盆地经济中心;裕民县依托丰富的大农业和旅游资源,积极发展红花、巴什拜羊、打瓜、旅游等优势产业,建设红花系列产品深加工重点区、新疆旅游观光和生态园林县;和布克赛尔蒙古自治县、托里县依托资源优势,重点建设优质畜牧养殖基地、煤电能源基地、金属非金属矿产开发加工基地。

(三)旅游业发展

突出生态、跨境、冰雪、民俗等旅游特色,打造自治区重要的生态、度假、休闲旅游基地。重点打造喀纳斯旅游精品,使喀纳斯景区成为国内一流的生态旅游度假休闲胜地。建设贾登峪综合接待基地,高起点、高标准开发禾木、白哈巴、那仁等景区。积极发展跨境旅游和冬季冰雪旅游,加快国道216、217沿线特色景区(点)的开发建设,逐步形成以喀纳斯景区为龙头、以国道为连接,以各县(市)特色景点为补充、众星捧月的大旅游格局。阿勒泰市、布尔津县、哈巴河县、福海县要按照旅游"六要素"配套要求,完善城市功能,发挥集散中心作用。塔城突出口岸、民俗、历史、自然风光、特种旅游等五大特色;加强裕民县塔斯特、塔城市巴克图口岸、和布克赛尔蒙古自治县蒙王府、额敏县探险狩猎场等景区的建设。

充分挖掘旅游资源,开发旅游产品。依托巴克图口岸优势,开拓国际旅游市场;充分挖掘哈萨克、达斡尔、俄罗斯等少数民族的历史文化资源,增强旅游文化底蕴,加快特色浓郁的民族风情园建设步伐;加快旅游商品、纪念品的开发,努力打造红花、驼绒、巴什拜羔羊肉、根雕艺术系列产品等旅游商品,积极引导民族手工艺品向规模化、市场化方向发展。

二、可持续发展

(一)节约资源,保护环境

遵循"减量化、再利用、资源化"的原则,引导全社会树立节约资源的意识，倡导有利于节约资源、保护环境的生产方式和消费方式。积极推广农业节水灌溉，大力发展节水工业。重点扶持一批共伴生矿产资源和低品位、难选冶及尾矿资源的综合利用项目，合理利用和有效保护矿产资源，加大矿山地质环境治理力度，遏制滥采乱挖、大矿小开等破坏资源现象。大力推进清洁生产，鼓励采用无废、少废、节能、节材、节水的新设备、新技术、新工艺，降低环境污染。合理利用土地，严格保护耕地。

在加快经济发展的同时，更加注重生态环境保护和建设。加强自然保护区建设和野生动植物保护。加大草原生态保护力度，实现草畜平衡。加强城市环境综合整治，加大城市污水集中处理、生活垃圾无害化处理以及危险和放射性固体废物处置的力度，切实提高环境质量，改善人居环境。

（二）加速推进矿产资源科学开发、管理和利用

加速推进矿产资源科学开发、管理和利用，实施可持续发展战略，走新型工业化发展道路，提高矿产资源对经济社会发展的保障能力。坚持在矿产资源开发利用与保护中，以"在保护中开发，在开发中保护"为方针，不断规范完善矿业市场。按照有序有偿、供需平衡、结构优化、产品先进、集约高效的原则，最大限度地发挥矿产资源优势，实现经济效益、社会效益、资源效益和环境效益的协调发展。把阿勒泰地区建成自治区的黑色金属、有色金属、稀有金属、特色非金属生产和加工重要基地，国家的西部矿业中心。

（三）科学管理，改变放养模式

为实现天然草场恢复，保持生态平衡，应完善和落实草地家庭承包政策；开展好草畜平衡知识的宣传教育；大力推行草地禁牧、休牧和划区轮牧，实行牲畜舍饲、半舍饲圈养，转变完全依赖天然草地放牧的畜牧业生产方式；加强草地监理体系和队伍建设，加大草畜平衡的管理力度；通过草地建设，逐步提高草地生产力，逐步恢复草地植被，缓解草畜矛盾。

第六章　伊犁河谷区

章前语

伊犁河谷区地处天山西部伊犁河流域，本区降水量丰沛，林草茂密，植被覆盖率高，有大陆腹地"湿岛"之称。伊犁河谷地气候温和湿润，风光秀丽，有"塞外江南"之美誉。该区草场优良，土地肥沃，是新疆重要的农、林、牧业基地，被称做新疆的"粮仓"。伊犁河谷区地理位置优越，是我国向西开放的重要门户。新中国成立以来，特别是改革开放 30 年以来，伊犁河谷地的面貌发生了巨大的变化，呈现出了跨越式发展的态势。面向新世纪，伊犁河谷地的发展，必须建立在人与自然相互协调的基础之上，走可持续发展的道路。

关键词

伊犁；伊犁河谷；资源开发；可持续发展

第一节　区域概况

一、环境特征

(一)三面环山，河流众多，水资源丰富

本区域北、东、南三面环山，谷地开口向西，东窄西宽、东高西低，呈现出明显的楔形地貌。伊犁河谷地被山地分别分隔成南侧的东部特克斯河谷地和西部昭苏盆地，北侧的东部巩乃斯河谷地和西部伊犁河谷地。本区河谷平原区海拔 600～900 m，最低处为伊犁河出境处，高程为 530 m。山地分为南天山、北天山和中天山。

区内河流纵横，大小河流 120 多条，其密度居全疆之冠，主要有伊犁河及其三大支流——特克斯河、巩乃斯河、喀什河，河源高程 2 700～4 200 m。伊犁河是亚洲中部的一条内陆河，是中国和哈萨克斯坦的国际河流，在中国境内全长超过 400 km，最后注入哈萨克斯坦共和国的巴尔喀什湖。伊犁河发

源于新疆天山西段，其水量居新疆众河之首，年平均地表水径流量为165.5×
10^8 m³，占新疆地表水总量的20.7%。

(二)干旱地带的一块"湿岛"

天山孕育了伊犁河谷独特的自然环境。由于伊犁河谷呈喇叭口状向西倾
斜，处在大西洋水汽迎风坡，因而降水丰富，年降水由西向东达到200~500 mm，
其东端的那拉提山地，降水量可达800 mm，是新疆降水量最多的地方。丰富
的降水孕育了2 023 km²的山岳冰川和53×10^8 m³的地下水补给。伊犁河谷
气候湿润，四季分明，属温带大陆性气候。局部气候差异明显，西部冬寒夏
热，东部冬暖夏凉，南部的昭苏盆地冬寒夏凉。区内的高山地带终年积雪，
炎炎夏日可一览四季风光，其山区是驰名的野果林分布区，具有海洋性落叶
阔叶林的气候特征。伊犁河谷出现的极端最高气温为40.2℃，最低气温
−43.2℃，各县无霜期96~168 d，年日照时数在2 700~2 900 h之间。伊犁
湿润的气候孕育了伊犁河流域宽广的天然草场、森林，畜牧业生产在新疆占
有重要地位。

(三)矿产资源储量丰富

伊犁河谷地处天山西部，位于西天山成矿带。北部有准噶尔板块，南部
有塔里木板块，中部夹伊犁板块，成矿条件较好，构造上属于伊犁微型板块
及其北缘活动带，从北到东分布有大体东西向的博罗科努金、铜成矿带；阿
吾拉勒、巩乃斯金、铜成矿带；那拉提金、锰成矿带；哈尔力克山金、镍、
锰、铂成矿带。目前，已发现的有煤、金、铜、镍、锰、铂、银、铀、硒、
锌、汞、石灰岩、花岗岩、重晶石、石英、磷、云母等12大类64种矿产，已开
发利用了17种矿产，初步形成了以煤炭、黄金和建材非金属为主的三大产业。

伊犁河谷是新疆主要产煤区之一，也是煤炭资源勘探程度较高的地区。
分布在山间或山前拗陷的侏罗系地层内，已知有伊北煤田、伊南煤田、尼勒
克煤田、昭苏煤田等。已进行普查勘探和检查评价的煤炭产地达39处，探明
储量23.8×10^8 t，保有储量23.15×10^8 t，占新疆探明储量的2.48%，预测
煤炭资源总量为3 009×10^8 t，占新疆预测资源量的18.84%。

伊犁河谷的金矿主要分布在下石炭统火山岩系中。目前在博罗科努山南
坡一带的阿希大型金矿床，沿该山脉南麓水系沉积物中有砂金分布，沿特克
斯河流域亦有砂金矿点发现。现已发现矿床、矿点、矿化点52处，主要开采
岩金矿，预测金矿的资源总量为962 t，目前已控制储量62 t，资源的远景潜
力很大。伊犁河谷是新疆最有铀矿资源远景的地区，也是对铀矿普查勘探程
度最高，发现矿产地最多的地区。目前，已发现矿产地达28处，正在进行开
采，形成了一定的生产规模。伊犁铁矿主要分布在阿吾拉勒山东段，以预须

克普台中型矿床为代表，属沉积变质型铁矿。铁矿预测资源总量达 5.76×10^8 t，占新疆预测资源总量的 7.4%，目前探明储量仅占 4.5%，有很大的发展潜力。以铜为主的有色金属矿在伊犁河谷各大山系中均有发现，主要集中分布于博罗科努山、阿吾拉勒山、哈尔克山一带。已发现矿产地达 150 多处，预测铜资源量为 $1\,036.2 \times 10^4$ t、铅 51.5×10^4 t、锌 33.2×10^4 t、锡 7×10^4 t。

（四）伊犁河谷——新疆最美的地方

伊犁河谷土地肥沃，水源充足，草原辽阔，物产丰富，享有"塞外江南""苹果之乡""天马故乡"之美誉。这里有大片的原始森林、雄俊的雪峰、冰川，又有俊美的河川、恬静悠然的牧场，还有人神共织的农耕大地。这里空气清新，阳光明媚，草原、森林、湖泊、牛羊、白云共同组成了一幅优美的画卷，置身其中，令人心旷神怡，故有人说"不到伊犁，不知新疆之美"。

伊犁河谷独特的自然景观、古老的丝绸之路、悠久的历史文化和民族风情是独具特色的边塞旅游胜地。有很多驰名中外的旅游景点：如著名的新源县巩乃斯草原、那拉提草原、尼勒克县唐布拉草原、昭苏草原等。著名的霍城县果子沟、巩留县恰西、尼勒克县唐布拉、新源县那拉提和察布查尔锡伯自治县琼博拉等风景区就位于群山环抱之中；还有壮丽的呼通沙拉瀑布、伊宁市的神奇火龙洞等自然景观；还有芳草如茵、景色优美的新疆第一高山冷水湖泊——赛里木湖。

历史上，伊犁曾是丝绸之路北新道的必经之地，遗留下了大量富有草原文化特色的名胜古迹。如草原石人、石碑、乌孙古墓、古岩画等文物古迹遍布伊犁各地。区内遗址众多，战国时期的古铜矿遗址（现今尼勒克县境内）、唐代的弓月城遗址（现今伊宁县境内）、元代的夏塔古城遗址（现今昭苏县境内）和海努克古城遗址（现今察布查尔锡伯自治县境内）等。伊宁县速檀歪思汗麻扎、昭苏县圣佑庙和察布查尔靖远寺、霍城县秃黑鲁帖木儿汗麻扎、惠远钟楼、伊犁将军府遗址和林则徐纪念馆等，都是著名的游览胜地。

伊犁旅游业的发展潜力很大。这里气候湿润，山清水秀，物产富饶，是著名的"新疆羊""伊犁马"的故乡。伊犁现有 6 个省级自然保护区，其数量约占新疆自然保护区总数的 1/3，是开展生态旅游最理想的场所。同时，伊犁各民族都有自己独特的民族风情和丰富多彩的民间文娱体育活动，如哈萨克族的赛马、姑娘追、阿肯弹唱，维吾尔族的歌舞，锡伯族的射箭和传统歌舞等，对海内外旅游者都有很强的吸引力。

（五）多民族和谐共处的家园

伊犁河谷地区总人口为 239.47 万人，占全疆的 11.43%；其中：汉族 76.48 万人，占 31.94%；其他民族 162.99 万人，占 68.06%。伊犁共有 41 个民族，其中世居的有维吾尔、汉、哈萨克、回、柯尔克孜、蒙古、锡伯、塔吉克、满、乌孜别克、俄罗斯、达斡尔、塔塔尔等 13 个民族。各民族的文化相互影响，相互吸引，但仍保持着鲜明的民族特色，人文生态环境的多样性、交织性，在国内是少见的。

伊犁的汉、锡伯、满等民族宗教信仰淡化，仅民俗生活中还保留着传统信仰的影响。哈萨克、维吾尔、回、柯尔克孜、乌兹别克、塔塔尔等民族大都信仰伊斯兰教，注重寺院宗教活动。伊犁的各民族都有好客的传统，宴客都有很多讲究，各民族的居室、服饰、饮食、婚嫁、丧葬、生活方式、生产方式都各有传统的特色，比较重视传统仪式。

伊犁地区是哈萨克族的聚居地，哈萨克族最隆重的节日是古尔邦节和肉孜节；"姑娘追""阿肯弹唱""冬不拉"，以及马奶子、手抓饭、羊肉面片等都是有民族特色的节目和食品。在伊犁河谷地区有几个少数民族人口不多，但在本区却是高度集中，如锡伯族集中在察布查尔锡伯自治县，这是全国唯一锡伯族自治县。锡伯族是在 1764 年从东北来伊犁，由清朝锡伯营驻地及垦区发展而成；特克斯县是北疆柯尔克孜族最集中的县；乌孜别克族集中在伊犁谷地。多民族在伊犁这块富饶的土地上和睦相处，共同建设着美好的家园。

二、经济特征

伊犁河谷区农牧业发达，是新疆的"粮仓"，工业比较薄弱。产业结构比例为 29.0：30.0：41.0，第一产业比例高于全疆平均水平。人均 GDP 不足全疆平均水平的一半，经济相对来说较为落后，见表 6.1。

表 6.1　2007 年伊犁河谷区经济状况

县市	GDP 总量 /(万元)	人均 GDP /(元·人⁻¹)	产业结构/%		
			第一产业	第二产业	第三产业
伊宁市	569 160	13 073	6.5	27.6	65.9
伊宁县	274 455	7 251	35.6	39.6	24.8
新源县	320 774	10 394	31.0	39.6	29.4
昭苏县	122 959	7 355	47.4	15.8	36.8
特克斯县	79 284	4 986	42.5	16.5	41.0
尼勒克县	113 873	6 636	30.8	42.8	26.4
霍城县	296 128	7 801	39.5	24.8	35.7
察布查尔锡伯自治县	113 987	6 301	47.5	20.7	31.8
巩留县	109 116	6 241	40.8	29.5	29.7
全区	1 999 736	8 350.67	29.0	30.0	41.0
全疆	35 231 600	16 815.46	17.8	46.8	35.4

数据来源：新疆统计局．新疆统计年鉴(2008)．北京：中国统计出版社，2008。

(一)新疆的粮仓,天马的故乡

伊犁河谷是新疆最湿润的地区。夏季丰富的降水和春季天山融雪使伊犁河谷不仅水源丰富,而且丰水时间长。在伊犁河谷的平原地带,河流两岸平整的冲积平原为农业的发展提供了良好的条件,伊犁河谷享有"粮仓"之称。

伊犁河谷地区农业生产连年丰收,已成为新疆的粮、油、畜产品和糖料基地。主要农畜产品居全疆前列,"伊犁红"苹果、"红地球"葡萄蜚声国内外。2007年,伊犁农业产值41.51亿元,林业1.43亿元,牧业36.28亿元,渔业0.8亿元。在主要农产品中,粮食、谷物、豆类、薯类、油料、甜菜等产量居于全疆前列(表6.2),甜菜主产区在霍城县、伊宁县和新源县;豆类主产区在巩留、伊宁和新源县;油料主产区在昭苏、新源和伊宁。由此看出,伊犁河谷是新疆名副其实的"粮仓"。

表6.2　农作物产量　　　　　　　　　　　　(单位:10⁴ t)

	粮食	谷物	豆类	薯类	油料	甜菜
伊犁	135.11	125.98	9.13	24.30	11.18	199
全疆	867.04	846.35	20.69	101.36	40.30	586.93
占全疆百分比	15.58	14.89	44.13	23.97	27.74	33.91
全疆排名	2	2	1	2	1	1

数据来源:新疆统计局.新疆统计年鉴(2008).北京:中国统计出版社,2008。

伊犁河谷草场总面积5 419万亩,其中中等以上草场面积占94%,是全国少有的优良牧区,在这块占全疆草原面积6.7%的草场上,饲养了全疆13%的牲畜,生产了19%的绵羊毛,35%的牛奶和15%的肉类;伊犁河谷还是新疆的畜牧基地,主要畜产品和牧业产值均居全疆前列。2007年,伊犁养牛105.95万头,占全疆的21.76%,居全疆第一位;该区绵羊数量449.47万只,占全疆的12.93%,居全疆第二位,仅次于喀什地区。伊犁是我国"天马"的集中产区,2007年有马群37.07万头,占全疆的42.81%,居全疆之首。伊犁马主产地在新源县、尼勒克县、昭苏县、特克斯县、巩留县等,占伊犁区的83.19%,其中,新源县是全疆马群最多的县。此外,伊犁也是细毛羊的主要产区,因新疆细毛羊源自伊犁河谷,因此也称为伊犁细毛羊。

近年来,通过产业结构调整,伊犁已基本形成粮食、畜牧、特色种植、林果等四大基地。农业产业化经营开始从农业的个别领域向林牧业发展,经营规模由小型、分散向集中和区域化发展;经营模式由单一化向多种形式方向发展。这种调整极大地促进了农业增效、农民增收和农村经济的可持续发展。

伊犁马　早在2100年前的西汉时期,西域乌孙(即今日的伊犁)就出产良马。据《汉书·乌孙传》记载:"天马来兮从西极。""其国多马,富人至四五千匹。"从这里可以看出当时乌孙养马已很有规模了。不仅如此,乌孙国还常常向汉朝的皇帝进贡良马。汉武帝非常欣赏乌孙马的优良品质，并亲笔赐名"天马"。此后，乌孙马便有了"天马"的美誉。"天马"就是今天的伊犁马。

伊犁马产于新疆维吾尔自治区伊犁哈萨克自治州的伊犁地区，中心产区在昭苏、特克斯、新源、尼勒克、巩留等县。伊犁马是在群牧饲养条件下，通过长期杂交选育而成的一个数量较大的品种，体格高大，结构匀称紧凑。它是我国优良兼用马种之一。它具有体型外貌基本一致的品种特征和较为稳定的遗传性；具有力、速兼备的工作能力和较高的繁殖性能；耐粗饲、抗病力强，有较广泛的适应能力。伊犁马已被不少省区引为种马，对我国马匹育种起到了一定的作用。

伊犁细毛羊　伊犁细毛羊是我国 20 世纪 50 年代初育成的第一个细毛羊品种。以其产毛量高、净毛率高、羊毛品质好、体重大、产肉多、繁殖力强、适应性强、适于终年放牧、遗传性稳定、改良地方品种绵羊效果显著等特点而著称，对我国粗毛绵羊改良，起了重大作用。

伊犁谷地优良的自然条件对细毛羊品种的形成提供了适宜的生态条件，在新源、尼勒克两县交界的巩乃斯河畔有巩乃斯种羊场。伊犁细毛羊先后推广到全国 20 多个省区。无论在高寒地区还是在湿热的沿海平原，新疆细毛羊都能较好地适应，正常繁殖和生长，表现出对各种生态条件有广泛的适应性。

(二)工业基础薄弱

本区农业比较发达，但工业基础相对薄弱。经过多年经济的发展，伊犁河谷工业已形成了食品加工、纺织、饮料、煤炭、皮革、电力、建材、制糖、造纸等门类较为齐全的工业体系。2007 年工业增加值 52.1 亿元，比上年增长 26.8％。主要工业产品产量：纱 1.33×10^4 t，糖 21.9×10^4 t，原煤 359×10^4 t，水泥 50.74×10^4 t，生铁 36.78×10^4 t，发电 $286\ 332 \times 10^4$ kW·h，建筑业完成总产值 16 亿元，建筑企业施工房屋建筑面积 189×10^4 m²，竣工面积 116×10^4 m²。

近几年来，伊犁河谷工业经济继续实施优势资源转换战略和可持续发展战略，以市场为导向，因地制宜地发展和培育符合县情、优势明显、竞争力强的支柱产业和主导产业，积极开创具有区域特色、科技含量高、经济效益好、资源消耗低、环境污染少、人力资源得到充分发挥的新型工业化道路。伊犁河谷依托丰富的资源优势和地缘优势，大力发展工业，扩大企业自主权，推行经济责任制、股份制、合作制等多种经营体制，同时以提高经济效益为中心，加强企业管理，加大企业改革力度，引进先进技术、资金，不断研制新产品，提高产品质量，不少产品获国优、部优、区优光荣称号，闻名中外的"伊犁河特曲"就是其中一例。

第二节 区域资源开发

一、水力资源开发

中国境内的伊犁河河段，水能蕴藏量超过 700×10^4 kW，开发条件较好的坝址有 30 多处，装机总容量约 300×10^4 kW。现已建成中小型水电站 132 座，总装机容量约 10×10^4 kW，其中规模最大的喀什河托海水电站装机 5×10^4 kW，价值很高；同时坝址地形地质条件优越，适于灌溉、防洪、发电及水产养殖综合开发利用，带动了伊犁的经济发展。

伊犁河谷地区拥有十分丰富的水力资源，具有巨大的发展潜力。从目前开发利用情况来看，主要是用于农田灌溉和水电开发。伊犁河上游蕴藏着丰富的水能，使伊犁河谷成为全疆重要的水力发电基地。随着西部大开发战略的推进，国家逐步加大了对伊犁河流域的水能开发力度。恰甫其海水利枢纽工程和吉林台一级水电站工程的相继开工建设，标志着伊犁河流域水能开发的序幕已拉开。这几大水利工程的兴建对于开发建设伊犁河流域，促进伊犁河谷地区国民经济和社会发展都有十分重要的意义。

伊犁河谷地区的重点水利工程建设包括：恰甫其海水利枢纽工程、南岸干渠工程、特克斯河山口水电站工程、拦河引水枢纽及北岸干渠工程、察渠总干渠工程。

二、土地资源开发

伊犁河谷地区国土总面积 5.6×10^4 km^2，宜农、宜牧、宜林用地 7 350 万亩，其中草场 5 429 万亩，林地 526 万亩，已开垦耕地 705 万亩，农林牧宜用地占到土地面积的 87.4%，它是中国西部面积最大的绿洲。由此可见，伊犁河谷地区土地资源堪称丰富，而且土地质量好，土地资源的适应性广。

伊犁土地资源的特征表现为以草原为基带，垂直带上多为草甸或森林草原；绿洲面积广阔，后备土地资源丰富；农用地利用率和生产率低下，增产潜力较大。随着伊犁各县市的经济发展，建设用地需求量越来越大，这给耕地和基本农田保护带来了较大压力，在伊宁市尤为突出。目前，伊犁地区不断加大对耕地特别是基本农田的保护力度，与各县市人民政府县市长签订耕地保护目标责任书，顺利完成了各项耕地保护任务。在建设用地需求量逐步增加的情况下，伊犁各县市全面落实耕地占补平衡制度，确保补充耕地的数量和质量。

目前全区拥有 2 亿多亩的后备可利用土地资源，在可利用耕地中，中低产田占耕地面积总量的 2/3，而且土地利用率较低。从 2002 年以来，新疆开始规划伊犁河谷土地开发整理、天山山麓南部绿洲区 1 000 万亩盐碱化耕地整理等工程。通过节约、集约利用土地，严格保护耕地等措施，新增了 15.51 万亩耕地，并通过土地整理复垦开发，增加了 12.14 万亩耕地。

三、立体交通开发建设

伊犁哈萨克自治州以大交通促大发展，初步建立了以公路运输为主体，民航、铁路协调发展的交通运输体系，形成了以国道、省道为主骨架，县乡公路为基础，乡村公路为补充，干支衔接、四通八达的公路网络。

近两年，自治州先后取得国家 100 多亿元投资规模，动工兴建了投资 3.8 亿元的伊犁河大桥、投资 60 亿元的精伊霍铁路于 2006 年 8 月 1 日正式铺轨、投资 1.6 亿元的那拉提机场和 10 多亿元的农村道路改造。有力地促进了伊犁河谷公路基础设施建设。

（一）航空

伊宁机场始建于 20 世纪 30 年代。最近一次改建是在 2000 年，改建后的伊宁机场也只能起降波音 737 以下型号的飞机。随着伊犁河谷实施优势资源转换战略全面拉开序幕，必然会有更多的人通过空中航线到伊犁河谷投资、旅游。伊宁机场新一轮改造目前已全面启动，改造后的机场可起降波音 737 全系列飞机，同时可备降波音 757 大型飞机。目前伊宁机场已是乌鲁木齐机场外新疆航班起降最为繁忙的机场之一，旅客吞吐量排乌市、喀什之后列第三。那拉提机场——一个被草原紧紧拥抱的小型旅游机场于 2007 年正式通航，为该区发展旅游业提供了交通便利。

（二）铁路

新疆精伊霍铁路（精河—伊宁—霍尔果斯口岸）是国家重点建设工程，也是新疆首条电气化铁路，起于乌鲁木齐至阿拉山口铁路的精河站，穿过北天山主岭，经伊犁到达终点霍尔果斯口岸，全长 285 km，已于 2010 年 7 月 1 日建成通车。

（三）公路

蜿蜒曲折的果子沟曾经是漫长冬季伊犁河谷通往外界的唯一陆路通道。遇到泥石流、雪崩，道路被封堵，伊犁河谷就成了"孤岛"。2008 年 12 月，果子沟口至霍尔果斯口岸 50.12 km 高速公路建成通车，结束了伊犁哈萨克自治州没有高速公路的历史。赛里木湖至果子沟口一级公路 2009 年也全线贯通，这一困扰几代伊犁人的陆路交通"瓶颈"被彻底打破。

清水河至伊宁市 56 km 高速公路 2009 年 4 月放行。也就是说，从北疆各地到伊犁来的旅客出了果子沟，无论到霍尔果斯口岸做生意，还是到伊宁市探亲观光，都可享受高速公路的通畅和快捷。

国道 217 线——伊犁河谷通往南疆的交通要道改建工程 2008 年下半年动工，2010 年完工。有了这样一条经过改建更加宽阔平坦的道路，那拉提—巴音布鲁克草原—天山大峡谷旅游黄金路线就自然串联起来了。

此外连接伊犁河谷和巴音郭楞蒙古自治州的国道 218 线那拉提—火烧桥段 2009 年 10 月也全线通车；伊宁市至墩麻扎高等级公路正在进行前期工作。被重重叠叠大山三面环护的伊犁河谷，一个全新的立体交通网络正在形成。

四、霍尔果斯——中国西部最大的公路口岸

霍尔果斯口岸位于伊犁哈萨克自治州霍城县境内，地处东经 80°29′，北纬 44°14′，距伊宁市 90 km，距乌鲁木齐市 670 km。对方口岸为哈萨克斯坦霍尔果斯口岸，距中方口岸仅 15 km，距哈萨克斯坦雅尔肯特市（原名潘菲洛夫市）35 km，距哈萨克斯坦原首都阿拉木图市 378 km。

霍尔果斯口岸是中国西部最大的公路口岸，口岸历史悠久，早在隋唐时期，就是古"丝绸之路"北道上的重要驿站。18 世纪末，俄国商人及我国伊犁边民开始在这里进行民间贸易。1881 年，正式成为中俄两国通商口岸。1917 年后曾一度闭关，1920 年恢复开放。新中国成立后，1950～1962 年进出口总额占到新疆进出口总额的 90% 以上。此后，由于历史原因，口岸仅仅保持通邮。1983 年 11 月 16 日，经国务院批准，霍尔果斯口岸恢复开放。1992 年 8 月，中哈两国政府同意该口岸向第三国开放，具有国际联运地位。1989 年 3 月 1 日，开通了伊宁—清水河—哈萨克斯坦潘菲洛夫的国际旅客班车。1993 年 3 月 1 日，开通了乌鲁木齐—霍尔果斯—阿拉木图国际客货直达运输班车。

2008 年，霍尔果斯口岸实现生产总值 14 亿元，同比增长 90%；其中第二产业实现增加值 2.43 亿元，增长 37.3%；第三产业完成增加值 11.57 亿元，增长 1 倍。2009 年前 4 个月，霍尔果斯口岸经济继续上扬，实现工业增加值 3 121.8 万元，同比增长 65.3%。完成通关货物量 $19.7×10^4$ t，同比增长 74%，实现通关贸易额 4.7 亿美元，同比增长 39.3%。

霍尔果斯口岸在贸易之外，也大力发展起了工业以及配套口岸功能的第三产业，为口岸经济的发展注入了活力，也成为外贸持续增长的坚强支撑。

（一）工业园区

2002 年 4 月，霍尔果斯工业园区正式启动，截至 2008 年年底，通过财政启动等方式共投入 6 000 多万元完善基础设施，基础设施配套面积达 6 km²。

目前，入驻工业企业 23 家，累计投资额 5.2 亿元，吸纳从业人员 1 800 多人，初步形成以海鑫袜业等 5 家企业为主体的轻纺产业集群，吸引了一些东部产业的转移，依托哈萨克斯坦等中亚国家的市场，形成了由单一贸易向生产的产业链延伸。2008 年，园区实现工业总产值 4.3 亿元，同比增长 70.6%，实现工业增加值 1.2 亿元，同比增长 62%。

(二)物流产业

霍尔果斯口岸 4.85 km² 区域是边境互市贸易区，哈萨克斯坦公民可免签证入境一日购物。近年来，园区大力实施农产品保鲜库等物流仓储设施建设，完善保税功能，对哈萨克斯坦农副产品的出口已经形成了一定的规模。目前，浙江卡森实业有限公司总投资 6 亿元的国际物流中心项目已经启动建设，投资 2 500 万元，总面积 2×10^4 m² 的物流仓储区已竣工，边民互市及国际会展中心已投入使用。口岸从事仓储物流的大型企业 13 家，物流仓储面积达到 63×10^4 m²。从事涉外服务的企业十余家，货物托运单位 100 余家。

(三)口岸旅游产业

作为中国西部历史最悠久的霍尔果斯口岸正在打造一张崭新的旅游名片。2006～2008 年，霍尔果斯口岸出入境人数实现 49.3 万人次，旅游购物收入超过 4 100 万美元。

旅游正成为霍尔果斯口岸的一个新亮点，口岸国门景点游和购物游得到迅速发展。伊犁欣德置业有限公司等投资建成了国际商贸中心、边民互市贸易中心、国际会展中心、霍尔果斯国际客服中心等设施相继投入使用，为国内外旅游购物者在霍尔果斯口岸旅游观光、购物、娱乐休息搭建良好平台，与此同时，口岸已经建成了 20 家宾馆。

目前，霍尔果斯口岸正全力推动边境旅游业发展。在 2009 首届"新疆·伊犁天马之乡国际旅游节"上，霍尔果斯口岸承办了其中一个重要的活动——"可克达拉改变了模样"走进霍尔果斯口岸边境旅游系列活动。

2009 年 6 月 13 日，霍尔果斯口岸举行了霍尔果斯国际旅游城开幕式，同时举办了旅游产品展示交易会、边境旅游商品展示展销会、中亚民俗风情文化演艺活动。口岸国门、中哈边境国际合作中心、霍尔果斯国际商品城、可克达拉风情园等成为吸引游客的景点。

(四)中哈霍尔果斯国际边境合作中心

中哈霍尔果斯国际边境合作中心在 2011 年建成，给伊犁哈萨克自治州和霍尔果斯口岸带来新的发展机遇。

合作中心实行中哈双方区域全部封闭管理，中心总面积 5.28 km²，其中中方区域面积 3.43 km²，哈方区域面积 1.85 km²，由横跨中哈两国的专门通道连为一体，中方区域的主要功能是贸易洽谈、商品展示和销售、仓储运输、宾馆饭店、商业服务设施、金融服务、举办各类区域性国际经贸洽谈会等。

中心"一关两检"等进出境查验机构退至合作中心入口处，边境线不设立查验机构；中、哈两国公民、第三国公民及货物、车辆可以在合作中心内跨境自由流动，可免签在中心内停留 30 d；合作中心各自一侧受本国的司法管辖，适用本国现行法律及有关国际条约、中哈协议等。

中哈霍尔果斯国际边境合作中心是中哈两国元首达成共识的国家战略项目，是中国首个跨境的经济贸易区和投资合作中心，也是上海合作组织框架下区域合作的示范区。合作中心的建立与发展对于促进边境区域经济发展，提高居民的生活水平，巩固我国与哈萨克斯坦等中亚国家的经贸合作关系具有深远的战略意义。

霍尔果斯口岸已经具备年出入境旅客 300 万人次、进出口货物 200×10^4 t 的通关能力。随着对外开放的扩大和西部大开发战略的实施，霍尔果斯口岸将成为我国西北五省区联合"走西口"和中国对中亚、欧洲贸易的重要"窗口"之一。

第三节　产业规划与可持续发展

一、产业规划

(一)农业发展

本区的主要农作物包括粮食、油料、甜菜、蔬菜、亚麻、特色小浆果、中药材、芳香植物。积极发展优质小麦、优质玉米、豆类、油料等伊犁的大宗优势产业和甜菜、亚麻、蔬菜、芳香植物、中药材等特色经济产业。

适度增加粮食播种面积，在品种上重点发展优质专用小麦、粮饲兼用玉米、豆类、啤酒大麦等。重点发展具有资源和品种优势的双低油菜、油葵和红花生产。压缩零星分散、低产地区甜菜面积，大力推广高产高糖优质品种。扩大设施栽培和反季节蔬菜面积，重点增加花色品种，发展无公害和绿色蔬菜生产。重点推广高产、高强度、长纤维的亚麻新品种。重点发展霍城县、巩留县、伊宁县、新源县等特色优质浆果产业。本区的中药材主要是甘草、麻黄、大芸、贝母等，重点发展伊宁县、新源县、察布查尔、霍城、巩留、尼勒克、特克斯、昭苏优势区域。芳香植物主要是薰衣草等，加快建设芳香植物种植基地，使芳香植物产业成为伊犁的特色产业。

(二)工业发展

依托本区的资源优势，重点发展制糖工业、饮料制造业、乳品工业、肉制品加工业、粮油饲料工业、造纸工业、卷烟工业、皮革工业和纺织工业；

在察布查尔锡伯自治县建设大型煤矿，生产聚烯烃和煤炭液化产品，成为国家重要的煤化工基地；依托低电价优势，建设一批高能耗、高起点、上规模的现代化企业，通过加工、转化区域内的各类优势资源，使其转换为具有比较优势和竞争能力的产品，重点发展钢铁、铁合金、电解铝等项目；重点提升水泥行业工艺装备水平，扩大生产规模，发展高标号和特种水泥，提高散装水泥和商品混凝土的使用量；大力发展非金属矿及其加工制品、新型建材、石材等特色产业，初步形成以碳化硅、工业硅、新型墙体材料和中高档装饰装修材料为主的工业体系；利用伊犁河谷石灰石资源，重点建设电石项目；在生物技术方面，重点抓好孕马尿结合雌激素、羊胎素项目，继续深度开发鹿产品、蜂产品、亚麻酸乙酯、L-苯丙氨酸以及中草药开发等项目；在新材料、新能源方面主要是依靠高新技术开发抗皱新型天然棉麻纺织面料及石油化工和煤化工领域的高科技产品。

（三）特色旅游业发展

发展特色旅游业，围绕实施"旅游名州"战略，科学整合旅游资源，精心打造旅游品牌，形成区域整体竞争力。伊犁河谷建设成为中国西部水平较高，特色突出的集观光与度假为一体的新疆"塞外江南旅游休闲度假第一州"。

旅游景区布局按照"两大板块、四大旅游区"的区划原则，以河谷东部的两湖、三河、三片草原及其特殊的自然生态环境和草原民族风俗，形成"西天山草原风光民俗旅游区"；以河谷西部的边境城市、历史文化遗存和边境口岸优势，形成"可克达拉西域风情旅游区"。按照差异化原则，建设四大旅游功能区，一是以那拉提、唐布拉、库尔德宁为中心的具有典型西部风情的原始森林、山地草原、名山风景构成的"草原风情旅游区"；二是以伊宁市为中心，包括伊宁县、察布查尔锡伯自治县、霍城县构成的"河谷休闲旅游区"；三是以惠远古城、靖远寺、圣佑庙、格登碑、草原石人、夏塔古城、八卦城串联形成的"文物古迹旅游区"；四是以霍尔果斯、都拉塔口岸组成的"跨国边境旅游区"。着力培育并推介"草原生态民俗游""伊犁河谷休闲游""历史文物古迹游"和"西域跨国边境游"四大旅游品牌。

着力加强伊犁河谷旅游经济"一心两翼"支撑系统的规模化、档次化、集约化和名品化建设力度。即，结合伊宁市中心城市的创建"中国优秀旅游城市"工作，大力推进伊犁河两岸旅游经济带的发展；结合小城镇建设工作，大力推进那拉提旅游经济带的建设；结合中哈霍尔果斯国际边境合作中心的实施，大力推进清水河—霍尔果斯口岸旅游经济带，积极争取中哈一日游至七日游免签证旅游项目的落地和实施。新建霍尔果斯口岸旅游区、昭苏原生态高尔夫球场、伊犁河风景区；加大建设和完善那拉提风景区、库尔德宁风景区、察布查尔民俗风情园、果子沟—赛里木湖旅游区、惠远古城旅游区、可克达拉—草原之夜风情园、八卦城旅游区、伊犁河民族文化度假村、阿拉木图亚风情园、阿克塔斯避暑山庄、尼勒克次生林度假村、野核桃林风景区、塔里木云岭山庄、清水湖生态园度假村、弓月城民俗文化村等。

二、可持续发展

实施可持续发展战略，把生态环境保护和建设与经济发展结合起来，把资源勘探开发与保护及节约使用结合起来，加快发展循环经济，加大地质灾害防治力度，按照生态优先原则，严格控制污染物总量，确保在经济高速发展的同时，仍能拥有一个蓝天白云、青山碧水的塞外江南。

(一)区域开发存在的问题

1. 经济结构不合理，经济落后的局面仍是实施可持续发展面临的最大难题

伊犁河谷农村从业人员的93%集中在第一产业，其中从事种植业的约占80%，就业渠道比较狭窄，特别是冬季漫长，劳动力资源闲置。河谷地区目前还有186个村被列为重点贫困村。其中，人均年收入在670元以下的特困人口有1 250人。这些贫困地区往往是交通不便、生态环境恶劣的偏远山区，所面临的脱贫任务还十分艰巨。同时，随着城镇下岗职工数量急剧增加，解决下岗职工再就业的问题也日益突出。

2. 自然资源利用效率较低

河谷区域自然资源虽然丰富，但综合利用水平还很低，不仅造成浪费，也带来严重的生态环境问题。在水资源利用方面，所有灌耕地都是传统的大水漫灌方式，加上土地不平整，造成了水土流失，河水污染，也造成了水资源的浪费；在矿产资源开发方面，企业数量多，规模小，产值低，管理粗放，开发种类单一，资源利用率低，浪费严重，同时，矿产资源地质勘察工作严重滞后，矿业开发后劲不足，看似资源前景很好，但真正能够进行开发的矿产企业不多；土地资源利用方面，单纯追求产量而过多地施用化肥、农药等，破坏了土壤结构。土地利用层次还停留在农业、牧业及林业的简单开发上，立足现有的土地资源规模进行开发，土地开发的基础性配套设施不完善。缺乏对土地资源深层次的开发利用，经营土地的意识淡薄，土地资源的综合效益还比较低，在一些自然条件较差的贫困山区，人口增长与可耕地增加不成正比的矛盾越来越突出，成为阻碍当地脱贫致富的直接原因。

3. 生态环境脆弱，资源开发利用过程中对生态环境的破坏有加剧之势

由于特殊的地理气候条件，伊犁河谷的生态环境非常脆弱。但是由资源开发而带来的丰厚的眼前利益冲淡了人们对生态环境保护的重视，导致生态

环境的破坏有加剧之势。伴随着国家西部开发战略的实施，河谷区域资源开发的力度越来越大。如果不能转变资源开发为中心的发展模式和粗放的经济增长方式，资源的开发可能对河谷地区形成新的生态破坏，从而带来严峻的生态问题。比如农田水利综合开发中，伊犁河畔南北两岸几万亩湿地被开垦成耕地，湿地原有的生态保护功能被大大削弱。天然森林被盗伐、天然草场被破坏的现象也屡有出现。由于矿产资源的滥开滥采，旱田的大量开垦，滩涂的无度开发，草场的超载放牧等人为因素，土地植被被严重破坏，洪水、泥石流近些年时有发生，土地沙化在一些地方也有逐步加剧之势。水土流失较为严重，成为突出的生态环境问题。

4. 人们对生态环境的系统功能认识不到位

长期以来，由于人们对生态环境的系统功能的认识不够，生态资源在开发利用中遭到破坏，使生态系统的调节功能明显下降，导致自然地质灾害不断发生，森林病虫害加剧，生产功能、水土保护功能、生物多样性功能、环境净化功能、水涵养功能及营养物质的存储和循环功能均有所下降。例如，近年来，由于对伊犁河滩涂的垦荒造田、放牧牲畜等人类行为，导致两岸湿地锐减、次生林退化、水土严重流失等，都影响了伊犁河谷整个生态系统的功能。但是在认识上，当眼前的经济利益与长远的环境效益相权衡时，许多人选择了前者。这一点在人们处理资源开发与环境保护的关系上往往表现得比较明显。比如，在进行资源开发利用中，只注重项目的经济可行性研究，轻视项目的环境影响评价，由此造成生态环境的恶化。

(二)区域可持续发展对策

为促进伊犁河谷区域经济与资源环境的协调发展，应着眼长远、未雨绸缪，采取积极有效的战略性政策措施。

1. 从战略角度积极调整经济结构

考虑和安排经济发展的重点及先后次序，积极调整按传统战略所确定的经济结构的变化方向，增加对环境安全的投资。加快有助于改善自然生态和保护自然资源的相关产业的发展步伐，使之真正成为整个国民经济中的一些最重要的产业部门，伊犁河谷经济发展的重点及经济结构的调整，就是要处理好农业与工业之间的关系，把农牧业的发展置于一个更为重要的地位，控制资源消耗和污染企业的兴办。

2. 发展循环经济，建设节约型社会

加强对循环经济发展的宏观管理，合理开发不可再生的矿产资源。积极推广循环经济，加强宣传教育，引导全社会树立节约资源的意识，努力建设节约型社会。遵循"减量化、再利用、资源化"的原则，积极倡导有利于节约

资源、保护环境的生产方式和消费方式。加快调整产业结构、产品结构及能源消费结构，努力提高资源节约水平。开展以节能降耗为中心的技术改造，推广应用节能降耗新技术、新工艺、新设备、新材料。重点加强钢铁、有色、化工、建材等行业对能源、原材料、水资源的消耗管理，促进能源与资源高效利用。大力推行清洁生产，优化资源利用，降低环境污染，鼓励采用无废、少废、节能、节材、节水的新设备、新技术、新工艺，提高资源产出率。坚持合理利用土地和保护耕地，加大土地整理力度。

加强资源综合开发和合理利用，促进废弃物资源化。有效保护和利用矿产资源，大幅度提高矿产资源的回采率和回收率，积极开展具有开发利用价值的低品位、难选矿和共伴生矿产资源的回收利用，推进尾矿、废石的利用。加强冶金、石化、造纸、皮革、建材、化工等重点行业废弃物的管理，重视再利用工程，鼓励和引导企业延长产业链，上下游生产废弃物相互交换利用，推进废弃物处理、处置产业化进程。充分发挥建材、冶金、轻工等行业对废弃物消纳功能，提高利用率，积极推进企业中水回用和城市生活污水再生利用设施建设，逐步实现城市生活垃圾资源化。注重消费产品的再利用，尽可能延长产品使用周期。

3. 加强生态环境保护和建设，促进人与自然和谐发展

(1)保护和建设生态环境，维护生态平衡

把发展人工生态与保护自然生态紧密地结合起来，改善绿洲内部生态环境，对生态环境严重退化区域实施生态修复，确保其生态功能的正常发挥，维护宏观生态平衡，加强水土流失的综合防治，搞好小流域综合治理。保护和建设好绿色生态屏障，继续实施农田防护林、退耕还林(草)、退牧还草、天然林和天然草场保护工程建设。加大对荒山、荒坡、荒漠化草场的治理，推动生态林、经济林、防护林建设，启动实施对霍城沙漠的治理。到2010年，基本控制住天然植被衰退而造成的生态环境恶化，改良草地达到3 000万亩，草地"三化"基本得到遏制，风沙、洪水侵蚀危害基本得到控制，生态环境开始步入良性循环的轨道。

(2)加强污染防治和城市环境综合整治，改善居民生活环境

加强城市环境综合整治，改善人居环境。采取积极预防措施，控制污染物排放总量，降低污染排放强度，变被动末端治理为主动源头控制和生产、流通、消费各环节的全过程管理。强化环境监管，着力抓好重点污染源的达标排放，稳步提高环境质量，力争河谷空气质量达到国家Ⅱ级标准。全面规划和建立饮用水源地保护区，95%的城市饮用水源地水质达标，确保饮水安全。着力提高污水集中处理、生活垃圾无害化处置以及危险和放射性固体废物处置的能力。

第七章　塔北区

章前语

　　本区位于塔里木盆地北部，包括巴音郭楞蒙古自治州（除且末、若羌）和阿克苏地区，共14县2市，土地面积为261 474.57 km²，总人口333.42万人，其中少数民族人口占66.31%。该区是一个典型的大陆性气候区，有着非常独特的自然生态环境，自然资源丰富，孕育着多样性的生物资源。该区特色绿洲农业发展迅猛，是新疆林果生产基地；石油化工是该区的支柱产业；依托丰富的旅游资源，旅游业不断发展壮大。本区经济发展迅速，正在成为全疆新的经济隆起带。本章介绍了塔北区的地理特征，并对本区的有特点的地理问题进行了阐述。就如何开发和合理利用本区资源，实现可持续发展进行了探讨。

关键词

　　粮棉基地；特色林果业；"两库一轮"产业带；博斯腾湖；可持续发展

第一节　区域概况

一、环境特征

（一）地势北高南低，高山盆地相间分布

　　本区地形北高南低，北靠天山山脉，南依浩瀚无垠的塔克拉玛干沙漠，中部地区山麓砾质扇形地、冲积平原区、戈壁、绿洲相间分布。山区镶嵌着柯坪、拜城、焉耆、尤尔都斯盆地等许多山间盆地，这些盆地海拔均在2 000 m以下，多为绿洲农业区。位于焉耆盆地底部的是我国最大的内陆淡水湖——博斯腾湖。塔里木河东西横贯全境，在天山南坡山前平原与塔克拉玛干沙漠之间形成坦荡的冲积平原，沿岸胡杨、红柳、芦苇广布，在沙漠边缘组成一道天然绿色屏障，对维护绿洲生态环境有很大作用。

(二)气候干燥，光照充足，四季分明

本区属于暖温带大陆性气候，气候干燥、四季分明，光照充足，热量资源比较丰富，年日照时数为 2 700～3 000 h，太阳总辐射量为 $5 300×10^6$～$6 200×10^6$ J/m²，是全国太阳辐射量较多的地区之一。冬夏昼夜温差大，春季升温快而不稳，秋季短暂而降温迅速，多晴少雨，风沙较多，平原区降水量 40～80 mm。山区降水略多，天山南坡约 200～400 mm。区内热量条件的地区差异较大，塔里木盆地边缘年 ≥10 ℃积温为 4 000～4 300 ℃，无霜期 200 d 左右，适宜种棉花，粮食作物一年两熟；山间河谷、盆地，年 ≥10℃积温为 3 300～3 600 ℃，无霜期为 180 d 上下，为粮、油、甜菜等作物一年一熟区。

(三)水资源较丰富，空间分布不均

本区有大小河流 60 多条，阿克苏河、台兰河、渭干河、库车河、迪纳河、开都河、孔雀河等水量较多，其中阿克苏河年径流量达 $75.84×10^8$ m³，是南疆第一大河；其次为开都河，年径流量 $40.33×10^8$ m³；渭干河年径流量 $27.62×10^8$ m³。以上河流都发源于天山山区，蕴藏着丰富的水力资源，如开都河中游 126 km 峡谷段，落差 1 205 m，水电开发潜力大。本区共有冰川 1 293 条，冰川面积 4 098 km²，储水量 $2 154×10^8$ m³。博斯腾湖是新疆面积最大的淡水湖，湖水面积 1 013.22 km²，湖面高程 1 048 m。塔里木河上游两岸灌溉用水较多，水资源比较紧张。本区水资源的分布特点是：山区多，平原少，分布不均衡。

(四)矿产资源种类繁多

矿产资源品种多，潜在价值巨大，对本地区经济发展起到极其重要的作用。阿克苏地区拥有丰富的矿产资源，已发现矿产 79 种，产地 294 处，探明储量的矿产 46 种，上矿产储量表的矿产 17 种，产地 30 处。其中耐火黏土、陶土、岩盐、石英砂、玄武岩、花岗岩、大理石、金云母等矿产，不仅分布广、储量多，而且易于开采。巴州(除若羌县和且末县)已发现并查明资源储量的矿产有天然气、石油、煤、红柱石、铁、锰等 54 种。其中，石油资源储量超过 $100×10^8$ t。

金属矿产有铁、锰、铜、铅、锌、金、钨、铍、汞等；非金属矿产有石灰石、白云石、石棉、蛭石、陶土、玉石、水晶、硫、磷、盐、芒硝、石膏、石墨等，其中，尉犁县蛭石储量 $2 880×10^4$ t，占全国总储量的 93%；能源矿产主要有煤和石油。

(五)南北疆的交通枢纽

该地区是沟通南北疆的交通枢纽，地处新疆南北疆交通要冲，交通便利，

处于新疆主要公路和铁路的主轴线上。216 国道、217 国道、218 国道、314 国道、315 国道和 206 省道及南疆铁路通过本区,公路和铁路网状密布。区内建有库尔勒、阿克苏和库车三个机场,其中库尔勒机场已开通国内航线。兰新铁路、南疆铁路和国道 312、314 线干线公路构成"Y"字形交通骨架,这也是自治区生产力布局较为集中的区域。

2007 年,本区境内公路里程为 11 945.97 km,其中阿克苏地区境内公路里程 9 308.97 km,巴州境内公路路程 2 637 km。四通八达的交通网络,将本区与全疆各地紧紧地连在了一起。2011 年,总投资 41 亿元的国道 314 线库尔勒—库车高速公路建成通车,这条高速公路全长 299.71 km,是南疆地区向西通往中亚的必经之路。

(六)旅游资源丰富

该区旅游资源特色鲜明,自然风光壮美、历史文化底蕴深厚、民俗风情绚丽多姿。如天山第一高峰——托木尔峰;世界第二大流动沙漠——塔克拉玛干沙漠;中国最大、最长的内陆河——塔里木河;世界现存最大的原始胡杨林;众多文物古迹与绚丽多彩的民族风情;等等,这些独特的自然与人文景观在国内外都享有盛名。

阿克苏地区旅游资源品位高、类型全,以历史文化遗址、自然风光、民俗风情、龟兹和多浪文化为特色,被人民称之为"龟兹艺术"的宝库。有克孜尔千佛洞、库木吐拉石窟、苏巴什古城、森木塞姆千佛洞、克孜尔尕哈千佛洞及烽燧等六处全国重点文物保护单位。风景名胜有托木尔峰国家自然保护区、神木园风景名胜区、天山神秘大峡谷等。库车县是新疆四大旅游县之一,是全疆旅游资源的富集区。

巴音郭楞蒙古自治州(除且末,若羌)地域辽阔,历史悠久,民族众多,旅游资源十分丰富而独特。以博斯腾湖、沙漠风光、草原风情等为代表的旅游景观格外别致,享誉海内外。风景名胜有博斯腾湖风景旅游区、巴音布鲁克草原、天鹅湖、莲花湖、金沙滩、阿洪口、胡杨林风景名胜区、塔里木沙漠公路等。文化遗迹有米兰遗址、铁门关、黄庙等。

二、经济特征

塔北区经济比较发达,在全疆占有重要的地位。农业以棉花、林果业位置最为突出。工业以石油、化工产业为主。天山南坡区已经成为新疆新的经济隆起带。塔北区人均 GDP 高于全疆平均水平,库尔勒人均 GDP 仅次于克拉玛依,居全疆第二位。从区内来看,经济发展很不平衡,西部地区以农业为主,经济较为落后,东部经济较为发达,见表 7.1。

表 7.1 　2007 年塔北区经济状况

县市	GDP 总量 /(万元)	人均 GDP /(元·人$^{-1}$)	产业结构/%		
			第一产业	第二产业	第三产业
库尔勒市	3 538 604	72 074	5.3	81.3	13.4
轮台县	205 883	19 758	28.2	46.7	25.1
尉犁县	217 049	18 148	62.4	18.6	19.0
焉耆回族自治县	172 073	13 496	36.0	30.8	33.2
和静县	250 759	13 621	35.5	31.9	32.6
和硕县	106 483	15 752	55.8	18.4	25.8
博湖县	81 034	13 650	51.4	19.1	29.5
阿克苏市	985 453	16 198	34.3	24.2	41.4
温宿县	177 068	7 615	53.8	17.1	29.1
库车县	416 627	9 684	21.0	49.8	29.2
沙雅县	157 390	6 909	45.6	16.6	37.8
新和县	98 207	6 351	58.7	11.9	29.4
拜城县	173 690	7 913	27.3	37.5	35.2
乌什县	89 380	4 552	47.8	10.6	41.6
阿瓦提县	189 837	8 430	54.0	13.5	32.5
柯坪县	27 527	6 197	26.8	13.8	59.4
全区	6 887 064	20 655.82	21.5	55.2	23.3
全疆	35 231 600	16 815.46	17.8	46.8	35.4

数据来源：新疆统计局. 新疆统计年鉴(2008). 北京：中国统计出版社，2008。

(一)农业

本区 2007 年农林牧渔业总产值为 188.50 亿元，占全疆农林牧渔业总产值的 17.73%。种植业以棉花、甜菜、小麦、水稻为主，是新疆重要的粮棉基地。畜牧业以养羊为主，尤其是绵羊饲养量大，2007 年该区所养的羊有 679.92 万头，其中绵羊为 471.18 万头，占 69.30%。其次为牛、驴、马等大牲畜，2007 年该区有 72.92 万头牛、19.07 万头驴和 11.8 万头马。焉耆马、巴音布鲁克羊和新疆喀拉库尔羊最有名。本区是自治区主要瓜果产地之一，林果业发展迅猛，果品种类多，品质优。近年来库尔勒香梨发展迅速，产品行销国内外市场，已成为本区主要出口产品之一。此外本区东部的博斯腾湖现在是新疆最大的渔业生产基地，平均年产各种鱼类 5 000 t，芦苇 16×10^4 t，芦苇茎秆高达 5~8 m，是优良的造纸原料。

农业产业化加快推进，华隆杏酱、乡都酒业、楼兰红枣、红帆生物、大华实业、冠农天府果蔬、芳香科技、博湖苇业等龙头企业不断发展壮大。

(二)工业

本地区工业比较发达，主要有石油、化工、纺织、建材、粮油加工、电力、煤炭等门类。石油和天然气储量非常丰富，已成为塔里木盆地油气勘探开发的主战场，举世瞩目的国家重点工程——"西气东输"工程的首站就设在轮台境内的轮南地区。2007年工业总产值为537.517亿元，占全疆工业总产值的38.25%，其中巴州(除若羌县和且末县)工业生产总值407.411亿元，占该区工业生产总值的75.8%，阿克苏地区工业生产总值130.107亿元，占全区工业生产总值的24.2%。轻工业中以纺织和食品工业所占比重最大，巴州的番茄酱等绿色食品在全疆占有重要地位；其次为造纸、皮革、饲料、服装等。重工业则以煤炭、石油、石棉、石灰石等非金属矿开采和建材工业为主，其次为机械、电力等。

塔北区已经形成了石油石化、矿产、电力、特色农产品加工、棉花系列加工五大优势产业，是自治区精细化工基地、绿色农副产品加工基地、非金属材料加工基地、南疆钢铁生产基地。库尔勒、轮台、和静、焉耆、库车、阿克苏等市县资源优势突出，工业基础较好。本区有库尔勒经济技术开发区、轮台石化工业园区、铁尔曼工业园区、阿克苏东城工业园区、阿克苏南城轻工业园区和阿克苏西城重工业园区。

第二节　区域资源开发

本区开发历史悠久，物产丰富。在汉唐时期，焉耆、轮台、楼兰、龟兹(今库车)、姑墨(今阿克苏)等地均为"丝绸之路"上富庶的绿洲王国。新中国成立以来，本区经济得到了较快的发展，是自治区农业发展最快的地区之一。能源工业、食品工业、林果业较发达。巴音郭楞蒙古自治州是开发南疆的"桥头堡"，在新疆社会经济发展中，具有"承北启南"的特殊地位。新疆三大油气田公司之一的塔里木油田分公司设在库尔勒市，石油化工产业带动了本区的发展，第二产业优势明显。阿克苏地区是国家重要的棉花生产基地和自治区的大农业生产基地，第一产业占主导地位。相对于新疆的其他区域来讲，本地区的社会经济发展水平比较高。

一、粮棉基地，瓜果之乡

本区属于暖温带大陆性气候，适宜各种农作物生长。农业产品有小麦、棉花、玉米、甜菜、水稻、油料、蔬菜等；主要果品有香梨、苹果、杏、葡萄、红枣、桃、核桃等。农业生产以种植业为主，粮食和棉花地位最突出，甜菜生产也占据着重要地位。阿克苏地区已建成全国最大的优质商品棉基地和自治区重要的粮食生产基地。

2007 年本区粮食种植面积为 141.8×10^3 hm^2，占全疆粮食播种面积的 10.28%，粮食总产量为 102.25×10^4 t，占全疆粮食总产量的 11.79%；甜菜种植面积为 6.94×10^3 hm^2，占全疆甜菜播种面积的 7.38%，甜菜总产量为 48.65×10^4 t，占全疆甜菜总产量的 8.29%。巴州焉耆回族自治县的甜菜产量所占比例最大，占本区甜菜总产量的 31.16%。棉花种植面积为 349.31×10^3 hm^2，占全疆棉花种植面积的 19.6%，棉花总产量为 63.36×10^4 t，占全疆棉花总产量的 21.85%。阿克苏是国家级优质粮棉种植基地和自治区重要的粮食生产基地，棉花年产量稳定在 1000 万担以上，占全国的 1/8，新疆的 1/3，长绒棉产量占全国的 93%，被国家农业部命名为"中国长绒棉之乡"。依托丰富的棉花资源，本区大力发展以纺织为主的棉产业，已引进山东鲁泰、浙江巨鹰、富宏、香港百隆、新疆纵横等棉纺企业。

阿克苏种植水稻的历史源远流长，闻名遐迩，早在汉唐时期就有文字记载，"阿克苏大米香又甜"，在清代是向朝廷进贡的贡米，而今已成为联合国粮农组织确定的绿色食品。2007 年，阿克苏的水稻产量 10.66×10^4 t，占全疆的 28.47%，居各地州第一位。

本区把特色林果业作为促进农民增收的支柱产业，2007 年瓜果播种面积为 198 251 hm^2，总产量为 94.04×10^4 t。其中，苹果总产量有 119 535 t，香梨总产量有 322 054 t，杏子总产量有 302 202 t。果品中以库尔勒香梨、库车和轮台的小白杏、阿克苏的薄皮核桃最为著名。库尔勒香梨获 2007 年中国国际林业博览会金奖。截至 2007 年年底，巴州已创建了 5 个国家级林果品牌，8 个自治区级林果品牌。阿克苏的金冠苹果还曾相继获得农业部金奖、世博会金奖，优质特色果品种植面积居全疆第二位。阿克苏是新疆最大的核桃基地。正是靠这些顶尖品牌的拉动，本区林果业走出了一条高质量发展之路，在全疆具有一定的规模和市场优势。近年来，政府把林果业作为促进农民增收和农村经济可持续发展的重中之重，形成了库尔勒、尉犁地区以香梨为主，焉耆盆地以葡萄为主，库车和轮台县以杏为主、阿克苏以薄皮核桃为主的特色林果基地格局，相关龙头企业也不断增加，给广大农民带来了增收机会。

小白杏　新疆杏子的品种很多，有银杏、大扁杏、黄油杏、辣椒杏……而最有名的当数小白杏。小白杏主要在库车和轮台两个县栽培，栽培杏的历史已有两千多年，这两个县都有"中国白杏之乡"的美誉。现保留下来的优质杏子品种就有 20 多个，大的宛若鸡蛋，小的形似荔枝，红、白、黄三种白杏基色混交一体。阿克西米西白杏品质最佳，它果肉厚、纤维少、汁液多、甜

表 7.2　2007 年本区主要特色果品生产情况

	种植面积/hm²	主要分布区域	产量/t
香梨	48 059	库尔勒、尉犁、轮台、库车、新和、沙雅、阿克苏、阿瓦提	322 054
杏子	53 528	轮台、库车	302 202
苹果	8 919	阿克苏、温宿	119 535

数据来源：新疆统计局 . 新疆年鉴(2008). 新疆：新疆年鉴社，2008。

味浓。美味独特的库车包仁杏干就是用这种白杏加工的。轮台县也加强了杏子的标准化生产管理，加强了相关检测，建立了杏酱厂，杏子加工产品销量很好，而且小白杏也注册了商标——"轮南小白杏"。

二、沙漠中的"大海"——博斯腾湖

博斯腾湖位于焉耆盆地东南部，介于和顶、博湖两县间。湖面海拔 1 048 m，由大小两个湖区组成。博斯腾湖主要由开都河水补给，是开都河的尾闾湖，孔雀河的源地，是我国最大的内陆淡水湖泊。博斯腾湖水域面积约 1 013.22 km²，容积 75.9×10^8 m³，最大水深 16.8 m，平均水深 7.5 m，湖盆呈深碟状。湖水系雪水汇集而成，水温适宜于多种鱼类生长繁殖。博斯腾湖是新疆最早开发的渔业基地，也是中国四大芦苇产地之一。莲花、候鸟、芦苇和鱼类是博斯腾湖的四大生物资源。

(一)湖泊开发利用

博斯腾湖不仅对焉耆盆地和孔雀河流域环境具有调节作用，更为重要的是对当地的经济社会环境的可持续发展、对区域环境友好建设具有直接的影响。湖内主要有鲤鱼、池沼公鱼、草鱼、鲢鱼、赤鲈、贝加尔雅罗鱼等 30 多种自然繁殖和人工放养的淡水鱼品种。年产鲜鱼超过 5 000 t，有鱼罐头系列多种深加工产品出口海外，2007 年渔业生产总值为 4 907 万元。为了加强渔业管理，2007 年 11 月博斯腾湖渔港正式开工建设。

博斯腾湖周边湿地广布，适合芦苇生长。这里的芦苇以面积大、产量高、质量好而闻名全国，为全国第二大苇区，仅次于辽宁盘锦。芦苇对淡化湖水，维护生态平衡，调节气候具有明显作用。环湖芦苇面积 4×10^4 hm²，芦苇年储量超过 20×10^4 t。新疆博湖苇业股份有限公司是中国拥有芦苇种植面积最大的企业之一。博湖苇业依托环博斯腾湖丰富的芦苇资源，利用芦苇制浆、造纸，具备年产 11×10^4 t 的漂白苇浆板和各类机制纸生产能力，是新疆造纸业的领军企业，也是农业产业化国家重点龙头企业，为当地农民增收起到了带动作用。

除了渔业和芦苇生产之外，博斯腾湖的旅游业在全疆范围内占据着很重要的地位。目前沿湖周边已经开发建设了 4 大景区，12 个旅游景点。博斯腾湖湖水碧波荡漾，荷花、芦苇连绵，一派江南水乡风光，已被评为国家级风景名胜区。沿湖有白鹭洲、莲花湖、阿洪口风景旅游区以及宝浪苏木分水工程、巴格希恩随木喇嘛庙等。博湖县的旅游业以博斯腾湖为重点，2007 年接待旅游者 19.7 万人次，旅游收入 960 万元，占地方财政收入的 30.11％。

(二)环境破坏与治理

经过多年大规模开发，博斯腾湖在发挥巨大生态、环境、经济和社会效益的同时，出现了一系列的环境问题，淡水湖逐渐演变成微咸湖。主要的环境问题表现在以下几个方面。

1. 水矿化度增高、盐污染逐年加重

20 世纪 60 年代湖水矿化度为 0.6 g/L 以下。80 年代由于农业开发，农田洗盐水大量进入湖区，入湖淡水量减少，1987 年湖水的矿化度达到了 1.87 g/L 的最高值。从 1998 年开始，开都河进入丰水期，大量淡水进入博斯腾湖，2002 年湖水的矿化度降到了 1.17 g/L。近年，源流来水量减少，再加上土地开发和生态用水引水量增加，导致了湖水矿化度上升为 1.46 g/L。

2. 湿地环境恶化，生物多样性减少

气候的变暖导致了博斯腾湖水位下降，湿地减退。湿地退化造成芦苇生产面积及产量的减少，芦苇产量由 20 世纪 60 年代的 40×10^4 t 下降到了 2007 年的 18×10^4 t。另外，珍稀物种消亡，鱼类种群结构趋于单一化，鱼类个体趋于小型化。

3. 有机污染加重，水质的富营养化趋势明显

随着工农业生产的不断增长，每年有大量超标污水直排入湖区，使得湖区部分水域达到中度富营养化水平。旅游开发也是加重湖内以及湖周边环境污染的主要原因。除此之外，博斯腾湖所在的灌区土壤盐渍化也逐年严重。因此，国家和地区为了防止与治理博斯腾湖生态环境的恶化，利用了建立循环经济实验区，恢复湖区水体生态系统功能，加大资金投入，规范环湖旅游项目的环境管理，从严执法，规范建设项目环境管理等方法，并初步落实了"博斯腾湖水环境综合治理与生态修复技术研究及工程示范项目"。2008 年，国家投资 2.20 亿元，建设 4 个沿湖城镇生活污水处理厂，减少向博斯腾湖的污水排放，经过处理的污水用于灌溉、绿化和湖边育苇。2009 年，国家又斥资千万元遏制博斯腾湖继续变"咸"。这一工程的主要内容是，在博斯腾湖湖

滨建立 5 280 hm² 育苇基地，利用沿湖湿地发展芦苇生产，减轻湖区的盐污染、有机污染、氮磷污染和土壤盐渍化，恢复湖泊生物多样性；同时封育 3 036 hm² 已退化的湿地，用于种植各种耐盐碱的灌木和乔木。

三、发展天山南坡经济带的关键——"两库一轮"产业带

天山南坡经济带包括：巴州六县一市（即库尔勒市、轮台县、尉犁县、和静县、和硕县、博湖县、焉耆回族自治县）和阿克苏地区的六县一市（即阿克苏市、温宿县、库车县、沙雅县、新和县、拜城县、阿瓦提县）。"两库一轮"即库尔勒市、库车县和轮台县，"两库一轮"产业带在天山南坡经济社会发展中占有举足轻重的地位。

"两库一轮"以石油天然气化工为主，已具备了良好的经济、资源基础，显示出了良好的发展势头，"两库一轮"产业带发展具有以下诸多有利条件：第一，"两库一轮"区域油气资源勘探开发力度逐年加大；中石油、中石化企业将进一步加大投入，未来开发前景可观。第二，国家将继续加大对西部地区基础设施及能源开发等重点领域的投资力度，新疆在我国实施能源安全战略中面临新的发展机遇，十分有利于"两库一轮"产业带的发展。第三，"两库一轮"3 个县市建成了一些大型石油重化工项目，同时还有一批大化工投资项目已签约或签订了意向，随着产业集聚效应的发挥，将会吸引更多投资项目向这一区域集中。第四，投资环境正在改善，美克、新捷股份等企业已开始进入该区域的油气化工产业，多元化投资格局已经形成，为"两库一轮"区域油气化工发展提供了更多的市场机会，必然会极大地促进石油化工的发展。第五，"两库一轮"区域戈壁、荒滩等未利用土地面积占总面积的 70% 以上，可利用水资源总量达 23×10^8 m³，目前该区域水资源合理开发利用进展顺利，采取了修建水库、河流治理、节水灌溉等措施，为大规模石油化工项目建设提供了保障。

"两库一轮"区域发展也面临了一些困难，如留在区域内就地加工的资源配置问题还未从根本上得到解决，铁路运输能力不足，科技水平较低，劳动力素质不高，对外开放水平低，区域内发展缺乏统筹规划等，这些困难和问题可以在发展、建设中得到一定程度的解决和落实。

第三节　产业规划与可持续发展

一、产业规划

(一)农业

继续优化农业结构,大力发展特色农业,加快特色种植业、特色林果业、特色畜牧业基地建设。重点加快库车、尉犁、轮台优质商品棉基地建设。因地制宜,大力发展工业番茄、甜菜、色素辣椒、甘草、麻黄等特色经济作物。积极发展马鹿、牦牛等特色畜牧业;积极发展水产业,建设博斯腾湖为主的特色水产基地。发展香梨、葡萄、杏、红枣、番茄等特色农产品加工产业,积极推进牛羊肉、奶制品和水产品加工产业。重点扶持番茄红素、芳香油、杏仁油、罗布麻和鹿制品等农产品加工业。改造提升纺织、造纸、建材、制糖、食品等传统产业。建设沙雅、阿克苏市、阿瓦提、温宿、库车、新和县等县优质高产棉基地,拜城、乌什县油料、甜菜生产基地。畜牧业重点抓好优质牛羊肉、奶、细羊毛、山羊绒四大主导产业。林果业扩大红枣、核桃面积,基本稳定杏、苹果、香梨、葡萄面积,把阿克苏建成"中国枣园","中国红枣之乡"。

(二)依托资源优势,加快工业发展

围绕加快建设库尔勒——轮台石化基地,以原油炼化为基础,以天然气综合利用为重点,鼓励和支持强势企业开发石油天然气下游产品,延伸产业链,大力发展下游产品精深加工,将库尔勒、轮台石化工业园建成自治区南疆石化基地的主要支撑点。在库车集中建设化工园区,以原油、天然气、轻烃为原料,着重发展原油炼制、氮肥生产、大甲醇及其下游、芳烃及其下游产品,加快催生一批石化项目,建成南疆重要的炼油基地。促进沙雅、新和、拜城三县石油、天然气化工项目建设。

依托"南疆煤城"优势,以库车、拜城、温宿县为重点,充分利用丰富的焦炭、盐岩和石灰岩资源,发展电石、烧碱、聚氯乙烯等化工项目,进一步延伸产业链,发展下游精细化工。重点建设库车俄霍布拉克、库车河、拜城音西铁热克、温宿博孜墩四个动力煤矿区,拜城铁力克民用燃料煤区,拜城库尔阿肯、铁热克河、梅斯布拉克、库车伯勒博克孜四个焦煤矿区。形成库车区以动力煤为主、焦煤为辅,拜城区以焦煤为主、民用燃料煤和动力煤为辅,温宿区以动力煤、化工煤为主的九大煤矿区的生产格局。依托棉花资源优势,做大做强以棉纺为主的棉产业。重点发展阿克苏市纺织工业园区,加

快沙雅、阿瓦提、库车、新和等县棉纺织加工区建设，形成棉纺产业集群带。

（三）开发旅游资源，发展旅游业

重点打造塔里木沙漠胡杨公园、巴音布鲁克等一批国家级和自治区级旅游区；继续做大做强环博斯腾湖旅游区，加大龟兹古文化区建设，提高景区开发质量和旅游接待服务水平；积极做好前期准备工作。进一步巩固和提升库尔勒市、阿克苏市"中国优秀旅游城市"的成果，完善旅游服务设施，加快孔雀河旅游风景带、铁门关等景区建设和民族文化的开发，努力打造旅游目的地城市。做好库车县申报"历史文化名城"和库车老街申报"历史文化街区"工作，全力打造地区"龟兹故地·西域精粹"旅游品牌，将以龟兹文化名胜区为代表的旅游业打造成新疆乃至国家重要旅游目的地。

重点开发托木尔峰自然保护区、天山大小龙池、塔河源流、国道217线和沙漠公路沿线景区等旅游资源；做好林基路纪念馆、柯柯牙绿色生态区以及三五九旅英雄业绩为主的红色旅游线路开发；充分挖掘浓厚的历史文化底蕴和内涵，加大民风民俗旅游资源项目开发；全力抓好包括天山神秘大峡谷、托木尔峰神奇大峡谷、克孜利亚大峡谷、红山石林、库车河风景河段等天山系列、雅丹地貌申报国家地质公园工作，整体打造成全国乃至世界的知名旅游品牌；结合乌什口岸开放，适时开发出入境游。

二、可持续发展

加大生态环境保护和建设力度，积极发展绿洲人工生态，加强保护自然生态，保护和恢复自然生态为主。加快实施生态移民搬迁、退牧还草工程和牧区水利建设，防治草场退化沙化，涵养水源，确保开都河源头生态修复。以塔里木河流域近期综合治理工程为重点，大力实施荒漠天然林保护、"三北"防护林、退耕还林（草）工程建设，加快沙漠化防治和治理，构筑绿洲生态屏障，遏制孔雀河下游和塔里木河下游生态恶化的趋势。

强化绿洲人工生态建设，加快特色林果基地、农田防护林体系建设和主要河流水土保持，加强博斯腾湖水环境治理与湿地保护，进一步改善绿洲生态环境。加快和硕—库车高速公路和公铁林、库尔勒新机场、库尉生态林等重点工程性造林建设，扩大绿化覆盖率。重视自然保护区建设和野生动植物保护，积极推进柯柯牙绿化工程。实施塔克拉玛干沙漠北缘新和县百万亩生态林保护与恢复工程项目。加大荒漠植被的封育保护，实施草地生态置换工程，保护天然草地。对于生态环境脆弱、资源环境承载能力较弱的区域以及重要水源保护地、重要湿地和自然灾害频发等区域，以生态防护与修复为重点，加强生态环境整治。逐步建立塔里木盆地北缘绿洲荒漠交错带生态防护功能区。

第八章　塔西区

章前语

　　塔西区位于塔里木盆地西部，处于新疆的西南部位置，包括喀什地区和克孜勒苏柯尔克孜自治州，本区干旱少雨，温差较大，生态环境极端脆弱，为典型的暖温带大陆性气候。该区人口稠密，维吾尔族是当地的主要民族。现有4个国家一类口岸，是我国面向中亚、西亚、南亚等开放的重要门户。塔西区是以农业为主的地区，林果业发展迅速，在全疆占有重要地位，成为农民增收的支柱产业。近年旅游业发展迅速，成为区域经济发展的亮点之一。该区工业基础薄弱，矿产资源丰富，矿产资源的开发是本区工业发展的基础。该区经济发展比较缓慢，是新疆重点扶持发展的区域。

关键词

　　环境脆弱；经济；边境；民族

第一节　区域概况

一、环境特征

（一）三面环山，山地垂直地带性明显，环境脆弱

　　本区三面环山，一面敞开，北有天山南脉，西有帕米尔高原耸立，南部是绵亘东西的喀喇昆仑山，东部为浩瀚的塔克拉玛干沙漠。地势由西南向东北倾斜，境内的慕士塔格峰海拔7 509 m，有"冰川之父"之称。境内最高峰乔戈里峰海拔8 611 m。发源于喀喇昆仑山的乔戈里峰的叶尔羌河是本区最大的河流，支流众多，为典型的融雪补给型河流，全长1 000 km，流域面积10.81×10^4 km²，灌溉着全区农田面积最大的绿洲——叶尔羌河平原。本区虽地处温带，但地形复杂，山区气候寒冷，热量不足，气候垂直反应迅速，温差较大，山地垂直地带性明显。森林植被覆盖率只有2.37%，生态环境十分脆弱。

(二)干旱少雨，光热充足，后备土地资源丰富

本区北、西、南三面因有高大山体阻挡着大西洋、印度洋暖湿气流入境，加之东部又受塔克拉玛干沙漠的影响，气候干旱少雨，山前冲积平原年降水量多为 40～65 mm，沙漠区在 20 mm 以下。

平原地区日照充足，四季分明。最冷月平均气温－6.3～－10.9℃，热量资源丰富，年平均日照时数在 3 000 h 左右，≥10℃的积温平均在 4 000℃以上，阿图什高达 4 673℃，仅次于吐鲁番盆地，居全疆第二位。无霜期 200～240 d，年平均降水 70～120 mm，具有发展种植业、林果、园艺业的特殊优势。在山区，草场广阔，牧草资源丰富，种类繁多，发展高山草原畜牧业有一定的潜力。

区内宜农荒地资源主要集中分布在叶尔羌河，尚有成片可垦荒地。这里光热资源丰富，有较大的水源潜力，可扩大灌区范围进行种植。后备耕地资源 58.81×10⁴ hm²，年均开发约 2×10⁴ hm²。

(三)水力资源蕴藏量大，矿产资源丰富

据不完全统计，全区水力资源理论蕴藏量超过 840×10⁴ kW，约占全疆的 24.3%，目前已开发量不到 8×10⁴ kW。由于水力开发少，煤炭产量低，区内能源供需矛盾突出。许多农村和城镇为解决燃料问题，大肆砍伐荒漠林，自然植被破坏极其严重。

矿物资源种类多、品类齐全，目前已发现矿产 69 种，产地 457 处。其中，石膏储量居全国前列，蛇纹岩储量居全国第三位。石油、天然气、水泥石灰岩、熔剂灰岩、饰面大理石、花岗岩、磁铁矿、硫铁矿、玉石储量丰富，铜、铅、锌、铁、磷、天青石、黏土、沸石、盐、岩盐、芒硝分布均较集中，易于开采。稀有金属有锶、金等，其他稀有珍贵矿有水晶、冰洲石、绿柱石、钢玉等，均有开发利用价值。

(四)高山林立，古迹众多

区内高山众多，拥有许多超过 6 000 m 的山峰，其中有世界第二高峰——乔戈里峰(8 611 m)、"冰川之父"——慕士塔格峰(7 509 m)和公格尔峰(7 649 m)等。喀拉库勒湖湖面海拔超过 3 600 m，是名副其实的"天池"。站在湖畔仰首四顾，可一览慕士塔格、公格尔山峰的雄姿；俯首湖中，可见这雪峰的倒影，蔚然壮观。喀拉库勒湖是有名的变色湖，不仅是帕米尔高原的旅游胜地，而且具有历史、地理考察和文化研究价值。

本区文物古迹众多，有位于阿图什市西南 14 km 的汉代佛教石窟三仙洞；坐落在喀什市北郊 5 km 的艾孜热特村的阿帕克霍家(和卓)墓，俗称"香妃墓"，是今新疆境内规模和影响最大的伊斯兰教"和卓"(即圣人后裔)陵墓，属

国家级文物保护单位；艾提尕尔清真寺，位于喀什市中心的艾提尕尔广场西面，至今已有500多年历史，是一座规模宏大的伊斯兰教寺院建筑，占地约1.68 km²，为自治区重点文物保护单位。除此之外，还有红其拉甫口岸、麻赫穆德·喀什格里木墓、莫尔佛塔、石头城遗址、玉素甫·哈斯·哈吉墓、喀什大巴扎、班超纪念馆等。

本区地处古丝绸之路的必经之路，又是中西文化的荟萃之地，文化古迹较多。本区高山、绿洲和沙漠皆是旅游、科考最理想的场所。众多的历史遗址、独特的大漠绿洲风光和绚丽浓郁的少数民族风情，是新疆独具魅力的旅游景区之一。

慕士塔格峰 慕士塔格峰，塔吉克语，意为"冰川之父"。海拔7 509 m，位于乌恰县与塔什库尔干塔吉克自治县交界处。在新疆阿克陶县与塔什库尔干塔吉克自治县的交界线上，属西昆仑山脉，与公格尔峰、公格尔九别峰并称东帕米尔高原三高峰。山峰西边坡势平缓，北边和东边却十分险峻。该峰山体浑圆，状似馒头，常年积雪，雪线海拔约5 200 m，冰山地貌发育典型，有十余条冰川，其中最大的栖力冰川和克麻土勒冰川将山体横切为两半，冰川末端海拔高程为4 300 m。该峰主要有四条山脊：南山脊、西山脊、西北山脊、东北山脊，西坡坡势平缓，但多裂缝，北坡和东坡均十分险峻。平缓的西坡是滑雪的好场所，每年吸引了大量欧洲的登山滑雪者。慕士塔格是世界上最高的滑雪场地，在众多登山滑雪爱好者心目当中，慕士塔格是滑雪圣地。

（五）物产丰富，民族风情独特

区内物产丰富，盛产甜瓜、西瓜、葡萄、石榴、无花果、巴旦木、桃、杏、梨、苹果、酸梅等瓜果，瓜果含糖量高、口感好、产量高，是新疆重要的果品基地，素有"瓜果之乡"的美誉。本区是一个多民族聚居的地区。境内主要民族有维吾尔族、汉族、塔吉克族、回族、柯尔克孜族、乌孜别克族、哈萨克族、俄罗斯族、达斡尔族、蒙古族、锡伯族、满族等31个民族。

二、经济特征

虽然本区的经济和社会发展取得了一定的成就，但是由于历史、自然和社会等方面的原因，与自治区其他地区相比，仍有较大的差距。从表8.1可以看出，2007年塔西区人均GDP为5 704.39元，远远低于全疆人均GDP水平16 815元。克州人均GDP仅有4 740元，是新疆的贫困地区。该区以农业为主，尤其是喀什地区，第一产业比重为41.98%，高出全疆24个百分点。该区工业基础薄弱，第二产业比全疆平均水平低23.8个百分点。重工业水平相对滞后，农业发展也存在诸多问题，但是以旅游业为主的第三产业基本和全疆持平，旅游经济初见端倪。

（一）重要的农业大区

本区独特的气候和质优量丰的灌溉用水，使本区盛产甜瓜、西瓜、葡萄、无花果、桃、杏、梨、苹果、巴旦木等瓜果，蔬菜果品繁多，我国北方栽培的大部分蔬菜都适于在本区种植，农产品自给有余，还销往其他地区。小麦、玉米、高粱、水稻在此均有上千年的种植历史，目前，吨粮田栽培试验已经开始逐步推广。

2007年，本区农林牧渔业总产值183.89亿元，占全疆的17.29%。其中，农业产值115.95亿元，占本区农林牧渔业总产值的63.05%。棉花、粮食、林果业在全疆地位突出。2007年，小麦产量107.42×10^4 t，占全疆的29.90%，居第一位。

表8.1　2007年塔西区经济状况

县市	GDP总量 /（万元）	人均GDP /（元·人$^{-1}$）	产业结构/%		
			第一产业	第二产业	第三产业
喀什市	482 800	10 970	7.0	33.5	59.5
阿图什市	119 571	5 272	25.0	17.0	57.8
巴楚县	257 200	8 628	45.4	21.3	33.3
泽普县	133 250	7 137	37.2	23.7	39.1
伽师县	182 903	4 962	65.7	12.0	22.3
叶城县	187 883	4 649	56.0	19.5	24.5
岳普湖县	76 356	5 142	45.0	23.3	31.7
疏勒县	181 118	5 753	48.7	27.3	24.0
麦盖提县	113 551	4 842	60.2	19.8	20.0
英吉沙县	104 240	4 329	55.8	17.1	27.1
莎车县	280 920	3 931	55.7	17.3	27.0
疏附县	127 528	4 130	57.0	15.3	27.7
塔什库尔干塔吉克自治县	34 178	9 878	15.1	55.5	29.4
阿合奇县	20 312	5 091	22.6	9.4	68.0
乌恰县	31 062	7 785	18.9	33.0	48.1
阿克陶县	59 724	3 283	33.2	23.6	43.2
全区	2 392 596	5 704.39	40.5	23.0	36.5
全疆	35 231 600	16 815.46	17.8	46.8	35.4

数据来源：新疆统计局．新疆统计年鉴(2008)．北京：中国统计出版社，2008。

(二)工业体系初步建立

本区工业基础较为薄弱，改革开放以来，经过30年的发展，已经初步形成了以石油化工、纺织、电力、运输、农机、食品、建材、煤炭、果品加工等十多个初具规模的工业门类，工业框架基本形成。2007年，全区工业产值完成46.66亿元。其中，喀什41.46亿元，克州5.2亿元。该区人口占自治区的20.2%，工业产值仅占全疆的1.42%，工业水平较低，仍处于初始阶段。

远离国内市场，运输成本高，产品成本居高不下，缺乏竞争力；人才、资金短缺是制约本区工业化发展的瓶颈。然而，本区矿产资源，农业资源十分丰富，具有工业发展潜力。

第二节　区域资源开发

塔西区是以农业为主的地区，林果业发展迅速，成为农民增收的支柱产业，林果业深层次开发需要加强。该区工业基础较为薄弱，矿产资源的开发是本区工业发展的基础。

一、林果业——农民增收的支柱产业

近年来，受政策导向和市场带动作用的影响，塔西区的林果业出现了蓬勃发展的局面。一是种植面积自2001年以来一直以每年45万～60万亩的速度增长，2004年总面积达到200万亩。特别是2005年自治区提出建设西北地区重要的特色林果产品基地以后，本区林果面积增长势头更加凸显。到2007年年底，区域内林果面积近580万亩，"一村一品"格局逐渐形成，产业集聚初显成效。二是产量迅速增加。随着塔西区林果面积的不断增长，林果产品产量也在2001年以后一直保持了快速增长。2007年，本区果品产量超过 110.46×10^4 t，占全疆的26.81%。其中：克州 8.92×10^4 t、喀什 101.54×10^4 t，喀什林果业在塔西区占主导地位。

从种植面积上看，杏子、石榴栽培面积分别占全疆的55%和61.28%，产量分别占全疆的65.48%和65.24%，地均产量超过全疆平均水平。另外，桃的产量也超过了全疆的1/4。克州的葡萄生产规模较大。喀什红枣产量占全疆的11.68%，见表8.2、表8.3。

塔西区林果业在全疆占有重要地位，也是该区的主要经济支柱产业之一，是农民收入的主要来源。

表 8.2　2007 年塔西区林果业生产情况 （单位：t）

	合计	苹果	梨	葡萄	桃	杏	红枣	石榴
克州	89 226	623	550	60 502	156	23 585		819
喀什地区	1 015 393	46 367	29 918	64 416	22 356	796 295	10 190	30 552
全区	1 104 619	46 990	30 468	124 918	22 512	819 880	10 190	31 371
全疆	4 119 760	388 881	541 451	1 654 581	86 137	1 252 036	87 206	48 088
全区占全疆的比例	26.81	12.08	5.63	7.55	26.14	65.48	11.68	65.24

数据来源：新疆维吾尔自治区统计局．新疆统计年鉴(2008)．新疆统计出版社。

表 8.3　2007 年塔西区林果业种植面积情况 （单位：hm²）

	合计	苹果	梨	葡萄	桃	杏	红枣	石榴
克州	14 446	107	48	5 819	45	7 562		62
喀什地区	170 402	3 848	2 716	6 501	3 393	103 937	22 823	10 683
全区	184 848	3 955	2 764	12 320	3 438	111 499	22 885	10 876
全疆	610 683	32 482	70 542	109 857	10 626	199 486	137 849	17 749
全区占全疆的比例	30.27	12.18	3.92	11.21	32.35	55.89	16.60	61.28

数据来源：新疆维吾尔自治区统计局．新疆统计年鉴(2008)．新疆统计出版社。

叶城——石榴、核桃之乡　叶城，就像一座瓜果飘香的大果园，果香四溢，这里被誉为"核桃之乡"和"石榴之乡"。在这块仅有 83 万亩耕地的地区，林果面积就已经达到了 80 万亩，核桃、杏、石榴三大特色林果业在叶城大地形成铺天盖地之势。受昆仑雪水的滋养，这里的果品成了人们公认的、名副其实的无公害绿色食品，也是各地客商争抢选购的最佳食品。去年，仅林果业一项就占到了全县农牧民人均纯收入的 45%。

在萨依巴格乡，核桃的栽种历史超过 500 年，古代的维吾尔族人就懂得了干果易于贮存的知识，同时具有了发展干果的理念，也就是从那时起农牧民群众开始书写林果业的种植历史。林果业的种植始于农牧民自发的小规模种植，由栽种在房前屋后果园里的几棵、几十棵到自家田地中的几亩缓慢地发展。后来，在县委、政府大力引导下，林果业的种植面积得到了迅速发展，由几十亩向几百亩、几千亩到数万亩的规模挺进。特别是近几年随着林果业发展力度的不断加大，科技管护程度的提升，逐步形成了今天 80 万亩的宏大格局。

农牧民在得到了实惠之后，便自己发展起林果业来。再加上近几年来，高效农业和立体农业的快速发展，树上有果，树下种植粮食的模式打消了农牧民无法种粮的顾虑。叶城的 50 万亩核桃，已经挂果的就占到了一半，核桃年产量高达两万多吨，预计核桃到了丰产期年产量将达 10×10^4 t，无论是从核桃种植面积而言，还是以产量计算，叶城都是全疆乃至全国重要的核桃产区，是名副其实的"核桃之乡"。叶城鲜食的甜石榴和工业加工的酸石榴面积也达 10 万亩，年产量突破了 1×10^4 t，到了丰产期产量将突破 4×10^4 t；20 万亩的黑叶杏、色买提杏、衣力克其杏和棋盘杏年产量也在 12×10^4 t 之上。

二、初具规模的矿产开发

本区地质矿产勘查程度较低，资源家底还不清楚。黑色金属、有色金属、贵重金属和特种非金属矿产探明资源量不足，建材原料矿产资源供大于求，配套程度不高。截至 2007 年年底，经各有关地勘单位的共同努力，发现各类矿产 69 种，产地 457 处（包括矿点、矿化点）。占全国已发现 171 种矿产的 36.8%，占自治区已发现 138 种矿产的 46.65%。根据普查勘探估算，大型矿床 8 处，中型矿床 9 处，小型矿床 47 处，余者皆为矿（化）点；初步查明或预查的大、中、小型矿床勘查深度多在 $100\sim200$ m，仅阿克陶县塔木铅锌矿、乌恰县康苏煤矿、乌拉根铅锌矿、萨瓦亚尔顿金矿等少数重要矿床的勘察深度在 300 m 以上。

三、旅游业——优先发展的"无烟工业"

塔西旅游资源丰富，无论是自然旅游资源，还是人文旅游资源，都对旅游者有着极大的吸引力。近年，塔西旅游开发较快，旅游开发的景点众多，旅游线路丰富，如喀什市区民族风情一日游、塔什库尔干塔吉克自治县—世外桃源大同乡往返塔县 2～3 日游、喀什—达瓦昆沙漠旅游风景区一日游、喀什—麦盖提刀朗文化村一日游、喀什—莎车—麦盖提—喀什 2 日游、中国最西部最后一缕晚霞—柯尔克孜民族风情一日游、阿图什民俗风情游、阿克陶帕米尔高原风光游、乌恰边境游、阿合奇玛纳斯柯尔克孜文化游等。

喀什市区民族风情一日游线路：艾提尕大清真寺—香妃墓（阿巴克霍加墓）—中西亚国际大巴扎—老城—高台民居家访—班超城—维吾尔艺人街—民族工艺品厂—玉素普·哈斯·哈吉普墓等。这是一条大多数旅行者所走的常规线路，最能够体现当地的民族风情和维吾尔族的历史。

帕米尔高原多日游线路：喀什市—丹霞地貌红山峡谷—盖孜河峡谷—边

防检查站—丝路古驿站—高原柯尔克孜族牧民家访—高原流沙湖—白沙山—公格尔峰—公格尔九别峰—卡拉库勒湖—冰山之父慕士塔格峰—苏巴什达坂—塔合曼草原—高原旱柳—塔合曼温泉—塔什库尔干塔吉克自治县—石头城—金草滩—高原雄鹰塔吉克族家访—古驿站—祖母绿产地达布达乡—红其拉甫达坂—前哨班—中巴红色界碑。这也是大部分旅行者常走的线路。

优先发展旅游业成为本区摆脱贫困的一条重要途径。目前，该区拥有6家国际旅行社，星级宾馆29家，客房2 502间，床位4 732张，具备了一定的接待能力。2007年共接待游客238.04万人，旅游总收入15.36亿元，占本区GDP的21.34%。该区内部旅游业发展差异很大，喀什旅游经济总量远远超过克州地区，2007年喀什旅游业产值占其GDP总产值的28.24%，而克州只有6.1%，见表8.4。

表8.4　2007年塔西区旅游业情况

	喀什	克州	全区
国际旅行社/个	6	0	6
宾馆量/家	27	2	29
客房/间	2 406	96	2 502
床位/张	4 531	201	4 732
外汇收入美元/(万元)	1 428	134	1 562
国内收入人民币/(万元)	129 309	13 531	142 840
接待人数/(万人)	235	3.04	38 834

数据来源：新疆维吾尔自治区统计局. 新疆统计年鉴(2008). 新疆统计出版社.

可进入性差是制约本区旅游业发展的主要障碍，随着交通的发展，本区旅游业发展水平必将快速提高。塔西区是连接国内与国外边境贸易进出口的货物集散地，红其拉甫口岸是该区重要的贸易口岸。南疆铁路直达喀什，国道314贯穿全区，国道314和315交汇于喀什市，国道219、省道212、省道215、省道221、省道309、省道310等主要交通线路组成了塔西区的地面交通网。

喀什机场是新疆第二大航空港。机场位于喀什市城北10 km处，建于1953年。1954年1月开通乌鲁木齐—库车—阿克苏—喀什航线。1993年4月23日，经国务院批准，开放喀什机场口岸，2001年8月完工的面积为3 100 m²的国际联检楼，使喀什机场硬件设施更加完备、达到了现代航空港的要求。交通建设为带动本区旅游业的发展提供了重要保障。

　　红其拉甫口岸　位于喀什地区塔什库尔干塔吉克自治县境内，海拔超过4 500 m，同巴基斯坦毗邻，北距塔什库尔干县城125 km，是国家批准对外开放的一类口岸，1986年5月1日正式向第三国人员开放。塔什库尔干过去是丝绸之路上的重要驿站，现在则是中巴公路上的交通枢纽。为了加速小城经济的发展，在小城一侧建立了边境贸易区，而红其拉甫口岸的正式开放，为塔什库尔干经济和旅游业的发展倾注了活力。

　　因受地理环境及气候的影响，红其拉甫口岸于1993年由原址迁至塔什库尔干塔吉克自治县县城，距喀什市294 km，距乌鲁木齐市1 880 km，距巴基斯坦北部重镇吉尔吉特市386 km。对应的是巴基斯坦北部地区的苏斯特口岸。红其拉甫口岸目前为季节性开放口岸，根据中巴两国双边边境协定，红其拉甫口岸每年5月1日至12月31日正常对第三国开放。每年闭关后，除中巴两国邮政、特许人员及特殊货物之外，对其他旅客关闭，直到次年5月1日进入夏季开关期。

　　该口岸为客货两用口岸，年过货能力10×10^4 t，旅客5万人次。口岸管理职能完善，服务设施基本配套，其边贸和旅游十分红火，特别是巴基斯坦商人那图案新奇、色彩斑斓的浩浩荡荡运货大蓬车队，堪称现代丝绸商路上的一道独特风景线。

第三节　产业规划与可持续发展

一、产业规划

(一)农业

　　适当发展优质精制食品、膨化食品、速冻食品、专用食品、方便食品的深加工、精加工，延长产业链，带动粮食产业化发展。加大长绒棉、中绒棉和彩色棉的开发生产。根据市场需求调整棉花种植面积，重点向莎车、麦盖提、巴楚高产优质棉区倾斜，提高科技含量。重点发展巴旦木、核桃、红枣、开心果等干坚果，突出发展杏、石榴、伽师瓜等特色鲜果。以喀什市乳制品加工为龙头，建设以喀什市、疏勒、疏附、英吉沙、伽师、岳普湖为重点的西门塔尔、黑白花良种奶牛繁育养殖基地。以叶城县种牛肉牛养殖加工为龙头，建设以叶城、泽普、莎车、麦盖提及巴楚县为重点的安格斯肉牛繁育养殖基地。重点建设以疏勒、莎车、叶城为中心的设施农业产业带。不断增加反季节蔬菜、特色果品、花卉产量，重点发展叶城、泽普、喀什等县(市)油桃、樱桃设施果棚。在大力扶持屯河、冠农、卡地那、南达公司的基础上，积极引进一批有基础、有潜力的龙头企业，通过龙头企业带动，构建产业集群。

克州地区粮食种植主要布局于上阿图什、皮拉力等8个乡镇，不断扩大饲草料种植面积，饲草作物以青贮饲料玉米和苜蓿为主。实施"品牌"战略，打造高原绿色"帕米尔"牦牛和"柯尔克孜"羊品牌，提高木纳格葡萄和巴仁杏产品品质。

（二）工业

依托现有的油气资源及产业基础，发展下游、参与中游、支持上游产品开发利用，最大限度延伸石油、天然气产业链。重点开发石油炼制、氨肥加工、甲醇加工、二甲醚加工、天然气发电、民用天然气，力争石油、天然气化工工业实现规模生产。以优势矿产资源为突破口，开发利用巴楚、伽师、叶城、莎车、塔什库尔干等县的石膏、钒钛、磁铁矿、铜、铁、铅、锌、玉石等矿产资源。重点扶持阿克陶切列克其铁矿、亚星铁矿选矿企业、亚钢铁冶炼和乌恰县萨瓦亚尔顿金矿、普昌钒钛磁铁矿、大、小红山铁矿等项目开发建设。以叶尔羌河、克孜河和盖孜河流域水能资源开发利用为重点，集中在塔什库尔干、叶城、莎车、疏附等县开发水力发电，塔什库尔干县依托下板地水利水电枢纽建设，加快下游能源梯级开发。

重点发展棉纺织业，发展织布（针织）、印染、服装、家纺及装饰纺织品，有效延长产业链，确立地区棉纺工业的支柱地位，成为自治区棉纺工业重要生产基地。本区重点面向周边国家市场，积极发展民族服饰、民族饰品以及旅游特色产品、纪念品加工等，将喀什建设成为出口产品加工（组装）制造基地。

重点发展果品加工业、酿造业、肉类加工、乳制品加工、清真食品加工、优质板材加工等。继承和发扬维吾尔传统医药，加强维吾尔医药研究，引进先进管理人才和技术，建立现代企业管理体制，鼓励内地医药大集团参与维吾尔民族医药开发与研制，利用市场手段壮大民族医药产业。大力开发绿色产品，重点发展木纳格葡萄、巴仁杏、无花果、石榴、沙棘等特色林果和高山牦牛、柯尔克孜羊等特色畜产品的绿色食品生产加工业。在鲜果、饮料、肉制品、瓜果制品等方面培育一批有知名品牌、有竞争实力的产品，形成规模经营，提高产品的市场竞争力。

（三）旅游业

以建设全疆旅游中心城市为目标，将喀什打造成世界级黄金旅游目的地。牢固树立"大旅游"观念，依托丰富的自然风光、人文景观、丝绸之路、历史文化古迹和多姿多彩的民族风情等旅游资源，积极开发大众休闲旅游和高山景观、草原风光、风景名胜等具有地域民族风情的特色旅游、购物旅游、探险旅游和科考旅游。重点开发"蝴蝶型"旅游线路。"蝴蝶"主体为：喀什民俗、民情、历史、文化游，英吉沙小刀、土陶特色工艺游，莎车阿曼尼沙罕墓、沙漠游，泽普金湖杨、乔戈里峰高山雪域风光游；左翼为：疏附穆罕默德·喀什噶里墓、奥依塔克森林公园、卡拉库勒湖、穆什塔格峰、塔吉克民族风情、红其拉甫界碑游等；右翼为：岳普湖达瓦昆沙漠风景、麦盖提湿地、唐王城、天然胡杨林、莫尔佛塔游等。

克州地区以帕米尔高原风光为中心，以柯尔克孜民俗风情和文化为重点，以慕士塔格峰、边境口岸、克州冰川公园、玉其塔什草原、无花果之乡、《玛纳斯》史诗、苏里唐陵墓等知名品牌为先导，大力开发高原风光游、民族风情游，发展柯尔克孜民族特色旅游产品。积极开发阿图什天门、三仙洞、大峡谷等新的旅游风景区，兴建赛福鼎故居、柯尔克孜族及维吾尔族民族风情园。

二、可持续发展

(一)合理开发利用水资源，改善区域生态环境

实现本区水资源可持续利用，合理抑制需求，有效增加供水，积极保护生态环境，促进国民经济向节水型转变。协调处理好经济发展与环境保护之间的关系，合理利用土地、水、植被资源，维护区域生态系统的安全，发挥最佳生态效益。土地开发利用与水利工程建设相协调，合理利用水资源；以节水灌溉技术推广为主，加强耕地中田、水、路、林的协调配套，优化农田生态系统；对天然林、荒漠灌木林实行保护，禁止在本区域毁林开荒，促进该区域生态环境的进一步改善。

(二)加强环境保护与建设，促进人与自然的和谐发展

充分发挥物种资源和光热资源的优势，加快天然林保护、塔里木河流域生态治理工程建设，积极开发利用天然气、太阳能、沼气等新能源和清洁能源。加强生态建设，山区实施天然林保护工程，封山育林；荒漠和沙区实施封沙育林育草工程，加强对荒漠灌木林的封育和管护；平原区进一步加强"三北四期"防护林体系和各项生态综合治理工程建设。树立经济环境统筹兼顾、协调发展的观念，大力推广循环经济模式，减少自然资源的消耗，大力发展有利环境保护、人类身体健康的生态产业和绿色产品，建立新的经济形态。树立生态文明观，尊重自然规律，改变生活方式，倡导绿色消费，形成善待自然、爱护自然、保护自然的社会风尚，推进人与自然和谐发展。

第九章　塔南区

章前语

塔南区位于塔里木盆地南部，在天山和昆仑山—阿尔金山之间，包括和田地区、巴州的若羌县和且末县，共有 10 个县、市。其自然植被具有荒漠景观。干旱缺水是农业发展和区域开发的重大限制因素，使得农业生产主要依靠人工灌溉，形成了"灌溉农业，荒漠绿洲"的农业格局。本区矿产资源丰富，开发潜力大。依托丰富的旅游资源，发展特色旅游产业。塔南区的生态环境脆弱，水资源保护和沙漠化治理是本区经济可持续发展的关键。

关键词

塔南区；地理特征；社会经济；区域开发；生态建设

第一节　区域概况

一、环境特征

(一)地势南高北低，山地平原界限分明

本区南依昆仑山脉，北临塔里木盆地，东南部和南部为昆仑山—阿尔金山山地，地势南高北低，并由西向东缓倾。地势由北部的海拔 1 050 m 上升到南部山地的 7 167 m。塔南区境内高山、盆地相依，地形多样，南部山地和北部平坦区界限分明。从地貌上粗略划分，一半为盆地，一半为山地，盆地地区被塔克拉玛干大沙漠分割成几百块大小不等的绿洲，绿洲四周都是沙漠和戈壁。

(二)典型的暖温带干旱大陆性气候

塔南区位于欧亚大陆腹地，帕米尔高原和昆仑山的屏障作用，使低纬度的温暖空气难以进入，所以缺乏水汽源，气温较高，形成了暖温带极端干旱大陆性气候。夏季炎热，冬季寒冷，四季分明，风大尘多，昼夜温差大，光

热充足(年日照时间达 2 500～3 500 h)，空气干燥，降水量少，年平均气温 14.8℃，年均降水 23.8 mm，年蒸发量高达 2 558 mm。风大沙多，沙暴日数为 4～64 d。

塔南区是典型的内陆干旱地区，深居内陆腹地，河流为内陆河。区内有大小河流数十条以及天然湖泊，地表水总径流量达 $103.21×10^8$ m³，孕育了大片的优质荒地和天然草场。河流补给来源主要是季节性积雪和冰川融水，降水补给较少，其中发源于昆仑山和喀喇昆仑山的河流就属冰川融雪补给型河流，例如喀拉喀什河与玉龙喀什河，两河在阔什拉什附近汇合成和田河，北流注入塔里木盆地的塔克拉玛干沙漠腹地；车尔臣河是塔里木河下游绿洲的生命线之一，与塔里木河一道共同维系着塔克拉玛干沙漠东部的绿色长廊，它对若羌县的生产也有较大的影响。

(三)塔南区水资源时空分布不均匀

和田地区河水径流量 $73.45×10^8$ m³，占全区总径流量的 71%，表现为地表水在地区分配上的不均匀。区内各河流年径流量的年内分配极不均衡，塔南区的河流属冰川融雪补给性河流，由于水量补给主要取决于高山降水融雪、融冰，故河流洪峰出现在 6～8 月，即夏季为洪水期，冬春季为枯水季节，表现为水资源在季节分配上的不均匀。

若沿策勒—焉耆—奇台划一线，将新疆分为面积相当的西北部和东南部，其西北部降水量约为全疆的 80%，地表水资源量占全疆地表水总量的 93%，东南部降水量仅占全疆降水量的 20%，地表水资源量只占 7%，而塔南区的绝大部分位于东南部。地表水资源分布不均匀，造成塔南区特别干旱，对农业生产、工业生产、生态环境影响深远。

(四)荒芜土地面积大，植被稀疏

塔南区土地面积 585 771.16 km²，因缺水干旱，耕地面积只占土地总面积的 0.33%，造林面积占 0.017%，其余沙漠、戈壁、裸露地、重盐碱地等难以利用的土地面积占较大的比重。

塔南区降水稀少，蒸发量大，植被稀疏，森林覆盖率仅为 1.01%，除人类活动频繁的绿洲外，呈现一派荒漠景观。只有在沿和田河与各河下游的河漫滩、河阶地广阔地带，生长着天然胡杨林、红柳、梭梭、芦苇等荒漠植被，形成了荒漠天然绿色走廊，阻止了塔克拉玛干大沙漠和库姆塔格沙漠的合拢，保证了塔里木东南缘交通干线的畅通。

沙漠化面积逐年扩大，封闭的自然地理环境、干燥多变的气候，致使塔南区的环境异常脆弱，干旱、风沙、浮尘成为最严重的自然灾害。近年来，随着人口不断增长、社会的发展进步以及人民生活质量的不断提高，对环境与资源的压力日趋加重。

（五）矿产资源丰富，开发潜力巨大

本区蕴金藏工，是一片富饶的宝地，矿产资源种类较多，成矿地质条件优越，开发潜力巨大，前景广阔。区内的阿尔金山和昆仑山蕴藏着丰富的矿产资源，主要有玉石、黄金、铜、石棉、煤炭、镍、锌、云母等。铜矿、石棉、钾盐储量大、品位高，易于开采。且末还是和田玉的主产地，素有"和阗美玉，且末为上"的美称。

（六）绚丽多彩的文化

本区有 9 个主要民族，总人口 197.69 万人，占新疆总人口的 9.44%，其中维吾尔族 1 871 148 人，占全区总人口的 94.65%，汉族 100 249 人，占全区总人口的 5.07%，回族 2 533 人，柯尔克孜族 796 人，其他民族 854 人，由此可见，塔南区是一个以维吾尔族为主体的多民族聚居区。

2007 年年底塔南区人口密度为每平方千米 3.37 人。从全国范围看，地广人稀。本区的地理位置和生态环境决定了人口的发展变化与绿洲经济的演化，人类活动的中心就是有限的绿洲。

塔南区各族人民能歌善舞，民间文学十分丰富。在遥远的古代，《十二木卡姆》和《阳关三叠》的最早形式《摩诃兜勒》与《阳关曲》便在境内广为流传。维吾尔族的"麦西莱甫男女"成双成对翩翩起舞，独具特色。"若羌赛乃姆""艾莱姆赛乃姆"美不胜收。此外，手鼓舞、碗碟舞、民族器乐演奏也很流行，深受群众的喜爱。在民间，各种诗歌、传说、民谣等口头文学丰富多彩，被视为民间文学的宝库。

在中国历史上，本区历史悠久，源远流长，是中外文化交流的枢纽，各种文化曾在这里交汇融合，从而创造出了包括昆仑神话在内的神秘的古代文明。数千年来，各种民族在这里生存、融合，各种宗教在这里传播，各种文化在这里交流发展。塔南区宛如一颗璀璨的明珠，在"丝绸之路"古道上闪烁着斑斓夺目的光辉。

（七）丰富独特的旅游资源

塔南区有丰富独特的旅游资源，开发前景巨大，有闻名世界的全国重点文物保护单位——楼兰古城遗址、国家级文物保护单位——海头古城遗址、自治区级文物保护单位——土垠遗址，国内最大的双峰野骆驼保护区，独特的雅丹地貌，神秘莫测的莽莽昆仑，风光奇异的沙漠胜景，各具姿色的胡杨丛林，充满豪情的阿尔金山国际狩猎场，还有众多的历史遗迹、民风古朴的维吾尔风情等。

神秘消失的楼兰　楼兰位于东经 89°22′22″，北纬 40°29′55″，地处新疆巴音郭楞蒙古自治州若羌县北境，孔雀河道南岸 7 km 处。楼兰古城与附近城镇的直线距离为：西北距库尔勒市 350 km，西南距若羌县城 330 km。古城现占地面积 12×10^4 m^2，略呈正方形，边长约 330 m，用泥土、芦苇、树枝相间修筑的城墙仍依稀可辨。一条大致西北东南走向的古河道斜贯城中，将古城分成东北、西南两区。城东则是罗布泊，整个遗址散布在罗布泊西岸的雅丹群中。

楼兰王国从公元前 176 年以前建国，到公元 630 年消亡，共有 800 年的历史。据《史记·大宛列传》和《汉书·西域传》记载，早在 2 世纪以前，楼兰就是西域一个著名的"城廓之国"，有人口一万四千余，士兵近三千人，可谓是一个泱泱大国。楼兰又是古丝绸之路上西出阳关的第一站，交通繁忙，城市经济繁荣。奇怪的是，声名赫赫的楼兰王国在繁荣兴旺了五六百年以后，却从 4 世纪之后，史不记载，传不列名，突然销声匿迹了。7 世纪时，唐玄奘西游归来，看到楼兰国"城廓岿然，人烟断绝"，其萧条之景，使人顿生沧海桑田之感慨！楼兰究竟是怎么消失的？一直是为中外专家、学者探讨的热门话题。

和田玉 我国是世界上用玉最早、绵延时间最长的国家，素有"玉石之国"的美誉，而新疆是我国玉石的主要产地。新疆玉的组成部分主要是和田玉，和田玉在玉石发展史上占有重要的地位。和田玉为玉中上乘之品，几千年来，和田玉一直占据着我国玉文化的主体。和田玉的质地细腻、柔和，像油脂一样闪烁着一种特殊的光泽，这使它显得十分优美而含蓄；这些特性使得古人对它推崇备至，赋予它"君子比德于玉"的高度赞誉。

和田玉主要分布在昆仑山区，西起喀什，经莎车、叶城、墨玉、和田、于田、且末，东至若羌的昆仑山、阿尔金山的北坡，玉石带全长 1500 km，共发现并开采的玉石矿点 20 多处，因为同属昆仑山脉，所出之玉品质相同。在这 1 500 km 的狭长地带所产的透闪石统称中国和田玉。在和田玉的发展史中，且末始终扮演着重要角色，贯穿在和田玉的发展全过程中。据东汉班固《汉书》记载："于田之西，水皆西流，注西海；其东，水东流，注盐泽（罗布泊）""河源出焉，多玉石"。且末古代在于田国之东，"水东流，注盐泽"的第一条河流就是且末县内的车尔臣河。著名的《马可波罗游记》中说，沙昌省（今且末）境内有八条河流，出产玉石和碧玉。这些玉石大部分销往契丹，数量十分巨大，是该地的大宗输出品。可见且末玉石在宋元时期就已大量开采。另据《新疆志物》记载，"于田产玉之山三"。20 世纪 70 年代，在且末、于田、玛纳斯等地建立了玉石矿，在且末、和田、喀什等地恢复了收购站。据此，且末就是和田玉的主产地之一，且末玉就是和田玉。

由于和田玉开采和利用的历史较早，所以，其文化的底蕴也就较早，在历史上的影响面也较大，加之且末地处偏僻，地名少见经传，其产玉石多转运至和田，雕刻加工后送到内地，因此且末玉就未能独有其名了。随着阿尔金山一带玉石矿的相继发现和开采，且末的玉石产量呈上升趋势。20 世纪 80 年代全疆平均玉石年产量 25 t 左右，而且末就占 21 t；20 世纪 90 年代开始至今，且末玉石年产量平均在百吨左右，占全疆年产量 70%。初步勘察，且末境内和田玉储量 33×10^4 t，历史上 6 000 年中已开采 3 000 t，未来开采前景非常广阔。

且末县要把发展和田玉石业作为富民强县的支柱产业，依托丰富的玉矿资源，以规模化带动产业化，把且末县建成新疆重要的玉石产业大县。

二、经济特征

塔南区经济相对来说比较落后，尤其是和田地区经济在全疆处于最落后状态，主要原因是该地区土地资源贫瘠，工业较弱。墨玉县人均 GDP 仅有 2 474 元，为全疆最低。本区内若羌和且末经济相对较好，主要因为这两个县矿业优势突出。该区经济结构不合理，第一产业比例较大，见表 9.1。

表 9.1　2007 年塔南区经济状况

县市	GDP 总量 /（万元）	人均 GDP /（元·人$^{-1}$）	产业结构/%		
			第一产业	第二产业	第三产业
若羌县	62 524	19 817	33.5	36.3	30.2
且末县	70 550	11 888	43.5	14.8	41.7
和田市	146 478	5 218	15.5	30.4	54.1
和田县	89 226	3 612	52.6	22.9	24.5
墨玉县	117 636	2 474	49.8	13.5	36.7
皮山县	63 093	2 630	47.8	16.8	35.4
洛浦县	69 799	3 170	39.8	21.8	38.4
策勒县	48 640	3 360	42.4	14.7	42.9
于田县	75 189	3 197	45.6	11.3	43.1
民丰县	26 901	7 330	35.2	27.7	37.1
全区	770 036	3 895.17	39.2	21.2	39.6
全疆	35 231 600	16 815.46	17.8	46.8	35.4

数据来源：新疆统计局. 新疆统计年鉴（2008）. 北京：中国统计出版社，2008。

(一)历史悠久的灌溉农业

塔南区的农业历史悠久,早在古代就是丝绸之路上的繁华绿洲。2007年年末,总耕地面积192 350 hm²,占全区总面积的0.33%,其中2007年内增加的耕地面积为6 510 hm²,可见,本区的耕地资源还是极其缺乏,同时也成为制约全区经济发展的重要原因。在农业产值构成中,农业以种植业为主,其次为林业、牧业和渔业。2007年该区农林牧渔业总产值601 184万元,占全疆农林牧渔业总产值的5.65%,其中农业总产值405 426万元,占全疆农业总产值的5.29%;林业总产值53 123万元,占全疆林业总产值的25.46%;牧业总产值126 588万元,占全疆牧业总产值的5.47%;渔业总产值1 767万元,占全疆渔业总产值的2.52%。水资源相对紧缺,使得大部分地区生态环境十分脆弱,农业生产主要依靠人工灌溉,形成了独特的"灌溉农业,荒漠绿洲"农业格局。

塔南区农作物品种较多,粮食作物主要有小麦、玉米、水稻等;油料作物有大麻、油葵、红花、油菜等;经济作物有棉花、黄豆、瓜类、水果、蔬菜等。

塔南区把发展特色优势产业作为农村经济的突破口,各县市把加快建设优质、高产、高效、特色林果精品园作为增加农民收入的重点,因地制宜,重点发展核桃、红枣、葡萄、杏、石榴等干鲜食、耐储运林果树种,建立了和田县、墨玉县、洛浦县及皮山县等核桃主产经济发展带;315国道以北绿洲边缘地带的红枣经济发展带;杏主要分布在浅山区和已建成的精品杏园;石榴主要以皮亚曼片区和策勒乡拖帕片区为主。

本区地表多为粉细沙、土壤质地疏松、植被稀少、4~5级风即可起沙,浮尘天气多,风沙危害比较严重。另外,喀拉喀什河与玉龙喀什河以高山冰川、融雪水补给为主,水量年内分配极不均衡,春水不足影响农业生产发展,夏秋洪水高度集中,威胁农田和水利设施,每年需要抽调大量劳力防洪,影响农业生产,也引发土地沙漠化更加恶劣。

(二)初具规模,发展迅速的工业

2007年,塔南区工业总产值135 709.2万元,比上年增长32.13%,工业增加值60 892.3万元。塔南区新型工业化发展形势喜人。体现在以下几个方面。

1. 钾盐生产规模大

国投新疆罗布泊钾盐有限责任公司120×10^4 t钾肥建设项目,2010年实际生产能力突破150×10^4 t。同时,蟠龙峰铁矿、索尔库里铜矿、三峰山铜(金)矿、大青山铜(金)矿、花石山磁铁矿等一批极具开发潜力的矿产正逐步形成生产能力。

2. 逐步新建工业园区

以园区建设为载体，初步构建起"依吞布拉克矿业加工园、罗布泊盐化工业园金属矿产加工区"战略布局，积极引入大企业，全力促进罗布泊北山地区以铜镍等多金属为主、拉配泉区域以铁和铅锌等多金属为主、祁曼塔格区域以铁和铅锌为主、白干湖区域以钨锡、铜和煤等为主的四大矿业加工基地建设。"四大矿业开发基地"之间"分散开采，集中冶炼、延伸加工"格局正在形成，为推进大项目招商、产业链招商，引进战略投资者入园兴业，促进产业集群集聚发展创造了良好条件。

3. 围绕优势特色林果业的加工体系正在形成

立足新疆三海瓜园有限责任公司、新疆楼兰枣业有限责任公司等国家级、自治区级龙头企业，以及招商引资引进新疆若羌好想你枣业发展有限责任公司、新疆若羌楼兰特色果蔬交易市场、新疆金泉枣业有限公司等企业，并以此带动若羌县大漠红枣业、若羌县大漠红枣专业合作社、若羌县塔里木红枣专业合作社等，形成以工带农，工、农业互促互利的良好局面。

塔南区工业初具规模，2007 年本区规模以上工业企业 24 个，工业总产值 112 816.4 万元，占全疆的 0.34%。塔南区拥有煤炭、电力、建材、机械、棉纺、丝绸、食品、工艺、美术等多种类型的工业企业。

近几年来，塔南区紧抓国家实施西部大开发战略、自治区优势资源转换战略和新型工业化战略，依托丰富的石油、天然气、钾盐、铜、铅、锌、镍、钨、锡等矿产资源，红枣、石榴、核桃、无花果等特色农产品资源，进一步解放思想，努力实施资源优势向经济优势转换，加快推进了新型工业化发展步伐，从而使塔南区的工业经济步入快速发展轨道。

第二节　区域资源开发

塔南区地域辽阔，人口稀少，经济相对落后。矿产资源丰富，资源开发潜力巨大，区内分布有我国最大的钾盐生产基地，建设便利的交通体系可满足煤田开发、矿石、电厂等运输需要，为塔南区的区域开发提供可靠的运力保障，其中沙漠公路的建设对促进南疆地区资源优势向经济优势转换有重要意义。在区域开发的过程中，塔南区也面临很多环境问题，尤其是日趋严重的沙漠化，严重影响了塔南区的经济发展。因此，在区域开发的同时，加强生态环境建设，协调生态环境保护与经济发展的关系至关重要。

一、罗布泊——我国最大的钾盐生产基地

塔南区矿产资源十分丰富，贮量大，品质好，有极高的开采价值。其中罗布泊镇辖区内有储量丰富的钾盐资源，据地质专家测算，罗布泊钾盐储量超过 $2.5×10^8$ t，占全国已探明储量的 52%，具备成为我国最大钾盐生产基地的资源潜力。国投新疆罗布泊钾盐有限责任公司成立于 2000 年 9 月，目前由国家开发投资公司控股，注册资本金 5.4 亿元人民币。目前已建成 21.6 km² 的盐田，具备年产 $10×10^4$ t 硫酸钾的生产能力。2005 年产值 1.3 亿元，利润 3 300 多万元。年产 $120×10^4$ t 钾肥项目于 2006 年 4 月 26 日启动，一期工程 $120×10^4$ t/a 钾肥生产能力，已于 2008 年 11 月 18 日投料试车成功，二期 $300×10^4$ t/a 钾肥生产能力，将于 2014 年年底建成。加快罗布泊钾盐开发，既可使新疆的资源优势转化为经济优势，带动新疆经济和相关产业的发展，优质的钾肥还可促进中国农业往高值化迈进。不久的将来，罗布泊将建设成为我国最大的硫酸钾肥生产基地，成为亚洲乃至世界硫酸钾的"航母"。

二、沙漠里的交通网

塔南区地域辽阔，人口稀少，其地形地貌复杂多样，经济相对落后，消费水平低，交通条件直接影响塔南区旅游业的规模和效应，成为这一地区经济发展的主要限制因素。经过新中国成立后几十年来的开发建设，塔南区的现代化交通体系也在大规模地建设中。

（一）航空

且末机场的建成通航，使且末客运实现了直飞库尔勒后至乌鲁木齐的目标，从而形成了全县以公路交通运输为主、空运快客为辅的交通运输网络。楼兰飞机场建设项目已于 2008 年获自治区民航局批准。

（二）铁路

哈密至若羌铁路建设、库尔勒经若羌至格尔木铁路建设已正式列入国家新建项目，两条铁路有望在近期开工建设；和田至若羌铁路建设项目正在积极开展前期工作。哈密至罗布泊铁路已进入建设阶段，和田—狮泉河—日喀则铁路线已列入研究建设项目。

（三）公路

区内且末县是国道 315 线西宁至喀什路线入疆继若羌后的第二大驿站。公路交通已形成了东接若羌，西至民丰、和田，北经塔中沙漠公路至库尔勒的公路交通网络。且末县域公路总里程已达 1 300 余 km，其中国道为 409 km，通县沙漠公路为 118 km，县乡道路为 778 km，公路通乡率为 100%，

通村率 85%，形成了以县城为中心连接各乡镇的公路交通网。塔南区还有众多的支线公路，联通了城镇和乡村，形成了便捷的公路交通网络。

区内若羌县自古以来就是内地通往中亚和新疆通往内地的第二条战略通道，也曾是古"丝绸之路"的必经要道，地理优势极为突出，战略地位十分重要。若羌是 315 国道进入新疆的门户，218、315 国道在县城交会，218 国道向北边接南疆重镇库尔勒，经伊宁到达霍尔果斯口岸；315 国道向西经且末到达喀什，向东经青海、四川到达广西出海。目前 218 国道若羌—库尔勒段已于 2002 年 10 月改造完成，国道 315 全线改造建设全面开工，省道哈密—罗布泊镇段已建成通车。随着境内国道相继改造和青新铁路的建设，若羌县作为新疆东联西出和塔里木盆地东部枢纽重镇地位将日益凸显。

沙漠公路　塔南区地广人稀，道路交通建设显得尤为重要，无论是航空设施还是铁路运输的基本建设都令人折服，但是一提起穿越渺无人烟的茫茫戈壁和沙漠的公路则更令人敬畏。即使在经济相对发达的今天，面对黄沙漫漫和骄阳似火的恶劣自然环境，公路建设施工的难度仍然是不可想象的。

新疆第一条沙漠公路是轮台县—民丰县和轮台县—且末县，呈 Y 字形。1995 年 9 月建成通车，它是世界上首条在流动沙漠中修建的最长等级公路，在"死亡之海"创造了人间奇迹。北起巴音郭楞蒙古自治州轮台县 314 国道，南到塔克拉玛干沙漠南缘的和田地区民丰县，公路全长 522 km。新疆第一条沙漠公路主要是石油部门为开发塔克拉玛干沙漠腹地中的油田而兴建的。

第二条沙漠公路是阿拉尔至和田，起于阿拉尔市，经和田河古河道，终点至和田地区洛浦县，南北沿和田河穿越世界第二大沙漠——塔克拉玛干沙漠，全长 424 km，是由交通部门全额投资兴建的第一条纵穿塔克拉玛干沙漠的二级公路，也是自治区第二条沙漠公路。这条公路运用了我国沙漠筑路的许多技术研究成果，于 2007 年 9 月建成通车。新疆第二条沙漠公路的建成，使阿克苏到和田的交通距离缩短了 430 km，耗时比原有路途减少一半，对于加快南北疆的沟通与交流，促进南疆地区资源优势向经济优势转换有重要意义。

三、罗布泊的生态变迁

罗布泊，又名罗布淖尔，位于若羌县境东北部，曾是我国第二大内陆湖，海拔 780 m。先秦时的地理名著《山海经》称之为"幼泽"。罗布淖尔系蒙古语音译名，意为多水汇集之湖，因地处塔里木盆地东部的古"丝绸之路"要冲而著称于世。汇入罗布泊的河流很多，在湖水最盛时，东南有疏勒河汇入，西南有车尔臣河汇入，西北有孔雀河和塔里木河汇入。《汉书》描述它"广袤三百里，其水亭居，冬夏不增减"。湖水的丰盈曾使古人误认为它是黄河的上源。古时候，这里曾是一片繁华之地，闻名中外的丝绸之路南道就曾经过这里，著名的古代王国——楼兰就位于这里。这里一度商旅仕宦不绝于途，使者僧徒相望于道，中外探险家也频繁往来。曾几何时，繁荣兴盛的楼兰，无声无息地退出了历史舞台，盛极一时的丝绸之路南道，黄沙满途，行旅裹足；烟波浩渺的罗布泊，也变成了一片干涸的茫茫盐泽。

1921 年，塔里木河在尉犁县改道涌入孔雀河，东注罗布泊洼地，形成了近代罗布泊。1930～1931 年，罗布泊南北长约 100 km，东西宽 55 km，面积在 3 200 km²，呈不规则椭圆形。1942 年以后，孔雀河水径流减少，罗布泊湖体收缩。1952 年，尉犁县拉伊河口英曼里一带筑起大坝，塔里木河入故道东南注入台特马湖。至 20 世纪 60 年代初期，塔里木河下游修筑水库，孔雀河上先后筑起多道堤坝，罗布泊断绝来水日趋干枯。1972 年，罗布泊已成为广袤的干湖盆。

古罗布泊距今已有 200 万年，面积约 $2×10^4$ km²，在新构造运动影响下，湖盆地自南向北倾斜抬升，分割成几块洼地。现在罗布泊是位于北面最低、最大的一个洼地，古代曾经是塔里木盆地的积水中心，发源于天山、昆仑山和阿尔金山的流域，源源不断地注入而形成湖泊。

图 9-1　1959 年 9 月人类最后一次在罗布泊荡舟①

长期以来，人们一直以为罗布泊会"搬家"，说它有时候在北面，有时候又向南移，我国地理学界，也一直把它说成是"游移湖"。然而，罗布泊游移的问题，却是由沙俄军官普尔热瓦尔斯基提起，并经瑞典地理学家斯文赫定等逐步系统化的，而普尔热瓦尔斯基的足迹从未到过罗布泊。罗布泊的游移，

———————————

① 图片来源：http：//www.aweb.com.cn，2009-02-23，《科学时报》

楼兰古城的兴衰等问题，给罗布泊地区抹上了神秘色彩，吸引了不少中外学者的探险研究。1959年，新疆综合考察队经过实地考察率先指出罗布泊不是游移湖、罗布泊是钾盐聚集中心。1980～1981年，中国科学院新疆分院组成了由地理、生物、土壤、化学等科研人员组成的综合考察队，三次深入罗布泊地区，两次纵穿干涸的罗布泊湖盆，进行了多学科综合考察，再一次证明了罗布泊从来没有搬过家。罗布泊及其临近地区，地势低洼，统称罗布洼地。罗布泊又是洼地的最低处，成为塔里木盆地诸水的汇集点。丰水时，最大水面曾达到5 300多平方千米，是我国仅次于青海湖的第二大咸水湖。这里丰富的钾盐是生产纯天然硫酸钾、氯化钾的理想原料。罗布泊有少量可供开垦的土地资源，它是野骆驼等珍稀动物保护地，也是南疆石油基地。

四、日趋严峻的沙漠化

塔南区地处塔里木盆地的南缘，是新疆极端干旱区，自古以来就是"沙漠大半，壤土隘狭""飘尘飞埃"的地方。

(一)沙漠化进程

汉代丝绸之路畅通以后，和田绿洲居民及来往行人不断增加，为解决粮食问题，当地积极发展垦殖业。随着农业用水的大量增加，保护整个生态系统的地表径流受到影响，荒漠植被大面积干枯，土地沙化面积不断扩大。1949年后，面对人口不断增长、以扩大耕地面积作为增产粮食的主要手段，特别是1959年提出"向沙漠进军，向荒地要粮"的口号，和田全地区掀起了毁林开荒的高潮。1959～1960年开荒达到顶峰，两年开垦荒地达145.52万亩，毁林达100万亩。20世纪50年代和田地区有荒漠胡杨林180万亩，到70年代仅剩27.4万亩。由于不合理的垦荒，林木大面积破坏，和田地区生态环境恶化，沙漠南侵，土地沙漠化问题日益严重。据新疆荒地考察队调查，1949～1979年，和田地区被沙漠吞没的土地有46万亩，沙漠化和沙漠化威胁的土地达2 301.36万亩。经过二十多年的植树造林，到90年代荒漠胡杨林才达到77.45万亩。

从汉代以来，塔克拉玛干大沙漠整体向南推移了大约100～150 km，平均每年向南推移近100 m。历史上民丰县的尼雅古城—精绝国因沙漠南移，已被掩埋在沙漠深处150 km。从历史上来看，老绿洲原在红白山一带，有史可查的民丰、策勒县城已因沙漠南移、流沙侵袭被迫三次搬迁，而如今流沙离县城也只有3～5 km，县城已退到了昆仑山脚下，再无路可退。

近年来，随着和田地区人口增长和经济发展，能源消耗日益突出，农村的生活用柴量加大，对环境的压力随之增大。据和田地区林管站1991年在洛浦县调查，森林资源的消耗在农村消耗总量中占 94.5%，年人均消耗薪炭柴 541.8 kg，其中：沙枣树占 42.7%，杨树占 20.3%，荒漠胡杨、红柳占 19.8%。由于生活能源的严重不足，至今人们仍在掠夺沙漠之中所生长的鹿角草、骆驼刺等作为肥料、养畜的原料。塔南区的其他县这种现象也存在，由于管理措施跟不上，在塔南区的局部地区出现了生态环境的非良性演替。

（二）生态环境保护

当前塔南区正处于大开发、大发展的重要阶段。一方面，随着自然资源开发力度加大以及城市和人口增长，将会给塔南区生态环境带来更大的压力；另一方面，近年来随着发展观由主要强调经济增长转向注意可持续发展，已将加强生态建设、改善生态环境作为塔南区区域开发的重点领域，正在实施一批重大生态建设和环境治理工程。实施这些重大工程对于协调生态环境保护与经济发展的关系，实现自然资源的永续利用，充分发挥资源优势，改善塔南区生态环境，提高人们生活质量，加快贫困地区脱贫致富的步伐具有很大的现实意义。

1. 以合理开发、利用和配置水资源为核心和前提，抓好塔南区各流域的治理

水资源的合理规划和利用是干旱荒漠区防止沙漠化的重要途径，也是合理兴建水利工程的前提条件。通过加强管理，兴修控制工程，整治疏浚河道，保护胡杨林和草地等措施，基本控制区域内生态环境恶化的趋势，以维持横穿塔克拉玛干沙漠的和田河这个绿色走廊的生存和发展，保护塔南区与新疆的战略通道的畅通。

2. 实施生态工程建设，改善生态环境

在沙漠化土地治理的具体措施上，应该贯彻适度利用和多项多补的生态原则。合理调整产业结构，在农林牧的交错地带，针对土地沙化区居民点、耕地、草场分散分布的特点，将居民点划分为单个的生态户，采取天然封育的措施，调整旱作农业为主的土地利用结构，进行农业的综合开发，实施改造中、低产田，扩大草地、林场的占地比重，集中经营水土条件较好的土地，降低生产成本，增加农民收益，减少对天然植被的破坏，构造防风沙林带、林网以及在沙丘表面栽种固沙植物，在沙丘间种植灌木林和固沙植物，加大恢复林草和科技兴林的力度。

3. 建立有效统一的管理机制，加强政府的政策管理力度

政府要制定一套规范、有效、统一的管理制度，并自上而下地推行下去，领导干部及其他工作人员应采取政策宣传，教育并引导群众认识防沙的重要性，并主动地投身到本地区沙漠化的防治实践中去，要有效地控制本地区人

口增长，以减少对沙漠化土地的压力。政府部门要有效地协调林业部门、农业部门等一些相关部门广泛参与到沙漠化的治理中去。在总结前人土地沙漠化防治研究的基础上，从本地区的实际出发，探索出更新更实用的防风沙技术，最大限度地对本地区的土地沙漠化进行有效的控制。

4. 加强荒漠化基础及应用研究，完善相关法律保障体系

以历史资料为基础，以实时监测及人类决策行为调控为目标，运用信息理论，采用信息工具，对各种土地荒漠化及其灾害，包括干旱、大风、沙尘暴等灾害的成灾条件及一般孕灾模式进行研究。同时在实践上，利用理论研究成果及监测证据，制订防沙治沙的近期、中期及长远规划、工程措施及生物措施并举，探索适合当地自然条件和社会经济状况的生态建设模式，鼓励国家、集体、个人以各种形式参与防沙治沙工作。通过实施一系列生态保护规划，维护区域的生态安全，实现综合生态环境优化和区域山川秀美的总体目标。

5. 做好天然林保护工程，停止对天然林的采伐，制止不合理的人为活动

对天然林加强保护，制定相应的法规，制止乱砍滥伐行为。加大对生态林、经济林、防护林的建设，扼制塔南区生态环境恶化的趋势。

6. 开发新能源，调整能源结构

大力开发塔南区的石油、天然气等能源，在适宜开发利用太阳能的地方推广太阳灶，实施太阳能、沼气等新能源开发工程，在风能充足的地方开发风力发电，在水力资源丰富的地方发展水电，解决广大农牧民的燃料紧缺问题，逐步减少广大农牧民在燃料等能源利用方面对自然植被的依赖，从而从根本上制止对草原、森林的破坏，阻止草地、林地等自然生态环境的恶化。

第三节 产业规划与可持续发展

一、产业规划

(一)农业

依托充足独特的光热资源优势，在若羌、且末区域建设红枣基地，加快中国最优红枣基地建设步伐，全力推进红枣产业化进程。加快畜牧业由山区向农区、由粗放型向集约型的两大转变。农区畜牧业要突出特色，重点抓好铁干里克乡肉驴养殖基地建设、国营牧场马鹿养殖基地建设。山区畜牧业重点抓好野血牦牛的发展，实施铁木里克乡野血牦牛繁育基地建设、牧民定居和搬迁工程。

（二）工业

以罗布泊盐化工业园区为平台，国投钾盐公司为龙头，多个盐化企业为辅，盐类资源初步得到综合开发利用的盐化工产业化雏形，为建设亚洲最大的盐化工业城奠定基础。统筹罗布泊、乌尊硝、米兰等地的钾盐矿、镁盐矿、盐硝矿、铯矿等矿产资源的开发，建立规范、严格、有序的资源开发秩序，禁止抢占资源、乱开、乱采等破坏资源和环境的行为。按照循环经济的理念，综合开发利用钾盐资源，发展以卤虫、盐藻为主的盐湖养殖业，发展以盐类为主的硫酸钾、烧碱、工业用盐、复合肥、动物饲料、电解镁、溴、锂、铯等的盐化产业。

按照自治区确定的"开拓昆仑山、阿尔金山"的矿产资源勘察战略部署，加快矿产资源的开发步伐，把祁曼塔格区域建成以蟠龙峰铁矿、维宝铅锌矿为主的矿产资源勘探开发基地；把拉配泉区域建成以喀腊大湾多金属、喀腊达坂铅锌矿、拉配泉铜矿为主的矿产资源勘探开发基地；把罗布泊中坡山区域建成以铜、镍、黄金等多金属为主的矿产资源勘探开发基地；把白干湖区域建成以钨、锡、煤等为主的矿产资源勘探开发基地。

抓好若羌红枣加工综合利用建设项目和"三海"甜瓜产业化，增强新疆楼兰农副产品综合开发有限责任公司和新疆若羌县"三海"瓜园有限责任公司的实力，努力打造"楼兰""三海"等知名品牌，推动红枣和甜瓜产业的发展。且末县加快玉石、铜等矿业开发，合理开发水土资源，打造绿色且末、生态且末、玉城且末。

（三）旅游业

将本区旅游纳入"南疆古丝绸之路"和与敦煌、吐鲁番、哈密等地旅游资源相连的两条旅游环线，以保护为前提，开展阿尔金山观光、探险游，楼兰科考、罗布泊盐化产业游，绿洲农业田园游、塔河下游绿色长廊生态游等旅游项目，加快旅游基础设施建设，提高服务质量和水平。

以罗布泊镇为基地，以国内外考古、探险爱好者为对象，充分挖掘罗布泊盐化产业旅游资源和楼兰古城、小河墓地等古迹旅游资源。开展楼兰科考访古游、穿越罗布泊探险游及盐湖漂流、理疗、保健等休闲游。以优质红枣基地为基础，充分挖掘当地的民风、民俗及文化、历史资源，建设"民族风情园""红枣观光品尝园""农家乐"及仿楼兰、伊循、小河墓地等古迹微缩景观园，形成集观赏、品尝、休闲、娱乐、餐饮为一体的绿洲农业田园游。以塔河下游胡杨、沙漠、红柳、台特玛湖等特有风光，开展摄影、绘画、垂钓、烧烤、篝火晚会等回归自然游，充分展示国家开展塔河下游综合治理的生态重建丰硕成果。

二、可持续发展

把新型工业化发展与加快建设资源节约型、环境友好型社会紧密结合起来，积极发展循环经济，提高资源利用率，以节能、节水、节材、节地和资源综合利用为核心，加大生态环境保护力度，提高可持续发展能力。

积极开发地下水资源，加快塔河流域综合治理工程建设，完善乌鲁瓦提水利枢纽配套工程，争取于田吉音水库、玉龙喀什河防洪工程。认真实施防沙治沙、天然草场保护和"三北"四期防护林工程建设，不断改善和田生态环境，加强阿尔金山等地区野生动植物保护及自然保护区建设。

加快以和田市市区和各县县城建设为重点的城市化建设步伐，科学规划，合理布局，着力实施城区绿化、道路硬化、环境卫生、垃圾处理、供排水等城市基础工程，增强城市功能，提高城市品位。加快和田市市区的北延东扩进程，做好区划调整，扩大城市规模，发挥中心城市的辐射带动作用，推动"和墨洛"区域经济快速发展。

第十章　东疆区

章前语

　　东疆区处于新疆最东部，包括吐鲁番地区和哈密地区。本区是新疆与祖国内地相联系的必经之地，自古这里就是"古丝绸之路"中道、北道的交会区域，地理位置十分重要，区位优势明显。本区地貌类型多样，垂直分布显著，光热充沛，有发展农、林、牧和工业、矿业生产的较好条件，矿产种类众多，储量丰富，资源优势大，采矿业发展较快。风能资源储量大，已建成国内最大的风力发电厂。本区名胜古迹众多，旅游资源丰富。虽然东疆区占据了出疆口以及与内地相对较近的地缘优势，但与新疆其他区域的联系并不紧密。随着各区域的开放性日益加强以及与内地经济联系的增多，这一区域的区位优势会逐渐显露出来。

关键词

　　哈密；吐鲁番；地理特征；区域开发；可持续发展

第一节　区域概况

一、环境特征

(一)盆地较多，山地垂直分布显著

　　东疆区由三个山间盆地组成，东天山的南侧依次分布着吐鲁番盆地、哈密盆地，北侧分布着巴里坤—伊吾盆地，地势依东天山的山体向南北两侧降低。东天山山势高大，垂直分布显著，高山带的冰雪是固体水库，亚高山有夏牧场，中山带有森林，中低山有春秋牧场和冬牧场，洪积冲积平原宜发展种植业和园艺，湖积平原也可放牧，干涸的湖盆可采挖盐和芒硝，有发展农、林、牧和工业、矿业生产的较好条件。

(二)光热充沛，降雨稀少，大风频繁

　　东疆区属于典型的温带大陆性气候，干燥少雨、光能充足。本区平均气

温 13.9℃，高于 35℃的炎热日在 100 d 以上，夏季极端最高气温为 47.7℃，地表温度多在 70℃以上，有过 82.3℃的纪录，有"火洲"之称。冬季极端最低气温－28.7℃，日温差和年温差均较大，全年≥10℃积温在 4 000℃以上，吐鲁番盆地可达 4 500～5 390℃，无霜期长期达 210 d，年平均降水量仅有 16.4 mm，蒸发量高达 3 000 mm 以上。东天山的隘口成为北方气流进入南疆的通道，春季常有 8 级以上的大风，最大风力可超过 12 级，有"风库"之称。年平均大风天数七角井有 88 d，吐鲁番 36 d，托克逊 72 d，哈密东部的沁城、红柳河年平均风速为 3.7～4.5 m/s，西部的柳树泉河七角井一带为 4.8～5.0 m/s，而十三间房平均风速达 9.3 m/s，素有"百里风区"之称，有发展风力发电的独特条件。

火焰山　火焰山，维吾尔语称为亚勒坤，全长约 100 km，宽约 10 km，东西横卧于吐鲁番盆地中部，最高峰海拔 851 m。褐红色泥岩为主，年降雨 16.6 mm，蒸发 3 000 mm，火焰山上寸草不生，夏季地表温度最高可达 81.3℃，在阳光长时间的照射下，红色的山体热浪滚滚，蒸腾缭绕，恰似烈焰在燃烧，南北朝时名为"赤石山"，唐代称为"火山"，明朝始称"火焰山"。明代吴承恩著《西游记》中的唐僧、孙悟空师徒四人西天取经，途经此山，号称"八百里火焰"，使火焰山披上了一层神奇色彩，成了一座名闻天下的奇山。

（三）地表径流稀少，地下水资源稳定

由于吐鲁番的特殊地形条件，从西部、北部来的温湿气流，在进入盆地前，首先遇到西北部高大山体的阻挡，难以进入本区，仅有极少温湿气流通过高空纬向环流带至盆地西、北部山区，形成降水。因此，吐鲁番水资源形成区主要在天山各河流出山口以上中高山区地段，山口以下平原区降水极少，对地表水、地下水的补给意义不大，是水资源的散失区。水资源总量为 21.02×10⁸ m³。山区平均降水 100～200 mm，平原仅几十毫米，加之渗漏大，地表径流很小，难以产生较大的河流。河流短促，大都几十公里，一出山口就渗入到洪积冲积的砾质戈壁内，流到洪冲积扇和洪冲积平原过渡地带或平原中下部，形成不少地下水溢出地带，区内的地下水资源十分丰富，而且水量稳定，为开挖坎儿井提供了十分有利的条件。盆地中心的内陆湖泊面积不断缩小，矿化度日益提高，低于海平面 154.13 m 的艾丁湖曾出现过干涸。

坎儿井——我国最长的地下灌溉系统　中国最长的地下灌溉系统是新疆的坎儿井，与万里长城、京杭大运河并称为中国古代三大工程。吐鲁番的坎儿井总数近千条，全长约 5 000 km。

坎儿井是新疆勤劳智慧的各族劳动人民根据当地独特的自然地形、水文地质条件等特点，在第四纪地层中自流引取地下水的一项古老水利工程设施。

坎儿井由人工开挖的竖井、具有一定纵坡的暗渠、地面输水的明渠和储水用的涝坝等4个部分组成(图10-1)。一条坎儿井长度一般在几百米到十几千米，具有四季水流不断、水量稳定、蒸发损失小、不易被风沙掩埋以及不需要任何动力便可将地下潜水自流引出地表等特点。

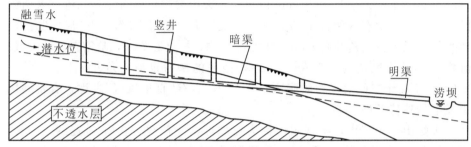

图10-1 坎儿井纵断面示意图[①]

(四)植被覆盖率低，野生动物珍稀

东疆区植被主要分布在海拔2 000 m以上的山坡，吐鲁番地区植被平均覆盖率0.23%，哈密地区4.2%；平原绿洲的覆盖率相对较高。山区云杉、落叶松林以涵养水源为主，平原胡杨、沙枣、新疆杨、榆树林以防护效益为主。自2002年起，在退耕还林、"三北"四期防护林工程的带动下，林业发展开始呈现上升态势，2007年造林面积为12 100 hm^2。野生动物有野山羊、野兔、雪鸡、金雕、玉带、海雕、雪豹、白肩雕、蒙新野驴、野骆驼、黄羊、大鸨、波斑鸨、黑鹳、白鹳等。野生植物有甘草、雪莲、贝母、党参、阿魏、落叶松、方松、胡杨等。由于植被过于稀疏，野生动物栖息繁衍的条件极差，数量和种类较少。

(五)矿产资源种类众多，储量丰富

东疆区矿产资源丰富，储量较大的有石油、天然气、煤炭、铁、铜、芒硝、花岗岩、石材、钾硝石、钠硝石等，品位高、储量大，开发条件便利。吐鲁番地区的钾硝石、锂镁皂为国内独特矿种；2007年新疆地矿局又在东天山地区新发现并初步评价大中型钠硝石矿5处，哈密地区的铜镍矿探明储量居中国第2位；铁矿探明储量居新疆第1位；煤总储量超过5 700×10^8 t，沙尔湖煤田为世界十大煤田之一。哈密石材资源丰富，蓝色花岗岩——天山蓝、星星蓝等珍贵石材为国内唯一产地。新疆东天山铜矿的铜储量1 000×10^4 t，属国内特大型铜矿。这些矿藏多共生，综合利用价值高，埋藏浅、品位高、

---

① 图片源自：关东海、张胜江，吾甫尔·努尔丁. 新疆坎儿井水资源保护与可持续利用研究. 水资源保护，2008，(5)。

易开采，大多位于铁路、公路沿线，开发条件便利。

（六）交通便利，旅游资源密集

东疆区是连接中亚地区及南北疆的重要通道，兰新铁路与 312 国道横贯全区，兰新铁路与南疆铁路交会于吐鲁番地区，吐鲁番—乌鲁木齐—大黄山高等级公路、314 国道、302 省道、303 省道等主要交通线路形成了东疆区的交通网，在它的带动作用下，发展起了本区的特色农业、资源型工业和旅游业。

东疆区在我国"丝绸之路"文化中占据着非常重要的地位，在独特的自然条件下，形成了丰富的自然旅游资源和人文旅游资源。吐鲁番地区是我国丝路文化遗迹最为丰富的地区，有交河故城、高昌故城、柏孜克里克千佛洞壁画、阿斯塔纳古墓群、额敏塔、火焰山、葡萄沟、坎儿井乐园、沙漠植物园、沙山公园和艾丁湖。哈密地区曾是古"丝绸之路"北新道上的重要通道，旅游资源包括雄伟的雪峰、茂密的松林、辽阔的草原、神秘的湖泊、五堡古墓群、白石头风景名胜区、松树塘胜景、沁城古岩画、拉甫乔克古城遗址、天山庙遗址、孔明楼天然怪石群、魔鬼城和鸣沙山等。

二、经济特征

东疆区农业以瓜果为主，粮食产量较低，工业以采矿业为主。本区经济较为发达，在全疆经济中处在前列。2007 年，本区人均 GDP 达 22 965 元，高于全疆平均水平。其中，鄯善县 2007 年国民生产总值达到 119.7 亿元，人均 54 855 元，处于本区的首位，见表 10.1。

表 10.1　2007 年东疆区经济状况

县市	GDP 总量 /（万元）	人均 GDP /（元·人$^{-1}$）	产业结构/%		
			第一产业	第二产业	第三产业
哈密市	779 560	18 469	12.1	36.1	51.8
巴里坤哈萨克自治县	91 297	9 039	34.8	25.6	39.6
伊吾县	48 970	23 431	33.4	32.8	33.8
吐鲁番市	355 586	13 557	20.6	24.9	54.5
鄯善县	1 196 928	54 855	4.9	83.9	11.2
托克逊县	161 288	14 349	21.7	44.4	33.9
全区	2 633 629	22 965.02	12.0	56.3	31.7
全疆	35 231 600	16 815.46	17.8	46.8	35.4

数据来源：新疆统计局. 新疆统计年鉴（2008）. 北京：中国统计出版社，2008。

（一）人均耕地少，瓜果产量大

东疆区耕地面积为 87 150 hm²，占全疆耕地总面积的 2.30%，农作物播种面积为 94 150 hm²，其中粮食播种面积 15 670 hm²。人均耕地面积 1.14 亩，低于全疆平均水平 2.71 亩，人均粮食 64.01 kg，远低于全疆平均水平 413.82 kg（表 10.2）。2007 年，农林牧渔及其服务业总产值 42.63 亿元，其中农业产值 30.44 亿元，林业 0.74 亿元，牧业 10.54 亿元，渔业 0.16 亿元。主要农产品产量：粮食 7.3×10^4 t，棉花 4.84×10^4 t，油料 3 065 t，瓜类 36.21×10^4 t。东疆是全疆的瓜类生产地，产量占全疆的 10.69%。人均瓜果占有量是全疆的 1.95 倍。吐鲁番是新疆葡萄、哈密瓜的出口基地，主要生产区在鄯善县。

表 10.2　2007 年东疆区耕地和粮食产量现状

	人口/（万人）	耕地/hm²	粮食产量/t	瓜类产量/（10⁴ t）	人均耕地/（亩·人⁻¹）	人均粮食/（kg·人⁻¹）	人均瓜果/（kg·人⁻¹）
哈密	54.62	52 350	64 991	14.81	1.44	118.99	271.15
吐鲁番	60.06	34 800	8 415	21.4	0.87	14.01	356.31
东疆	114.68	87 150	73 406	36.21	1.14	64.01	315.75
全疆	2 095.19	3 787 280	8 670 400	338.67	2.71	413.82	161.64

数据来源：新疆统计局．新疆统计年鉴（2008）．北京：中国统计出版社，2008。

（二）工业体系日趋完善，矿业地位突出

东疆区的工业体系日趋完善，具备了良好的工业发展基础。近年来，东疆区的工业企业发展迅速，目前，该区已形成石油、无机化工、煤炭、电力、建材、轻纺、再生胶、塑料、印刷、冶炼、制药、食品加工等 30 多个行业，133 个企业单位，其中有 38 个国有及国有控股工业企业，其工业增加值率 81.9%。煤炭、铁矿、原盐及其他沉积矿的开发占有重要地位，东疆区原煤产量为 $1 043.83 \times 10^4$ t，发电量为 37.28×10^8 kW·h。2007 年，吐鲁番地区的原油产量 207.99×10^4 t，天然气产量 $173 008 \times 10^4$ m³，体现出本区工业以资源型为主导。

吐鲁番具有浓厚地方特色的酿酒工业，在轻工业中独树一帜，吐鲁番现有的知名葡萄酒厂有：吐鲁番市国胜酒业有限公司、吐鲁番市红柳河葡萄酒厂、吐鲁番驼铃酒厂、吐鲁番金源葡萄酒厂和鄯善楼兰葡萄酒厂等。知名的葡萄酒品牌有鄯善楼兰葡萄酒厂出品的楼兰牌系列赤霞珠干白干红、楼兰干白干红葡萄酒（曾获国际金奖）等；国胜酒业火焰山牌系列女人香、玫瑰香、干白干红葡萄酒；驼铃酒厂驼铃牌桑葚贡酒、葡萄贡酒等。

哈密雅满苏铁矿、天湖铁矿，鄯善梧桐沟铁矿，是新疆最大的磁铁矿和铁矿石产区。无机盐化工原料产品资源丰富，利用干旱区干涸湖盆，易开采，投资小，经济效益高。利用当地特有的葡萄、白高粱、大麦发展起来的酿酒工业，是最有希望的轻工行业。吐哈油田是新疆三大石油化工基地之一，石油产量稳步提高。

第二节　区域资源开发

东疆区矿产资源丰富，光热充沛，风力强劲。本区以资源型工业为主导，大力开发能源资源，带动区内特色农业和旅游业共同发展。合理开发利用资源是实现本区可持续发展的关键。

一、能源矿产的聚宝盆

东疆区是中国西北矿产资源重点开发区，矿产种类多，资源蕴藏量大，主要有石油、天然气、煤、铁、铜、石矿等，除金属能源矿产外，还有全国稀有矿产钾硝石、钠硝石、皂石、膨润土等非金属矿产。吐鲁番地区钠硝石、钾硝石储量居全国之首；吐哈油田石油开采初具规模，已成为新疆著名的油田之一；煤炭资源富集，厚度达 40 m，储量上千亿吨，现已被列为世界十大煤田之一，哈密地区的煤炭探明储量 388.7×10^8 t，三道岭地区有西北最大的露天煤矿；年产 60×10^4 t 铁矿石的雅满苏铁矿石是新疆钢铁主要原料基地；本区珍贵的石材——天山蓝、星星蓝是国内重要的原产地。

（一）吐哈油田

中国石油天然气股份有限公司吐哈油田分公司勘探区域主要分布在吐哈盆地、三塘湖盆地、民和盆地和银额盆地。截至 2007 年年底，新增探明石油地质储量 $1\,301.75 \times 10^4$ t，新增控制天然气地质储量 12.34×10^8 m^3。生产原油 208×10^4 t，生产天然气 17.3×10^8 m^3，液化气 17.3×10^4 t。2007 年吐哈油田分公司油气勘探完成二维地震 896 km，三维地震 $1\,033$ km^2，钻探井 46 口，总进尺 13.28×10^4 m，新获工业油气流井 10 口。三塘湖盆地勘探取得重大突破，生产见到实效；老区稳产措施有效，产量递减得到控制；稠油矿场实验稳步推进，鲁克沁开发获得新进展。

吐哈油田分公司承担股份公司研究课题 5 项，获自治区科技进步奖二等奖 1 项、三等奖 2 项，股份公司技术创新奖三等奖 1 项。科研项目完成率 95.35%，新技术、新工艺推广应用有效率 72.2%。申报国家专利 1 项，完成"葡北油田注气混相驱开发技术""稠油油机降粘技术"等 16 项专有技术确认。近年来，吐哈油田不断建立和完善环保制度，落实环境目标责任，加强油田环境管理，深化环保宣传教育，努力实现清洁生产。

(二)风能资源开发

吐鲁番小草湖风区面积为 $1\,000\ km^2$，风能蕴藏量 $100\times10^8\ kW\cdot h/a$，可建装机容量 $200\times10^4\ kW$。目前，已有华电集团、华能集团、中国能源科技集团、广东核电集团等国内知名企业先后抢滩吐鲁番小草湖、鄯善、托克逊等地开发风能资源，预计到 2020 年，吐鲁番风电项目总装机容量将超过 $1\,500\times10^4\ kW$，成为我国乃至亚洲最大的风能基地并实现风电规模外送。

因风电开发而著名的新疆达坂城风区位于准噶尔盆地和吐鲁番盆地的通风口，总面积为 $1\,600\ km^2$，一年中 10 个月以上有风，且风速稳定，年风能蕴藏量约为 $250\times10^8\ kW\cdot h$，可装机容量在 $2\,000\times10^6\ W$ 以上，被不少国内外专家称为中国风能资源条件最好、开发前景广阔的地区。目前，达坂城风力发电厂的装机总容量已达 $12.5\times10^4\ kW$，单机容量和总装机容量均居全国第一，成为亚洲最大的风力发电厂。

(三)中国的煤仓

东疆地区煤炭资源非常丰富，主要集中在吐鲁番地区。吐鲁番地区煤炭资源储量达 $5\,651\times10^8\ t$，约占全国煤炭资源总量的 10.85%，约占新疆煤炭资源总量的 25.8%。区内含煤大区块总共 15 个，其中沙尔湖、库木塔格、艾丁湖、伊拉湖四大煤田自东向西首尾相连，像一条宽大的河流穿过吐鲁番腹地，分布集中、利于开发。2009 年 5 月，在哈密地区巴里坤哈萨克自治县三塘湖盆地条湖地区发现迄今为止的新疆第四大煤田，探明煤层厚度超过 50 m，煤炭总资源量在 $20\times10^8\ t$ 以上。东疆地区丰富的煤炭资源被誉为"中国的煤仓"。

2009 年国家规划建设"一主两翼"运煤专线，给东疆煤炭工业带来了新的发展机遇。鄯善县沙尔湖煤田位于吐鲁番"西煤东运"基地的最东端，是吐鲁番地区预测资源量上千亿吨特大煤田之一，适于建设大型的露天煤矿。托克逊县的黑山矿区、库米什乌尊布拉克矿区分别有 1 处露天煤矿。艾丁湖煤田是东疆煤炭预测资源量上千亿吨的又一特大型整装煤田，距运煤主线兰新线仅 60 km，开发利用潜力巨大。今后随着运煤专线的建设，以及 750 kW 高压输变线站的建成，"西电东输"启动的需求增长，能够快速提升煤炭产能的巨大空间。

二、独具特色的旅游经济

东疆区在独特的自然条件和悠久的开发史的共同塑造下，形成了独特而又密集多样的旅游资源。区内的雅丹、戈壁、沙漠、绿洲、积雪、森林草场等对于旅游者、特别是疆外游客来说具有独特魅力。本区的风蚀地貌具有极高的旅游价值，其类型齐、特色性强、品质高，可以说是荒漠旅游资源的百科全书，具有博大、古朴、原始、粗犷、神秘等特性，这决定了它在全国旅游市场中具有不可替代的独特旅游功能。全区现有旅游景区 50 个，国家 A 级景区 10 家，其中葡萄沟属于国家 AAAAA 级景区。

东疆区旅游业发展差异明显，吐鲁番地区的旅游业占主导地位。吐鲁番是古丝绸之路上的重镇，是一座集人文景观、中原文化和西域文化、多民族风情风俗为一体的旅游风景城市。1978 年被国务院列为第一批对外开放的城市，1997 年被列为中国优秀的旅游城市。2007 年接待国内外游客达 472.7 万人次，创汇 2 479 万美元，实现国内旅游收入 11.31 亿元。哈密地区旅游资源具有新疆旅游资源的典型性，自然景观更是"新疆的缩影"，人文景观兼具维吾尔特色和丝绸之路特色，拥有很多国内唯一性旅游资源。哈密市为中国优秀旅游城市。2007 年，哈密地区完成旅游接待人数 116 万人次，创汇 366 万美元，实现国内旅游收入 6.33 亿元。

从接待人数、实现旅游收入上看，吐鲁番旅游经济远远超过哈密地区，但是接待能力比较有限。哈密地区缺少品牌景区，缺乏宣传力度。提高接待能力和服务质量、旅游线路整合是实现本区旅游业可持续发展的关键所在。

三、特色农业

东疆区瓜果含糖量高，香味浓厚，哈密瓜、葡萄、五堡大枣古时就为历代贡品，当前更是享誉海内外。吐鲁番是全国著名的"葡萄、哈密瓜和长绒棉"的故乡；鄯善县是新疆著名葡萄酒楼兰干红、干白和"丝绸之珠"牌巧克力葡萄干等纯天然绿色食品的生产基地；哈密大枣驰名中外。

为了提高特色瓜果的经济产值，吐鲁番地区因地制宜，调整农业种植结构，粮食逐渐退出大田，特别是近年来吐鲁番地委、行署提出"退粮还经"的发展战略，形成以葡萄、瓜果、蔬菜、畜牧四大产业为主导的特色农业。2008 年，吐鲁番农业"高效田"格局已经初步形成，全地区葡萄种植面积已达 45 万亩，西瓜、甜瓜种植面积达到 12 万亩，设施农业的种植面积已达 10 万亩，其他棉花、孜然等经济作物套种的种植面积达到 41 万亩，经济效益显著。如葡萄的亩均收入可达到 3 500 元，西瓜、甜瓜的亩均收入可达到 2 500 元，设施农业的亩均收入可达到万元以上，其他经济作物的亩均收入也在 2 000 元以上。吐鲁番的农业走在了全疆其他地区的前列。

第三节　产业规划与可持续发展

一、产业规划

（一）农业

调整农业内部结构，优化种植业布局。山南大力发展林果园艺业，在哈密市建成以林果园艺为主的特色农产品基地；山北重点发展饲草料、晚熟哈密瓜等特色产业，在巴里坤哈萨克自治县建立饲草料生产基地，在伊吾县建成饲草料、有机晚熟哈密瓜生产基地。

在哈密、巴里坤、伊吾城郊和重点乡镇，建立奶源、育肥和有机养殖基地。充分利用吐鲁番得天独厚的光热条件和地缘优势，按照"规模化发展、模式化栽培、良种化种植、标准化生产、产业化经营"原则，坚持以果菜为主，叶菜为辅，积极引进花卉、中药材等高附加值的作物，形成多元化种植结构。

西甜瓜要加快主栽品种更新，提高西甜瓜的品质，生产绿色、有机西甜瓜，抓好商标注册；坚持以鲜食和工业葡萄为主、制干为辅的发展方向，努力提高葡萄的质量和效益。大力发展无公害、绿色无核白鲜食葡萄，增加鲜食品种和鲜食化率，减少制干比例，提高产品附加值。加快酿酒葡萄产业发展，大力发展有特色的高档甜葡萄酒，把吐鲁番建设成为中国优质高档甜酒最重要的生产基地。

扩大设施栽培、林果和饲草料面积，最大限度提高土地产出综合效益。制定"退粮还经"的鼓励政策，建立激励机制，激发农民退粮积极性。逐年压缩粮食播种面积，将粮食（小麦）从种植业中基本退出来。发展以肉食品生产加工为主的现代畜牧业，建成乌鲁木齐重要的畜产品供应基地。

（二）工业

根据区域资源特征，大力发展以能源工业、黑色、有色金属采掘加工业以及化工工业为主导的优势资源型工业；全面推进建材、轻纺、特色农产品及有机食品加工业；积极支持石油、天然气的开发和高新技术产业的研发。

充分利用煤炭资源优势，以电源建设为主，加快与西北电网的连接，努力建成西北地区重要的能源生产输送基地、新疆电网的重要支撑电源和地区经济发展的重要产业。山南依托大南湖、沙尔湖等煤炭资源，全力支持大型煤电化基地项目建设和煤—电—高载能产业的发展，推进哈密煤电化基地、大南湖电厂建设；山北利用丰富的煤炭和水资源，加快发展煤电、煤化工产业。重点建设克—布尔碱矿区、黑山煤田，积极启动沙西煤田开发；积极发展石油天然气、煤层气、干馏煤气为主要原料的天然气化工产业。加速发展以煤炭为主要原料的燃料甲醇、合成氨、尿素及合成油等煤化工产业。依托丰富的石英石、煤炭和纯碱等资源，发展浮法玻璃及玻璃制品。

加速铜、镍、钼等有色金属产业的发展。抓紧实施土屋铜矿、黄山铜镍矿采、选、冶建设项目，做好白山钼矿的开发与利用。铁矿石采掘加工以磁海、天湖、白山泉、M1033、帕尔岗、阿拉塔克和宝山等矿区为重点，大力发展铁精粉、球团、生铁产品，积极开发还原铁和氧化铁系列产品，建成新疆重要的钢铁辅料基地和铁合金出口基地。

以棉纺产品为主，积极发展混纺产品。以精梳纱为主，积极发展织布和针织。积极发展罗布麻系列产品、生物制品、食用菌加工、酿造、纸包装、肠衣、制革、玻璃钢制品等轻加工，形成以纺织为主的轻工产业体系。

石材产业以石材工业园区建设为重点，以发展中高档产品为方向，主要生产工程板、异型、石雕、超薄板、新型复合板、工艺石材及"环保石材"等石材产品。非金属矿深加工业重点发展滑石、长石、石英、膨润土、大理石、重晶石、石灰石、石膏等非金属矿加工。

工业园区建设以吐哈油田为龙头，发展石油机械制造加工业，形成石油天然气产业集群；以华电、神化集团等为龙头，形成黑山煤田、吐鲁番火电厂能源和高载能产业集群；以沈宏实业股份有限公司、中国化工集团、万向集团等企业为龙头，大力发展无机盐化工产业和配套加工业，形成无机盐化工产业集群。把广东工业加工区和哈密重工业加工区作为发展重点，建成自治区级的工业加工区，并积极构建高新技术加工区和淖毛湖工业加工区。

(三)旅游业

以历史文化、民族风情、大漠和草原风光等人文资源和自然景观为依托，挖掘本区历史和民族文化的深刻内涵，使文化成为旅游业的强力支撑。吐鲁番作为"世界四大文化体系的交汇点、华夏灿烂文明进程的活化石、西域丝路精妙绝伦的博物馆、人与自然和谐生存的欢乐园"的战略形象定位，充分挖掘吐鲁番深厚的历史文化底蕴，向世界展示独特的自然风光和古朴的民俗风情，以史书、文学作品、音乐、歌舞、绘画、建筑、家访、民族手工艺等多种形式再现吐鲁番的文化艺术精髓，突出弘扬吐鲁番的历史文化和民俗文化。继续提升吐鲁番市、哈密市"中国优秀旅游城市"的知名度，将巴里坤哈萨克自治县打造成为"中国历史文化名城"，伊吾县建设成为绿色河谷风光与"红色旅游"基地。

以"葡萄节"为龙头，大力发展商务、沙疗保健、民俗生活体验和休闲度假旅游等多系列、多层次产品。通过开发沙漠生态游、民族风情游、丝路古迹寻踪游、西域文化艺术游等旅游产品的创意推介，把葡萄与旅游业结合起来，形成具有特色的农业观光旅游。建设以葡萄沟、交河故城、高昌故城、柏孜克里克千佛洞、火焰山、坎儿井、苏公塔为核心的中线景区，提升以库木塔格、吐峪沟大峡谷、鲁克沁历史文化名镇和吐峪沟历史文化名村为核心的东线景区，开发以怪石沟、雅丹地貌等奇特景观为代表的西线景区。加快建设天山草原风光旅游区、白杨沟历史文化旅游区、哈密回王文化旅游区、古道历史文化旅游区、东天山文化长廊旅游区、巴里坤历史文化旅游区、伊吾红色旅游与河谷风光旅游区。

二、可持续发展

东疆区由于其处于特殊的地理位置及地形、地貌、特殊的气候特点，生态环境极其脆弱。随着西部大开发战略的实施，本区工业企业和农业生产规模不断扩大，旅游业也呈现出一片勃勃生机，地区经济得到快速发展，人民生活水平显著提高，但由于对自然资源缺乏统一的规划、管理，生态环境的破坏越来越严重，东疆区经济发展走可持续发展的道路已刻不容缓。

(一)提高资源利用效益，建设节约型社会

以建设节约型社会为目标，大力推进节能、节水、节地、节材，减少资源消耗。以提高水资源、矿产资源利用效益为重点，加强资源综合利用，在推进地区新型工业化进程中，牢固树立资源保护、资源节约和高效利用意识，提倡鼓励清洁生产，积极发展循环经济，实现经济增长方式的根本转变。以提高水的利用效率为核心，以保障经济社会快速发展、维系良好的生态系统为目标，以水资源的统一管理、优化配置为手段，培育和强化公众节水意识，加快推进节水型社会建设，实现水资源的可持续利用和经济社会的可持续发展。

(二)合理利用矿产与土地资源

坚持矿产资源勘探、开发、利用与生态环境保护并举的方针，最大限度地提高资源开发质量和效益，逐步建立矿山生态环境监测网，积极推进矿山生态环境的综合整治。遵循"减量化、再利用、资源化"的原则，强化推广节能降耗技术，重点加强对钢铁原辅料、有色金属冶炼、电力、化工、建材、轻纺等行业对矿产资源、原材料的消耗管理，鼓励和奖励资源的高效综合利用。坚持合理利用土地，严格控制耕地非农占用，加大土地整理、复垦力度，鼓励使用戈壁、荒滩等非耕地建设各类工程。加强资源综合开发和合理利用，促进废弃物和城市生活垃圾资源化。有效保护和利用矿产资源，大幅度提高矿产资源的采出率，推进低品位、难选矿、共伴生矿和尾矿、废石、废渣的

利用。

(三)加强生态保护，建设环境友好型社会

按照"分类指导、合理区划、分区突破"的原则，促进地区防护林建设，建成哈密高质量的绿色生态屏障。继续抓好退耕还林和"三北"四期防护林以及公益林建设、绿色通道建设，推进绿洲外围生态基干林建设工程，加快林果苗圃生产基地的建设，全面完成巴里坤农田林网化工程建设，进一步推进农田林网化进程。加强六大生态区建设，以保护和治理为重点，促进生态区功能的恢复和改善。东天山生态功能保护区内禁止一切乱垦乱挖行为，严禁各类新建项目进入保护区，限制可能对生态环境产生影响的旅游项目，鼓励发展生态旅游。水源保护区内禁止高排放、重污染的项目建设，鼓励发展有机食品、生态产业和生态旅游业。巴里坤湿地保护区要注重生态恢复与建设，降低人为因素的破坏与干扰。伊吾河谷及胡杨林保护区内坚持开发与保护并举，严禁胡杨林樵采和滥采乱挖野生植被，严格林地使用审批。建立艾丁湖湿地保护、野生动植物和自然保护区。荒漠植被保护区内禁止破坏植被行为，进行开发建设活动时，必须采取措施保护植被。

第三篇 专 论

第十一章　新疆绿洲特色农业

章前语

绿洲作为一个特殊的地理单元，已经成为干旱区人类活动的核心区域。新疆是中国绿洲的主要分布区，近几十年来，绿洲面积增长迅速，绿洲规模不断增大，生产力水平有较大提高。新疆绿洲特色农业快速发展，已成为我国重要的棉花生产基地，发展特色林果业成为新疆农业增收的新途径。然而，随着绿洲人口和经济的增长，环境和生态的压力也在不断增加。本章对绿洲的类型及分布进行了阐述，分析了新疆绿洲特色农业的发展现状，并对绿洲农业可持续发展进行了探讨。

关键词

绿洲；绿洲农业；棉花；林果业；可持续发展

第一节　新疆的绿洲概况

一、绿洲的类型

绿洲一般分为天然绿洲和人工绿洲两种类型。天然绿洲是在干旱气候下、荒漠景观中，有稳定水源（地表、地下）供给，有土壤存在，在特定时段内生物活动频繁（并能集聚、繁衍），基本上没有人类活动的介入。人工绿洲是指人类对天然绿洲或戈壁沙漠、沼泽、荒滩等土地投入活劳动和物化劳动进行开发、整治，并能产出可供再生产和扩大再生产的工农业产品的地方。现代人工绿洲，更是一个具有高投入量和高输入量，有高产出量和高输出量功能，同时具有高度物质文明和精神文明，经济活动有序，有稳定承载力，能持续发展，具有清晰边界的镶嵌系统。随着人口增加，灌溉技术的提高，绿洲规模不断扩大。新中国成立以后，新疆生产建设兵团屯垦戍边，在荒原上创建了石河子、阿拉尔、库尔勒等大规模绿洲。上述绿洲，是在天然绿洲的基础上，因人类利用和改造，使绿洲规模扩大，结构复杂化。还有一种完全的人工绿洲，是人们为了开发戈壁、沙漠中的矿产资源，使用先进的技术设备提取地下水，甚至远距离的调引地表水，创建工矿新城，如克拉玛依、独山子等城镇均为人工绿洲。

按照绿洲所处的位置划分为冲积扇扇缘平原绿洲、河流冲积平原绿洲和河谷平原绿洲等三种类型。冲积扇扇缘平原绿洲是河流出山口后进入冲积扇，由于坡度平缓、流速变慢，形成扇形散流水系，将携带物质堆积成的，地形平坦，土层深厚，灌排水方便，自然条件优越，通常是集镇、城市和其周围农村的所在地。如天山北麓的昌吉、呼图壁、沙湾、乌鲁木齐等绿洲，天山南麓的库车、阿克苏等绿洲。河流冲积平原绿洲是在河流沿岸地区，由于河流迁移或泛滥冲积而成，地形平坦，土壤肥沃，灌溉便利，是垦殖农牧业理想之处。如和田河的和田—墨玉—洛浦绿洲，叶尔羌河的莎车—叶城—泽普绿洲，塔里木河的中下游绿洲。河谷平原绿洲是由河流冲积而成，包括河漫滩、阶地和小型冲积堆，谷地内水、土、光、热条件良好，河漫滩普遍生长河谷次生林和草甸，阶地上是农田和村庄。是宜农、宜牧、宜林多宜性绿洲，如伊犁河谷绿洲。老绿洲通常位于洪冲积扇扇缘地带和大河中下游地区。新绿洲是 20 世纪 50 年代起开发的绿洲，一般在河流下游地区的碱滩、沼泽、沙窝，如阿拉尔绿洲，多位于山麓地带，由河流或季节性河流所携带的物质堆积而成，地表以砾石为主，接近水源，有利于农田开垦。

二、绿洲的分布

新疆绿洲主要分布在塔里木盆地和准噶尔盆地的边缘。绿洲规模小且彼此分散，呈孤岛状散布于茫茫荒漠中。在新疆，发源于阿尔泰山、天山、昆仑山等山区的河流有 570 多条，形成了相互分隔的 800 多个绿洲，约占新疆总面积的 7.88%。绿洲的水源来自高山降水、冰雪融水，以及相应形成的地表径流和地下潜流。绿洲的分布与规模决定于这些河流的水量和河源的冰雪储量。内流型绿洲水资源总量和可开采量有一定限制，绿洲的规模也相对受到限制。冰水储量大的山系，山麓绿洲的数量与面积也大。

新疆绿洲的分布是有规律的。一是西部的绿洲大、多、密，东部的绿洲小、少、稀；二是大分散小集中；三是集中在盆地边缘和谷地内；四是由斑点状向成带状发展。

第二节　新疆绿洲特色农业

新疆绿洲生态系统具有得天独厚的发展农业的光热条件，日照时数较长，日照百分率为 60%～80%；光照资源丰富，仅次于西藏，居全国第 2 位；气温日较差大，有利于作物有机质的积累；土地平坦，多为山前或盆地内的平原地区，适宜开展大型机械化作业，也是全国农业机械化程度较高的地区。水利灌溉是绿洲农业的命脉，因此，以水定地是绿洲农业可持续发展的关键。新疆绿洲是中国重要的商品棉生产基地，优质商品粮基地和油料、糖料基地。本区的特色林果业发展突飞猛进，核桃、石榴、哈密瓜、葡萄、香梨、杏、苹果等果品质量上乘，深受欢迎，远销海内外。

一、中国最大的商品棉生产基地

新疆绿洲是中国最大的商品棉生产基地。新疆夏季温度高、晴天多、日照丰富，利于棉花的生长和收摘，是我国最适宜种植棉花的地区。近年来，新疆棉花生产发展迅速，棉花总产、单产、人均产量、品质和外调量连续几年稳居全国第一，其中长绒棉因纤维柔长、光泽洁白、弹性良好，各项质量指标超过国家规定标准而享誉全国。

新疆植棉历史悠久。公元 5 世纪前非洲棉就经中亚、西亚传入和田、吐鲁番一带，这里成为我国最古老的棉区之一。20 世纪 50 年代初，新疆棉花主要分布在东疆和南疆，50 年代后期北疆建立了新棉区。主要分布的地区为：玛纳斯河流域—博尔塔拉河谷东南部棉区，位于准噶尔盆地最低部分，受荒漠下垫面影响，光热条件优于同纬度地区，是新中国成立后发展起来的新棉区，种植早熟陆地棉；孔雀河—塔里木河下游棉区，本棉田集中在孔雀河三角洲和塔里木河的卡拉、铁干里克一带，也是新中国成立后新开发的棉区，种植陆地棉和长绒棉；叶尔羌—喀什噶尔河流域棉区，这是新中国成立前的老棉区，现种植陆地棉和长绒棉；吐鲁番盆地棉区，本区光热条件特别充足，种植陆地棉和长绒棉，霜前花可达 90%，区内水资源紧张，又是葡萄等瓜果生产基地，扩大棉田的潜力不大；阿克苏棉区，在渭干河三角洲，阿克苏—塔里木河上游以及和田河流域，也种植了不少棉花，均宜种植陆地棉和长线棉，和田春季多沙暴浮尘，光热偏低，水源欠丰，发展潜力有限。

改革开放以来，新疆棉花种植业发展迅速。特别是 1988 年国家将新疆定为棉糖基地以来，棉田迅速扩大，单产不断提高，已成为我国主要棉花生产基地之一。1991～2007 年，新疆的棉花总产量一直呈稳步增长态势

（表 11.1），从 1991 年的 63.95×10^4 t 上升到 2007 年的 290×10^4 t，年均递增 22.09％。2007 年棉田面积达 2 673.9 万亩，占全国棉田面积的 25％，棉花总产占全国棉花总产的 37.18％。棉花单产水平较高，达 108 kg/亩，比全国 68 kg/亩的平均单产高 58％。新疆棉花种植面积、总产量、单产、调出量连续 15 年位居全国首位。棉花在新疆全区农民收入中占 25％的比重，主产区农民棉花收入占到其年收入的一半以上，棉花已经成为新疆农村经济的重要支柱。

表 11.1　新疆棉花生产情况表（1978～2007 年）

年份	播种面积/(10^3 hm²)	长绒棉/(10^3 hm²)	产量/(10^4 t)	长绒棉/(10^4 t)
1978	150.42	29.05	5.50	1.19
1980	181.22	38.50	7.92	1.74
1985	253.52	26.28	18.78	1.40
1990	435.22	62.96	46.88	3.48
1991	546.94	55.52	63.95	3.85
1992	643.30	16.96	66.76	5.65
1993	606.35	23.83	68.00	5.97
1994	749.82	9.77	88.21	1.94
1995	742.90	8.35	93.50	1.13
1996	799.26	14.68	94.04	1.72
1997	883.65	39.09	115.00	3.10
1998	999.26	10.74	140.00	1.39
1999	995.93	12.92	140.75	1.67
2000	1 012.39	49.29	150.00	6.16
2001	1 129.72	67.69	157.00	9.71
2002	943.97	46.30	150.00	6.67
2003	1 037.05	70.13	160.00	10.10
2004	1 127.55	70.63	175.25	11.22
2005	1 157.99	73.38	195.70	11.87
2006	1 664.43	106.94	267.53	18.59
2007	1 782.60	142.53	290.00	25.02

数据来源：新疆维吾尔自治区统计局．新疆统计年鉴(2008)．中国统计出版社。

　　新疆棉花品质优良，且生产费用低、用工省，经济效益显著高于全国其他棉区；而我国东部棉区粮棉矛盾突出，发展受限。"棉花西移"，大力发展新疆棉花种植，既符合世界植棉业向干旱灌溉区集中的规律，也符合我国国情，对全国农业合理布局和开发建设新疆都有很大好处。然而，新疆植棉业也存在以下几个问题：一是棉花种植面积发展过速，局部棉区棉田比重过大，造成轮作困难，地力下降；二是连续种植单一作物易受大面积病虫害侵袭；三是棉花纤维强力偏低，含糖率高，影响品质。

新疆今后棉花的发展应在稳步扩大棉田面积的基础上，调整棉花生产布局，稳定东疆早熟长绒棉区，适当扩大北疆早熟陆地棉区，重点开发南疆中熟陆地棉、早熟长绒棉区，压缩低产棉区，集中建设优质商品棉基地。采取综合措施，提高棉花质量。棉花基地应一业为主、多种经营，棉田比重控制在 30％～40％，并适当安排粮食、苜蓿和其他作物种植面积，特别是保证苜蓿种植面积不低于耕地面积的 15％～20％，既能养地又可供作饲草，实现专业化和综合发展相结合。与此同时，要树立大棉花经济产业观，发展从棉花种植、收购到棉花粗加工和深加工以及棉产品的综合利用、出口创汇等一系列产业。

二、独具特色的林果业

特殊的气候条件使得植物白天光合作用强烈，夜间呼吸作用微弱，瓜果体内积累了大量的糖分。新疆瓜果质量上乘，品种繁多，素有"瓜果之乡"的美誉，库尔勒香梨、吐鲁番葡萄、吐鲁番葡萄干、哈密大枣、阿克苏红枣、阿克苏核桃、阿克苏苹果、英吉沙色买提杏、莎车巴旦木、叶城核桃等 10 种林果产品，已获得国家地理标志保护产品称号（地理标志产品保护制度是我国在加入 WTO 时签订的，其主要作用是使产自特定地域具有独特品质的产品在世界范围内受到保护。目前，我国质检总局按规定对全国 600 多个产品实施了地理标志保护）。林果业是新疆的优势产业，发展渐成规模，各地已基本形成具有品牌特点的特色林果品种，林果业正以其显著的经济效益和增值潜力逐渐成为新疆农业中的重要支柱。

（一）特色林果种类丰富

新疆光热充沛，适宜发展林果业。目前，已经初步建成了以杏、核桃、葡萄、香梨、红枣、石榴、苹果、巴旦木为主的南疆特色林果主产区，以葡萄、大枣为主的东疆吐哈盆地优质高效林果生产基地，以枸杞、酿酒和鲜食葡萄、小浆果等为主的北疆沿天山北坡和伊犁河谷若干个特色鲜明的林果基地。

新疆的库尔勒香梨被誉为"梨中佳品"。"吐鲁番的葡萄，哈密的瓜，库尔勒的香梨人人夸"，是对香梨的真实写照。目前库尔勒香梨产品已覆盖全国各大城市，并远销港澳、中亚、东南亚和东欧等国家和地区，是新疆出口创汇的重要果品，在新疆果品生产中占有重要地位。2007 年，库尔勒香梨栽培面积达到了 32 591 hm², 产量达到 177 597 t。目前商品率达到 80%, 香梨产业已成为不少地方带动农业发展、增加农民收入的重要产业。

新疆是我国葡萄种植最适宜的地区, 是酿酒葡萄种植的黄金地带, 也是全国第一大产区。新疆葡萄种类多、品质好, 其中的无核白葡萄皮薄、肉嫩多汁、味美、营养丰富, 素有"珍珠"美称, 其含糖量高达 20%～24%, 超过美国加利福尼亚州的葡萄, 居世界之冠。用无核白鲜葡萄晾制的葡萄干, 含糖量高达 60%, 被人们视为葡萄中的珍品。此外马奶子、红葡萄、喀什喀尔、木纳格等品种也在区内外市场上享有很高的声誉。近年来, 新疆因地制宜发展葡萄产业, 成效显著, 目前发展成为新疆产量最多的水果。2007 年, 新疆葡萄栽培面积达 164.79 万亩, 总产超过 165×10^4 t, 栽培面积占全国葡萄面积的 26.24%, 总产量占到全国的 1/4 多。

新疆的甜瓜一直是享誉全国的特色产品, 其种植面积和产量在全国占据着绝对比重。2007 年, 新疆甜瓜种植面积达 62.81 万亩, 产量 192.63×10^4 t, 甜瓜生产在哈密地区和吐鲁番等地区成为农民增收的重要途径。新疆也是我国杏的最大最集中产区。目前新疆杏约有 8 个品系、110 个品种。库车小白杏和叶城黑叶杏, 果实圆形, 中等大小, 果面桔黄有时略带红晕, 肉橙黄, 柔软多汁, 味甜。近几年, 新疆杏产业稳步扩大种植规模, 以杏资源的深加工和精加工为突破口, 通过资本运作, 扶持龙头企业的发展壮大, 从而带动杏产业的发展。2007 年, 全区栽培面积为 299.23 万亩, 占水果种植面积的 32.67%, 年产鲜杏 125.20×10^4 t, 占全疆水果总产量的 30.39%。南疆的喀什、阿克苏、和田地区和巴州、克州也已发展成为优质商品杏基地, 这些地方用特色资源树立名牌产品, 综合经济效益得到显著提高。

石榴是新疆名、特、优、稀经济果品, 与内地石榴相比酸甜适口、营养丰富, 石榴粒鲜红透明, 石榴可以鲜食, 也可以加工成石榴汁和石榴酒。开发出诸如石榴汁、石榴花酱、石榴籽油等多个品种, 并打出了自己的品牌, 同时也产生了一批走向国内外市场的龙头企业。2007 年, 新疆石榴种植面积达 26.62 万亩, 产量 4.81×10^4 t, 主要分布在和田地区的和田县、皮山县、策勒县、墨玉县以及喀什地区的叶城县、疏附县等地, 石榴产业已经成为当地农民增收的重要组成部分。

(二)林果业快速发展

新疆林果业发展迅速, 2002 年新疆特色林果总面积为 40.6×10^4 hm², 果品总产量 130×10^4 t, 林果业产值为 35 亿元; 到 2007 年, 林果总面积达到 86.6×10^4 hm², 其中环塔里木盆地超过 66.67×10^4 hm², 果品总产量达 411×10^4 t, 林果业产值为 114 亿元。果品总产量、林果业产值比 2002 年增加

2.16 倍和 2.26 倍。农民人均果品收入 450 元，果品收入占到全区农民增收的 30％。林果业已成为农村经济发展和农民增收的突出亮点，环塔里木盆地林果主产区农民人均收入中林果收入占农民年收入的 25％以上。目前新疆已经成为我国重要的特色果品生产基地，每年果品产量约占全国的 1/3。

随着特色林果业的发展，果品贮藏保鲜与加工企业应运而生。截至 2007 年，果品贮藏保鲜与深加工企业已达 1 203 家，年加工处理能力约 130×10^4 t，初步形成产业规模的有葡萄（酒、汁、干）、杏（浆、脯）等为数不多的几个行业。随着一批有实力的龙头企业介入林果业参与果品加工和开发，林果产业链逐步延伸，促进了林果产业升级，提高了加工增值能力，为新疆林果业的进一步发展拓宽了空间。葡萄酒（汁）的生产能力不断提高，全疆大大小小葡萄酒（汁）生产企业 49 家，在国内葡萄酒酿制行业中占有重要地位，"新天国际"和"乡都酒业"等产品在国内外享有盛誉；杏加工初具规模，形成了杏加工产业链，精制杏仁油、杏仁油精华素等林果深加工产品的科技含量较高，在国内处于领先地位，以杏酱为重点的果酱已成为新疆重要的出口产品，在国际市场上占有一定地位。

近年来，新疆果品在国际市场上十分热销，库尔勒香梨、吐鲁番葡萄、库车的白杏、和田的石榴，还有享有盛誉的蟠桃、哈密瓜、巴旦木，都是品质优良的绿色食品，远销全国各地、周边国家及东南亚地区。新疆还面向国际市场创建了阿克苏红富士苹果、哈密大枣、克州木纳格葡萄、轮台白杏、和田皮亚曼石榴等一批知名品牌。同时，林果基地的规模发展吸引了众多有经济实力的企业来新疆投资建设果品贮藏保鲜与精深加工企业。

通过实施特色林果业优势资源转换战略，许多贫困县市已经依靠发展林果业脱贫致富，有些县市林果收入已经占到农民年收入的 50％以上。若羌县的红枣收入在农民人均纯收入中占到 77.3％，皮山县皮亚勒玛乡农民人均纯收入仅石榴一项就占到 56％。随着林果逐步进入盛果期，农民来自林果业的收入将大幅度增加，对农民增收的作用将更加显著。林果业正在成为新疆优化农村产业布局、提高农村综合生产能力的重要支撑点，统筹城乡经济社会发展、广开农民增收渠道的重要途径。

近年来，新疆维吾尔自治区政府把提高林果业科技管理水平和综合效益作为林果业发展的重点和突破口，一些果品的良种使用率有所提高，嫁接改良、矮化密植、配方施肥、整形修剪等先进适用技术和重点树种的标准化丰产栽培技术在一些地区得到了推广应用，针对一些品种初步建立了安全质量标准体系、质量检测体系和信息体系，制定了与国际接轨的果品质量标准、产地环境标准和与之相适应的栽培技术规程，初步建立了科技推广服务体系，技术创新和科技转化能力有所增强。如阿克苏地区已制定实施了《阿克苏地区果树栽培技术规程》和《果品无公害栽培技术规程》，制定完成了红富士苹果、红枣和核桃 3 个果品产品标准，在实验林场和红旗坡农场建立起了 666.67 hm^2 无公害果品标准化生产示范基地；以林管站、园艺站为主体，以乡镇技术推广站、林果协会为纽带，以科技示范户为支撑的林果科技推广服务体系基本建立。

三、其他绿洲特色农产品

新疆光热丰富，适宜甜菜种植，甜菜不仅含糖量大，且产量高。目前，新疆已经成为我国北方最大的甜菜制糖生产基地。2007 年，新疆甜菜种植面积 9.4×10^4 hm^2，总产 586.93×10^4 t。甜菜是新疆又一优势作物，栽培历史较短，但发展迅速。甜菜是喜凉、长日照作物，在生长季节内气候干燥和日温差大都有利于糖分积累。新疆天山北麓及伊犁河谷、塔城盆地、博尔塔拉河谷和南疆的阿克苏、乌什、拜城、焉耆盆地是适宜甜菜栽培的地区。新疆甜菜单产和含糖率都居全国首位，种植甜菜和加工制糖的经济效益都比较高。

新疆具有种植番茄的天然条件，生产的番茄具有质量好、固形物和红色素含量高等特点，所加工的番茄产品在国内外市场上具有很强的竞争力。2007 年，新疆番茄种植面积 6.84×10^4 hm^2，原料产量 462×10^4 t，实现总产值 12.94 亿元，纯利润 6.77 亿元。被誉为"红色产业"的番茄加工业发展迅速，2007 年，加工番茄制品 77×10^4 t，出口番茄酱 53.5×10^4 t，占全国番茄酱出口总值的 58.6%，产品远销意大利、俄罗斯、日本、韩国等国家。

枸杞也是新疆特产，2007 年，新疆枸杞种植面积 1.05×10^4 hm^2，挂果面积 0.49×10^4 hm^2，总产 1.1×10^4 t。目前，新疆枸杞已远销东南亚和欧美各地，以个大、色红、药用成分含量高等特点，颇受欢迎。

新疆也是我国红花最大产区，红花种植面积和产量均占全国的 80% 以上，由于气候干燥，光照充足，热量丰富，新疆的红花籽、红花油、红花丝及花粉都是驰名中外的优质产品。

第三节　新疆绿洲农业可持续发展

由于新疆位于干旱区，绿洲属生态高度敏感区，生态环境十分脆弱，绿洲农业生态环境先天不足，土地原生盐碱和次生盐碱普遍。耕地重用轻养，耕地土壤肥力水平低，农田排水引入河道，造成河流水质盐化加重。大河流域下游区域缺水，引起绿洲耕地大面积弃耕，其绿洲农业生态系统受到威胁。

一、存在的问题

(一)绿洲农业以种植业为主，大农业产业结构水平低

新疆绿洲农业产业结构处于以种植业为主导的初级水平。新疆农业长期以绿洲灌溉农业(种植业)为主导产业，其比重一直维持在75%左右，种植业和畜牧业产值合计长期维持在95%以上。种植业比重过高，畜牧业比重过低，严重影响了绿洲农业生产效益，农牧民增收缓慢。

(二)种植业内部结构不合理

新疆绿洲农业种植业内部结构总体表现为：粮食播种面积逐步减少，经济作物播种面积逐步上升。粮食作物、经济作物和其他作物的比由1949年的84.5：9.9：5.5调整到2007年的42.7：44.4：12.6。其中经济作物中棉花发展规模最大。棉花已成为新疆绿洲农业的支柱产业。新疆棉花种植面积、产量、平均单产、品级、收购量以及调拨量均居全国首位，成为国家优质商品棉生产基地。但是，其他作物，尤其是畜牧业饲草饲料，瓜果、蔬菜播种面积少，在一定程度上制约了绿洲农业的发展。同时，在部分棉花主产区，棉田面积超过耕地面积的60%～70%，连作普遍，病虫害有加剧趋势，加之市场价格波动和边际效益递减影响，棉花收入不稳定。

(三)绿洲农村经济非农化水平低

新疆绿洲农业经济处于工业化的起步阶段，在农村社会总产值构成中，农村工业虽然有较快增长，但是农村农业份额很重，其他所占比重很小。乡镇企业是农村工业化的主体，新疆乡镇企业规模小，整体素质低，产业趋同现象突出，产品档次较低。农村城镇化发展水平较低，不利于农业剩余劳动力的转移，使农村就业结构不合理。能够带动基地、基地连农户的大型龙头农工商企业较少。

(四)市场竞争处于劣势

新疆绿洲农业在市场竞争中，由于地处西北边疆，交通运输线长，货物运输成本高于全国，使许多优势农牧产品，尤其是鲜活农产品和低附加值产品失去竞争力。国内农产品市场需求不足导致新疆农产品销售受阻，加之区外农产品以低成本优势倾销新疆市场，大宗农产品销售不畅。在市场竞争中，新疆农产品在运输成本上处于劣势。

此外，新疆绿洲农业经济由于受传统农业经济的影响，也面临"小农户"和"大市场"的压力，家庭联产承包责任制，使分散经营的农户没有抵御市场风险实力，难以获取准确的市场信息，生产具有盲目性。

二、可持续发展对策

(一)调整绿洲农业结构,加快特色农业发展

根据因地制宜的原则,利用具有比较优势的红花、彩色棉花、哈密瓜、番茄、香米、胡萝卜、香梨、枸杞、葡萄、大枣、核桃、石榴等发展特色种植业、特色林果业。在现有基础上,在南疆、北疆、东疆各地区有侧重,实行区域连片开发,形成规模优势。

通过市场竞争而形成特色农业产品生产、加工、销售、经营等一系列部门,形成具有竞争优势的特色产业,如"白色产业"(棉花产业)、"绿色产业"(葡萄产业、哈密瓜产业、香梨产业)、"红色产业"(枸杞产业、红花产业、番茄产业、红枣产业)等。

(二)加快绿洲农业产业化发展

重点发展建设以农副产品加工为主的各类龙头企业,带动绿洲农业产业化进程,促进绿洲农业产业结构调整。目前新疆已经出现一些龙头企业,如精河县利用中国最大的枸杞种植基地的资源优势,以年产 6 000 t 的枸杞为主导产业,以专业化生产基地为依托,以新疆万利有限公司为龙头企业,开发枸杞干果出口新、马、泰及港台地区,建立枸杞保健食品厂,开发出杞芸口服液、枸杞酒、枸杞茶和乐乐血等一批保健食品、饮料,医药保健品年销售额 10 亿元,创利税 2 亿元。根据新疆特色农产品,培育壮大一批龙头企业,采用"公司＋农户""公司＋基地＋农户""订单农业"等多种形式,走产业化经营道路,实现生产要素的优化配置。

(三)积极培养市场,搞活农产品流通

当前,新疆在发展城乡贸易的基础上,重点发展农产品批发市场,包括综合批发市场、专业批发市场和各类农产品流通中的中介组织。如米泉市利用近郊优势,大力发展蔬菜批发市场,带动了周围五个县 65 万户农户,种植蔬菜 3.33×10^4 hm²,日上市量 40 t 以上,年成交额可达 1.64 亿元。在扩大规模的同时,发展与其相配套的加工业和运销业等,不仅周围县市的蔬菜在这里集散,南北疆许多地方的蔬菜、水果也在这里销售,对外还辐射到甘、陕、川等省区。

(四)积极发展农民合作经济组织,调动农民的积极性

以农牧民自愿联合为基础,以专业技术经济合作为主体,提高农民组织化程度,积极建立农业合作经济组织。经济合作组织连接着农户家庭经营和大市场,对保护农牧民利益、增加农牧民收入、推动农业结构调整起到重要作用。

第十二章　方兴未艾的新疆旅游业

章前语

　　新疆是一个旅游资源密集的省区，以独具魅力的自然风光和丰富的人文旅游资源享誉海内外。这里有浩瀚的沙漠、美丽的山水、丰富的生物、奇特的风蚀地貌和众多的冰川等自然景观；还有众多的文物古迹、古城遗址、丝绸之路遗迹、浓郁的少数民族风情等人文旅游资源。新疆旅游资源特色突出，是开展生态观光、休闲度假、考察实习、访古探幽和健身娱乐的理想之所，是国内外旅游者向往的地方。旅游业作为新疆的支柱产业，发展迅速，取得了突出的成绩。然而，由于多方面的原因，还有相当大的潜力没有得到充分发挥。本章主要分析了新疆旅游资源的特点及发展条件，旅游区的划分，旅游业的发展现状，明确了新疆旅游开发的战略地位和发展方向。

关键词

　　新疆；旅游资源；旅游区划；旅游线路；旅游业

第一节　旅游资源开发利用

一、旅游资源

　　新疆位于欧亚大陆腹地，既是典型的干旱区和多民族聚居区，又是历史上著名的丝绸之路要道，神奇的自然景观、绚丽多彩的民族风情及灿烂的古代文明早已蜚声海内外。新疆特定的地理环境和历史文化造就了新疆众多奇特的自然旅游景观和浓厚的人文旅游资源，旅游资源赋存位居全国之冠，其中部分旅游资源属全国独有或世界稀有，丰富的旅游资源为新疆旅游业的发展提供了广阔的空间。

（一）旅游资源特征

1. 自然旅游资源气势恢弘、雄伟壮丽

特殊的地质构造、地理区位和环境结构形成了新疆的大山系、大盆地，加上干旱的气候，共同塑造了许多奇特的自然景观。新疆开放的山峰有 11 座，海拔 7 000 m 以上的有 9 座。海拔 8 611 m 的世界第二高峰——乔戈里峰和低于海平面 154.13 m 的世界第二低地艾丁湖在新疆境内遥相呼应。喀喇昆仑山和天山是中国最大的冰川区，乔戈里峰北坡的音苏盖提冰川是中国境内已知的最大的冰川；塔克拉玛干沙漠是中国面积最大的沙漠；中国最长的内陆河是塔里木河，最大的内陆淡水湖是博斯腾湖；南北疆荒原上神秘的"龙城""风城""魔鬼城"是中国最大的雅丹地貌群；准噶尔盆地广泛出露的硅化木是中国最大的硅化木园区。这些气势磅礴的自然景观以粗犷、原始的大自然美感吸引着国内外众多的游客。

2.众多的自然保护区，丰富的珍稀野生动植物旅游资源

新疆已建立了 34 个不同类型的省级以上自然保护区，这些自然保护区是新疆保护自然生态环境、各种类型生态系统及各种野生动植物的基地，不但在生物多样性保护及科研中有重要科学价值，也是科普教育和生态旅游的理想基地。目前，部分自然保护区已经在不同程度上开发为旅游景区，成为国内外旅游者向往的目的地。

3.举世闻名的古"丝绸之路"与众多的文物古迹交相辉映

古丝绸之路是新疆最受人瞩目的人文旅游资源。这条世界上最长的古老商道在新疆境内分成南道、北道和新北道三条主要干线。2000 多年来，商贾和使者沿干线穿绿洲、涉沙漠、走草原、跨冰岭，联系着东西方经贸和文化往来。在新疆境内长达 5 000 km 的三条干线上所遗存的数以百计的古城、突兀的烽燧、石窟群、古墓葬、石人、佛塔、屯田遗址等，组成了富有西域特色的人文景观，吸引了众多中外旅行家、探险家和观光游客前往寻奇探密。初步统计，新疆有十余处全国重点文物保护单位，自治区级重点文物保护单位 130 余个，绝大部分沿古丝绸之路分布，它们所组成的文化长廊，成为新疆最著名的旅游品牌。

4.具有西域特色的民族风情绚丽多彩

新疆是多民族聚居区，居住的 13 个主体民族包括维吾尔族、汉族、哈萨克族、回族、蒙古族、柯尔克孜族、乌孜别克族、塔吉克族、满族、俄罗斯族、锡伯族、塔塔尔族、达斡尔族。在历史长河中，新疆各民族的文化相互影响、相互吸收、相互交融，但又各自保持了风情浓郁、各具特色的民族文化。不同民族的饮食起居、宗教文化、节日庆典、服饰装束、婚丧礼仪、民族歌舞、娱乐习俗、体育运动及不同民族间文化的交融发展构成了丰富多彩的民族风情。如著名的龟兹乐舞、高昌乐舞、疏勒乐舞、于田乐舞、悦般乐舞、木卡姆古典音乐、麦西来甫、古尔邦节、肉孜节、肯巴哈尔节、西迁节、

叼羊、赛马、姑娘追、达瓦孜等。新疆少数民族具有浓郁的北方草原民族色彩，加上豪爽质朴、热情好客的性格以及与生俱来的歌舞天赋，构成最生动、活泼、具有强烈吸引力的旅游资源。

5. 特产丰富，名扬海外

新疆自古享有瓜果之乡、天马之乡、金玉之邦和地毯、丝绸王国的美誉。至今，闻名遐迩的哈密瓜，吐鲁番葡萄，库尔勒香梨，阿图什无花果，和田的地毯、丝绸、玉雕，喀什的花帽、艾德莱斯绸、石榴，英吉沙的小刀等，深受中外游客的喜爱。

(二)旅游资源类型

新疆旅游景点共 1 171 处，根据《中国旅游资源普查规范》，分别归入 67 个基本类型，占全国 74 个分类系统类型的 90.5%。旅游资源中自然资源有 25 个基本类型，占全区类型总数的 37.3%；人文旅游资源有 42 个基本类型，占全区类型总数的 62.7%。

1. 地文景观类旅游资源

地文景观与地质学和地貌学关系密切，也是与科学考察、探险活动、观光游览紧密联系在一起的旅游资源。新疆地质地貌条件复杂，地层出露齐全，新构造运动强烈，山地经历多次隆升、夷平、再隆升的过程。地貌上有山地、平原、盆地。干旱区特有的外营力作用十分显著，造就了无数景观奇特、粗犷、典型的地文景观旅游资源。新疆的地文景观旅游资源在典型地质构造、标准地层剖面、生物化石点、自然灾变遗迹、名山、蚀余景观、沙漠基本类型上尤为突出。

2. 水体景观类旅游资源

水体景观与水文学、地貌学、气候学关系密切，其资源常为旅游活动提供休闲、度假、避暑、疗养、娱乐等活动场所。阿尔泰山、天山、昆仑山等山系是这一区域中的湿岛，降水比较丰富。山峰顶端积雪成冰，演变为冰川。径流下切基岩，形成峡谷。山回水转，沿途分布跌水瀑布。又有诸多泉水出露，河水流经途中和尾闾，形成面貌截然不同的高位、中位和低位湖泊。冰川和湖泊，是新疆最有特色的水体景观。

如山岳冰川景观中，音苏盖提冰川、西天山南伊内里切克冰川、乌鲁木齐一号冰川都享有盛名。湖泊景观中，天山天池、博斯腾湖、赛里木湖、乌伦古湖、喀纳斯湖和卡拉库里湖已得到初步开发利用。中国最长的内陆河——塔里木河和唯一流入北冰洋水系的额尔齐斯河，也是新疆不可多得的水体旅游资源。

3.生物景观类旅游资源

主要涉及动植物，尤其是野生动植物。新疆生物旅游资源具有干旱区和山地植被垂直分带两大特征。荒漠带特有的动植物类群、生境及其形态特征对旅游者富有强烈的吸引力，山地的雄伟和动植物的垂直分异更增加了动植物类群的丰富度。新疆生物旅游资源中，森林、古树名木、奇花异草、草原均有分布，草原和野生动物是最具特色的基本类型。

4.古迹与建筑类旅游资源

古迹与建筑类旅游资源与考古学、建筑学关系密切。通过人类文明活动的历史遗迹和现代建筑实体体现古今文化、历史事件和不同时期、不同区域、不同民族的建筑风格。新疆古迹与建筑类旅游资源中，景点数量最大、最富特点的有古城和古城遗址、宗教建筑和礼制建筑群、墓、石窟、摩崖石刻、口岸等。

5.购物类旅游资源

新疆与8个国家接壤，开展旅游购物的条件得天独厚。新疆传统的旅游商品以玉石、地毯、丝绸、民族工艺品为主体，而从20世纪90年代初蓬勃发展的是日用百货类和服装纺织品，形成了边境旅游购物的主要选购对象。近年来，边境旅游购物已成为新疆旅游业的重要组成部分。

6.民族风情类旅游资源

旅游资源与民族文化关系密切，不同民族的各种节日庆典、服饰装饰、婚丧嫁娶、音乐歌舞、饮食文化、宗教习俗等构成该类旅游资源的主体。新疆是个多民族聚居区，其中维吾尔族、哈萨克族、蒙古族、柯尔克孜族、塔吉克族、乌孜别克族、锡伯族、俄罗斯族的民族风情浓郁，是开发民风民俗旅游的最佳对象。

二、旅游区的划分

新疆地域辽阔，旅游景点分散，自然环境复杂多样，人文景观各具特色，旅游资源及其开发利用存在着明显的地域差异。为了充分认识各地旅游资源特征及其开发利用方向、重点，合理组织区域旅游经营，最大限度地发挥旅游经济综合优势，有必要建设风格不同、各具特色的旅游区，以更好地开展区域旅游。

根据新疆地理环境、行政区划、民族分布、资源结构、历史背景、交通网络等特征，将新疆旅游区划分为四大旅游区和十个旅游亚区。

(一)亚心(乌鲁木齐)旅游区

该旅游区包括乌鲁木齐市、吐鲁番市、昌吉地区和石河子市。分为乌鲁木齐—吐鲁番旅游亚区和昌吉—石河子旅游亚区。该地区经济发展水平以及城市化水平明显高于其他城市及地区。乌鲁木齐市是新疆航空、铁路、公路的枢纽，交通便利，接待设施完备，是新疆的旅游中心城市。该区已经成为新疆旅游业中的龙头。本区重点建设四大旅游景区。

1. 天池自然风光旅游景区

天池是新疆开发早、游客规模大的景区，目前需要景区的更新和产品的换代，对新景点开发的同时要注意生态和环境的保护。

2. 乌鲁木齐南山生态与滑雪旅游景区

该景区区位条件优越，开发基础好，游客规模较大，是国内离特大城市最近的天然滑雪场，目标是建成我国西部滑雪基地和避暑度假地。主要旅游产品：观光、休闲、健身、民俗、特种旅游等。

3. 昌吉乡村休闲度假旅游区

本区地理交通条件优越，旅游开发较早，项目众多，已形成一定规模，成为乌鲁木齐及区域内城镇居民休闲度假的重要目的地。旅游形象定位为天山脚下乡情、塞外田园风光。主要旅游产品包括民俗、乡情、观光、休闲、度假、体验等。

4. 吐鲁番旅游景区

该区突出民俗、民风、民情，打造精品文化旅游产品，如维吾尔木卡姆等。该景区的旅游形象定位为丝路文化博物馆、东西方文化交汇点、绿洲生态博览园。

(二)北疆旅游区

北疆旅游区包括伊犁地区、塔城地区、阿勒泰地区、奎屯市、博尔塔拉蒙古自治州和克拉玛依市，是新疆自然风景最美的旅游区。下分为伊犁旅游亚区、博州—塔城旅游亚区和阿勒泰旅游亚区。该区以自然风景为依托，重点建设三大旅游景区。

1. 喀纳斯、那拉提自然生态旅游景区

喀纳斯旅游区属于国家5A级景区，年接待游客人数过百万，已纳入世界自然遗产保护名录。该旅游景区形象定位为人类净土、梦中家园。以生态旅游、观光科考、民俗旅游、冬季冰雪、休闲度假等为主要旅游产品；那拉提草原风景区已申报5A级景区，其旅游形象定位是西天山草原王国、哈萨克幸福天堂。

2. 伊犁塞外江南旅游景区

该景区以伊犁河谷那拉提草原为核心，集中了休闲观光、冰雪风情、游牧文化等系列旅游产品。

3. 赛里木湖高山湖泊旅游景区

该景区是世界少有的辽阔宁静的高山湖泊，有着浓郁古朴的蒙古风情。地处交通要道，自然景观独特、人文历史深厚。旅游形象定位：西方静海、高原胜景。

(三)南疆旅游区

该区包括巴音郭楞蒙古自治州、阿克苏地区、克孜勒苏柯尔克孜自治州、喀什地区和和田地区，是新疆面积最大和人文景观最丰富的旅游区。下分为喀什—阿图什旅游亚区、阿克苏—库车旅游亚区、巴音郭楞蒙古自治州旅游亚区和和田旅游亚区。该旅游区以民风民俗旅游资源为依托，重点开发四个景区。

1. 喀什民俗风情旅游景区

该景区突出了民俗风情、丝绸之路的特点，以历史文化名城喀什市为中心，开发文化底蕴深厚的高品位产品。该景区形象定位为民俗风情博物馆、丝路文化桥头堡。主要旅游产品为观光旅游、民俗旅游、科考探险等，重点开发建设民俗风情购物街、民俗风情园旅游项目。

2. 阿克苏龟兹文化旅游景区

该区依托阿克苏市游客集散地接待服务功能，以库车龟兹石窟群为重点，突出龟兹文化内涵，培育地域文化。以"三五九旅"屯垦戍边为主题，建设南疆红色旅游区。

3. 巴州大漠生态与特种旅游区

该区合理组合生态旅游与特种旅游产品线路，建设特种旅游服务基地。重点开发沙漠公路探奇游、罗布人文化游、楼兰故地探险游、沙漠戈壁赛事游、塔河生态游等。

4. 和田美玉之都旅游景区

该景区以"和田美玉，中华文明"的文化联系为依托，借助和田玉入选"中国石"的有利机会，打造和田"美玉之都"旅游目的地，重点培育玉石文化。

(四)东疆旅游区

本旅游区地处哈密地区，是新疆与内地联系最紧密的旅游区，仅包含一个哈密旅游亚区。哈密是兰新铁路进入新疆的第一站，是内地进入新疆的第一片绿洲，具有独特的位置优势。本区重点开发哈密丝路驿道文化旅游区，该区的主题形象是新疆东大门，连接敦煌与哈密丝绸之路驿道旅游线路，引导敦煌丝绸之路游客延伸游程进疆。重点开发哈密回王府、巴里坤古城、东天山白石头景区等项目。

三、旅游线路

新疆旅游资源点多、线长、面广，因此打破各自为政的分散局面，对丰富的旅游资源进行"围绕重点、突出特点"的大整合，是实现新疆旅游"上规模、上档次、高起点、高水平、高质量"的必由之路。

为了全面挖掘新疆旅游特色、民族风情和文化底蕴，丰富旅游产品，展示新疆旅游产品的文化内涵，让游客更加全面地了解新疆旅游特色资源，2006 年新疆维吾尔自治区旅游局工作人员经过收集整理、调查研究，并征求相关意见，推出了十大精品旅游线路(表 12.1)。这十大精品旅游线路既有民

表 12.1　新疆十大旅游精品线路

	旅游产品类型	旅游线路
1	丝绸之路中道民俗风情之旅	乌鲁木齐—库尔勒—民丰—和田—喀什—阿克苏—库车—吐鲁番—乌鲁木齐
2	天山腹地草原之旅	乌鲁木齐—奎屯—博乐—伊宁—那拉提—巴音布鲁克—库尔勒—吐鲁番—乌鲁木齐
3	环东天山准噶尔盆地生态之旅	乌鲁木齐—吐鲁番—哈密—木垒—富蕴—阿勒泰—克拉玛依—乌鲁木齐
4	寻梦昔日家园罗布泊	乌鲁木齐—迪坎儿村—龙城—土垠—余纯顺墓地—罗布泊—洛瓦寨—米兰镇(兵团 36 团)—尉犁—乌鲁木齐
5	徒步穿越塔克拉玛干	乌鲁木齐—轮台—民丰—于田—达里雅博依—野营地—大河沿—帕吉—卡克夏力力克—夏力达让能克力—木萨列依—托洛拉克艾格勒—塔里木—沙雅—库车—乌鲁木齐
6	丝绸古道、草原风光、民俗风情游	西安—敦煌—吐鲁番—乌鲁木齐—赛里木湖—伊宁—那拉提草原—巴音布鲁克天鹅湖—库车—库尔勒
7	金山银水、民俗风情猎奇游	乌鲁木齐—布尔津—喀纳斯—白哈巴村—乌鲁木齐
8	冬季冰雪风情游	乌鲁木齐—阿勒泰—福海—石河子—乌鲁木齐
9	雪域风光，民族风情	乌鲁木齐—吐鲁番—天山天池—喀什—卡拉库里湖—塔什库尔干—红其拉甫—乌鲁木齐
10	新疆屯垦回顾之旅	乌鲁木齐—天山天池—吐鲁番—石河子—布尔津—巴音布鲁克—库车 14 团场—阿克苏—神木园—乌鲁木齐

俗风情游、草原生态游，也有罗布泊、塔克拉玛干探险游；既有丝绸古道探秘游，也有自然风光游。此外，针对冬季新疆旅游的特点，推出了冬季冰雪风情游；针对新疆的屯垦戍边文化，还推出了新疆屯垦回顾之旅。

十大精品旅游线路从旅游内容上来讲，有自然观光、探险、文化等方面的内容；从旅游形式上来讲，有常规游、农家乐、红色旅游、冰雪旅游等形式。这些线路浓缩了新疆旅游的精华，挖掘了新疆旅游的特色，展示了新疆旅游产品的文化内涵，便于国内外游客更深层次地了解新疆，走进新疆。

第二节　主要旅游景点及著名风物特产

一、主要旅游景点

以丰富的旅游资源为依托，目前新疆已开发利用的景区(点)766个，被评为国家A级景区的168个，其中AAAAA级景区3个，AAAA级景区12个。全国优秀旅游城市12座，全国工农业旅游示范点46个，S级以上滑雪场22家，星级农家乐296家。

(一)国家AAAAA级景区

1. 新疆天山天池风景名胜区

天山天池处于天山东段最高峰博格达峰的山腰，距乌鲁木齐约110 km，湖面海拔1 928 m，自古就是旅游的胜地。天池古称"瑶池"，"天池"的名字起于清代年间，取"天镜神池"之意，极言风光之美。天山天池风景区是一处以高山湖泊、云杉林和雪山景观为特色的国内著名避暑旅游胜地。1982年11月，被国务院批准为国家第一批重点风景名胜区。1990年联合国设立的"博格达《人与生物圈》保护区"，把天山天池风景区纳入了保护区的范围。

天山天池风景区以高山湖泊为中心，包括上下4个完整的山地垂直自然景观带，总面积380.69 km²。天池湖面呈半月形，长3 400 m，最宽处约1 500 m，面积4.9 km²，最深处约105 m。湖水系高山融雪汇集而成，湖水清澈，晶莹如玉，雪峰倒映，云杉环拥，碧水似镜，风光如画，有"天山明珠"之盛誉。挺拔、苍翠的云杉、塔松，漫山遍岭，遮天蔽日。每到盛夏，湖周绿草如茵，繁花似锦。乘游艇在湖面上行驶，一阵阵凉风吹来，暑气全消，是避暑的好地方。

天池东南面就是雄伟的博格达主峰(蒙古语"博格达"，意为灵山、圣山)海拔达5 445 m。主峰左右又有两峰相连。抬头远眺，三峰并起，状如笔架，直插云霄。峰顶的冰川积雪，闪烁着皑皑银光，与天池澄碧的湖水相映成趣，构成了高山平湖绰约多姿的自然景观。

天池四周的山腰上，有许多云杉林。云杉形如宝塔，挺拔、整齐，很有气势，显示出一种高山风景区特有的景色。清澈湖水、皑皑雪峰和葱茏挺拔的云松林，构成了天池的迷人的景色。

2. 吐鲁番市葡萄沟风景区

葡萄沟位于吐鲁番市东北 10 km 的火焰山中，这是一条南北长约 7 km、东西宽约 2 km 的峡谷。风景秀丽，以盛产优质葡萄而闻名中外。

葡萄沟游乐园是为中外宾客开辟的游览场所，集游、购、娱、餐饮、住宿为一体。园内有民族风味的食堂，有卖工艺品的蒙古包，还有划船游玩的地方。这里的葡萄山庄是葡萄沟里设备齐全、级别较高的度假村，有高档次床位 120 个，有供 120 人就餐的饭厅，还有卡拉 OK 厅、游泳池等。此外，吐鲁番葡萄展览馆、吐鲁番维吾尔族民居民俗馆、中新公司（该公司是以葡萄为主要原料生产葡萄酒和饮料的中外合资厂家）、葡萄乡的度假村等也是游人必到之处。

3. 阿勒泰地区喀纳斯景区

喀纳斯景区位于新疆北部的阿尔泰山中段，地处中国与哈萨克斯坦、俄罗斯、蒙古国接壤的黄金地带，自然生态景观和人文景观始终保持着原始风貌而被誉为"人间净土"。根据《大喀纳斯旅游区总体规划（2005～2020 年）》，喀纳斯旅游区以北纬 $48°13'$ 为南部边界，东以禾木乡为界，西北至国境线，规划面积 10 030 km²，包括喀纳斯国家级自然保护区、喀纳斯国家地质公园、白哈巴国家森林公园、贾登峪国家森林公园、布尔津河谷、禾木河谷、禾木草原及禾木村、白哈巴村、喀纳斯村三个原始图瓦村落等国内外久负盛名的七大自然景观区和三大人文景观区，其中喀纳斯湖被誉为"世界上最美丽的湖泊"。

喀纳斯湖位于布尔津县境北部，距县城 150 km，是一个坐落在阿尔泰深山密林中的高山湖泊。与我国绝大部分的江河属于太平洋水系不同，喀纳斯湖属于北冰洋水系。环湖四周原始森林密布，阳坡被茂密的草丛覆盖。湖水来自奎屯山、友谊峰等山地的冰川融水和当地降水，从地表或地下泻入喀纳斯湖。湖面海拔 1 374 m，面积 44.78 km²，湖水最深处达 188 m。现在这里以喀纳斯湖为中心建立了喀纳斯湖自然景观保护区，总面积达 5 588 km²。

"喀纳斯"为蒙古语，意为"神秘而美丽的湖"，这里是亚洲唯一的具有瑞士风光特点的地区，是中国唯一的北冰洋水系——额尔齐斯河最大支流布尔津河的发源地。喀纳斯湖是我国极其难得具有欧洲生态系统特征的自然区域，保护区内有植物 798 种，其中珍稀植物 30 种，是我国唯一的南西伯利亚区系动植物分布区，生长有西伯利亚区系的落叶松、红松、云杉、冷杉等珍贵树种和众多的桦树林，已知有 83 科 298 属 798 种。还有动物 39 种，鸟类 117 种，鱼类 5 科 8 种，昆虫 300 多种；其中国家一级保护动物 5 种，二级 13 种，其他稀有动物 9 种，昆虫真菌的新种记录不少于 60 个。

喀纳斯不仅自然资源和生物物种丰富，旅游环境和人文资源也别具异彩。喀纳斯具北国风光之雄浑，又具江南山水之娇秀，有"云海佛光""变色湖""浮木长堤""湖怪"等胜景，又有白雪皑皑的奎屯山、高耸入云的友谊峰，湖光山色，相映成趣。湖周重峦叠嶂，山林犹如画屏，不同的植物群落层次分明，每至秋季更是万木争辉，色彩斑斓。风静波平时湖水似一池翡翠，随着天气的变化又更换着不同的色调。每当烟云缭绕，雪峰、青山若隐若现，神秘莫测。雨后清晨登上骆驼峰则可有幸观看到佛光奇景。

(二)国家 AAAA 级景区

1. 乌鲁木齐市水磨沟公园

水磨沟风景区地处乌鲁木齐市东北郊 5 km，位于东山之麓、红山之尾。在一条长达 1 km 的奇特地震断裂层的峡谷之中，分布着水塔山、清泉山、虹桥山、温泉山、水磨河等景点。风景区内古木参天，温泉喷涌，亭台庙宇点缀其间。早在 200 多年前，水磨河因清代驻军在此修建水磨，故而得名。水磨沟的温泉常年水温为 28~30℃，水中富含钾、钠、镁、硝酸根等多种离子，对皮肤病、关节炎等有一定疗效。水磨沟风景优美，清泉山、水塔山、虹桥山、温泉山四山夹峙，榆柳参天，山坡上遍布花草，亭台楼阁掩映于绿荫间。山底百泉喷涌，长流不竭，汇成水磨沟穿流而成。早在清代乾隆年间，这里就成了乌鲁木齐的游览胜地，文人墨客流连于此，留下许多诗文。近几年，景区内先后建起了温泉疗养院、广汇丰泽园俱乐部、兴安靶场、葡萄山庄、风情山庄、雪莲山高尔夫球场、清泉寺等众多景点。

2. 乌鲁木齐市红山公园

红山是乌鲁木齐市的象征。它是一座褶皱断层山，山势呈东西走向，主峰海拔 1 391 m，突兀挺立在市区中心地带，由于山体主要是由二叠纪的紫红色砂砾岩构成，故名"红山"。因山头状如猛虎，气势非凡，故又称"虎头山""红山嘴"。清嘉庆四年(1799 年)曾修建玉皇庙一座，此庙"殿宇巍峨，赤土垩壁"，俗称"红庙子"。山麓还修建有大佛寺、北斗宫、地藏寺等宗教建筑。当地官员百姓有登红山向东"遥祭"博格达的习俗。后因战乱，上述庙宇皆毁于战火，如今山顶庙宇为近年新建。昔日，乌鲁木齐河经常洪水泛滥，肆虐成灾，为了"镇山锁水"，清乾隆五十三年(1788 年)，清都统尚安下令在红山之巅建造了一座 10.5 m 的九级实心青砖"镇龙宝塔"，至今完好无损。"塔映斜阳"也成了乌鲁木齐八景之一。如今，山顶已建成一座总面积逾 50.6×10^4 m^2 的公园，游人攀登红山绝顶，乌鲁木齐可尽收眼底。

3. 新疆维吾尔自治区博物馆

新疆维吾尔自治区博物馆是自治区唯一的省级综合性博物馆，是全疆最大的文物和标本收藏保护、科学研究和宣传教育机构，于 1963 年 10 月 1 日正式开馆。博物馆展厅面积 7 800 m^2，共收藏历史文物、民族文物、革命文物等 5 万余件。目前，常设的展览有新疆少数民族民俗展览，系统介绍新疆12 个少数民族在服饰、起居、节庆娱乐、婚丧、礼仪、饮食、宗教及其他方面各具风姿的民情风俗；新疆历史和出土文物展览，展出了自四五千年前直至近代从丝绸之路发掘及收集的一千多件珍贵文物，包括锦娟、陶瓷、泥俑、钱币、碑帖、文书、典籍、兵器、器具等；新疆古尸展览，有距今 3 800 余年的楼兰女尸，距今 3 200 余年的哈密女尸和距今 3 000 年的且末女尸。

4. 新疆民街

新疆民街全称为"新疆民街民俗博物馆"，是集旅游、观光、餐饮、娱乐、购物为一体的综合型人文景观，也是了解新疆、宣传新疆的窗口。新疆民街是目前新疆规模最宏大、民族风格最鲜明的民风、民俗、民情文化一条街，占地面积 2.4×10^4 m^2，建筑面积 4.8×10^4 m^2，整个建筑融合了浓郁的伊斯兰风格、欧洲风格、中原文化和现代文化，为乌市标志性建筑之一。这里汇聚了新疆十五地、州、市的文化、风情、餐饮、物产等。新疆民街主要景观有新疆微缩景观、新疆民俗博物馆、民族茶艺吧、西域三十六国风情园、民族手工艺巴扎、科技园等。

5. 新疆昌吉杜氏旅游度假村

昌吉杜氏旅游度假村地处新疆昌吉市北郊，距乌鲁木齐市 30 km、昌吉市区 14 km，总占地面积 1 000 多亩。其中有一个中型天然湖，属典型的田园风光旅游度假区，并具有江南水乡的景色。度假村内集餐饮娱乐、观光旅游为一体，推出吃乡下饭、干农家活等特色项目。这里树木参天、绿草如茵、溪水环绕，一顶顶蒙古包错落有致、一座座地窝子冬暖夏凉，这里还有现成的炉台、灶具、餐具等野炊用品，游客可在这里野炊、烧烤。景区内有龙舟、游船、小叶舟、水上快艇、画舫船、脚蹬船、健身船、肥载船、垂钓、水上滚筒、浮桥、四轮老爷车、三人自行车、二人自行车、射箭、沙滩车、民间婚庆表演、泼水节、篝火晚会等众多休闲娱乐项目。

6. 新疆库木塔格沙漠景区

该景区是世界上唯一与城市相连的沙漠风景区，集大漠风光与江南秀色为一体。它位于鄯善老城南端，与老城东环路南段相连，面积 1 880 km^2。

景区内风沙地貌、景观类型齐全。站在大漠深处沙山之巅，可静观大漠日出的绚丽，目睹夕阳染沙的缤纷，赞叹"大漠孤烟直，长河落日圆"的壮景。塔格沙漠的沙疗是维吾尔族医学的重要组成部分，已有上千年的历史，以操作方法简单易行、功效神奇独特而著称于世。沙疗对治疗风湿和类风湿关节炎、腰酸背痛腿抽筋、风寒病、免疫力下降等多种疑难杂症，具有神奇的疗效。

7. 新疆金沙滩旅游度假区

金沙滩旅游区位于焉耆盆地北部，新疆巴音郭楞蒙古自治州和硕县，中国最大的内陆淡水湖博斯腾湖东北岸，距乌鲁木齐 369 km。景区是新疆新开辟的夏日旅游胜地，浴场地质为金黄色的细沙，故称"金沙滩"，湖水清澈，沙鸥翔集，又被称为"新疆的夏威夷"。金沙滩西海海滨浴场，给人们提供了游泳和戏水的天然浴场。乘艇游至湖中，北望高山巍峨，冰盔雪甲，南眺沙山起伏，沙水共处，神秘莫测。悠悠碧水，渔船点点，一派蔚蓝色的柔情。阳光、沙滩、涌浪，堪称西海一绝。不远处分布着许多平畴绿浪的芦苇荡，那里是水鸟的乐园。芦苇丛间水道纵横交错，绿波如云，水鸟翻飞鸣唱，好一幅"草长平湖白鹭飞"的水墨风景画。

8. 新疆库车龟兹绿洲生态园

库车龟兹绿洲生态园占地面积 3×10^4 m²，以绿色生态为理念，集观光、餐饮、休闲、娱乐功能为一体。拥有生态包房、豪华包房、散台等，能同时容纳千人就餐。生态园采用超大玻璃温棚设计，运用高科技温室技术，引进各种奇花异草、珍奇树种、珍稀水族，是南疆第一家绿色生态园，呈现了大漠戈壁、江南水乡的不同景致，给人以动态、静态不同角度的视、听享受。园中植物 30 多种，山体仿真塑石，榕树盘根错节，实现了人与自然的完美结合，游客可在观光休闲中一览山水美景，品味绿色文化。该园最大的特色在于玻璃温室大棚内仿真根艺造型多达 126 组（棵、群），仿真造型种类繁多，有胡杨、榆树、杨树、榕树等，是目前国内外仿真根艺造型数量最多，规模最大的园区，获"大世界基尼斯之最"荣誉称号。

9. 新疆库车王府景区

"库车王府"位于新疆库车县城，是 1759 年清朝乾隆皇帝为表彰当地维吾尔族首领鄂对协助平定大小和卓叛乱的功绩，专门派遣内地汉族工匠建造而成。到 21 世纪初，原"库车王府"仅存部分房屋和城墙。从 2004 年初开始在清封世袭十二代亲王府的遗址上重建。恢复重建的库车王府全称是"库车世袭回部亲王府"。重建后的"库车王府"占地 4×10^4 m²，融维吾尔族建筑风格、中原建筑风格、俄罗斯建筑风格为一体，由王府和小王府两组建筑群东西相邻组合而成。西侧一组为亲王府，主建筑四幢分南北两行排列，府内建有风格独特的凉亭楼阁和适合维吾尔族王室部落居住的房宅，整体设计风格协调、特色鲜明。为方便游客参观，库车博物馆已搬迁至王府内，易名龟兹博物馆。重建后的库车王府已成为库车县开发旅游资源的标志性工程。

10. 喀什市艾提尕尔民俗文化旅游区

艾提尕尔民族文化旅游风景区位于喀什市境内，是历史文化类人文风景旅游区，集古代建筑、文物、集市、手工艺品展示和民俗文化为一体。艾提尕尔旅游区主要依托于艾提尕尔清真寺及其周围的老城区潜在的旅游资源，景区主要包括艾提尕尔黄金首饰一条街、民俗产品一条街、艾提尕尔清真寺、艾提尕尔广场、观光塔、喀什噶尔民俗馆。艾提尕尔大清真寺最初修建于公元 1442 年，是全新疆乃至全国最大的一座伊斯兰教礼拜寺，已经成为喀什的代表建筑。全寺由门楼、讲经堂、礼拜殿和其他一些附属建筑物组成。高大的寺门两侧，耸立着 18 m 高的召唤塔，召唤塔、短墙和门楼相连构成一个和谐的建筑整体。艾提尕尔黄金首饰一条街目前是喀什市最大的黄金首饰交易市场；在民俗产品一条街，可以目睹很多历史文物和特色产品，还可以亲自参与加工制作，是喀什穆斯林日常活动的重要场所。景区周围聚居了喀什市 90％以上的少数民族，经过改扩建的艾提尕尔广场，既保持了浓郁的民族特色，又极大地改善了基础设施，如今已经成为集旅游、购物、休闲、娱乐、抗震疏散为一体的综合性广场。喀什噶尔民俗馆以大量的实物和图片，从民居建筑、婚丧礼俗、劳动生活、民间工艺、民族歌舞等方面向游客展示了"生活在马背上的民族"古老的传统民俗风情和历史文化。

11. 察布查尔锡伯民俗风情园

锡伯民俗风情园坐落于伊犁河谷中部察布查尔锡伯自治县孙扎齐牛录乡境内，距县城 5 km，占地面积 49 460 m²，是集民族风情、观光旅游、休闲度假等为一体的多功能综合旅游区。锡伯族民俗风情园以靖远寺古文化遗址和锡伯族民俗风情等人文景观为主，风情园有六大景点，一是造型突出的锡伯族建筑，宏伟壮观，气势震撼人心，有高大厚重的围墙，围墙有烽火台的垛口、垛口插着八旗：正白、正黄、正蓝、正红、镶白、镶黄、镶蓝、镶红旗子在风中飘舞，呼呼有生气。大门两侧是西迁介绍图和开挖察布查尔大渠的浮雕，正对大门屹立着锡伯族人民崇敬的英雄——图伯特全身雕塑。二是展示锡伯族西迁史、屯垦戍边史、民族史三史合一的博物馆，馆内陈列着锡伯族的发源地嘎仙洞模拟实物，西迁路线图、卡伦图以及锡伯族和汉文化融合的渊源，锡伯族民居婚俗。三是射箭厅可作为游客参与射箭表演的场所，也可作为查库尔、摔跤等比赛及训练场地。射箭是锡伯族的传统项目，在你了解了锡伯族善射的历史及射箭能手后，不妨一试身手，在训练场有专业人士给你指点。四是集品茶、休闲娱乐、观景为一体的茶楼，这里还可以召开小型的会议，楼内有小型的舞台，你可以欣赏到具有浓郁的锡伯特色的歌舞。五是举办活动的舞台，在这里你既可以观看欣赏，也可以学跳舞。六是沿用清式建筑风格的综合文化市场，在此形成一条以餐饮、旅游纪念品出售为主的锡伯民俗文化一条街。同时，园内还有风格各异的树木花草，在树林的小径一端有石凳石桌，在花草中放置了瑞兽雕像，出土文物草原石人、石刻的仙鹤、小鹿动物造型。人工湖种植了荷花，放养了观赏鱼，增添无限乐趣。园里的每一处景点无不透露着锡伯民族独特的魅力，游客不断地在历史和现实中穿梭，锡伯族民俗风情园将锡伯族的历史和今天展现得淋漓尽致。

12. 新疆那拉提草原旅游区

位于伊犁哈萨克自治州新源县境内的那拉提草原是世界四大草原之一的亚高山草甸植物区，自古以来就是著名的牧场，交错的河道、平展的河谷、高峻的山峰、茂密的森林交相辉映，每年 6～9 月，草原上各种野花开遍山岗草坡，红、黄、蓝、紫五颜六色，将草原点缀得绚丽多姿。"那拉提"是蒙古语"太阳"的意思。传说成吉思汗西征时，有一支蒙古军队由天山深处向伊犁进发，时值春日，山中却是风雪弥漫，饥饿和寒冷使这支军队疲乏不堪，不想翻过山岭，眼前却是一片繁花织锦的莽莽草原，泉眼密布，流水淙淙。那拉提草原是新疆著名的旅游观光度假区。

二、风物特产

(一)旅游商品

随着新疆旅游业的发展，许多地方民族特需商品和民族工艺品备受旅游者的青睐，逐渐成为具有很大潜力的一类商品——旅游商品。

1. 地毯

新疆是我国地毯工业的发祥地。据考证，早在两千多年前，新疆就有了羊毛手工业地毯的生产，并通过丝绸之路销往西亚、欧美许多国家，并传入我国内地。新疆地毯以和田地毯为代表，其图案和配色上有鲜明的民族特点：多层边框、花纹对称，几何图形内填入品类繁多的纹饰（如各种动物、花卉、果实、叶蔓、浪花等），结构严整富于韵律，活泼多变富于生活情趣，色彩丰富绚丽，格调清新明快。其原料多采用粗而不粘、坚韧富于弹性、光泽好、强度大的和田羊半粗异质秋白毛。将染色的羊毛线在经线上手工打结，经过编织及后期的化学水洗和热烫光等十数道工艺制成。毯面光泽平滑、毯板挺实柔和。有铺、挂、坐垫、拜毯、褥毯等种类，深受国内外人士喜爱，是新疆传统手工艺品之一。曾在全国工艺美术百花奖评比中荣获轻工业部优质产品奖，并在1991年中国旅游商品评比中荣获"天马银奖"。

2. 新疆玉石及玉雕

新疆是我国著名的玉石产地。昆仑山、天山、阿尔泰山均产玉石，素有"金玉之邦"的美称。其中尤以"昆仑玉"，也称"和田白玉"（羊脂玉）质地最佳。此外，还有青玉、特斯翠玉、墨玉县的墨玉、且末县的金山玉、哈密的黄玉、玛纳斯的碧玉等。新疆玉石质地坚实缜密，外表晶莹光洁，性质温润浑厚。用新疆玉石雕琢的工艺品色泽纯净，造型生动。过去虽各地玉矿藏量丰富、开采历史悠久、自古也有简单琢玉的历史，但大部分玉石都作为原料远销内地或出口国外。新中国成立后，新疆有了自己的玉雕厂，商品有佛像、仕女、鸟兽虫鱼及仿古瓶坛炉罐等，深受欢迎。

3. 艾德莱斯绸

"艾德莱斯绸"即扎染之意，这种丝绸采用我国古老的扎经染色法工艺，按图案的要求，在经纱上扎结进行染色而成。艾德莱斯绸有两大产区：一是喀什、莎车，以色彩绚丽鲜艳、图案细腻严谨著称。喜用对比色彩，常用翠绿、宝蓝、桃红、杏黄、青莲、黑、白等颜色。二是和田、洛浦，讲究黑白效果，图案粗犷奔放，配色多采用黑底白花或白底黑花、或用红、黄、黑白、蓝白相间的花色。艾德莱斯绸是维吾尔族妇女最喜欢的一种做连衣裙的绸料，这种绸料的图案纹样，一种说法是古代维吾尔人信奉萨满教崇拜树神、水神的宗教意识的反映，即由树枝、水纹图形演变而来；另一种说法认为是巴旦木、木纹、梳子纹及民族乐器的变形纹样。艾德莱斯绸具有鲜明的维吾尔民族文化特色和自然地理的特点，充分表现出维吾尔人的审美情趣。

4. 花帽

主要是指维吾尔族绣花帽。其他一些少数民族也有戴花帽的习惯，花帽的不同样式可以作为区别这些少数民族的标志之一。维吾尔族花帽经过数百年的演变由元、明、清时代的六片材料拼缝而成的瓜皮形小帽发展成为今天的大多用四片缝制成的四楞小花帽，这种花帽不仅实用，还是一种具有很强装饰性的工艺品。它的种类很多，从制作方法和工艺特点可分为：丝线平绣、丝线结绣、串珠片绣、格子架绣、盘金银绣、十字花绣、钓花刺绣、扎绒刺绣及刺、扎、串、盘综合绣等，经缝合、成型、镶边而成。可沿缝折叠以便于携带、保存。按图案纹样可分为：单独适合纹样、满地散花纹样、巴旦木花纹样，以及十字对称纹样等。按地区不同，又以喀什的男式巴旦木花帽，和田女式格子架花帽，库车女式串珠镶片鼓顶花帽，吐鲁番色彩浓烈灼艳的花帽，伊犁扁浅圆巧、淡雅大方的花帽，以及哈密纹样繁茂细致、色彩鲜艳的花帽等为代表。于田、民丰、策勒、且末一带，还盛行一种扣碗形小帽，纯属装饰性花帽，用针别在盖头的披巾上，宛如斜插在头上的花朵。此外，根据对象不同，还有儿童帽、青年帽、妇女帽、老人帽及阿訇帽等区别。其他几个少数民族也有戴花帽的习惯。哈萨克姑娘们在花帽上插猫头鹰羽毛作帽缨，柯尔克孜姑娘普遍喜好戴红色丝绸圆顶小帽等。

5. 小刀

新疆有四大名刀：英吉沙小刀、伊犁莎木塞克折刀、焉耆陈正套刀和莎车买买提折刀。其中，英吉沙小刀以其精美的造型、秀丽的纹饰和锋利的刃口而著称，既实用又美观，深受新疆各族人民的喜爱，尤受维吾尔族群众的欢迎。南疆少数民族群众，几乎每人一把。凡来新疆旅游的中外客人，都要选购几把名牌英吉沙小刀馈赠亲友或留作纪念。英吉沙小刀是以原产地英吉沙县命名的。英吉沙生产这种工艺佩刀约有三百年历史。小刀做工精细，以优质钢板锻打成型，锉平磨光后，以传统技术淬火而成。小刀形状有弯、直、箭、鸽等样式。其特点是造型美观，刀体平整光亮，刀把雕刻不同式样的花纹、图案、刃锋利经久耐用，遇硬不崩口并配有精致的刀鞘。

6. 花毡

花毡是新疆少数民族传统的民间手工艺品，有绣花毡、擀花毡、补花毡及印花毡等多个品种。绣花毡是维吾尔族喜欢制作和实用的一种民间手工艺品，用彩色丝线锁盘针法将各种花卉图样对称地绣在紫、墨绿、红等色毡上，常在客厅的主客位铺用，是一种精制的高级花毡，和田为其著名产地。补花毡是哈萨克族、柯尔克孜族牧民的最常用的一种花毡，后来维吾尔族、塔吉克族及其他一些兄弟民族也制作使用，多绣以变形的羊、鹿角、树枝、云彩等花纹，图案粗犷豪放，色彩对比强烈，铺在毡房地面、农村炕上，既隔潮防寒、又美化室内环境。擀花毡具有强烈的维吾尔族风格，是新疆许多少数民族都喜欢制作和使用的民间手工艺品，经剪花样、弹毛、染色、裁剪毛坯纹样、拼贴、喷水、擀制、干燥等工艺过程，产品牢固耐用，纹样清晰、美观大方。印花毡是维吾尔族特有的一种花毡，根据不同花色的需要，准备木基、刨平、绘花、雕模，最后蘸上各种颜色套印在纯白羊毛毡上而成，色彩艳丽、图案复杂，但耐久性差。

7. 维吾尔族绣花服装

维吾尔族的各类绣花服装非常考究，他们所穿的长外衣、短外衣、背心、裙子、衬衣、裤子等都有各种图案花纹加以装饰，有的严肃庄重，有的富丽堂皇，有的清新悦目，都具有浓郁的维吾尔民族特点。男用绣花衬衣有三种式样：翻领，中间半开口；圆直领，右边半开口；圆直领，中间半开口，均用彩色几何纹样装饰领边、开口边、袖边。女用绣花衬衣则是圆直领，中间半开口，领边、开口边绣宽几何形纹样，并加二条绳状系带，两袖上部绣有一至三条几何形小花。

8. 褡裢

亦称马褡子，维吾尔族称"霍尔青"，是新疆许多民族广泛使用的一种运载用具，也是具有地方特色的民族特需品和传统手工艺品。多用自制粗棉、毛线等手工编织而成。中央开口两端各成一个口袋，口边留有绳扣，可串连套锁，厚重结实。经磨耐用。其装饰图案朴素大方，色彩艳丽。搭在肩上，或搭在毛驴、马背上，携带物品极为方便。还可避雨遮风、充当垫褥等，一物多用。

9. 土陶

新疆土陶以喀什盛产的历史悠久的琉璃釉陶最为著名，产品古朴、素雅，带有浓郁的乡土气息。新疆彩陶出现的时间大约距今三千年左右，较中原地区为晚，但延续的时间较长，具有古老独特的民族风格。其器形有陶罐、陶壶、陶杯、陶钵和陶盘等，其中以器身带耳把的器具为多。现在生产的喀什仿古土陶继承了传统工艺、艺术上又有所创新，兼有观赏和使用价值。

10. 羊绒衫

我国山羊绒产量占世界产量的一半以上。新疆生产的山羊绒，长度较长而细，且质量好。经原绒加工、染色、梳理、纺搓、纺纱、制衣、轻缩整理、荡涤冲揉、烘干等工序制成的羊绒衫，手感轻柔、滑爽、色泽绚丽多彩，款式美观实用，穿着舒适华贵。具有质地轻薄、做工考究、绒面丰满、风格独特等特点，在国内外享有很高声誉。新疆与香港、日本合营的天山毛纺织品有限公司生产的羊绒衫，已远销欧、美、日本、新加坡和香港等十多个国家和地区。外国旅游者游览新疆时，都望能购得羊绒衫留作纪念，或回国馈赠亲友。

11. 皮卡衣

新疆是全国五大牧区之一，皮革毛皮资源十分丰富，用高级绵羊皮革制成的皮卡衣在国内外享有盛誉，是向欧洲、东南亚、日本及港澳市场出口的"拳头"产品。新疆皮革毛皮工业公司生产的"瑶池"牌皮卡衣，曾荣获1991年中国旅游购物节"天马"金奖。

新疆绵羊皮毛孔纹路细腻、富有弹性和耐磨性。用这种皮革缝制的皮卡衣光洁柔软、舒展滑腻、挺括、潇洒。其款式有夹克、猎装、西服、风衣、击剑衫等，具有面料好、做工细、色泽鲜、造型美等特点。

(二)民族乐器

素以"歌舞之乡"著称的新疆有着丰富多彩的,各民族独特的民族乐器。它们不仅仅具有实用价值,而且是精致的手工艺品。

1. 热瓦甫

维吾尔族弹拨乐器。木制琴身、半球形音箱,以羊、驴、马或蟒皮蒙面;琴颈细长、顶部弯曲,通常使用五弦。南疆热瓦甫琴身较小,指板上缠丝弦为上品,音色铿锵、渗透性强。北疆热瓦甫以铜或兽骨为上品,音色柔和清脆。低音热瓦甫是维吾尔乐队中唯一的低音弹拨乐器。

2. 弹拨尔

维吾尔族主要弹拨乐器。琴身修长,呈瓢形,琴身面板均为木制,缠丝弦为上品,五弦。弹拨尔音色明净、悦耳。

3. 都塔尔

维吾尔族弹拨乐器,为普及性民族乐器。木制琴身呈大水瓢形,琴杆较长,以丝弦缠十三个品位,二弦。都塔尔多用于自弹自唱和集体弹唱。

4. 艾介克

维吾尔族拉弦(弓弦)乐器。木制球形音箱,面为木制,较小,加指板,共鸣箱内有一层蟒皮,与桐木面板之间用一音柱相顶,四弦,具有板胡和二胡的混合音色,是维吾尔民乐队伴奏、合奏中的主要乐器。

5. 胡西塔尔

维吾尔族拉弦乐器。在古老艾介克基础上,吸收小提琴的优点改良而成,音色优美,近似小提琴但仍带艾介克特点,音量不大但表现力强,外形美观,似一件精致的工艺品。"胡西塔尔"意为"欢乐的琴弦"。

6. 萨塔尔

维吾尔族拉弦乐器。瓢形木制琴箱,琴杆较长与弹拨尔近似,指板上缠有十八个丝弦品位,一根主奏弦,九至十三根共鸣弦。萨塔尔音色清净优美,多用于伴奏木卡姆和木卡姆散板序引的演奏。

7. 卡龙

多用于演唱木卡姆,尤多用于多郎木卡姆中,也可独奏、领奏,用竹片拨奏、金属揉弦,音色清脆悦耳,近似古筝但比其明亮。

8. 达卜

即"手鼓"。维吾尔民间打击乐器,圆形、木框、蒙羊皮或驴皮,高级者蒙蟒皮,木框内装有许多小铜环或小铁环,演奏时双手交替击鼓发音。达卜是维吾尔民族乐队合奏和伴奏不可缺少的打击乐器。

9. 纳格拉

维吾尔族打击乐器，一大一小两只鼓组成一对，一奏高音一奏低音，新型纳格拉可定音，是在欢快的喜庆节日中不可缺少的打击乐器，传声很远，用于乐队合奏。纳格拉在热烈欢快的乐曲中使用，不仅增加气氛，而且富有独特的民族风格。

10. 苏尔奈

维吾尔族苏尔奈与汉族唢呐大体相同。簧管乐器，铜制管口，木制管身，包括喇叭口在内，均系整木旋制而成，丝绸雕有花纹，喇叭口镶有铜边，外形美观大方，哨片较大，发音粗犷宽广，独奏时由纳格拉（铁鼓）伴奏，常在热烈的舞蹈中使用。民间在节日、喜庆丰收、婚礼时，常在广场或寺院楼顶演奏，声音可传很远。

11. 冬不拉

哈萨克族拨弦乐器。乐队使用的有高音、中音、低音冬不拉。凸底，梨形琴腹，红松木制，铜、骨音品，铜丝弦，可演奏丰富多彩的音乐作品或伴奏歌舞。另有民间冬不拉，平底，桦木制，缠丝弦音品，琴腹铲形，张两根弦，用右手弹奏。冬不拉为哈萨克牧民在家中必备之乐器。

12. 霍布孜

改良霍布孜是哈萨克族唯一的拉弦乐器，张四根弦。

13. 库木孜

柯尔克孜族弹拨乐器，木制音箱，以琴杆为指板，无品，张三弦。库木孜一般用于自弹自唱，加之生动诙谐的表演，生动活泼，妙趣横生。

14. 鹰笛

塔吉克人的乐器之一，用鹰的翅骨制成，三孔。鹰笛是塔吉克音乐中不可缺少的乐器，可与其他乐器组合，进行合奏；也可进行独奏。竖着吹奏，音色细而高。

（三）瓜果特产

新疆是我国著名的"瓜果之乡"。由于新疆的光热资源丰富，积温高，昼夜温差大，加强了植物的光合作用，有利于瓜果糖分的制造和积累，所以新疆的瓜果特别甜。新疆的瓜果，种植面积大，分布广，品种多，质量好。

1. 哈密瓜

植物分类学称之为厚皮甜瓜。自清代康熙初年，哈密王以此瓜作为贡品，不远千里，用骆驼运到北京向清王室进贡，哈密瓜由此而得名。哈密瓜品种繁多，形态各异，风味有别，但以含糖量高、香味浓郁为共同特点。名产区有东疆哈密、吐鲁番、鄯善、托克逊，南疆伽师等地。哈密瓜不仅香甜可口，而且营养丰富,维生素含量高,还含有钙、磷、铁等。新疆特产哈密瓜已成为出口创汇产品。

2. 葡萄

新疆栽培葡萄至少已有两千多年的历史,本地品种中以无核白、马奶子、红葡萄、喀什哈尔、琐琐葡萄为品质上乘者。其中尤以吐鲁番盆地所产无核白葡萄驰名中外。无核白葡萄因浆果中种子发育不全,食用时不觉其有核而命名;成熟后,晶莹碧透,有如一串串绿色珍珠,皮薄肉脆,汁多味甜,鲜果含糖量达 24%;晾成葡萄干后,含糖可达 75%~80%,甘甜可口,保持着绿中透黄的原色和芬芳的果香,色香味形俱佳,常被用做馈赠亲友的礼物,在国际市场上享有"中国的绿珍珠"的美誉。马奶子葡萄因如马的奶头而得名,果粒肥大,清甜多汁,最宜鲜食。琐琐葡萄小如胡椒,色紫无核,甜中带酸。晾干后可作中药,主治小儿麻疹,并能补五脏,益气血。

3. 西瓜

我国种植西瓜以新疆为最早,已有千年以上历史。新疆夏季炎热、干燥少雨、日照充足、昼夜温差达 20℃,适宜于西瓜的生长。新疆西瓜的特点是:个大、多沙瓤、味甜甘爽、价格便宜。每当西瓜成熟季节,城乡市场,公路沿线,瓜摊林立,叫卖之声不绝于耳,探亲访友,大都以瓜代茶招待宾客。

4. 库尔勒香梨

库尔勒香梨是新疆梨品种中最具代表性的佼佼者,主产区在库尔勒。其果实大小适中,形如纺锤。果皮黄绿,阳面有红晕。果味浓郁、皮薄肉细、酥脆爽口、清甜多汁,含多种糖和维生素 C,耐储藏,一般能保存六、七个月。多次在全国名梨品评中名列前茅。

5. 无花果

因花体太小,隐藏于壶状花托内,外观只见果而不见花,故名。

无花果原产于伊朗(古波斯)等西亚国家,由丝绸之路传入我国已一千多年历史。其果实扁圆,皮色黄、肉细软、营养丰富、甘甜如蜜,被称为"果中之王"。因果实极为鲜嫩,不易保存和运输,因而多用以晒制果干或成果脯、果酱。

新疆阿图什素有"无花果之乡"的称号。前往观光游览的中外宾客,无不以一尝为快。

6. 石榴

新疆石榴生产于天山南麓塔里木盆地四周。喀什地区叶城县以其所产的石榴品种多、品质优而享有"石榴之乡"的美称。叶城石榴果形硕大,一般个重 300~500 g。皮薄柔韧,色彩绚丽,耐储藏。新疆石榴简单地划分为酸甜两类。酸石榴味较酸，果实较大，皮色浓艳；甜石榴味较甜，果实较小，底色乳白、彩纹淡雅。石榴因维生素含量高，被人们视为果中上品。

7. 杏

新疆栽培杏的历史极为悠久。在天山以南广大地区普遍种植，品种极多。杏的果实多汁味美，营养丰富，含多种维生素和微量元素。可加工成杏干，包仁杏干是在金黄色的半透明的干杏肉中夹一粒香脆的杏仁，吃时甜、酸、脆俱全，是款待宾客的珍品。

8. 巴旦杏

我国巴旦杏原从古波斯经丝绸之路引入，栽培历史一千三百多年，主要产于喀什地区，是维吾尔族最珍视的干果。其果肉干涩无汁不能食用，果仁却香甜适口，风味独特。巴旦杏营养价值很高，富含蛋白质、维生素和多种微量元素，是维吾尔人传统的健身滋补品。

9. 薄皮核桃

新疆核桃不仅栽培历史悠久，而且栽培地区甚广，南北疆均有种植，而塔里木盆地周围绿洲，农家种植尤为普遍。主要品种有纸皮核桃、薄壳核桃、早熟核桃等，具有壳薄、果大、含油量高等特点，而最优品种的产地在和田。

（四）风味饮食

新疆独特的烹饪方法和进食习惯在我国饮食文化中独树一帜。

1. 烤馕

烤馕是新疆各兄弟民族喜爱的主要面食之一，已有两千多年历史。馕的品种大约有五十多种，常见的有片馕、肉馕、油馕、窝窝馕、芝麻馕等。片馕是少数民族的主食之一，其做法类似汉族烤饼，把经发酵的面粉（不放碱或苏打）制成圆形（大多中间薄、四周厚、戳以花纹）贴在馕坑里烘烧而成。最大的直径有 40～50 cm，最小的直径不足 10 cm。添加羊油的即为油馕；用羊肉丁、孜然粉、胡椒粉、洋葱末等佐料拌陷烤制的是肉馕；将芝麻与葡萄汁拌和而烤制的叫芝麻馕；等等。馕含水分少，久储不坏，便于携带。

2. 抓饭

抓饭，维吾尔语称"朴劳"，是新疆维吾尔族的日常主食之一。因为维吾尔族吃"朴劳"时，不使用筷子，而是用手指抓食，故汉语称之为"抓饭"。抓饭的主要原料有大米、清油、羊肉、胡萝卜、葡萄干、洋葱。用这些原料混合焖制出来的饭，油亮、清香，味道可口，深受欢迎。维吾尔人的家里常做抓饭，特别是在婚丧嫁娶的日子里，总要做出大锅的抓饭来招待亲朋好友。

3. 薄皮包子

薄皮包子的特点是：色白油亮，皮薄如纸，肉嫩油丰，伴有新疆洋葱（皮牙子)浓郁的香甜味,非常爽口好吃。制作时,先将上好的料羊肉切成筷子头大的肉丁,再把洋葱剁碎,加胡椒粉、盐水(适量)拌匀成馅。在面粉中加凉水和成硬面,切成面剂子后用走槌擀成薄片,甩去面粉,包馅成鸡冠形(少带花褶),入笼屉用旺火蒸二十分钟即成。维吾尔吃法,一般和馕或者和抓饭一块吃。和馕一块吃,先把薄馕放进笼屉蒸馏少许,然后把包子放置薄馕之上;和抓饭一起吃,则把包子放于抓饭碗上。不论哪种吃法,吃时都在薄皮包子上撒适量胡椒粉,这样可以提味,增加人们的食欲。

4. 烤羊肉串

烤羊肉串是新疆最富民族特色的风味小吃之一。在城乡街头巷尾,在巴扎(集市)上到处可见。烤羊肉串的做法是:将新疆羊肉切成厚片,穿在铁钎上,架在长条形铁槽烤炉上,边烤边撒细盐、孜然、干辣椒末,两面都烤,几分钟即热。其特点是:肉质鲜嫩,味咸辣,孜然味浓郁,入口肥香热辣。

5. 烤全羊

烤全羊是新疆的一大名馔,其风味可以同北京烤鸭媲美,维吾尔语叫"吐努尔喀瓦甫"。烤全羊是选择羯羊或周岁以内的肥羊羔为主要原料,羊宰杀后,去其蹄及内脏,用精面粉、盐水、鸡蛋、姜黄、胡椒粉和孜然粉等调成糊状,均匀地抹在羊的全身,然后用钉有铁钉的木棍,从头穿到尾,放在特制的馕坑里,盖严坑口,并要不断地翻动观察,约 1 h 即成。现在一些大宾馆里,烤全羊已不用馕坑,而是采用大型电烤箱,一次可烤 2～3 只,效果甚佳。

6. 手抓羊肉

手抓羊肉是新疆哈萨克、蒙古、维吾尔、柯尔克孜、塔吉克等民族都喜爱的食品,是一种古朴、粗犷、独特、带有原始风味的食肉方式。牧区手抓肉烹制时,把新鲜羊肉入锅清炖至七、八成熟即捞出,用小刀割成片蘸盐吃,味道十分鲜美。

7. 奶茶

奶茶是新疆许多少数民族喜爱的饮料。其原料是茶和牛奶或羊奶。不同民族、不同地区的群众所选用的茶叶都不一样,喝茶的用具及奶茶的制作方法也各有差异:哈萨克族喜欢米心茶;蒙古族喜欢青砖茶;维吾尔族、锡伯族、塔塔尔族等则喜欢伏砖茶。通常先将砖茶掰碎,放入铜壶或铝锅中煮,待茶烧开后加入鲜奶,煮沸时不断用勺扬茶,直至茶乳充分交融,除去茶叶加入盐即成。哈萨克族、塔塔尔族等民族则将茶水和开水分开烧好,各放在茶壶里。喝时先将鲜奶皮放在碗里,倒入浓茶,最后用开水冲淡。

8. 马奶子

马奶子是哈萨克族最喜欢的饮料。是用马奶发酵酿制而成，含酒精 $1.5°\sim$ $3°$。做法是将刚挤出的马奶装在牛皮制成的皮桶里，放入陈奶酒曲，置保温处，使之发酵。以木杆搅动数次，几天后就成了略带咸酸、微喷酒香、清凉适口、沁人心脾的马奶子。它不仅有助于消化肉食，牧民还用它治疗肺结核和一般胃病，有一定疗效。

9. 拉条子

拉条子是新疆许多民族喜爱食用的一种面食。以上好面粉和面拉制而成，呈圆条状，柔韧细长，圆润滑爽，别具风味。制作的关键是和面和拉制两个环节。和面时盐量适当，以面软为宜揉透。拉制时可成把拉扯，也可将面选做成条子，再一根根地拉制。吃时以炒菜拌食为主，常用的拌菜是过油肉、鸡蛋炒西红柿、柿子炒羊肉、芹菜肉片等。

第三节　快速发展的新疆旅游业

一、特点

(一)拥有独一无二的旅游资源

"三山夹两盆"的地貌格局，干旱的气候，营造了新疆众多的独特的大尺度自然旅游资源，对游客有很大的吸引力和视觉冲击力。"沙市蜃楼"、风蚀地貌"魔鬼城"、罗布泊的雅丹奇观、壮观的沙漠日出与日落、沙埋的古城遗址等沙漠旅游吸引了大量的中外游客。雄峻的阿尔泰山、天山、昆仑山，造就了风采各异的山地景观，新疆拥有众多险峻的冰峰，海拔超过 7 000 m 以上的山峰有 16 座，这些山峰吸引着海内外的登山健儿竞相攀登。连绵起伏的山地、一望无际的草原、幽静的森林湖泊等生态旅游对游客有很大的吸引力。

丝绸之路贯通欧亚内陆，承载着昔日繁荣的历史，在新疆境内遗留下很多古迹，高昌古城、克孜尔千佛洞、楼兰遗址等，无不令人向往。古朴浓郁的民俗风情是新疆旅游业的又一亮点。新疆是一个多民族聚居的地方，少数民族都有自己独特的风俗习惯，领略浓郁而独特的民族特色和地方风情，体验到少数民族的生活，是很多旅游者的旅游动机所在。

新疆拥有众多的独一无二的旅游资源，具有多样性、唯一性、垄断性的特点。

(二)线路跨度大，交通不便影响着新疆旅游业的发展

新疆地域辽阔，旅游景区之间相距甚远。昆仑山、天山、阿尔泰山集中

了冰峰雪山资源，美丽的湖光山色则集中在新疆的北部，少数民族聚集区分布广泛。由于路途遥远，将这些景区串联起来则遇到了交通瓶颈。尽管近年来，民航、铁路、公路等条件逐步提高，但仍然无法满足飞速发展的旅游业的要求。旅游者既乘坐飞机、火车、汽车又坐毛驴车，至少用 20 d 的游览时间。如由乌鲁木齐到喀什近 1500 km，相当于游历了内地几个省区。到新疆旅游，交通成本过高，交通用时占整个旅游时间的比例过大，是新疆景点景区重游率低的主要原因。因此，大力进行基础设施建设，发展快速的交通体系，是实现新疆旅游业持续快速发展的必然选择。

(三)旅游季节性表现明显

旅游产品的季节性影响企业正常经营，资源季节性导致产品的季节性，导致整套供给体系的季节性，导致设备和人员利用的季节性，从多方面影响效益。由于受气候条件的制约，新疆旅游淡旺季十分明显，淡季长达 6～8 个月，在此期间，旅游人数寥寥无几，设施大量闲置；而旺季集中在 6 月中旬到 10 月上旬的短短 4 个月，而旅游地又选择乌鲁木齐、吐鲁番、喀什等少数几个旅游点，致使其他地区设备空置率较高。因此，应该注重开发一些淡季旅游产品，如冬季的冰雪节等。

二、发展现状

(一)逐步增强的接待能力

旅游接待能力直接关系到一个地区旅游业的发展，一个地区的旅游接待能力主要体现在对游客旅游活动的服务水平上，旅游活动包括食、住、行、游、购、娱六大要素。到 2008 年年底，新疆共有旅游星级饭店 403 家，其中五星级 11 家，在全国省会城市中名列前位，在西北五省区名列第一。四星级 46 家，客房 3.87 万余间，床位 7.38 万余张。各类旅行社由 1993 年的 60 家增加到 2008 年的 446 家(自治区 313 家，兵团 133 家)，其中，国际旅行社 56 家，国内旅行社 390 家。全区有 10 个地州市设立了旅游培训中心，初步形成了旅游人才与技能培训网络。开设旅游专业的高等院校有 17 家，旅游学院 3 家，中等专科学校 20 家。旅游规划设计资质单位 21 家。持证导游员 9 312 人，旅游直接从业人员 17 万人，间接从业人员达 72 万人。拥有旅游汽车 5 800 多辆，旅游接待能力和服务水平大幅提高。

乌鲁木齐机场是我国西部重要的枢纽机场之一，平均每天在乌鲁木齐国际机场起降的航班达 130 多架次，进出港旅客 1.4 万人次以上，2007 年完成旅客吞吐量 617 万人次。那拉提机场于 2006 年 7 月正式通航，是新疆第一个旅游支线机场。喀纳斯、库尔勒新机场分别于 2007 年 8 月 16 日、12 月 20 日投入使用。总投资 26.5 亿元的乌鲁木齐国际机场改扩建工程已于 2009 年完成,机场旅客吞吐能力达 1 635 万人次。航空运输能力的增强极大地提高了游客的可进入性。

乌鲁木齐至喀什铁路、乌鲁木齐至伊犁铁路的通车,大大改变了新疆交通落后的局面。近年来,新疆对外开放了 72 个市县和 17 个边境一类口岸,增进了海内外游客的涌入,这极大地促进了新疆旅游业的发展。

(二)旅游产业地位提升,旅游收入稳步增长

经过 30 年的发展,新疆旅游业从无到有,规模从小到大,在西部大开发的推动下,逐渐成为新疆发展最红火的支柱产业和先导产业,旅游业规模不断扩大,旅游总收入持续稳定增长。新疆维吾尔自治区政府在"十五"规划中明确将旅游业确定为新疆国民经济的支柱产业。"十一五"发展规划又明确提出,要进一步"培育和壮大旅游业,打造精品景区景点,把旅游业培育成为新疆重要的支柱产业"。近年来,新疆不断整合旅游资源,提升发展内涵和可持续发展能力。旅游业在新疆总体经济中的地位逐步提升。

自 20 世纪 90 年代以来,新疆的旅游业得到飞速发展,游客从 20 世纪 80 年代的几百人,发展到 2007 年的 2 170 万人。客源的稳定,旅游业地位的提高及旅游业收益的持续上升,说明新疆旅游业方兴未艾。1978 年,新疆接待海外旅游者 88 人,创汇 4.6 万美元。在 1996 年自治区人民政府将旅游业确立为先导产业,2001 年自治区人民政府又提出将旅游业发展成为新疆的支柱产业。特别是"西部大开发"战略的实施,为新疆旅游业的发展注入了新的动力,赴新疆旅游的人数与日俱增。除了 2003 年受"非典"的影响,旅游者数量出现波动以外,之后旅游者人数快速反弹,并逐年攀升。到 2007 年年底,新疆共接待入境旅游者 43.84 万人次,创汇 1.62 亿美元;接待国内旅游者 2 126 万人次,国内旅游收入 192.92 亿元人民币;旅游接待总人数达到 2 170 万人次,旅游总收入达到 205.27 亿元人民币。旅游收入在 GDP 中的比重由 1978 年的 0.03% 上升到 2007 年的 5.79%,见表 12.2。

表 12.2　1978～2007 年新疆旅游业发展情况

年度	国际旅游人数 /人	国际旅游收入 /(万美元)	国内旅游人数 /(万人)	国内旅游收入 /(亿元)
1978	88	4.6		
1980	3 850	175		
1995	203 579	5 258	514	7.1
1997	172 500	7 111	582.19	7.82
1998	206 632	8 246	616.8	55.63
1999	223 829	8 582	694.6	58.29
2000	256 082	9 494	757.81	62.67
2001	272 982	9 856	839.3	71.8
2002	275 350	9 942	967.94	83.95
2003	170 545	4 858	191.5	88.69
2004	316 900	9 108	1 241.58	108.96
2005	290 140	10 009	1 465	130.55
2006	313 101	12 800	1 661	149.14
2007	438 436	16 190	2 126	192.92

资料来源：新疆统计年鉴(1986～2006、2008)。

三、发展规划

新疆凭借地缘和资源优势、西部大开发的机遇，在旅游业发展上具有得天独厚的优势，将成为中国旅游业 21 世纪大发展的战略区域。

(一)新疆旅游业的发展战略和目标

1. 发展战略

新疆旅游业以"五区三线"为重要发展战略，本着统一规划、整体设计、突出特色、重点开发、注重环保、坚持可持续发展的原则，依托丰富的资源优势和区位优势，发挥旅游业对区域经济的带动作用，加大开发力度，使新疆旅游业在资源潜能释放力和旅游需求扩张力的作用下，形成一定的产业规模，实现旅游业的快速发展。

"五区三线"中的"五区"是指：以喀纳斯为重点的生态旅游区；以天池和博斯腾湖为重点的风景旅游区；以吐鲁番为重点的古文化遗址旅游区；以喀什为重点的民俗风情旅游区；以伊犁为重点的塞外江南观光旅游区的五大区。"三线"是指吐鲁番—库尔勒—塔中—和田—喀什、从乌鲁木齐—天池—克拉玛依—乌伦古湖—喀纳斯湖、从乌鲁木齐—奎屯—乔尔玛—那拉提—巴音布鲁克—金沙滩—乌鲁木齐三条旅游线路。

2. 发展思路和目标

发展思路是：鼓励支持区内外大企业、大集团参与新疆旅游资源的开发和整合，加强区内、省际及周边国家旅游区域合作；凭借地缘优势、资源优势，以广阔的客源市场需求为导向，发展与中国沿海、中部地区互补性强的高品位旅游产品。完善基础设施，强化市场规范管理，建设诚信体系；围绕丝绸之路文化，开发特色旅游产品。实现一个目标：把旅游业培育成自治区国民经济的重要支柱产业，把新疆建设成为我国旅游大区；打造两个精品：喀纳斯和那拉提生态旅游区、喀什和吐鲁番民俗文化旅游区；抓好三个建设：乌昌旅游中心、南疆旅游板块和北疆旅游板块；取得四个突破：乡村及民俗文化旅游的突破、冬季冰雪旅游的突破、特种旅游的突破和边境旅游的突破。

新疆旅游业未来发展目标：到 2012 年，全区将接待入境旅游者 100 万人次，国内旅游者 4 000 万人次。为满足游客住宿需要，新疆星级酒店数量在现有基数上还将增加一倍。因此，自治区旅游管理部门鼓励鸿福大饭店、银都酒店、海德酒店等利用自身优势，实施酒店连锁经营，打造新疆酒店业品牌；同时，鼓励中、低档宾馆扩容挖潜，增加接待能力；大力发展家庭宾馆，全面提高酒店业应对市场变化的能力。

（二）新疆旅游的宏观布局

以"五区三线"旅游发展格局为基础，完善和提升以丝绸之路文化为核心的旅游产品体系。以品牌为龙头，改造和提升现有产品，积极开发适应市场需要的新产品，在继续发展观光旅游产品的同时，大力发展度假休闲产品，努力构建现代旅游产品体系，建设有竞争力的旅游目的地。

新疆旅游的总体布局为提升一个世界级文化旅游品牌，打造两个世界级精品旅游区，形成三条丝绸之路旅游环线，完善四个名牌景区，培育五个重点旅游区，开发六大特色产品系列，完善十二座优秀旅游城市功能。一个世界级文化旅游品牌即丝绸之路文化旅游品牌；两个精品旅游区包括喀纳斯、那拉提自然生态旅游区，喀什、吐鲁番民俗文化旅游区；三条旅游环线包括丝绸之路北道神秘之旅环线、丝绸之路中道浪漫之旅环线、丝绸之路南道追寻之旅环线；四个名牌景区分别是天池自然风光旅游区、乌鲁木齐南山生态与滑雪旅游区、昌吉乡村旅游区、赛里木湖高山湖泊旅游区；五个重点培育的旅游区包括伊犁河谷草原文化旅游区、阿克苏龟兹文化旅游区、巴州大漠生态与特种旅游区、哈密丝路驿道文化旅游区、和田美玉之都旅游区；六大特色产品包括冬季冰雪旅游、乡村及民俗风情旅游、边境旅游、特种旅游、红色旅游、工农业及商务旅游；十二座旅游城市为乌鲁木齐、喀什、吐鲁番、伊宁、阿勒泰、哈密、库尔勒、阿克苏、克拉玛依、石河子、昌吉、博乐。

（三）新疆旅游业发展存在的问题

近些年，新疆旅游业虽然有了较大的发展，但还远未达到成熟程度，距离内地一些旅游发达省区还存在着较大的差距。旅游业的发展与丰富的旅游资源优势很不相称，产业运行中还存在一些突出的问题和薄弱环节，影响着新疆旅游资源优势的发挥。

1. 对发展旅游业的投入不够

新疆旅游业发展起步晚、底子薄、基础弱，对旅游业投入不足，在景区建设、旅游宣传促销、旅游基础设施建设、旅游人才培养等方面的经费投入与东部和中部省区相比有很大差距。

2. 交通因素对新疆旅游业发展的限制较大

新疆远离三大旅游客源市场，同时疆内旅游景点分散，点多线长，旅游交通花费多且时间长、旅长游短、交通可进入性差是限制新疆旅游业发展的瓶颈因素之一。

3. 旅游宣传促销较少

同旅游发达省区相比，新疆旅游宣传促销经费仍然有较大差距。由于宣传力度不够，国内环渤海地区、长三角地区、珠三角地区三大客源市场对新疆主要景区了解不多，只知道7～10月份的新疆旅游；对新疆经济社会发展状况知之甚少，影响新疆旅游业快速发展。

4. 旅游企业散小弱差，缺乏品牌连锁企业和集团化企业

新疆旅游产业体系初步形成，产业规模不断壮大，然而新疆旅游企业规模较小、布局分散、管理水平低、经营理念落后、竞争力弱、经济效益差，缺乏品牌企业。比如在全国百强国际社中，新疆只有2家；新疆缺少全国百强国内社；新疆没有本土的著名全国连锁品牌酒店等。因此，新疆的旅游企业在品牌化、连锁经营、集团化发展等方面存在很大差距。

5. 旅游专业人才缺乏，旅游教育培训有待进一步加强

新疆旅游高校教育体系大多在2000年以后设立，旅游专业人才培养严重不足，尤其是缺乏高层旅游管理人才。新疆旅游高层管理人才多由东部沿海旅游发达省区培养，且流失严重，旅游饭店管理、旅行社管理、旅游营销策划、旅游景区管理人才匮乏，现在在职的多为非旅游专业人员，经营理念落后，管理水平较低，大多凭经验管理。高层旅游管理人才的缺乏直接导致旅游企业经营效益差、竞争力弱、规模小，制约着新疆旅游产业的升级换代。

（四）新疆旅游业发展的措施

作为 21 世纪中国旅游业大发展的后备战略基地，新疆除了制定整体的发展战略外，还需有具体的措施。

1. 实施政府主导，加大跨省区合作

通过政府制定法律、法规，加强旅游管理，在宣传中发挥主导作用。加大跨省区的旅游合作，共同出资策划"丝绸之路"旅游，联合推出旅游线路，建立客源互送机制。

2. 加强交通设施建设，提高游客的可进入性

改善交通条件，优先发展民航，把乌鲁木齐国际机场建设成世界一流航空港。利用欧亚大陆桥的铁路大通道，扩大国际国内铁路运输游客出入新疆的能力。优先解决国家级、省级景区和重要旅游资源开发地的出入支线公路的建设，提高可进入性。

3. 吸引资金参与新疆旅游资源的大开发，扶持旅游企业做大做强

目前，新疆旅游业发展的障碍之一是资金不足，这就使一些好的项目无法兴建，好的景点无法得到应有的维护，无法提高接待能力。必须合理地利用各种融资方式，扶持旅游企业发展壮大，培育品牌企业。

4. 构建旅游网络系统，实施旅游业信息化管理

在统一组织和规划下，广泛运用现代信息技术，建立开放的旅游信息网站，及时发布旅游信息。加强网上订票，网上订房等旅游电子商务的建设。通过利用旅游信息资源，提高旅游服务质量，加速旅游业发展进程。

5. 提高人才素质，实施满意服务

加速旅游人才培养，建设一支服务水平高、业务能力强的导游员、服务员、营销人员、管理人员队伍，是确保新疆旅游业快速、健康发展的关键。提高服务质量，使优质服务成为新疆旅游业的一个显著特征和标志。

6. 加大新疆旅游宣传促销力度

有效利用宣传促销资金，宣传新疆旅游，提高宣传效果，扩大宣传覆盖面和影响力；通过各种媒介对外传播新疆、促销新疆；通过举办节庆、会展、会议等，提升新疆旅游知名度和影响力。

7. 发挥地缘优势，开展边境旅游

充分发挥口岸边民互市和旅游购物优势，以边境旅游带动新疆国内旅游和入境旅游增长。开展与周边国家的旅游合作，选择若干有条件的口岸试点开展边境旅游。

目前，新疆旅游业正面临着世界旅游热点向亚太地区转移、我国实施西部大开发战略的大好时机，新疆旅游业在飞速发展的同时，必须坚持可持续发展战略，才能在激烈的市场竞争中立于不败之地。

第十三章　多民族荟萃的新疆文化

章前语

　　新疆文化是几千年来生活在新疆的人民在长期的生产实践和社会活动中所创造的物质财富和精神财富的总和，是新疆历史发展的产物。新疆文化表现出包容性与多样性、交融性与继承性、积淀性与部分断裂性等文化特点，形成了独具特色的绿洲农耕文化、草原游牧文化、屯垦文化，或者音乐舞蹈文化、宗教(伊斯兰教)文化等多种文化类型。新疆各族人民为保卫和建设新疆作出了重要贡献，为创造中华民族源远流长的灿烂文化增添了绚丽的篇章。本章从新疆文化的形成及其发展环境背景等方面分析新疆文化特点及类型，并对新疆部分民族文化进行了详细阐述。

关键词

　　新疆；文化；多民族；维吾尔

第一节　新疆历史文化及其发展的环境背景

一、新疆远古文化及其类型

(一)新疆远古文化

　　新疆古称"西域"，这一名称自汉代就出现于我国史籍，一直沿用到清朝统一西域，之后改称新疆。历史上的西域有广义、狭义之分。广义指玉门、阳关以西广大地区，包括今新疆、中亚、印度、西亚等；狭义指今新疆。

　　新疆境内虽然迄今尚未大量发现旧石器时代的文化遗存，但是一些旧石器时代后期的文化遗存已屡见不鲜。如：阿图什市阿湖乡阿其克村博古孜河东岸高坡上发现了人头骨化石，经考古学、人类学、地质学界专家们对人头骨化石的特点、级别和地层、地理环境进行详尽的研究和分析，运用国内最先进的碳14检测手段进行了测试，鉴定这一人头骨化石至少有一万七千年的历史，为18岁左右的男子的头骨，比现代人头骨要厚，因人头骨化石出土在阿图什市境内，考古学家称它为"阿图什人"头骨化石；塔什库尔干塔吉克自治县提孜那甫乡吉日尕勒村附近发现了人工火烧物的灰迹，灰烬中少量的烧骨，零星的动物肢骨碎片和砍砸器等遗址属旧石器时代后期文化遗存。新石器时代文化遗址在全疆各地均有发现，这些均属于新疆的远古文化。

（二）新疆远古文化类型

根据已出土的许多新石器时代的文物，新疆远古文化大致可分为三大类。

1. 以细石器为特征的新石器时代文化

所谓细石器，是指一些细小的石制箭镞、刮削器、尖状器等精制石器工具，包括石刀、石制箭头、锯形凶器等。它代表了一种以狩猎、游牧为主的经济生活。这类遗址遗物，均分布于天山南北麓或天山山地中的小盆地上。如哈密的三道岭、七角井，乌鲁木齐的柴窝堡，吐鲁番的阿斯塔那、雅尔湖、木垒哈萨克自治县城南郊。哈密遗址似以狩猎和游牧经济为主，吐鲁番和木垒遗址可能已有原始农业。以细石器为特征的文化，是新疆比较早期的新石器时代文化。

2. 以比较大的磨制石器为特征的新石器时代文化

这类文物在新疆东部的吐鲁番、托克逊、哈密与鄯善等地区，在塔里木盆地中部的库车、温宿、焉耆、轮台、尉犁等地区，在盆地南部的且末、民丰、洛浦、皮山、莎车、喀什、巴楚等地区均有发现。这类文物中有石斧、石镰、石铲、石箭头、石杵、磨盘、石纺轮、石球，各种陶制容器和骨制的骨锥子、骨针、骨制钻头以及少量的青铜武器工具。同时还伴有火候不高的夹砂陶陶器，主要器形有罐、钵、盆、瓮、小杯等。在这类遗址中还有小件红铜器具出土。这说明了它所反映的时代，其下限已进入了铜石并用阶段。它所反映的经济生活以农业为主。这类遗址主要分布于塔里木盆地的西部和西北部。

3. 以彩陶器为特征的新石器时代文化

这种遗址在哈密、吐鲁番、木垒等地均有发现。与这种彩陶器同时出土的还有各种磨制石器，小件铜器甚至铁器，其中大部分为农业生产工具。还有随葬品十分丰富的墓葬，墓中有大量随葬的牛、羊和马骨，有小米饼及青稞穗壳。这类遗址的分布地区十分广泛，遗址的随葬衣、帽、鞋、皮毡，多未腐朽，说明一直与干旱气候等自然条件有关；牛、马、羊骨，小米饼及青稞穗壳，标志着这时的居民有的已经定居，发展起了牧业和农业经济文化。

以上考古资料表明，新疆早在新石器时代已有居民活动。在天山以北地区，他们使用棍棒、弓箭、骨矛、石锤、石片等简陋工具，依靠群体力量，围猎野牛、野马等大型动物并放牧牛羊，衣食都仰赖于动物，保留在山谷石壁的岩画，生动描绘了当时情景。如阿尔泰山岩画长廊，巴尔达库尔岩画群、呼图壁县境内的康家石门子生殖崇拜岩画等。在天山以南绿洲地区所出土的石器远古文化则属于农业文化，说明那时已经发明了农业。在新石器时代或稍后的人类墓葬中，考古学家们发掘出了很多干尸和骨骼。当地出土的公元前的人类骨骼，也说明了当时的新疆居民人种混杂，与东方和西方都有联系。一些文献材料和神话传说也可与人种的测量互相印证。

二、新疆文化形成的环境背景

新疆文化的形成有自己的地理环境和人文环境。

(一)新疆文化的形成与自然环境、生产生活方式和民族语言息息相关

在新疆南部，有塔里木河和其上游的阿克苏河、叶尔羌河、和田河，还有孔雀河、开都河流域，它们围绕塔里木盆地边缘形成了大大小小的绿洲。这是南部农耕居民赖以生存的沃土。在新疆北部，由于额尔齐斯河、伊犁河的滋润，形成了辽阔的草原地带。这是游牧民族维系生命的原野。

新疆南北不同的地理环境，孕育了不同的生产方式。南部绿洲以农耕经济为主，经济结构单一，生产单元分散；经济活动以自足性为主。北部草原生活着"逐水草而居"的游牧民族。他们的生产方式主要是放牧马、牛、羊，"逐草而居"，在整个游牧社会中，人们的一切活动均服从于牲畜的繁衍、生长的需要。虽然游牧经济也是一种单一的经济生产方式，也有自足性，但它与绿洲农业经济不是一种对峙关系，而是一种互补关系。

新疆这种以地理环境不同而形成各异的生产方式也不是绝对的，在南部以绿洲为主的农业区，仍有牧业经济成分，如巴音布鲁克草原、帕米尔高原的游牧经济带。而在北疆草原游牧带，也存在农耕生产方式，农业区在北疆各地均能见到。

(二)新疆是多民族聚居和多宗教并存的地区

如上所述，新疆多民族聚居，多宗教并存，拥有丰富的文化层。

在海运开通之前，这里是中原地区联系中亚、南亚、西亚以及欧洲大陆的必经之地，并逐渐形成了一条连接东西方的国际商业通道。在近两千年的时间里，伴随着古道上的驼铃，古代中国的手工艺品、珍贵的药材以及火药、造纸、印刷术传到了西方，西方及中亚诸国的名贵产品、蔬菜瓜果以及有关的文化艺术流入中国。"丝绸之路"像一条友谊的纽带，把古老的黄河流域文化、恒河流域文化、古希腊文化和阿拉伯—波斯文化连接在一起。新疆令人瞩目的石窟艺术，是佛教东渐的遗迹；众多的清真寺、麻扎，是伊斯兰教传

入并与本地民间宗教结合的历史见证；吐鲁番阿斯塔纳—哈拉和卓古墓群以其丰富的出土文物被称为"地下博物馆"，多姿多彩的各民族生活习俗和民族民居、服饰、饮食、节庆、乐舞艺术和宗教文化构成一幅五彩斑斓的民族风情画卷。新疆不愧是一块多元文化交流、繁荣的宝地。

三、新疆文化特点

历史上众多民族在新疆这片土地上生存、繁衍，在这一历史的进程中，各族人民的勤劳智慧也凝聚成丰富多彩的文化，最终融入中华民族光辉灿烂的文化之中，至今仍在熠熠生辉。在今日的新疆，仍能充分感受到多种文化特点。

新疆文化概括起来具有以下特点。

(一)包容性与多样性

新疆地处欧亚大陆腹地和丝绸之路要冲，特殊的地缘区位造就了多种地域文化，特别是中西文化的交会，使其有条件成为东方华夏文化、南亚印度文化、希腊—罗马文化和阿拉伯—波斯文化即世界四大文化的融合交汇之地。新疆又是阿尔泰语系、印欧语系、汉藏语系多民族语言的融汇之地，这里的文化传统带有明显的包容色彩。自汉代开通的古丝绸之路成为古代东西方经济、文化交流的大动脉，并有效地运行了 15 个世纪。地处丝绸之路中段的新疆始终发挥着对中西文化的吸纳、传输作用，既迎来东西南北风，经受多种异质文化的冲击，又经过自身的加工改造，传输到四面八方。因此成为亚洲内陆腹地绿洲系统的代表：置身于世界几大文明的包围之中，除本土文化（农耕文化与草原牧区文化）外，还吸收了多种民族、多种语言、多种文化的传统。

新疆自然地理环境的诸多生态特点，对新疆文化多样性特征的形成有着直接或间接的作用和影响。而这种作用和影响又是通过处于不同生态环境中的人类对生态环境的适应过程实现的。每一个民族因自身的生存和发展需要，在漫长的历史过程中，形成了各自的对所在地区自然生态环境的适应能力，这不仅反映在衣、食、住、行等各个方面，而且也反映在人类繁衍、婚姻丧葬、甚至宗教生活的各个方面。从某种意义上说，不同民族对所处生态环境的适应能力本身就是他们各自文化形成、发展的具体表现，其中的物质文化形态又对精神文化形态的产生和发展有着直接或间接的作用，这种作用在很多方面是通过人与自然的关系的不断调整，认识上的深化和完善而体现的。

新疆文化是多源头的，许多外来文化并不是原封不动地移植于这块土地上，而是在对这块土地上原有文化系统、生态环境系统适应的基础上，经过其自身的调整、取舍而扎下根。其中，新疆多样化的生态环境本身具有对外来文化的过滤作用和重整作用。组成新疆多元文化系统的各民族的文化，也从来不是静止和封闭的，每个民族的文化都处于经常的吸收和调整之中，从别的民族文化中吸收自己所没有的内容，经过消化而吸收。在这个消化过程中，民族文化中已经适应于其生态环境的基础，对所吸收的东西有选择的功能。这一点在新疆文化历史的变迁中表现得非常充分。各个民族在衣、食、住、行等基本的生计活动中，差别不是越来越大，而是趋于相通和交流。

（二）交融性与继承性

交融性特征，表现在开放性环境所产生的多姿多彩的新疆民族文化之中。在历史上，各种文化不断涌入新疆，在此撞击交流，形成交融性的特点。新疆曾是众多古代民族活动、交融的历史空间，武力征服、民族同化、外来文化的巨大冲击等在此上演。这样巨大变化的环境，使东西文化在交融中博采众长，逐步形成雄浑博大、灿烂辉煌的新疆民族文化。

天山南北农区文化和牧区文化长期并存交往，融合发展形成了新疆自有的历史文化、农业文化，表现为分散、保守，能牢固地保存自身传统的生活方式和文化内涵。牧区（"行国"）文化的主人俗称"马背上的民族"，长期艰苦流动的草原生活，造就了他们勇武强悍、流动善战的特点。另外，多种民族的多种宗教在历史上却能长期并存，互相吸收、互相影响。与此同时，阿尔泰语系、印欧语系、汉藏语系等多种语言文字也能长期并存发展。像魏晋南北朝以后，仅吐鲁番就有古突厥文、粟特文、汉文、叙利亚文、梵文、希腊文等16种文字通行；经唐、宋、元、明、清，又并存发展维吾尔、汉、蒙古、满、哈萨克、柯尔克孜等民族语言文字，且在各民族语言中，吸收或借用其他民族语言中词汇的现象相当普遍。另外，还体现了多种音乐、舞蹈、绘画、雕刻等文化艺术的长期并存发展。

新疆今天多姿多彩的民族文化与浓郁的西域风情，是古代西域文化的继承和发展，具有深刻的历史渊源，也具有"异域"情调和鲜明的民族个性。

新疆文化的继承性特征，表现在今天新疆主体民族（维吾尔族）的传统文化和社会群体特点之中。维吾尔民族作为大陆草原游牧民族，因"随水草迁徙"，接触新事物的机遇较多，其视野也就比较宽广。

新疆其他民族的文化也都与他们的生计系统有着极其密切的源流关系。比如说，历史上的以畜牧为生计来源的民族，都曾经从事过狩猎和采集，而历时达几千年的游牧生产方式，则对他们的自然观、生计方式、行为方式的产生和形成起直接的作用。哈萨克族、柯尔克孜族、蒙古族、塔吉克族主要以畜牧生产为生计方式，他们今天的文化形态，虽然有着由于宗教、历史等因素而呈现的不同的表现方式，但就从生计系统这一点，他们的这些民族文化中相似成分之多，是显而易见的，这种跨民族的文化形态是新疆文化继承发展的一个重要特征。

（三）积淀性与部分断裂性

汉代以后，丝绸之路历代相袭，至明代海路开辟前，丝绸之路一直是沟通东西方政治、经济、文化往来的主要桥梁。丝绸之路从长安出发，经河西走廊，路分南、中、北三线；南线依昆仑山北麓西进；中路途经哈密沿天山南侧绿洲西行；北线则经巴里坤草原，顺天山北坡西走，越帕米尔高原后进入中亚、南亚和西亚，最后到达欧洲和世界各地。通过这条丝绸之路，不仅活跃着东西方的贸易活动，而且也促进了多种音乐、舞蹈、绘画、雕刻等文化艺术的长期并存发展，并作为遗产宝库有大量留存于世。如敦煌莫高窟、拜城的克孜尔千佛洞、库车的库木吐拉千佛洞和吐鲁番的帕孜克里克千佛洞；动听悦耳的龟兹乐、于阗乐、高昌乐、疏勒乐等西域乐曲及维吾尔族的木卡姆乐曲、赛乃姆、买西热甫舞蹈，哈萨克族的阿肯弹唱、赛马、叼羊、姑娘追等竞技活动，柯尔克孜族的擀毡舞、挤奶舞，蒙古族的毕舞、摔跤，回族的花儿演唱，锡伯族的射箭运动，塔吉克族的那艺吹奏等。此外，还有许多著名的清真大寺，如新疆喀什艾提尕尔清真寺。丝绸之路沿线各民族的民俗文化，包括住房、饮食、服饰、交通、节庆、婚丧嫁娶、礼仪祭礼、禁忌等，更是璀璨多姿。

部分断裂性特征，表现为新疆多种结构的文化，曾在多处发生中断，一些古代文明在新疆大地上突然消失，成了千古之谜。文化断裂是由多方面原因造成的，主要是河流改道、沙漠等自然环境的变迁，导致当地古代文明被埋没在茫茫沙漠之中；或者民族同化，外来文化的巨大冲击，使一些旧有文化退出了历史舞台，形成了许多死文化。

新疆不同来源的文化长期的接触、碰撞，互相影响，互相渗透，使得本地区原有的民族，原有的文化都有了不同程度的变化，各民族文化互相辐射，互相影响，互相适应，共同发展。

第二节　丰富多彩的多元文化类型

新疆是多民族荟萃之地，多种文化在此碰撞、融合，留下了丰富多彩的文化类型。受地理环境与生产方式差异的影响，新疆的物质文化类型可以分为南部绿洲农耕文化和北部草原游牧文化及屯垦文化三大类型；精神文化有歌舞文化和宗教文化等类型。

一、绿洲农耕文化

西域绿洲农耕文化是随着绿洲的形成和原始农业的产生而逐渐发展起来的。这个时期的绿洲农耕文化经历了从铜石并用时代向铁器时代的飞跃,进入西域的早期铁器时代。汉代以后的南部绿洲文化,在两汉时期定型,在魏晋时期得到发展,到唐宋时期达到高峰,一直泽溉至明清时期。

西汉时期西域南部绿洲农耕文化的变迁主要影响因素:一是自先秦时已开通的丝绸之路到汉代形成贸易频繁的格局;二是佛教传入西域。

丝绸之路贸易的兴起在文化交流上是最具影响的事件。它的意义不仅仅在于物质文化的交流,而且对丝绸之路沿途居民的观念都产生了强烈的震撼。原先被分割为若干块的绿洲,在丝绸之路开通后一下子有了串珠之线,封闭的绿洲向外界打开门扉,呼吸着东西方文化的新鲜气息。塔里木盆地的丝绸之路南北二道是当时最负盛名的文化交流的通道。由于南北二道周边的绿洲城郭成为各国、各地商旅的贸易集散地,中原文化与西方文化在此交汇融合,影响到绿洲居民的宗教信仰、民情风俗、文学艺术等诸多方面。这种文化交流的影响一直延续了两千多年,至今还能觅到其踪迹。

佛教在公元 1 世纪左右传入新疆。在佛教传入前,南部绿洲的居民崇拜自然,信仰祆教(拜火教),有祭天祭火等仪式,多为巫术仪式。佛教的传入并没有排除本地居民的原有信仰,而是相互吸纳。佛教是沿丝绸之路南北二道传入,反映在艺术上也有所不同,如塔里木南缘的佛教艺术与西北面的印度犍陀罗艺术关系密切,而北缘的龟兹佛教艺术与巴米扬石窟壁画艺术相似。

魏晋南北朝的绿洲文化可分为两种文化体制并行的鄯善文化圈、高昌文化圈和以佛教文化为主体的于阗—龟兹文化圈。

隋唐时期的南部绿洲文化达到鼎盛期,这与当时的民族融合密切相关。多民族文化交流现象十分突出。在文化上出现双向回授的新局面,音乐上龟兹乐、高昌乐入隋唐宫廷乐,龟兹音乐家苏祗婆在音乐回授中影响最大。以尉迟乙僧父子为代表的于阗画派对中原画风产生革命性影响。唐代长安风行的"胡风"开文化回授的先河。同时唐代不少诗人从军到西域,以西域边塞诗为核心的中原文人文化登上西域历史舞台,题材多以唐开边、周边战争有关,还有不少反映西域民俗风情的诗作。当时本土文化与外来佛教文化、突厥文化交相辉映,"佛曲"在于阗、龟兹流行。如龟兹的"断发""压头""元日斗牛"习俗依然随处可见。突厥族地方文化在丝绸之路北道的影响因西突厥在西域的统治也在日渐加深。高昌王国的文化又融进突厥文化,"男子胡服"和"被发左衽"成为当地居民的时尚。高昌地区随着回鹘汗国的建立,一时汉文化、突厥文化、回鹘文化相融相济。这种民族的多样化、文化的多元化更促使了西域文化的发展。

宋、元、明时期，新疆南部绿洲文化经历了剧烈的社会变革，各种文化之间的冲撞、吸纳更呈复杂局面。文化上的分化、组合时常发生，传统文化格局被打破，新的文化格局逐步形成。

10 世纪前期，以喀什噶尔为中心的喀喇汗王朝萨图克·布格拉汗皈依伊斯兰教，随后，经过 40 多年的宗教战争，伊斯兰教征服于阗地区。这样，塔里木盆地南缘绿洲原有的文化格局被打破，加速了这个地区的突厥化—伊斯兰化进程。在此期间，以喀什噶尔为中心的城市文化形成，出现了一批以文人典籍为主的作品。其中的代表作是玉素甫·哈斯·吉甫的《福乐智慧》和马赫穆德·喀什噶里的《突厥语大词典》。回鹘西迁后在高昌建立回鹘汗国，逐步完成了从游牧经济转向农耕经济的进程。回鹘人在信仰佛教的同时，还信仰摩尼教、景教，文化典籍有突厥文、回鹘文、汉文、粟特文、叙利亚文的宗教文书，处处可见东西文化交融的印记。

13 世纪后，成吉思汗西征，控制西域地区，南部绿洲的社会及文化处在剧烈的变革中。14 世纪中叶后蒙古部族 16 万人皈依伊斯兰教，高昌地区的维吾尔人也改宗信仰伊斯兰教。游牧的蒙古人逐渐适应农耕社会的文化生活，而畏兀儿人中的知识分子进入内地，接受汉文化的熏染。西域又开始一个多元文化并存的新时期。

二、草原游牧文化

天山以北地区的草原游牧文化可分几个历史时期：一是两汉时期以塞人、匈奴、大月氏、乌孙为代表的游牧文化；二是魏晋南北朝时期的呋哒、悦般、高车、柔然等民族的"行国"游牧文化；三是隋唐时期的突厥文化；四是元代的蒙古族游牧文化；五是清代的准噶尔地区、哈萨克、柯尔克孜、塔吉克游牧文化。

早期游牧文化多不为史载。后人根据口头传承文化材料，在相互比较中，勾勒出文化的大致轮廓的。其中，被汉文文献记载的塞人，可能因生活地域、生产方式不同，分为崇拜植物叶子的塞人、戴尖顶帽的塞人、河边海边的塞人。第一种塞人可能以农耕为主，第二种塞人以游牧为主，第三种塞人以渔猎为主。但这也不是绝对的，因为在新疆南部绿洲地区也出土有尖帽塞人的墓葬，可能部分塞人从游牧生活转向定居的农耕生活时，原来的风俗习惯，如服饰等依然保留下来了。

迁徙至伊犁河流域的乌孙部落是人口众多的游牧部落，其习俗也多同于匈奴、大月氏等游牧部落。乌孙人因"随畜逐草"，故居住在穹庐中。《汉书·西域传》形象称为："穹庐为室兮旃为墙，以肉为食兮酪为浆。"封土殉狗是乌孙人的丧葬习俗之一。

魏晋南北朝时期的草原"行国"游牧文化，因民族迁徙、流动频繁，往往是一种文化还未站稳脚跟，另一种文化又接踵而来。天山北部"行国"游牧文化在大同中有变异，从总体上讲，其文化均与游牧经济方式相适应，也都有一定的共性，如信仰萨满教，婚丧习俗相同或相近。但是对外部文化的取舍有所不同，仍保留本地民族文化的特性。

隋唐时期，突厥文化是当时游牧民族中较发达的文化，有文字，为拼音文字，信仰萨满教、佛教、祆教，但无祆祠，刻毡为形，盛于皮袋。有佛教经卷和佛寺。突厥人在婚姻上实行自择配偶制和收继婚制。西突厥在西域活动时亦受周围各民族文化的影响，如汉文化、本地居民文化及西方文化影响，同时突厥文化的城居化、农耕化和佛教信仰也对当时新疆文化有渗透作用。

元代是新疆民族大融合、文化大融汇的时期，主要表现为向定居农业社会形态转型，信仰伊斯兰教等方面。北部草原地区与南部绿洲地区一样，伊斯兰教呈现从西向东扩展的趋势。

三、屯垦文化

西域屯垦兴于西汉，盛于唐代，清代又开创屯垦戍边的新局面。唐代的屯田除天山以南、以东地区，如焉耆、龟兹、西州、于阗、轮台等屯田外，又增加了天山北部地区及至中亚的庭州、清海、碎叶屯田。清代把屯田的重点放在天山以北地区，像乌鲁木齐、伊犁、塔尔巴哈台（今塔城）阿尔泰屯垦区，还有东部的巴里坤、哈密、吐鲁番等屯垦区。乾隆时期的屯田形式又分军屯、旗屯、遣屯、民屯、回屯数种。

西域屯垦文化是随着历代屯垦事业而发展起来的，它在文化上具有自己的特点。一是内地的先进物质文化传入新疆。两汉时，丝绸大量输入，内地的冶铁、铸造、丝织生产技术也随之传播；唐代时造纸术也由内地传入新疆，有了早期的纸坊；清代，内地的丝绸、布匹、茶叶、铁器、药材、酿酒术传入，新疆官方与民间的商号、作坊林立。二是自汉代以来内地精神文化也随屯垦广泛流布。三是由屯垦发展起来的城镇文化出现。两汉、隋唐时以军屯为主，到清代，随着屯垦方式的多样化，奠定了以城镇为中心的文化圈的基础。屯垦城镇文化首先勃兴于商业贸易频繁的地区，这些地区也就由商埠变成了广纳全国各地文化的城镇，清代新疆经商者以天津、山西、陕西、江苏、浙江等人居多。天山北路大城镇以伊犁九城、乌鲁木齐、塔城、古城、巴里坤、哈密最为出名。这些地方云集内地各省商人，同时还有官铺及商行。又因为这些地方是军屯、民屯、遣屯、旗屯的集中地，富有特色的内地各省民俗文化在此落脚，像内地南北各省的年节习俗、方言俚语、饮食习惯、地方戏剧、婚葬礼仪等在此杂陈，又与当地少数民族文化相互影响，凸显了多元文化的氛围。

新疆虽然按地域、生产方式、民族差异形成南部绿洲文化、北部草原游牧文化、屯垦文化，但文化差异中也有趋同性，在趋同中又保持地方民族差异，如茶文化，虽是由中国南方开始传播，但新疆的农耕民族、游牧民族都普遍接受了内地的茶俗，不过形成地方或民族特色罢了，像南部绿洲居民喜饮清茶、盐茶、糖茶，而北部草原居民善饮奶茶。长期生活在新疆的汉族居民也入乡随俗，适应了少数民族的饮食习俗。从这点讲，中华茶文化同中有异，异中有同。

四、音乐歌舞文化

新疆被誉为"歌舞之邦"，歌舞文化底蕴深厚。居住在这里的维吾尔、哈萨克、柯尔克孜、塔吉克、蒙古、锡伯、满、乌孜别克、塔塔尔等民族能歌善舞，共同创造了绚丽多姿的音乐歌舞文化，它伴随着丝绸之路的驼铃声萦声中外。

新疆歌舞文化历史悠久，早在公元前 2 世纪的汉代，于阗乐舞就已传入内地。新疆歌舞以动听优美的音乐，绚丽多姿的舞蹈，演绎着西北边陲少数民族的独特风情，而新疆各民族的歌舞艺术又具有本民族极鲜明的特点。

维吾尔族人民素以能歌善舞著称，被誉为音乐之母的木卡姆音乐，规模宏大、思想深邃，它集中体现了维吾尔族人民的聪明智慧和音乐创作的非凡才能。舞蹈艺术则以含蓄、优美、沉稳见长，特别是姿态优美，舒展大方的女性舞蹈，以及刚健、奔放的男性舞蹈，使人流连忘返。具有广泛群众基础的民间舞蹈"麦西来甫"，热情欢快，极富维吾尔民族特色。

哈萨克族是一个酷爱歌唱的民族。哈萨克谚语说，"歌曲和骏马是哈萨克人的翅膀。"哈萨克族民歌以阿肯弹唱为代表，曲调悠扬、高亢，在冬不拉乐器的伴奏下，草原气氛分外浓厚。而哈萨克族舞蹈动律性极强，表演风格粗犷、剽悍，多用"动肩"，步法上采用"马步"。

柯尔克孜族以英雄史诗《玛纳斯》为代表，其民歌节奏明快，热情活泼。舞蹈中以"挑肩"最富特色。歌舞中配有库姆孜弹奏，使人身临其境。

新疆传统民族器乐独特，有手鼓、热瓦甫、冬不拉、独塔尔、木琴、笛、艾捷克等，种类多样。手鼓，维吾尔语称"达甫"，圆形，用木框，一面蒙羊皮或马皮，木框内装有许多小铜环或小铁环，演奏时双手交替击鼓而发音。热瓦甫，一种弹拨乐器，琴身是木制的，共鸣箱呈半球形，以羊皮、马皮、蟒皮蒙面，琴颈细长，顶部弯曲，有五根弦，用拨子弹奏，琴身、琴杆、琴头上部都以兽骨嵌出美丽的民族图案，既是民族乐器，又是精致的工艺品。艾捷克，维吾尔族弹拨和拉弦乐器中最短的乐器，古代称"哈尔扎克"，共鸣箱呈球形，直径约为 20 cm，箱内有一层蟒皮，与桐木面板之间用一音柱相顶，演奏时发出双音，艾捷克张四根金属弦，用小提琴弓演奏，音色为板胡和二胡的混合音色，有较强的表现力。

龟兹乐舞文化在新疆乐舞文化中占有重要的地位。龟兹文化以歌舞、古乐闻名。龟兹歌舞的舞姿美妙、神态生动、令人陶醉。隋唐时期，龟兹歌舞和古乐一度风靡长安，"胡风"所至，连李白、杜甫等大诗人都为之倾倒。白居易一首《胡旋女》写道："胡旋女，胡旋女，心应弦，手应鼓。弦鼓一声双袖举，回雪飘摇转蓬舞。"它惟妙惟肖地描绘了令人痴迷的西域乐舞。库车是古龟兹文化的发源地，素为"歌舞之乡"。

五、伊斯兰文化

新疆宗教文化灿烂辉煌，世界闻名的《突厥语大词典》是宋代维吾尔族著名语言学家马赫穆德·喀什噶里(约 1008～1105 年)编纂的一部包括突厥语族诸语言词语、谚语、民歌的大辞典，它是包括分布在中亚及新疆一带广大讲突厥语族语言的各民族人民的语言、民间文学、民俗、地理、农业、医学、天文等多方面资料的一部百科全书，有很高的学术价值。明代编纂的《高昌馆杂字》《回回馆杂字》是汉语、维吾尔语和汉语、波斯语对照的分类词汇集，它们对研究当时的维吾尔语及波斯语都有一定价值。此外，在维吾尔、哈萨克、柯尔克孜等语言中都有不少阿拉伯、波斯语借词，在语法方面也受了一定影响。回族虽然通用了汉语，但语言中也有不少阿拉伯、波斯语词汇及一些专为回族人民使用的特殊术语，这些现象都丰富了我国语言学。历史上回族人民曾使用阿拉伯文字母来记录所讲的汉语，这也是对中文拼音化的一种实践。

新疆的清真寺有两种建筑风格，一种是阿拉伯式的建筑，一种基本上是中国寺庙传统风格的建筑，但在室内也吸收了一些阿拉伯特色。清真寺中除了有礼拜的大殿外，还有沐浴室和为穆斯林办理丧葬的屋子。比较大一点的清真寺中，还设有进行经堂教育的教室。清真寺既是穆斯林礼拜的场所，又是穆斯林青少年习学经文和宗教知识的地方，它还是为穆斯林办理婚丧嫁娶及屠宰禽畜的地方，也是举行集会，商议有关本地区穆斯林事务的地方。

目前，新疆有被列入文物保护单位的宗教活动场所共 56 座，其中伊斯兰教方面有国家级 2 座、自治区级 19 座、县(市)级 39 座。保持了以喀什市艾提尕尔清真寺、阿帕克霍加墓和清真寺、吐鲁番市苏公塔、乌鲁木齐陕西大寺等为代表的、以土木结构为主，古色古香的传统宗教建筑群。形成了以乌鲁木齐市洋行大寺、汗腾格里清真寺、伊宁市拜图拉清真寺、新疆经文学校清真寺为代表的砖混结构、现代建筑材料装饰、色彩绚丽的维吾尔族建筑风格和阿拉伯建筑相结合的、气势恢弘的现代宗教建筑群。更多的是以莎车县阿勒同礼拜寺、和田加曼清真寺和库车大寺为代表的、镂花砖雕工艺精美的具有浓郁的地方民族风情的宗教建筑群。

第三节　富有特色的新疆民族文化

一、少数民族节日和风俗习惯

(一)少数民族节日

新疆与全国一样，每年除了元旦、春节、五一劳动节、国庆节之外，各民族还有自己的传统节日，其中有些节日是与宗教信仰有密切关系的。在这些民族节日中，比较有代表性的是伊斯兰教的三大节日开斋节、古尔邦节和圣纪节，此外还有其他传统节日。这里介绍以下几种比较主要的节日。

1. 开斋节

开斋节又称肉孜节。伊斯兰教三大节日之一。新疆信仰伊斯兰教的民族都过这个节日，按伊斯兰教规定，伊斯兰教历每年 9 月称为"斋月"，在这个月里，成年的穆斯林(伊斯兰教徒)都要"封斋"。他们只能在日落之后至日出之前进食，白天则绝对禁止任何饮食，一直到斋期结束才"开斋"，恢复正常的白天进食习惯。"开斋"日也就是肉孜节日，要连续三天庆祝。节日期间，家家庭院整理一新，摆设着丰盛的食品，人人穿上节日盛装，相互拜节。男性穆斯林都要到清真寺做祷告。

2. 古尔邦节

古尔邦节是伊斯兰教三大节日之一。古尔邦节是回、维吾尔、哈萨克、乌孜别克、塔吉克、塔塔尔、柯尔克孜等少数民族共同的盛大节日。"古尔邦"在阿拉伯语中称作"尔德·古尔邦"，"尔德"是节日的意思，"古尔邦"含有"牺牲""献身"的意思，所以汉语意译为"牺牲节"或"宰牲节"。

古尔邦节的时间定在伊斯兰教历的 12 月 10 日。过节前，家家户户都把房舍打扫得干干净净，忙着精制节日糕点。节日清晨，穆斯林要沐浴熏香，严整衣冠，到清真寺去参加会礼。维吾尔族在古尔邦节时，无论是城市或农村的广场上都要举行盛大的麦西来甫歌舞集会。广场四周另有一番景象，色彩缤纷的伞棚、布棚、布帐、夹板房内，铺设着各式各样的木桌、板车、地毯、毛毯、方巾，上面备有花式繁多的食品小吃。哈萨克、柯尔克孜、塔吉克、乌孜别克等民族，节日期间还举行叼羊、赛马、摔跤等比赛活动。

3. 圣纪节

圣纪节是伊斯兰教三大节日之一，定于伊斯兰教历每年 3 月 12 日。原意为纪念伊斯兰教创始人穆罕默德，节日当天，信众聚集到清真寺举行纪念仪式，宰牛杀羊，施济众生。

4. 灯节

灯节是塔吉克族的传统节日，除了穆斯林的节日外，塔吉克还有自己的节日，塔吉克人称之为"巴罗提阿依"。由于节日之夜家家都点很多为节日特制的灯烛，故称之为灯节。每年都在斋月前一个月，要举行两天。节日前，塔吉克人家家户户都会自己制作小灯烛，数量和自己家的人口相符合，最后还要做一只大火把。做灯和火把的原料是用一种高原上特有的塔吉克人叫做"卡乌日"的草，用这种草的草杆做灯芯子，灯芯外裹上蘸过酥油或羊油的棉花，扎成想要的形状就可以了。

节日的前一天晚上，家人们陆续坐在炕上，中间摆放着一个供插灯烛用的沙盘，沙盘中放着家庭每个人的酥油灯。当全家人到齐坐定后，由家中的长者按辈分和年龄高低呼叫每个人的名字，叫一个答应一个，并在应者面前插一支点燃的灯烛，表示兴旺和吉祥。全家人的灯烛都点亮后，待油灯燃旺后，每个家庭成员伸出双手在火焰上烘烤一下，然后做"都瓦"，祈祷一年平安，祈祷仪式就此结束。节日的第二天，一家人都到祖坟扫墓。到了墓地，先给每座坟墓点燃三、五支酥油灯，把招魂灯插在盘子里，摆上油馕、熟羊肉等准备好的祭品，并用一个盘子盛上麸皮、面粉、酥油等搅拌而成的"依德"。一家老少跪在坟前向亡灵祷告，祈求祖先保佑全家幸福平安。仪式结束后，他们各家互相交换在墓地祭祀的食品，友好地围坐在一起进食，并互相祝贺节日。

5. 播种节

播种节也是塔吉克族的重要节日。生活在新疆帕米尔高原上的塔吉克人，除了善于经营牧业外，还从事农业生产。他们主要种植青稞、豌豆和小麦等耐寒作物，每年在春播时要过"播种节"，塔吉克语叫"铁合木祖瓦斯提"（意为"播种"或是"开始播种"），这个节日在春播的头一天举行。

这一天，全村男女老少都要来到地头，每户还要带一些麦子堆放在一起，以祝贺春播的开始。村里有威望的长者面对苍天和原野进行祈祷，祈求风调雨顺，获得丰收。之后，他把麦子撒向人群和大地，人们欢呼跳跃，相互拥抱表示祝贺。接着，由一个人牵一头膘肥体壮的耕牛来到地里，象征性的犁几下地，并撒一点麦种，表示开播。第二天人们便大面积地犁地播种。那头耕牛犁几下地之后，人们还用面做成犁铧、犁套状的食品奖赏耕牛，对耕牛表示慰劳，希望它在春耕春播中出力。过节这天，家家户户都要烤馕，并要做"代里亚"（大麦压碎后煮熟的一种饭）。大家要相互拜节，当拜节的人出门时，妇女们跟随其后洒水，以求农业丰收，丰衣足食。

塔吉克人在过播种节时，也有和南方傣族相似的泼水习俗。若有人去塔吉克人家里做客，塔吉克族妇女便会端着一盆清水在门外等候，客人一进门，几盆水便泼到他们身上，越是尊贵的客人，越要往他身上泼水，表示对他的尊重和敬意。这一天家家门口欢声笑语，非常热闹，充满了节日的欢乐气氛。

(二)少数民族风俗习惯

新疆各民族都有不同的见面礼节，每种礼节都代表了每个民族的风俗习惯和友好感情。

维吾尔族在新疆各民族中，人数最多，占53％以上。按传统习惯，维吾尔族见面时，不施握手礼，而是把右手放在左边的胸前，然后把身体向前倾侧30°，然后说："萨拉木来坤"（"祝福"之意）。如果遇到尊贵的客人或是长辈，则要把双手交叉放在胸前，并点头、鞠躬，表达对长者的尊重和礼貌。妇女见面时，就不施这种礼，而是要互相拥抱，右脸面要挨一下，并说："萨拉木"；长者见到小孩时，小孩要先叫老人的称呼，老人则要吻小孩的脸蛋和额头。

长期生活在牧区的哈萨克人对客人格外热情和有礼貌，见面时，都要伸出手握住对方的手，表示尊重和热情，并说："萨拉木来坤"，同时还要问七八个"阿曼"（"平安"之意），其内容要问到老人、父母、妻子、兄妹、儿女、牲畜等，不然，则被认为不礼貌。妇女们见面时，一般是点头问候。若两人较长时间没有见面，那么见面时就显得格外热情并要拥抱，表示亲昵和思念。

锡伯族是新疆人口较少的民族，主要集中在察布查尔锡伯自治县，在全疆各地也有分布。他们十分注重礼节，见面时大都施握手礼，并说："霍卓纳"（您好）。但对老人和长辈却要"打千"，即把左腿向前迈半步，双腿下屈，双手按在左膝盖上问好。每逢过年，儿女们要给父母叩头拜年，然后再给其他长辈拜年。

塔吉克族的见面礼别具一格，饶有风趣。晚辈见到要先请安，妇女和男性长辈见面，男长者伸出左手，手心朝上，妇女拉着长者的指尖吻一下手心，表示敬意。中年男性与长辈见面时，一般可行握手礼，若交情较深，则要互相吻对方的手背，以示尊敬和热情。妇女们见面时，一般要拥抱，年长者吻晚辈的眼和前额，晚辈吻长辈的手。平辈之间互吻面颊或嘴唇。小伙子们见面时，一般有两个动作，一是握手，二是把手送到对方唇边，互吻一下对方的手背。男女互相见面时，女的要吻男的手心，男的则要轻轻地按一下女的头部，以示敬意。塔吉克人十分注重礼节，即使见到素不相识的远道来客，也要热情问候，并把双手拇指并在一起，热情地说："更艾力卖右卓"（"相互支持"的意思）。

蒙古族现在一般施握手礼，长辈对晚辈说："赛尤"（你好），晚辈对长辈则说："赛伴塔"（您好）。但是一般青年人见到老人，却不施握手礼，而是向老人点头、鞠躬，并说"阿莫尔拜塔"（"问安"的意思）。如果和尊贵的客人见面时，礼节十分隆重。当得知客人要来的消息后，要在地界那里等候，并要准备酒肉和奶制品，见面时要敬献酒和哈达，表达主人对客人的热情和真诚。在离别时，也要到地界那里送行，并要敬酒献歌。

俄罗斯族是一个热情的民族，亲朋好友见面时，一般要拥抱并亲吻面额。一般人见面时只握手，并说："孜德拉斯维基"（您好），然后还要问一下健康、工作和家里人的情况，当别人问完之后，要说声："斯巴西巴"（谢谢），表示礼貌。

在新疆已有 200 多年历史的满族是崇尚礼节的民族，尊老敬长，礼节很多。晚辈见长辈，不分贵贱要说："玛法赛英"（"爷爷您好"的意思）。除问安之外，还有请安、打千儿、半蹲礼、抚鬓礼、抱见礼、顶头礼等。亲友相见，不分男女皆行抱腰接面礼。现在满族人的见面礼随着时代的进步，许多礼节已从简，晚辈见长辈以鞠躬礼居多，平辈以握手礼为常。不过在亲友之间，有些地区的妇女们还保持着"半蹲儿"礼。

新疆各兄弟民族都有自己独特的衣服装饰和其他生活习惯。维吾尔族、哈萨克族妇女爱着彩色绸裙，戴艳丽或洁白的头巾，喜爱耳环、项链、手镯、戒指等装饰物。男性爱穿西服或袷袢。戴绣花帽则是这些兄弟民族男女群众的共同喜好。蒙古族男性爱戴礼帽。各兄弟民族男女都喜穿长筒皮靴。

二、独特的维吾尔文化

维吾尔族是新疆的主体民族。新疆维吾尔人的绝大部分集中分布在南疆塔里木盆地周围各绿洲、东疆以及北疆的伊犁等地区。因此，维吾尔文化是研究新疆文化的重要切入点。维吾尔文化有如下特征。

（一）多种文化交融和汇合的综合性

新疆成为四大文明的汇流地得惠于优越的位置。丝绸之路是四大文明交往的主要通道，法显和玄奘到印度取经，马可波罗东行，走的都是丝绸之路。维吾尔族生活栖息在丝绸之路上，从华夏文化、印度文化、希腊文化、伊斯兰文化中汲取营养，形成丰富多彩、独具特色的维吾尔文化。

新疆与华夏文化的交流可以追溯到三千年前。在《尚书》《竹书纪年》《山海经》《穆天子传》《楚辞》等古代著作中，已出现流沙、大荒、昆仑、不周山等地名记载，说明内地对新疆早有所知。昆仑被视为中华民族发祥的圣山。1969 年安阳殷墟妇好墓出土的玉器大部分来自新疆于阗。新疆阿拉沟出土的环状贝，七角井出土的红珊瑚来自东海，可见在殷商时期新疆和中原的交往已经相当频繁。

维吾尔文化的综合性在维吾尔人的体质特征和语言文字特征上都有反映。现代维吾尔人既不像纯蒙古利亚人，又不像纯高加索人，具有黄种和白种混合的特征。近期发掘的 3 000～4 000 年前 9 座古墓反映了当时新疆人种的复杂性（表 13.1）：纯蒙古利亚人种只有罗布泊突厥墓一座，纯印欧人种只有塔什库尔干墓、洛甫山普拉丛葬墓和古墓沟三座，其余都是黄、白混葬墓。据有的学者研究，其中印欧人种有来自印度、阿富汗的地中海人种，来自高加索的典型白种人，来自中亚阿姆河和锡尔河两河流域的白种人。从整体上看，东部黄白混合的状况比较显著，西部来自印度的地中海人种占优势。

表 13.1　新疆出土人种头骨分布

古　墓		蒙古人种	印欧人种			
			合计	地中海人种	高加索人种	中亚两河人种
东部	哈密马不克古墓	66	34		34	
	罗布泊突厥墓	100				
	古墓沟古墓		100		100	
	楼兰古墓	10	90	90		
	米兰古墓	20	80	18	32	30
北部	阿拉沟丛葬墓	12	88	25	38	25
	昭苏土墩墓	25	75			75
南部	塔什库尔干墓		100	100		
	洛甫山普拉丛葬墓		100	100		

资料来源：寿蓓蓓. 楼兰古国里的白种人. 南方周末，1999-09-24。

维吾尔语属于阿尔泰语系突厥语族，大量吸收汉语、伊朗语、阿拉伯语、俄语等语种的词汇。历史上维吾尔语还吸收蒙古语、藏语和印度梵语的词汇。吐鲁番发掘的资料说明维吾尔先民使用过婆罗米文、粟特文、摩尼文和梵文书写经典。玄奘记载焉耆（阿耆尼）"文字取自印度，微有增损"；库车（屈支）"文字取自印度，粗有改变"；阿克苏"文字法则，同屈支国，语言少异"。9世纪以前，维吾尔使用古突厥文，留下不少碑铭文献。9～13世纪，使用回鹘文，成为蒙文和满文的基础。维吾尔人改信伊斯兰教后，改用阿拉伯字母为基础的文字，成为今天维吾尔全民通用的文字。1959年设计以拉丁字母为基础的新文字方案。1982年新疆人大常委通过《全面使用维吾尔、哈萨克老文字的报告》，奠定以阿拉伯字母为基础的维吾尔文字的地位。

维吾尔族文化的综合性，在宗教上反映最明显。历史上维吾尔人曾信仰过自然宗教、萨满教、祆教、道教、摩尼教、景教和佛教，后信仰伊斯兰教。

维吾尔人对太阳、月亮和星辰的崇拜反映自然宗教的观点。民间驱邪、治病、解梦和相面时跳"皮尔洪"舞，源自萨满教的跳神舞。民间文学中只要说某人"变成一只鹰飞走了"，就表明这个人去世了。结婚时新郎和新娘要跳过火堆或者绕过火堆，以避邪气，可能有祆教的遗风。5世纪时道教在高昌维吾尔先民中传播。吐鲁番和哈密都有道教文物出土。摩尼教在762年成为回鹘国的国教。吐鲁番的摩尼寺院中发现摩尼教的壁画和经文。基督教的一支景教也在新疆留下遗迹。景教教堂中发现有突厥文书写的"福音"书，发现欢迎基督进入耶路撒冷城的复活节壁画。

佛教在新疆传播的时间最长。新疆两千年的文字记载史，佛教占一千多年。龟兹、于阗、高昌是佛教活动中心，留下辉煌的佛教石窟艺术，出现过鸠摩罗什、佛图澄、裴慧琳等佛学大师。法显在《佛国记》中描述和田："人民殷盛，尽皆奉法，以法乐相娱。众僧乃数万人，多大乘学。"玄奘在《大唐西域记》中描述库车："伽蓝百余所，僧徒五千余人，习学小乘教。"

伊斯兰教在10世纪开始传入新疆。14世纪成为维吾尔全民信仰的宗教。维吾尔人大多数信仰的逊尼派。一部分信奉苏菲派（依禅派）和什叶派。伊斯兰教对现代维吾尔文化烙印最深。

维吾尔族在历史上肩负着向东方传送印度和西域文化、向西方传送华夏文化的职责。早期的汉文佛经，绝大多数通过新疆地区传入内地，由新疆使用的突厥文、回鹘文、粟特文翻译成中文的，采用的语言大都是于阗语、龟兹语、焉耆语等新疆方言。佛经翻译的工作浩繁，维吾尔族涌现一大批佛经翻译高僧。维吾尔族的绘画，雕刻、音乐和舞蹈也随着传入内地。长安慈恩寺的千钵文殊菩萨佛像的绘制人是和田画家尉迟乙。

（二）草原背景的绿洲文化

绿洲是维吾尔人休养生息的据点，是维吾尔文化的自然环境基础。维吾尔绿洲文化有深厚的草原文化背景。一方面，天山以北和新疆周边地区有广阔的草原，有许多游牧民族。另一方面，维吾尔先民来自漠北。公元 740～840 年维吾尔在漠北草原建立回鹘汗国。公元 9 世纪中叶回鹘汗国覆灭，维吾尔人大举西迁，主力越过阿尔泰山，进入天山南北麓，从游牧生活过渡到定居的农耕生活。草原背景的绿洲文化在维吾尔人的性格、生活方式、服饰和音乐等方面都有反映。

1. 绿洲——维吾尔文化的肥沃土壤

维吾尔人吃苦耐劳、苦中取乐、互助互爱的传统作风与绿洲环境关系密切。绿洲的自然环境并不优越。一走出绿色屏障，便是广阔的大漠，风弥沙漫，冬季严寒，夏季炎热，干旱缺雨，日照强烈。玄奘的描写是：“沙则流浸，聚则随风，人行无迹，遂多迷路。四远茫茫，莫知所指，是以往来者聚遗骸以记之。”“乏水草，多热风。风起则人畜昏迷，因以成病。”一边是黄沙，一边是绿浪；一边是悲愁，一边是欢欣。严酷的周边环境，强烈的景观对比，造就绿洲文化具有相辅相成的两个侧面，造就绿洲人民深沉、豁达、坚韧的性格。

艰苦的自然环境要求人们互相照应。在大漠中，碰到一个人会感到格外亲切。“交个朋友吧交个朋友，有一个馕也要掰成两半一起吃。”维吾尔人的谚语说明绿洲人民具有热情好客和礼貌待人的传统。

绿洲人对音乐歌舞有特殊的爱好。在茫茫大漠中，人们要驱散苍凉的愁云，最好的手段是音乐歌舞。大地给维吾尔的音乐歌舞提供营养，也给维吾尔人的音乐歌舞打上烙印。这就是一个“朦”字，包含着苍凉、幽怨的情调，抒情和缠绵的韵味。在维吾尔古典诗歌中，人类在大自然面前是渺小的，犹如来去匆匆的过客。毛拉比拉利的诗句：“在这个人世间，我是个流浪汉。唯有流浪汉才会为我心酸。”阿图什民歌：“阿图什遍地是石滩，石滩上长出粮食片片，似那河里的渠水匆匆流过，那就是我们的青春年复一年。”在维吾尔音乐作品中，几乎看不到赞颂太阳的词句，反映这里是日光资源过于充分的地方。相反，常见的赞颂对象是月亮，是星辰，是泉水。

维吾尔音乐有深刻历史烙印，移颈、弄目、弹指、跷脚等舞蹈语言与龟兹壁画描绘的舞姿一脉相承。今天维吾尔人使用的“热瓦甫”和“达甫”乐器源自龟兹乐中的五弦和手鼓。龟兹乐中的笛今天仍在广泛使用。深受维吾尔人喜爱的《十二木卡姆》歌舞是古代龟兹乐、高昌乐、疏勒乐和于阗乐的继承和发展。

2. 五彩缤纷的居落建筑景观

维吾尔族的色彩观以绿为首，兼爱蓝和红。绿是绿洲景色的折射。在茫茫大漠中，举眼望去全是灰色和黄色，只有绿洲孕育生机。绿用翠绿，蓝用碧蓝，红用鲜红。这是维吾尔民族的色彩观，是维吾尔民族的美感观。

维吾尔族的色彩观与环境观是一脉相承的。在楼兰出土的佉卢文民约中规定：连根砍断一棵树，处罚一匹马；砍掉树枝，处罚一头母牛。这是十分严厉的古老环境生态保护民间法规。今天走进维吾尔村落，可以看到纵横的沟渠，成荫的果木。跨入维吾尔庭院，更是绿荫遮阳，鸟语花香，流水潺潺，院内搭着葡萄棚，屋前屋后栽着桃、杏、苹果、桑等果木。

南疆气候温和，少雨雪，民居建筑除顶棚使用少量木材外，四壁多用土坯砌成，房顶平坦，留有大窗。喀什民居室内布置比较讲究，墙壁常施石膏花，墙顶有石膏花或木雕花，地面铺有艳丽的地毯。和田民居顶盖设木楞花侧窗，通风采光。吐鲁番夏季炎热少雨，冬天寒冷，民居建有地下室和半地下室的土拱平顶式样，院中引进坎儿井渠水，遍栽白杨，架葡萄棚，朴实清新。北疆气候寒冷，多雨雪，民居建筑多用砖石，顶微斜，屋周开窗，利于排雨雪，保温暖，又比较坚固。伊犁和塔城维吾尔族住宅庭院绿化面积较大，建筑物衬托在果园花圃中，明快幽静。维吾尔族虽然以农业为主，对牲畜饲养也比较重视。在住宅布局上，既要考虑农具置放、粮食储藏，又要考虑牛棚、羊圈设置。屋顶平台周围设木栏杆，可以堆积瓜果和粮食。屋前有较深的前廊，供人在夏季户外起居。

新疆的清真寺兼容阿拉伯和维吾尔建筑风格于一体，多采用平顶或穹窿圆拱顶的廊柱结构，与内地清真寺殿宇式的重檐结构形成明显对比。圆形拱顶，高耸尖塔，绿色或蓝色廊柱，藻井图案和三面回廊，是维吾尔清真寺常用的格式。伊斯兰教反对偶像崇拜，绘画和雕刻以图案和花卉为主。菊花、梅花、牡丹花、玫瑰花是常采用的花卉。墙壁、房顶、房檐、廊柱，有各式图案和花卉，配有阿拉伯经文，色彩明朗鲜艳。

麻扎和麻扎朝拜也是维吾尔族地区的特色。麻扎是阿拉伯语"晋谒地"的意思，指圣徒之墓。新疆南部沿塔里木盆地南缘到塔什库尔干一线，到处可见不同规模的麻扎。北疆伊犁河谷也有不少麻扎。麻扎朝拜是祈祷埋葬在麻扎中的圣灵给予襄助。每年5月、6月或9月、10月，前来朝拜麻扎的教徒络绎不绝，构成一大民俗景观。

3.服饰文化

色彩鲜明、花卉点缀是维吾尔服饰的特征。妇女衣服的领口、袖口、胸前、肩部、裤脚都绣花，喜爱佩戴耳环、手镯、项链等饰物。男子的衣服也绣满花。绣的内容是绿洲花卉和作物，如桃花、李花、石榴花、棉桃花、麦穗、葡萄、豆角、石榴、桃子等。图样在写实的基础上，概括夸张，生动形象，显示维吾尔妇女心灵手巧的艺术才华。

维吾尔族男女老幼都爱戴绣花的四楞小帽。和田小花帽口大顶小,直径 8 cm,像一只碗扣在头上,远看像一朵鲜花,别有一番情趣。每逢喜庆佳节,歌舞盛期,人们都要戴上精制的小花帽赴会。

新疆自产丝绸。著名的艾德莱斯绸,又称"和田土花绸",采用纯丝织成,色彩艳丽,图样粗犷。用艾德莱斯绸缝制的筒裙是维吾尔妇女的盛装礼服。着绣花衣,穿绣花鞋,扎绣花巾,背绣花袋,戴绣花帽,再加砌有花纹的墙,雕有花饰的门窗,挂着花壁毯和铺着花地毯的居室,栽满花卉的庭院,走进维吾尔人的世界,犹如进入花的海洋。维吾尔先民经历长期游牧生活,养成穿"玉吐克"(皮靴)习惯,至今仍被青年男女所喜爱。

4. 饮食文化的四大特色

自然环境和历史背景造就维吾尔族饮食文化的四大特色:馕、羊、茶、果。

馕是干旱环境的上佳主食,含水分少,不怕干,不发霉,可以存放月余,干透后,泡水就软。出远门人,背一袋馕,遇水有火,一泡一烤,就可以吃。在无水无火的沙漠中,只要埋在沙窝里捂一会儿,可变得酥软可口。维吾尔族做馕有悠久的历史。一千年前成书的《福乐智慧》中写道:"为将士供给刀枪、战马、征衣、馕、盐和食物必须丰盈。"葬于公元 640 年的吐鲁番阿斯塔那墓区发现有馕。现在,馕的品种繁多,成了系列食品,也有商标,如"达尔曼"馕系列产品。有肉馕、馅馕、旅行馕、南瓜包谷馕,还有直径 50~70 cm 大如车轮的库车馕。受环境和宗教影响,维吾尔菜肴离不开羊。烤全羊是传统佳肴。在乌鲁木齐、喀什、和田等地的巴扎(集市)上,可以闻到烤全羊的香味。烤羊肉串是著名风味小吃,随着改革开放的浪潮,开始传遍全国。维吾尔人爱吃的抓饭、拉面和汤面都离不开羊肉和羊肉汤作拌。清炖羊肉、清炖羊头、清炖羊蹄也是常见的菜肴。

茶是维吾尔人最喜爱的饮料,一日三餐离不开茶。客人来了,先要敬茶。一般由女主人将茶碗放在托盘里端上。在瓜果飘香的季节,也要先给客人敬茶。民间办喜事和丧事,茶叶和馕是互相赠送的礼品。茶成为维吾尔人生用语的重要组成部分,把请客说成"给一碗茶",参加订亲宴会叫"让喝茶",吃早饭时间说成"喝茶时间",十几分钟时间说成"煮开一壶茶水的时间"。对维吾尔人来说,"宁可一日无粮,不可一日无茶"。茯砖茶(黑茶)便于运输,不易变质,价格低廉,是过去维吾尔人饮用的茶种。随着交通运输业的发展,人民生活水平的提高,红茶、绿茶和花茶等品种开始进入平民家庭。维吾尔人饮茶的方式很多。在不同的场合分别饮用清茶、香茶、奶茶和炒面茶。维吾尔人爱茶与食品结构和气候有关。食物肉多,烤炸品多,脂肪含量高,热量大，容易上火。饮茶可以消暑、清热、祛火、助消化。

新疆适宜瓜果生长，有瓜果品种 100 多个，一年中有 7 个月可以吃到鲜果，冬季还有核桃、枣类和干果。哈密瓜含糖率 15％，是世界著名果品。库尔勒香梨既甜又香，多汁鲜嫩，畅销海内外。新疆葡萄栽种面积占全国的 60％。吐鲁番无核白葡萄鲜果含糖率 20％，绿色葡萄干含糖率达 57％。新疆蔬菜较少，瓜果成了蔬菜的代用品。葡萄干和杏仁是做抓饭的原料。葡萄、桑葚、苹果、海棠、杏、梨、草莓、樱桃都加工成果酱长年食用。夏季常用瓜果代饭，用瓜果就馕吃。冬季常用干果、杏仁、葡萄干就馕吃。维吾尔人每人每年食用干鲜瓜果 100 kg 以上，堪称全国之最。

(三) 突出的地域文化人群

1. 喀什——维吾尔传统文化的中心

喀什是维吾尔族古老的交通、经济和文化中心。清朝时，喀什按音译，名喀什噶尔。丝绸之路进入塔里木盆地后分成南北两路。南路经罗布诺尔、米兰、且末、和田；北路经吐鲁番、焉耆、库车、阿克苏。这两条通道在喀什交会，翻越帕米尔高原，分别通往印度、阿富汗、波斯和中亚各国。因此，喀什是东西方文明交流的十字路口。

历史上维吾尔族最重要的两部文化巨集《福乐智慧》和《突厥语大词典》都在喀什诞生。《福乐智慧》作者尤素甫·哈斯·哈吉甫生活、埋葬在这里。《突厥语大词典》作者马赫穆德也是喀什人。在《突厥语大词典》的"桃花石"条目中写道："突厥一部分人住在桃花石地区，所以称他们是塔特桃花石。塔特是回鹘人，桃花石是秦人。"按现在的词汇便是中国的维吾尔人。这一条目说明，在 11 世纪维吾尔学者的心目中，喀什已经是中国的一个组成部分。

十字路口的位置决定喀什是西方文化传入新疆的第一站。古希腊文化对喀什的影响至今犹在。民间流传伊斯坎迪尔（亚历山大）东征的传说。11 世纪喀什学者对古希腊哲人柏拉图和亚里士多德的学说相当熟悉。具有希腊文化色彩的犍陀罗文化在喀什曾经兴盛一时。佛教在公元 l 世纪传入喀什。喀什郊区三仙洞佛教壁画、陆续发掘的佛寺遗址和佛祖造像，说明佛教兴旺昌盛的历史。历经近一千年的佛教文化后，10 世纪伊斯兰教传入新疆，经喀什遍及全疆。喀什成为新疆伊斯兰教的中心。占地 16 000 m² 的喀什艾提尕尔清真寺是全疆最宏伟的寺院建筑。

另外，喀什的中心区位优势，造就了一大批擅长经商的商人、饮食服务行业人员和炊事大师。自古以来，喀什人善于经营饮食服务业。现今喀什在饮食品种和质量上也全疆有名。在新疆各地维吾尔人中从事饮食服务行业的喀什籍人，占绝大比率。

2. 阿图什——商人的摇篮

阿图什是克孜勒苏柯尔克孜自治州的首府，自治州的政治、经济、文化中心。在民族构成上，阿图什全市管辖地域近 20 万居民中，80％以上是维吾尔族，12％左右是柯尔克孜族。由于阿图什与喀什距离相近，形成相互配合的双城形态。阿图什的城市功能具有辅助喀什完善南疆政治、经济和文化中心的重任。有限的绿洲耕地在一定程度上迫使阿图什人出外经商。阿图什商人大都来自城郊阿扎克乡和松他克乡。这两个乡的人均耕地不到 0.5 亩，有些村庄人均耕地只有 0.2～0.3 亩。阿扎克的维吾尔语意思是很少一点空白地。农民要在有限的耕地创造较高的价值，大批栽种瓜果蔬菜。阿图什又称"无花果之乡"，盛产无花果和葡萄。当地栽种的木纳格葡萄品质优良，耐贮藏运输，已远销广州和香港以及向西出口到巴基斯坦等地。瓜果蔬菜等经济园艺作物商品率高，需要贩运远销，推动着商贸业的发展。阿图什是新疆商人的摇篮，是古丝绸之路上的新商都。现在新疆的个体商业户原籍大多是阿图什人。阿图什市兴建的西域商贸城建筑面积 6×10^4 m^2，有摊位 4 000 个，是南疆最大的商品批发市场，又称"香港巴扎"。西域商贸城的分号在喀什市落成。阿图什人还把经商的足迹延伸到上海、天津、深圳等全国通都大邑，延伸到中亚、俄罗斯、西欧、美国。新疆民谚说："除了月亮，到处都有阿图什人。"阿图什成为新疆商人的摇篮有区位和自然环境的基础，有历史的背景，也是阿图什社会良性循环发展的硕果。阿图什位于天山南麓，博孜塔格山南坡，塔里木盆地西缘，西离南疆经济和文化中心喀什市只有 40 km，相当于喀什市的一个远郊区。

阿图什人经商有漫长的历史渊源。阿图什位于古丝绸之路的中枢。古丝绸之路到阿图什出现分叉，一路向西到喀什，一路向北经吐尔尕特到吉尔吉斯。从吐尔尕特到吉尔吉斯首府比什凯克约 540 km。古代居住在阿图什一带的粟特人善于经商，在丝绸之路上发挥重要的中介作用。粟特文是丝绸之路上通行的书面文字。丝绸之路上的重要关隘都有粟特商人和传教士的居住区。粟特小孩子生下来不久，嘴里塞一点糖，意示长大后有甜言蜜语的本领，手心抓一点胶，放一块银币，意示长大后善于抓钱。粟特男孩长到 5 岁开始学算数，长到 15 岁便出外经商。从 10 世纪起，粟特人与当地维吾尔人、乌孜别克人融合，阿图什维吾尔人承袭了经商的精神。

从清朝光绪年间起，阿图什的现代商贸业逐渐形成规模。吐尔尕特在清朝开辟为对俄罗斯贸易通商口岸。以"福盛行"为代表的阿图什商贸企业在全疆 13 个城市有分号，在上海、天津等地有繁忙的业务往来。1898 年，阿图什商人在伊宁成立的穆萨巴尤夫兄弟公司，在莫斯科、圣彼得堡、阿拉木图、塔什干、君士坦丁堡等地都派驻代表。公司经营外贸业务,将新疆的活畜、皮毛、肠衣等销往西方,运回布匹、食糖、机器和日用工业品。改革开放后,阿图什人善于经商的特长得到充分施展,成为新疆最具活力的商人群体。这些年,阿图什人与喀什人出外谋生方式有根本区别。喀什人出外主要经营餐饮业和手工艺,阿图什人外出主要是经商,反映两地历史文化背景的差别。

阿图什商人积累财富以后,将资金投入工业、房地产、金融业和文化教育事业,推动新疆社会的全面发展。1885年阿图什商人在家乡建立胡赛尼亚学校成为新疆现代教育事业的发源地,也是全国最早设立的现代学校之一。1909年阿图什商人在伊宁惠远建成的皮革加工厂是全国最早的现代化皮革加工厂之一。1914年阿图什商人发行银币在南疆流通,形成贸工和金融互动的局面。1916年阿图什商人又在家乡和莎车、伊宁创立工业和会计专科学校。部分阿图什青年送到海外深造,学习现代企业的经营管理。1949年以后,阿图什的文化教育事业发展迅速。到20世纪90年代后期,阿图什的适龄儿童入学率高达99.8%,初中升高中比例达到43%。青年文化素质的大幅度提高进一步推动了阿图什商贸事业的繁荣。

3. 柯坪——人才的故乡

"柯坪出人才",这是新疆人民对不到5万人口的柯坪县的赞誉。柯坪是全疆第一批扫除文盲县之一。1985年全县适龄儿童入学已经达到97.5%。在柯坪县,农民田头谈话的主要内容是家中有几个孩子在上大学。这样的文化氛围在周边地区是没有的。

柯坪位于塔里木盆地西北缘,柯尔塔格山南麓。柯坪盆地是一个缺水的地方,北、西、南三面环山,向东敞开。农业用水主要靠两股泉水汇成的河流。一股是柯坪河,年径流量 $5\,213×10^4\ m^3$,灌溉3万余亩土地;另一股是红沙子河,年径流量 $4\,572×10^4\ m^3$,灌溉2万余亩土地。因为缺水,大批荒地无法开垦,历史上便是人口迁出的地区。在乌什、拜城、阿瓦提等地,都有柯坪迁去的居民。

除了自然环境,历史传承对柯坪的文化有很深的烙印。柯坪人的方言与周边各县有区别,与于阗、若羌、且末、民丰比较接近。10世纪中期到11世纪中期,信奉佛教的于阗国与信奉伊斯兰教的喀喇汗王朝发生激烈冲突。结果于阗国败北,居民逐渐伊斯兰化。一部分不愿意接受伊斯兰教的高僧名士,被强制流放到柯坪山间盆地。一则盆地形势封闭,在盆地东南出口的托马艾日克设立流放人员看守所,可以管束流民。二则柯坪周边是伊斯兰教势力强盛的地带,可以束缚流民的影响。在这批从于阗国迁来的流民中,有不少才艺出众,智能过人的强者,他们赋予柯坪人勤奋好学的传统。

在发展旧式经文教育和现代教育方面，柯坪都比周邻地区先走一步。明嘉靖二十九年(1550年)毛拉托兰阿訇在库木艾日村兴办柯坪第一所初等经文学校。清嘉庆二十五年(1820年)托库孜拱拜孜清真寺开设中等经文学校。民国23年(1934年)柯坪县建立现代学校。1949年后，柯坪逐渐普及小学教育，兴建5所中学、1所教师进修学校。大批柯坪子弟进入各地大专学校。按照大学生在人口中的比例计算，柯坪在阿克苏专区名列第一，在全疆也处在前列。在阿克苏地区教育系统的职工中，原籍柯坪的占70%以上。在全疆各地，特别在乌鲁木齐，都可以遇到柯坪籍的专家、干部和文艺工作者。柯坪对新疆社会经济发展的主要贡献是人才。

三、非物质文化遗产

新疆民族文化丰富多彩，民俗风情各异。在新疆这块土地上，各民族共同创造了丰富的文化遗产，有许多优秀的非物质文化遗产进入了世界名录。

(一)玛纳斯

《玛纳斯》，我国三大英雄史诗之一，是柯尔克孜族的英雄史诗，描写了英雄玛纳斯及其七代子孙前仆后继、率领柯尔克孜人民与外来侵略者和各种邪恶势力进行斗争的事迹。《玛纳斯》主要流传于新疆南部的克孜勒苏柯尔克孜自治州及新疆北部的伊犁哈萨克自治州。此外，中亚的吉尔吉斯斯坦、哈萨克斯坦也是玛纳斯重要的流传地域，阿富汗的北部地区也有流传。据文献记载，《玛纳斯》在13世纪已传入内地，在16世纪已广泛流传。千百年来，它一直以口耳承传。它的传统演唱歌手称"玛纳斯奇"，在史诗的创作与传承中起了重要作用。

《玛纳斯》被视为柯尔克孜的民族魂，凝聚着民族的精神力量。它从古老的柯尔克孜史诗与丰厚的民间文学中汲取营养，包容了柯尔克孜古老的神话、传说、习俗、民间叙事诗与民间谚语，集柯尔克孜民间文学之大成，是柯尔克孜民间文化的百科全书，具有文学、历史、语言、民俗等多学科的价值。

(二)江格尔

《江格尔》，我国三大英雄史诗之一，是内蒙古地区长期继承的蒙古族英雄史诗，在新疆也有流传，主要流传于阿尔泰山一带的蒙古族聚居区。多数学者认为《江格尔》最早产生于中国卫拉特蒙古部，17世纪随着卫拉特蒙古各部的迁徙，也流传于俄国、蒙古国的蒙古族中，成为跨国界的英雄史诗。这部史诗描述了以江格尔为首的12名雄狮大将和数千名勇士为保卫宝木巴家乡而同邪恶势力进行艰苦斗争并终于取得胜利的故事，具有很高的艺术价值。《江格尔》至今仍在蒙古族中传唱。

(三)木卡姆艺术

新疆维吾尔木卡姆艺术是一种集歌、舞、乐于一体的大型综合艺术形式，主要分布在南疆、北疆、东疆各维吾尔族聚居区，在乌鲁木齐等大、中、小城镇也广为流传。维吾尔木卡姆艺术是民间文化的瑰宝，发展于各绿洲城邦国民间与宫廷及都府官邸，经过整合发展，形成了多样性、综合性、完整性、即兴性、大众性的艺术风格，并成为维吾尔族的杰出表现形式。

新疆维吾尔木卡姆艺术唱词包括哲人箴言、先知告诫、乡言俚语、民间故事等，其中既有民间歌谣，又有文人诗作，是维吾尔族人民心智的生动表现。维吾尔木卡姆艺术的音乐形态丰富多样，有多种音律，繁复的调式，节拍、节奏和组合形式多样的伴奏乐器，显示出鲜明的民族特色和强烈的感染力。新疆维吾尔木卡姆艺术在其文化空间的发展历程中形成了最具代表性的十二木卡姆、吐鲁番木卡姆、哈密木卡姆、多郎木卡姆等流派。

(四)鹰舞

塔吉克族是我国古老的民族之一，主要聚居在新疆塔什库尔干塔吉克自治县，其余则分布在该县以东的莎车、叶城、泽普等县。坚忍不拔的意志和一往无前的大无畏民族精神逐渐形成了塔吉克民族特殊的审美追求。他们视鹰为强者、英雄，在民间广布有关鹰的民歌和传说，甚至连舞蹈的起源都与鹰的习性、动态联系在一起，于是形成了"鹰舞"。

塔吉克族舞蹈特色的形成和伴奏乐器及其特有的演奏方法分不开，鹰笛、手鼓、拉巴甫(热瓦甫)、布兰孜库姆、塔吉克式艾捷克都是其广泛使用的民间乐器。其中鹰笛是塔吉克族最典型的乐器，吹奏技法繁难，但音调别致、美妙；手鼓是塔吉克族舞蹈的主要伴奏乐器，演奏时由两名妇女敲打一面手鼓，奏出多种鼓点，这在其他民族中是罕见的。鼓点有固定的套路与名称，如"阿路卡托曼"等，每套都能奏出复杂多变的艺术效果。在盛大的赛马、叼羊活动中，多支鹰笛吹奏《叼羊曲》、多名妇女同时击奏多面手鼓敲奏"瓦拉瓦拉赫克"，令骑手和马都兴奋不已。

鹰舞是中国民间舞蹈中极具特色的传统舞蹈形式，艺术价值很高，主要形式有"恰甫苏孜""买力斯""拉泼依"等。

(五)新疆曲子

新疆曲子是一个具有独特风格的地方曲艺品种，俗称"小曲子"，孕育形成于清代晚期，陕西"曲子"(越调)、兰州"鼓子"(鼓子调)、青海"平弦"(平调)及西北等地的其他民间俗曲传入新疆后，受新疆汉语方言字调的影响，并与新疆多民族音乐艺术相融合，逐渐形成新疆曲子。这种由汉、回、锡伯等民族群众共创共演的曲艺品种，主要流传分布于北疆沿天山一带的昌吉回族自治州八县市、乌鲁木齐、石河子、沙湾、伊宁、霍城、察布查尔和东疆的哈密、巴里坤及南疆的焉耆等地区。其表演形式为多人分持三弦、二胡、板胡和碰铃等自行伴奏,轮递演唱,唱腔音乐十分丰富。

新疆曲子是多民族艺术融合的结晶,深受广大群众的欢迎和喜爱,在长期的传承发展中,为流行地各民族传统文化的传承和伦理道德的教化,发挥了重要的功用。新疆曲子的存在有力地证明了新疆自古以来就是各族人民共同开发建设的,这里多姿多彩的文化艺术也是各族人民共同创造和发展的。随着现代社会经济的发展,新疆曲子的生存环境日渐狭小,一些颇有造诣的曲子艺人年事已高,逐步中止了演唱活动,有的艺人相继去世,后继乏人,一些演唱和演奏技巧难以得到传承,新疆曲子亟待抢救和保护。

(六)阿依特斯与"阿肯"

哈萨克族阿依特斯是哈萨克族曲艺的典型代表,是一种竞技式的对唱表演形式。其传统节目主要表现哈萨克民族的历史、文化和感情,从唱词到音乐都充满浓郁的哈萨克口头文学和音乐文化特点,具有突出的历史文化价值,被誉为全面反映哈萨克人民社会生活的"一面镜子"和"百科全书",堪称哈萨克民族的艺术瑰宝。

阿依特斯的对唱没有固定的曲牌或相应的唱腔流传,演唱者一般根据对唱的内容从语言本身生发旋律与节奏,并且多弹奏冬不拉为自己伴奏,也有不用冬不拉伴奏的徒口清唱。阿依特斯的唱词均为即兴创作,并不固定,因此对传统演唱艺人"阿肯"的要求很高。"阿肯"必须具有敏捷的才思和渊博的知识,具有出口成章的才华,世事洞明,人情练达,能在瞬间对答如流,以理以才服人。由于是竞技式的对唱,"阿肯"们在表演时通常采取扬己抑人的方式,力图先声夺人,语言尖刻而又互相谅解,胜不骄,败不馁,胜者谦和有礼,败者不耻于输。"阿肯"的表演必须在众人聚集的场合下举行,通常在不同部落、不同地区的艺人之间展开。随着市场经济的发展和文化生活的多元化,哈萨克族的年轻一代对阿依特斯和"阿肯"表演的兴趣越来越淡漠,这种古老的传统艺术正面临消亡的困境。

(七)达瓦孜

维吾尔族达瓦孜,在维吾尔语中意为"高空走索",它是维吾尔族绵延千年的一种杂技艺术表演形式。成书于1072~1074年的《突厥语大辞典》中即有"走软绳,耍达瓦孜"的文字记载。千余年以来,达瓦孜的演出方式基本保持传统风貌。

达瓦孜表演多在露天进行,其特点是把多种多样的杂耍技艺搬到数十米高空的绳索或钢丝上演练,表演者手持长约6m的平衡杆,不系任何保险带,在绳索上表演前后走动、盘腿端坐、蒙上眼睛行走、脚下踩着碟子行走、飞身跳跃等一系列惊心动魄的技艺。在维吾尔族民间乐曲的伴奏下，高空走索演员踏着节拍跳舞歌唱，迅速替换着高难技巧，表演幽默，场面热闹非凡，极富特色。

第十四章 塔里木河——中国西北主要的生态屏障

章前语

　　塔里木河是我国最长的内陆河，流域位于新疆南部，地处暖温带干旱区，总面积 102×10^4 km²。流域内土地资源、光热资源和石油天然气资源十分丰富，是南疆的国家级棉花与农牧业基地、能源战略接替区和石油化工基地，区内聚居着以维吾尔为主的多个少数民族，属于以农业为主的经济欠发达地区。塔里木河流域深居内陆，气候干旱，降雨稀少，蒸发强烈，水资源相对贫乏，生态环境脆弱，沿岸生长的荒漠乔、灌、草植被等天然绿洲，是阻挡塔克拉玛干沙漠的风沙侵袭、保护人类生存环境的天然屏障；可以说没有塔里木河就没有南疆绿洲，它被誉为塔里木盆地各族人民的"生命河"和"母亲河"。本章介绍了塔里木河流域的概况及环境变化过程，分析了径流量变化对区域生态环境的影响，最后提出了塔里木河流域可持续发展的对策。

关键词

　　塔里木河；绿洲；内流河；生态屏障

第一节 塔里木河流域概况

　　塔里木河流域是环塔里木盆地的阿克苏河、喀什噶尔河、叶尔羌河、和田河、开都河、孔雀河、迪那河、渭干河、库车河、克里雅河和车尔臣河等九大水系144条河流流域的总称（图14-1），流域总面积 102×10^4 km²，其中山地占47%，平原区占20%，沙漠面积占33%。流域内有5个地（州）的42个县（市）以及生产建设兵团的2个城市和4个师的45个团场。2006年，流域总人口1 033.37万人，其以维吾尔族为主体，除维吾尔族外，其他民族占流域总人口的78%。20世纪90年代以来，随着一批重点建设项目的陆续启动，该流域已成为实现新疆"一白一黑"优势资源开发战略的重要基地和我国西部开发潜力巨大的地区之一。2007 年，流域内现有耕地 155.22×10^4 hm²，国内生产总值 937.76 亿元，流域多年平均天然径流量 389.3×10^8 m³，主要以冰川融雪补给为主，地下水资源量为 30.7×10^8 m³，流域水资源总量为 249×10^8 m³。

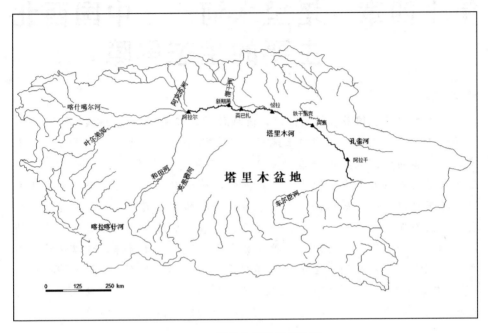

图 14-1　塔里木河流域示意图

塔里木河全长 2 179 km，自身不产流，历史上塔里木河流域的九大水系均有水汇入塔里木河干流，沿塔克拉玛干沙漠边缘由西向东蜿蜒折向东南注入台特玛湖，最后流入罗布泊。阿克苏河、叶尔羌河、和田河汇合口的肖夹克至英巴扎为上游，河长 495 km；英巴扎至卡拉为中游，河长 398 km；卡拉至台特玛湖为下游，河长 428 km。由于人类活动与气候变化等影响，20 世纪 40 年代以前，车尔臣河、克里雅河、迪那河相继与干流失去地表水联系，40 年代以后喀什噶尔河、开都河、孔雀河、渭干河也逐渐脱离干流。目前与塔里木河干流有地表水联系的只有和田河、叶尔羌河和阿克苏河三条源流，孔雀河通过扬水站从博斯腾湖抽水经库塔干渠向塔里木河下游灌区输水，形成"四源一干"的格局。

一、自然地理情况

(一)地貌特征

塔里木河流域北倚天山，西临帕米尔高原，南凭昆仑山、阿尔金山，三面高山耸立，地势西高东低。来自昆仑山、天山的河流搬运大量泥沙，堆积在山麓和平原区，形成广阔的冲、洪积平原及三角洲平原，以塔里木河干流最大。根据其成因、物质组成，山区以下分为山麓砾漠带、冲洪积平原绿洲带和塔克拉玛干沙漠区三个地貌带。

山麓砾漠带：为河流出山口形成的冲洪积扇，主要为卵砾质沉积物，在昆仑山北麓分布高度 1 000～2 000 m，宽 30～40 km；天山南麓高度 1 000～1 300 m，宽 10～15 km。地下水位较深，地面干燥，植被稀疏。

冲洪积平原绿洲带：位于山麓砾漠带与沙漠之间，由冲洪积扇下部及扇缘溢出带、河流中、下游及三角洲组成。因受水源的制约，绿洲呈不连续分布。昆仑山北麓分布在 1 500～2 000 m，宽 5～120 km 不等；天山南麓分布在 900～1 200 m，宽度较大；坡降平缓，水源充足，引水便利，是流域的农牧业分布区。

塔克拉玛干沙漠区：以流动沙丘为主，沙丘高大，形态复杂，主要有沙垄、新月形沙丘链、金字塔形沙山等。

(二)气候特征

塔里木河流域远离海洋，地处中纬度欧亚大陆腹地，四周高山环绕，东部是塔克拉玛干大沙漠，形成了干旱环境中典型的大陆性气候。其特点是：降水稀少、蒸发强烈，四季气候悬殊，温差大，多风沙、浮尘天气，日照时间长，光热资源丰富等。气温年较差和日较差都很大，年平均日较差 14～16℃，年最大日较差一般在 25℃ 以上。年平均气温除高寒山区外多在 3.3～12℃ 之间。夏热冬寒是大陆性气候的显著特征，夏季 7 月平均气温为 20～30℃，冬季 1 月平均气温为 -10～-20℃。

冲洪积平原及塔里木盆地 ≥10℃ 积温，多在 4 000℃ 以上，持续 180～200 d，在山区，≥10℃ 积温少于 2 000℃；一般纬度北移一度，≥10℃ 积温约减少 100℃，持续天数缩短 4 d。按热量划分，塔里木河流域属于干旱暖温带。年日照时数在 2 550～3 500 h，平均年太阳总辐射量为 1 740kW/(m² · a)，无霜期 190～220 d。

在远离海洋和高山环列的综合影响下，全流域降水稀少，降水量地区分布差异很大。广大平原一般无降水径流发生，盆地中部存在大面积荒漠无流区。降水量的地区分布，总的趋势是北部多于南部，西部多于东部，山地多于平原；山地一般为 200～500 mm，盆地边缘 50～80 mm，东南缘 20～30 mm，盆地中心约 10 mm。全流域多年平均年降水量为 116.8 mm，受水汽条件和地理位置的影响，"四源一干"多年平均年降水量为 236.7 mm，是降水量较多的区域。蒸发能力很强，一般山区为 800～1 200 mm，平原盆地1 600～2 200 mm。

（三）河流水系

塔里木河干流位于盆地腹地，从肖夹克至台特玛湖全长 1 321 km，流域面积 1.76×10^4 km²，属平原型河流。上游河道纵坡 1/6 300～1/4 600，河床下切深度 2～4 m，河道比较顺直，很少汊流，河道水面宽一般在 500～1 000 m，河漫滩发育，阶地不明显。中游河道纵坡 1/7 700～1/5 700，水面宽一般在 200～500 m，河道弯曲，水流缓慢，土质松散，泥沙沉积严重，河床不断抬升，加之人为扒口，致使中游河段形成众多汊道。下游河道纵坡较中游段大，为 1/7 900～1/4 500，河床下切一般为 3～5 m，河床宽 100 m 左右，比较稳定。

阿克苏河由源自吉尔吉斯斯坦的库玛拉克河和托什干河两大支流组成，河流全长 588 km，两大支流在喀拉都维汇合后，流经山前平原区，在肖夹克汇入塔里木河干流。流域面积 6.23×10^4 km²，其中山区面积 4.32×10^4 km²，平原区面积 1.91×10^4 km²。

叶尔羌河发源于喀喇昆仑山北坡，由主流克勒青河和支流塔什库尔干河组成，进入平原区后，还有提兹那甫河、柯克亚河和乌鲁克河等支流独立水系。叶尔羌河全长 1 165 km，流域面积 7.98×10^4 km²，其中山区面积 5.69×10^4 km²，平原区面积 2.29×10^4 km²。叶尔羌河在出平原灌区后，流经 295 km 的沙漠段到达塔里木河。

和田河上游的玉龙喀什河与喀拉喀什河，分别发源于昆仑山和喀喇昆仑山北坡，在阔什拉什汇合后，由南向北穿越塔克拉玛干大沙漠 319 km 后，汇入塔里木河干流。流域面积 4.93×10^4 km²，其中山区面积 3.80×10^4 km²，平原区面积 1.13×10^4 km²。

开都河—孔雀河流域面积 4.96×10^4 km²，其中山区面积 3.30×10^4 km²，平原区面积 1.66×10^4 km²。开都河发源于天山中部，全长 560 km，流经100 多千米的焉耆盆地后注入博斯腾湖。博斯腾湖是我国最大的内陆淡水湖，湖面面积为 1 000 km²，容积为 81.5×10^8 m³。从博斯腾湖流出后为孔雀河。20 世纪 20 年代，孔雀河水曾注入罗布泊，河道全长 942 km，进入 20 世纪70 年代后，流程缩短约为 520 km，1972 年罗布泊完全干枯。随着入湖水量的减少，博斯腾湖水位下降，湖水出流难以满足孔雀河灌区农业生产需要。同时为加强博斯腾湖水循环，改善博斯腾湖水质，1982 年修建了博斯腾湖抽水泵站及输水干渠，每年向孔雀河供水约 10×10^8 m³，其中约 2.5×10^8 m³ 水量通过库塔干渠输入卡拉水库灌区。

二、社会经济概况

塔里木河流域地跨新疆维吾尔自治区 5 个地(州)的 42 个县(市)以及生产建设兵团的 2 个城市和 4 个师的 45 个团场。2007 年总人口 1 037.09 万人，其中少数民族占流域总人口的 76.89%，是以维吾尔族为主体的多民族聚居区；农业人口 700.21 万人，占总人口的 67.52%，农村人均纯收入约 3 296.978 元，目前全流域还有近 50 万人没有脱贫，是全国最贫困地区之一。牲畜 3 079.26 万头，粮食总产量 546.77 $\times 10^4$ t，棉花总产 226.60 $\times 10^4$ t，国内生产总值 1 118.96 亿元，人均 10 789.42 元，低于全疆平均水平。2007 年的三次产业生产比例为 26：47：27(表 14.1)。

表 14.1　2007 年塔里木河流域各地州社会经济概况

各地州	人口 /(万人)	城镇人口/(万人)	城市化率 /%	少数民族人口比例 /%	GDP总量 /(万元)	人均GDP /元	农民纯收入 /元
巴音郭楞蒙古自治州	122.41	94.80	77.44	42.55	4 690 028	37 466	5 210.08
阿克苏地区	220.31	138.55	62.89	79.35	2 315 179	9 898	3 826.54
克孜勒苏柯尔克孜自治州	50.00	28.86	57.72	92.63	237 132	4 712	1 820
喀什地区	369.43	134.03	36.28	92.66	2 164 873	5 958	2 393.84
和田地区	188.39	60.16	31.93	96.54	636 962	3 405	1 757.45

数据来源：新疆维吾尔自治区统计局. 新疆统计年鉴(2008). 中国统计出版社，2008 年 6 月。

三、生态环境状况

塔里木河流域是典型的大陆性干旱气候，加之长期以来水资源的不合理利用，以及盲目开垦、乱砍滥伐，超载过牧等人为活动影响，致使天然植被衰退、土地沙漠化和土壤盐碱化。

(一)天然植被衰退

塔里木河流域的植被由山地和平原植被组成。山地植被具有强烈的旱化和荒漠化特征，中、低山带超旱生灌木、寒生灌木是最具代表性的旱化植被；

高山带形成呈片分布的森林和灌丛植被及占优势的大面积旱生、寒旱生草甸植被。干流区天然林以胡杨为主,灌木以柽柳、盐穗木为主,另有梭梭、黑刺、铃铛刺等,草本以芦苇、罗布麻、甘草、花花柴、骆驼刺等为主。它们生长的盛衰、覆盖度的大小,因水分条件的优劣而异。林灌草生长较好的地区主要分布在阿拉尔到铁干里克河河段的沿岸,远离现代河道和铁干里克河河段以下,都有不同程度的抑制或衰败。

(二)土地沙漠化

塔里木河流域土地沙漠化十分严重,根据 1959 年和 1983 年航片资料统计分析,24 年间塔里木河干流区域沙漠化土地面积从 66.23% 上升到 81.83%,上升了 15.6%,其中表现为流动沙丘、沙地景观的严重沙漠化土地上升了 39%。塔里木河干流上中游沙漠化土地集中分布于远离现代河流的塔里木河故道区域。下游土地沙漠化发展最为强烈,24 年间沙漠化土地上升了 22.05%,特别是 1972 年以来,大西海子以下长期处于断流状态,土地沙漠化以惊人的速度发展。在阿拉干地区严重沙漠化土地,已由 1958~1978 年年均增长率 0.475% 上升到 1978~1983 年年均增长率 2.126%;中度沙漠化土地年均增长率亦由 0.051% 增加到 0.108%。但是,国家多次组队对下游河道进行综合考察,并于 2000 年 5 月启动了大西海子水库、博斯腾湖水向塔里木河下游输送生态用水的应急方案后,沙漠化土地面积呈逐年缩小趋势。根据对研究区 1999~2004 年土地沙漠化的统计分析可以看出,沙漠化土地总面积由 506 258.06 hm² 减少至 498 043.93 hm²,减少了 8 214.13 hm²,平均每年减少 1 642.83 hm²;河道两侧沙漠化程度改善明显,部分区域还出现了较为明显的逆转。

(三)土壤盐碱化

塔里木河流域是一个封闭的内陆河流域,土壤普遍积盐,形成大面积的盐土。由于水资源利用不合理,灌排不配套等原因,塔里木河流域内灌区土壤次生盐碱化也十分严重(表 14.2)。

表 14.2　塔里木河流域源流灌区土壤次生盐碱化情况表

流域灌区	阿克苏河	叶尔羌河	和田河	开都河—孔雀河
盐碱化耕地面积 /10⁴ hm²	11.55	11.33	3.95	6.34
盐碱化耕地面积占耕地总面积/%	37	35	41	41

第二节　塔里木河流域环境演变

伴随着人类开发利用水资源的进程，塔里木河流域生态环境也发生了相应变化。在人工绿洲建设的过程中，水资源的时空分布发生了明显变化：土地沙漠化、土壤盐渍化、水质恶化、河岸侵蚀不断发生，局部地区表现尤为突出，如：①塔里木河下游段水资源锐减，英苏以下断流近 30 年，河道断流长度约 300 km，大西海子等水库及一些湖泊也时常干涸；②沙漠化普遍发生，下游绿色走廊多处遭受沙害侵袭，阿拉干及其以下地区尤为严重；③荒漠河岸林普遍稀疏，林相参差不齐，生长势趋于衰退，下游断水地区尤为明显；④流域部分地区盐渍化加重，天然草地不断退化，草地质量降低；⑤石油开发对中游地区生态环境带来了前所未有的冲击，生物（甘草、罗布麻、野骆驼、马鹿等）的多样性受到了一定程度的扰动；⑥新的农业发展战略，特别是垦荒政策的实施，为流域（特别是中上游）环境治理带来了一定困难。

一、环境演变过程

在不同时期人类对该流域开发利用方式、程度不同，绿洲分布与生态环境也经历了不同的变化。概括塔里木河流域生态环境演变，大致可以划分为以下 4 个阶段。

（一）生态环境平衡阶段

时间大约在公元 6 世纪以前。根据文献和考古资料，距今 2 000 多年前的秦汉时期，南疆大部分地区是以农为主，如《汉书·西域传》记载："西域诸国，大率土著，有城郭田畜"，"且末以往，皆种五谷，土地、草木、畜产、作兵，略与汉同"。从古代以农为主的人工绿洲的分布看，大多在河流中下游三角洲地带，如位于孔雀河下游的楼兰，克里雅河和尼雅河下游的喀拉墩和尼雅等。这是由于当时山前地带的人工绿洲尚未形成，河流水量大部输往下游；同时下游三角洲上地形平坦，引水灌溉方便，水草丰美，除了农耕外还可兼营畜牧业。在楼兰、尼雅和喀拉墩等遗址附近，还残存着很多胡杨和柽柳的枯立和枯倒木，与古籍记载这里"多葭、苇、柽柳、胡桐"是一致的，说明当时河流下游的自然植被是良好的，生态处于自然平衡。当时因人工绿洲面积很小，农业灌溉用水有限，水资源除消耗在自然植被蒸腾外，由塔里木河汇聚塔里木盆地各主要河流的水量，最后都归宿于罗布泊，使罗布泊的面积达"广袤三百里，其水停居，冬夏不增减"（《汉书·西域传》）。

从社会经济条件分析，当时生产水平不高，人类改造利用自然受到限制。

《史记·大宛列传》记载，西域诸国"不知铸铁器"，《洛阳伽蓝记》（卷五）记述，且末地区"不知用牛，末耜而田"。在这种情况下，只能"依人就水"，在河流下游，开挖简陋渠道，建立小块人工绿洲。按《汉书·西域传》统计，西汉时塔里木河流域人口只有 21 万，生产和生活水平很低，据对著名的"楼兰美女"尸骨系统摄片研究，发现古尸所有长形骨的干骺端均出现明显的生长障碍线，表明女尸生长发育期间，生活艰苦，营养不良。

（二）生态平衡失调阶段

大约在魏晋以后直至 1949 年新中国成立前，时间延续很长。这时，冶铁技术已由内地传入新疆，如《水经注》记载今库车："山有铁，能铸冶。"在拜城县克孜尔千佛洞第 175 窟发现有两幅西晋时的壁画，一幅是描绘两个人在奋力挖田，手握的铁锄宽刃方形，和新疆现使用的坎土曼极为相似。另一幅是二牛抬杠的犁耕图，宽大的铁犁铧与内地发现的汉代铁铧相似，说明这时铁锄、铁犁铧和牛耕技术在塔里木河流域已普遍采用。水利技术也有了很大的进展，《水经注》还记载：敦煌索劢将酒泉、敦煌兵各千人至楼兰屯田，"横断注宾河，灌浸沃野。大田三年，积粟百万"（注宾河在今孔雀河下游），说明拦河筑坝技术由内地传入新疆。在今米兰遗址还保存着十分完整的古代灌溉渠系，干、支、斗渠布置合理，采用双向灌溉集中分水的方式，有效地控制着整个灌区，说明灌区规划设计已达到较高水平。黄文弼在今沙雅县东发现长达 100 km 宽 6m 的古渠道，证明由内地来的屯垦军民，把修建大型引水干渠技术带入新疆。

生产工具的提高和水利技术的发展，增强了人们的治水能力，就可"以水就人"，能从河流出山口引水通过地形坡度较大的砾质戈壁带，到达细土冲积平原，发展灌溉，建立人工绿洲。在《唐（开元九年）于阗某寺出薄》中就有"掏山水渠"记载，说明至迟在唐代，引水灌溉已由下游三角洲移向山前地带。在山前地带发展人工绿洲可引用的水量较多，较下游三角洲更为有利。随着社会发展，人口增加，便推动了人工绿洲向山前地带发展，历经 1 000 多年才形成了沿盆地山麓地带分布的"旧绿洲"（即新中国成立前形成的灌区）。山前地带人工绿洲发展，从河道中引走的水量增加，特别是春季，河流来水量很小，又适值播种时期，常造成河水断流，无水到达下游，位于下游三角洲上的绿洲，不得不放弃，如楼兰、古米兰、尼雅、喀拉墩和黑太尔沁等古城，最后都被流沙吞没或变成风蚀、盐碱地。由山前绿洲取代下游三角洲绿洲，原始的自然生态开始解体，部分逐渐被人工绿洲生态代替，流域生态平衡开始出现上下游之间失调。

人工绿洲移向山前，引水增加造成河流输往下游水量减少，在《大唐西域记》中就有明确记载：翟萨旦那国（今和田）"城东南百余里有大河北流，国人利之，用以溉田，其后断流。"塔里木河向下游水量减少大约是在清末，如《辛卯侍行记》（公元 1891 年）记载："塔里木河罗布庄各屯，当播种时，上游库车迤西，城邑遏流入渠，河水浅涸，难于灌溉，至秋又泄水入河，又苦泛滥"。《新疆图志》（公元 1911 年）亦云：塔里木河"西南上游，近水城邑田畴益密，则渠浍益多，而水势日渐分流，无复昔时浩大之势。"由于塔里木河输往下游水量减少，使罗布泊也由清朝前期的"东西二百余里，南北百余里"，到清朝末年缩小为"水涨时东西长八九十里，南北宽二三里或一二里不等"，塔里木河下游生态环境也因来水减少由原来的"胡桐丛生，结成林菁"，逐渐演变成"平沙宽广""沙地旷远"。

（三）生态环境破坏恶化阶段

新中国成立以后，塔里木河流域耕地面积增加一倍以上，由于春旱缺水十分严重，就必须修建水库对径流进行调节。截至 2007 年仅在塔里木河干支流上就建大、中、小型水库 498 座，总库容达 80×10^8 m³，比 1958 年前罗布泊的容积（湖面 1 900 km²，平均水深 0.6 m）和台特马湖容积（最大时容积 2.02×10⁸ m³）之和还要多，因而使台特马湖和罗布泊干涸。但受当时财力、物力和技术条件限制，只能利用冲积平原上的牛轭湖和扇缘洼地修建平原水库，使开荒扩大耕地面积只能"以地就水"，这就决定了依靠水库调蓄灌溉的新垦绿洲多分布在旧绿洲的外围和边远，并以国营农场为主。

这一阶段水利建设侧重于引水、蓄水工程，从而大大地提高了地表水的引用量，各河流的引水率达到 75％以上，远超过国际上河流引水率低于 50％的要求。但由于灌区配套工程跟不上，渠道防渗率低，灌溉技术落后，灌溉管理不严，使得水资源利用效率很低。水库蒸发渗漏损失达 50％～60％，渠系利用率只有 0.35～0.4，毛灌溉定额高达 15 000～22 500 m³/hm²，每公斤粮食耗水量达 310～510 m³，每公斤棉花耗水达 20 m³ 以上。把大量地表水引入灌区，强烈地改变了地表水的时空分配。上游灌区过量引水，再加上水库渗漏影响，使地下水位上升，次生盐渍化发展，盐渍化耕地面积可占流域总耕地面积的 35％～45％。上游输往下游水量减少，使下游地下水位下降，植被衰败，土壤风蚀加剧，沙漠化不断扩大，平均每年以 0.25％速度递增。灌区盐渍化发展，从内部危害人工绿洲安全；绿洲沙漠过渡带缩小，使沙漠向绿洲逼近，从外部威胁人工绿洲，造成人类赖以生存的基地绿洲受到双重压力。局部地区的生态已完全崩溃，如塔里木河大西海子以下，河道断流 320 km，地下水埋深降至 8～12 m，胡杨林减少 86％，沙漠化土地面积已达 94.8％。

(四)生态环境逐渐恢复阶段

为挽救塔里木河下游绿色走廊,水利部、新疆维吾尔自治区目前成功进行了一次塔里木河流域紧急调水,这标志着塔里木河生态环境综合治理拉开了序幕。从 2000 年 4 月 30 日起,至 7 月 20 日历时 81 天,跨越超过 600 km,输水 1.0×10^8 m^3,使塔里木河下游大西海子水库以下超过 100 km 绿色走廊周边地域地下水位有所回升,河道地下水位平均上升 1.69 m,地下水影响宽度 400~500 m,对植被的恢复起着关键作用,整个影响范围达 80~500 km^2。自 2001 年起,我国开始对塔里木河流域进行综合治理,共计划投资 107.39 亿元,已先后九次向塔里木河下游生态输水,共计自大西海子水库泄洪闸下泄水量 23×10^8 m^3,其中六次将水输到台特玛湖,结束了塔里木河下游河道断流 30 多年的历史,初步改善了干流下游的生态环境。塔里木河下游沿河两侧地下水位明显回升,天然植被恢复面积达 1.8×10^4 hm^2,台特玛湖重现碧波荡漾景色,大片胡杨林焕发了生机,越来越多的野生动物重返故园。焦渴了 30 多年的塔里木河下游,目前小草遍绿河床,胡杨林、柽柳、芦苇等植物开始露出翠色,快要绝迹的小鸟、野兔等小动物又开始在这里追逐嬉戏。

二、环境的变化

(一)气候变化

气候变化总体趋势是气候变暖,西部、北部降水增多。全球性气候变暖在塔里木河流域反应明显,呈明显变暖、增湿的总体趋势,同时,光热资源变幅增大,暴雨和融雪型洪水、夏秋季低温冷害、局地冰雹等灾害性天气增多,天气气候极端事件频繁,而寒潮强冷空气活动明显减少,沙尘暴和大风有所减少。

1. 气温变化

从塔里木河流域的年平均气温变化来看,由 20 世纪 60 年代以来呈逐年代递增趋势。现在的气温与 20 世纪 60 年代相比,源流区的年平均气温增高了 0.57℃,上游区增高了 0.6℃,中游区增高了 0.7℃,下游区增高了 0.8℃。与多年平均值相比,这 4 个区域的年平均气温分别增高了 0.3℃、0.4℃、0.6℃和 0.6℃。其中,除了铁干里克站和阿拉尔站分别降低 0.28℃和 0.26℃外,其余各站气温均有不同程度的上升,沙雅站增高幅度最大,为 0.75℃。由此可以看出,塔里木河流域各区均存在变暖的趋势,20 世纪 90 年代是温度最高的 10 年,而且越往下游方向变暖趋势越明显。从塔里木河源流区到下游区,气温增高幅度逐步加大。

2. 降水量变化

在塔里木河源流区，年降水量由 20 世纪 60 年代至 90 年代逐年代递增，90 年代达到最大，4 个站平均为 217.99 mm。而在上、中、下游区，年降水量逐年代递增，在 80 年代达到最大，90 年代有所回落，而且除了铁干里站外，越往下回落的幅度越大。90 年代降水量与多年平均相比，源流区平均增加了 34.2%，上游区增加了 22.0%，中游区增加了 15.3%，下游区只增加了 6.1%。与温度的增幅趋势相反，从源流区到下游区，降水增幅逐步减少，源流区降水量增加最为明显。

(二)水环境变化

塔里木河流域径流量的观测与分析是一项基础性的研究工作，许多学者为此做了大量的探索。20 世纪 30 年代至 40 年代，塔里木河干流阿拉尔站年径流量在 60×10^8 m³ 以上，至 90 年代减少到 43×10^8 m³，且每年仍以 0.3×10^8 m³ 的速度在继续减少；同时，由于塔里木河治理严重滞后，加之随意掘口乱引漫灌消耗了大量径流，中游大约有 $2.0 \times 10^8 \sim 3.0 \times 10^8$ m³ 的水资源漫流浪费，使下游卡拉站的水量由 1957 年的 14.61×10^8 m³ 减少到 1995 年的 3.37×10^8 m³；英苏以下超过 300 km 河道断流近 30 年，尾闾湖泊台特马湖干涸。最新研究表明，塔里木河干流上、中游每年耗水近 40×10^8 m³（1986~1995 年），单位河长平均年耗水量分别为 370×10^4 m³ 和 580×10^4 m³，中游段为上游段的 1.57 倍；按现状预测，干流各站发生间歇性断流的形势十分严峻，水资源的不合理利用，直接影响着流域生态系统的稳定性，引起了一系列的生态环境问题。

1. 流域水资源地域分配失衡

塔里木河上、中游过量引水，不仅使地下水位升高、土壤发生次生盐渍化，而且导致下游水量减少、水质恶化、河床断流、终端湖干枯，形成盐滩。阿拉尔水量从 20 世纪 50~60 年代的 50×10^8 m³ 减少到目前约 40×10^8 m³。1970 年塔里木河下游的英苏至尾闾湖泊——台特玛湖 266 km 的河道断流，台特玛湖于 1974 年干涸。大西海子水库仅在个别年份泄水，实际上成为塔里木河的终点。而中游及上游河段河道河床淤积抬升、洪水漫溢，水流挟沙能力降低，加剧了河道淤积，积重难返，形成了恶性循环。

2. 地下水位下降

由于塔里木河干流总体水量的减少，上中游局部地区和下游大部分地区地下水位下降，塔里木河中游地段的地下水位 20 世纪 90 年代比 60 年代至 70 年代下降约 0.5~1.5 m，使大量湿地消失。塔里木河下游大西海子以下，地下水位下降得更为强烈。20 世纪 50~60 年代，英苏至阿拉干河段的地下水水位约为 3～5 m，1973 年为 6～7 m，1989 年为 8～10.4 m，1999 年为 9.44～12.65 m。随着地下水位下降，地下水矿化度也开始逐渐升高。阿拉干井水 1984 年矿化度为 1.25 g/L，1998 年达 4.5 g/L。

3. 干流水质恶化

塔里木河在 1958 年以前是一条淡水河，干流河水矿化度均未超过 1.0 g/L，由于输送给干流的水量逐年减少，加之灌区排泄大量高矿化度水，导致河水矿化度不断升高，水质恶化。1985～1998 年监测研究结果表明，阿拉尔、新渠满及卡拉年平均矿化度分别为 1.85 g/L、1.37 g/L 和 1.34 g/L；河水矿化度仅 8 月小于 1.0 g/L，其余各月均大于 1.0 g/L；其中 1～3 g/L 的微咸水占年径流的 44.2%，3～5 g/L 半咸水占 16.9%，大于 5.0 g/L 的咸水占 4.0%，小于 1 g/L 的淡水仅占年径流量的 34.9%。同时，水质监测评价表明，干流阿拉尔、新渠满和英巴扎全年平均为五级重污染水，这种状况的发展，已严重地威胁流域人民群众的生产和生活，并引起了一系列生态环境问题。

(三)植被变化

由于塔里木河下游水源的减少，天然绿洲正严重退化，下游天然绿洲面积已从 20 世纪 50 年代的 46×10^4 hm² 减少到 90 年代的 19.15×10⁴ hm²。胡杨林作为塔里木河流域生态系统的主要一员，维系着下游绿色走廊的存亡。由于塔里木河下游河道断流，绿色走廊的胡杨林面积已从 20 世纪 50 年代的 5.4×10^4 hm² 锐减至 90 年代的 0.67×10^4 hm²，减幅达 87.6%。英苏至台特玛湖河段原有胡杨及柽柳灌木成片衰败死亡，多数覆没于流沙之下，闻名于世的绿色走廊濒临毁灭，生态功能严重衰退。

由于天然植被的破坏，塔里木河流域沙漠化具有普遍性。荒漠化土地总面积 265×10^4 hm²，占流域总面积的 53.5%；潜在荒漠化土地面积 104×10^4 hm²，占流域总面积的 21%。在荒漠化土地面积中，沙漠 238×10^4 hm²，占荒漠化土地面积的 89.8%(其中固定、半固定沙丘 46×10^4 hm²，占沙漠面积的 19.5%；流动沙丘 192×10^4 hm²，占沙漠面积的 80.5%)；盐漠面积 17.7×10^4 hm²，占荒漠化土地面积的 6.7%；土质荒漠 9.39×10^4 hm²，占荒漠化土地面积的 3.5%。目前，由于塔里木河下游的大面积沙化，塔克拉玛干沙漠与库姆塔格沙漠已有多处合拢。

(四)土地变化

大面积开荒后，许多地方由于灌溉不合理，使大片耕地变成盐渍荒漠。位置选择不当的许多平原水库，引起周围地区地下水位上升，也加重了土壤次生盐渍化现象。由于缺水及不合理利用草场，毁林开荒和滥挖甘草造成了大面积的林地和草场退化、沙化，有的地域林草地已经消失，成为当地生态环境恶化的又一重要原因。天然湖泊的干涸，沼泽、湿地的减少，林地和草地的大面积衰退，使得塔里木河流域的野生动物数量减少，甚至出现灭绝的态势。

第三节　塔里木河流域生态保护对策

一、生态保护的必要性

随着国家西部大开发战略的实施，塔里木河流域已成为实现新疆经济社会发展目标和我国西部开发潜力巨大的地区之一。但是，随着流域内人口的增长、经济社会的发展，对水资源开发利用程度也不断提高，塔里木河下游大西海水库以下河道于 1972 年起完全断流，断流长度达 320 km，台特玛湖也于 1974 年干涸，下游"绿色走廊"的生态环境不断恶化，甚至遭到毁灭性破坏。塔里木河已成为新疆乃至全国生态环境劣变问题最为突出的地区之一。

塔里木河流域水资源的不合理开发利用和管理是造成这些生态环境问题的主要原因。塔里木河流域生态保护具有以下现实意义：第一，塔里木河流域各种资源异常丰富，具有国家和国际级战略意义，是支撑中国 21 世纪经济社会可持续发展的后备资源库，发展前景广阔。第二，塔里木河流域是我国信仰伊斯兰教群众分布最为集中的地区，也是经济发展相对滞后的地区。生态环境的严重恶化，将会使得依托自然生态系统的社会、经济失稳，进一步导致贫困地区和贫困人口的增多。因此，加速流域受损生态系统的恢复和重建，加快经济发展和社会的全面进步，对改善和提高各族人民的生活水平，保证新疆的社会稳定和国家的长治久安具有重要的现实意义。第三，塔里木河下游"绿色走廊"是连接我国内地与新疆的战略通道，拟建的新一青铁路将从这里通过，保护和拯救濒临消失的"绿色走廊"，在国际安全环境日趋严峻的今天，有着深远的战略意义。第四，以干旱区典型流域塔里木河为对象进行生态需水量和生态安全研究，在干旱内陆河流域资源开发与生态恢复研究方面具有广泛的代表性。

二、生态保护对策

面对塔里木河日益突出的生态与环境问题，要确立塔里木河为生态河的地位和基本观念，坚持生态与经济、上游与下游协调发展的原则，以"整体、协调、循环、再生"为生态和经济建设的出发点，实现流域水资源的统一管理，运用市场的和行政的手段，建立合理的分水方案和水市场调节机制，控制源流引水，减少干流上、中游低效耗水，确保下游基本用水，实现流域水过程的完整性和水资源的可持续利用，为流域生态与社会经济的可持续发展提供水资源的安全保障。具体措施如下。

(一)实施塔里木河流域水资源的统一管理

以流域生态过程完整性的保持和上、中、下游各族人民可持续发展的平等权利为基本准则，将生存与发展的道德规范从局域延伸到整个流域，从干旱区人类延伸到生态系统，确保塔里木河流域各族人民公共利益的持续存在和发展。根据塔里木河多年平均流量和生态、经济发展的需要，编制相对稳定的流域水量分配方案，由上级和地方政府监督执行或利用法律的形式固定下来，确保用水的公平性。实施严格的取水许可和水质监管制度，保证水资源在利用中平衡，在使用中提高质量。把经济生产用水引入市场调节机制，通过水资源的有偿使用，提高其空间配置的经济高效性，使稀缺资源在保障生存的基本前提下，向高效产业、高效区域流动，实现管理促进发展的目的。同时，大力推进水资源保护科学技术的进步，力争在产水、调水和用水的各个环节上，提高应用技术和管理技术的科学含量，促进流域水资源和可持续利用。

(二)改变落后的生产方式，积极的应用各种新技术，实施灌区节水改造

以优惠的政策促进产业结构调整，鼓励发展特色经济，发挥区域优势，通过科学节水措施，确保三源流每年有 46.5×10^8 m³ 供给塔里木河干流。对塔里木河上中游段的 138 个跑(引)水口进行有计划封堵，废除所有私自乱扒、乱引的临时性引水口，修建永久性饮水控制闸，减少水资源的"跑露"，变无序引水为计划用水。对侵蚀冲刷严重河段，实施护岸工程，减缓河岸冲刷；对河区较大的游荡河段，修建束洪防护堤，控制和归顺河势；对大西海子以下长期干河道和风沙堆积严重河段进行疏浚，提高输水能力和水流速度，确保河水输送到台特玛湖。

(三)结合塔里木河下游河道自然条件，优化输水路径

在目前沿齐文阔尔河"线性"输水的基础上，逐步实施双河道输水河面上供水方案，扩大输水的生态效应；确立 8~9 月为最佳输水时段，使植物落种与输水实践相一致，为天然植物的落种更新提供条件，以实现生态系统的可持续性；尽快将大西海子水库的功能由农田灌溉转变为向台特玛湖方向的生态输水，或废弃之，以保证向塔里木河下游的长期生态输水，使沿河两岸地下水埋深上升到 4 m 以上，以满足塔里木河下游乔灌木生长需要，加速受损生态系统的修复和重建。在塔里木河干流区域进行有计划的退耕、退牧，部

分地区可实施退耕还林、还草，但要结合实际情况，优化模式，减少经济林草比例；大部分地区应实行退耕，退牧封育，实施生态移民，建立生态补偿机制，以确保广大农牧民群众生活水平有所提高；建设高水平人工草料基地，实施生态置换；调整种植物结构，发展高效生态产业和特色生态农业，增加林草比例。同时，加快 218 国道的防沙建设，生物防沙与局部风沙危害严重段的机械防沙相结合，河道附近低端的路段可通过输水恢复植被，发挥天然植被的保路防沙作用，远离河道的路段以机械固沙为主，确保塔里木河下游"绿色走廊"。

（四）要贯彻节水优先、治污为本的原则，做好流域经济社会发展布局和规划

控制耗水量大和污染严重的项目，控制流域农药、化肥的使用种类和用量，防止面源污染，发展生态农业。从塔里木河源流和干流的可持续发展高度出发，科学的规划排水系统；建立和完善塔里木河灌区农田排水体系；杜绝超标水质对塔里木河水资源的污染；严格控制高矿化度水的排入；建立全流域的农田排水管理系统和水质安全保障体系。塔里木河上游三源流区地下水资源丰富，积极、合理的开发地下水，不但能解决流域干旱缺水问题，而且对降低地下水位，改良土壤有积极作用。因此要积极的应用各种新技术，实施灌区节水改造，合理利用地下水，减少人为因素对水环境的不利影响。可以借助地形条件，实施咸、淡分流，排水与洪水分流的办法，把农田排盐水引入塔里木河古河道，进入古河道的农田排水对恢复胡杨和柽柳植被的生长有很大帮助。

第十五章 新疆——中国重要的矿产和能源资源储备基地

章前语

新疆境内地层齐全，地质构造复杂，为成矿提供了非常有利的条件。因而新疆矿产资源种类齐全、蕴藏量大，现已探明的矿种 138 种，其中储量占全国首位的有 8 种。石油、天然气资源储量大，太阳能、风能等清洁能源资源也十分丰富，是我国重要的能源基地。改革开放以来，新疆的石油化工业经济实力明显增强，传统化学工业突飞猛进，国家陆上能源安全大通道基本形成。"西气东输"工程为祖国输送能源提供了保障，为国家的经济发展注入动力。本文从新疆的能源资源储备分析入手，对新疆的石油化工产业进行了阐述。

关键词

矿产资源；能源资源；成矿条件；石油化工业

第一节 种类齐全、储量丰富的矿产资源

一、概况

新疆矿产资源极为丰富，是我国重要的石油、天然气、煤炭、黑色金属、有色及稀有金属和非金属矿产资源的富集区。新疆的矿产资源在国内具有明显优势。矿产资源具有分布广、矿种齐全、配套性高、部分矿种储量大、质量好等特点。

全疆已发现矿种 138 种，占全国已发现矿种的 82.14％。探明资源储量的矿种 94 种，列入矿产储量表的矿区有 4 000 处。

从矿产分类上讲，新疆矿产资源有四个特点：一是黑色金属及有色金属在全国占有一定的地位，铁、锰、铬、铜、铅、锌等矿藏分布多、富矿多、

伴生矿多，有利于综合开发利用；二是贵金属及稀有金属矿产，位居全国前列，如新疆的黄金资源比较丰富，已掌握的地质资料表明，全疆 59 个县市有黄金资源；三是化工原料矿产丰富，在新疆以盐、芒硝、钠硝石等矿种较为富集，盐储量居全国第 8 位，芒硝储量居全国第 5 位，钠硝石储量居全国第 1 位；四是其他非金属矿产和建材矿产独特，有云母、石棉、石膏、膨润土、石墨等，驰名中外的海蓝宝石、芙蓉石、石榴石、紫罗兰宝石等极为珍贵的高、中档宝石品种也很多。

新疆煤炭、石油和天然气能源极为丰富，使新疆的资源优势在全国更加凸显出来。据勘探，石油资源量为 208.6×10^8 t，占全国陆上石油资源量的 30%；天然气资源量为 10.8×10^{12} m^3，占全国陆上天然气资源量的 34%；煤炭资源量为 2.2×10^{12} t，占全国煤炭资源总量的 40%。在石油、天然气、煤炭等重要战略能源储量上，新疆在全国三分天下有其一，因而必将成为我国 21 世纪重要的能源接替区域，在经济发展战略中占据着举足轻重的地位。与此形成反差的是，2007 年，新疆的人口总量仅占全国的 1.59%。由此可见，新疆以主要矿产保有储量计算的潜在价值，人均拥有量约为全国人均水平的 4 倍；新疆能源丰度达 4 500 吨标准煤/人，高出全国平均水平 6.5 倍。新疆人均石油、天然气、煤炭的资源量约为全国平均水平的 20 倍，优势十分突出。

除此之外，新疆一些重要矿产质量较好，富矿比例较高，并拥有一部分特色矿产。主要有：煤、铁、铬、铜、镍、蛭石、膨润土。特色矿产有新疆和田玉、钠硝石、皂石、水硝碱镁钒、蛋白土等。新疆是我国矿产种类多、资源配套较为齐全的地区之一。

二、矿产资源的主要特点

新疆矿产资源总的特征是：矿产种类多，配套程度高，有部分特色矿产，远景潜力很大，但矿产分布不平衡，地质勘察程度较低。矿产资源的主要特点有以下几方面。

(一)矿产资源丰富，分布广泛

新疆的矿种较为齐全，据统计已发现矿种 138 种，占全国已发现矿种的 82.14%，其中已探明储量的有 94 种，在查明的资源储量中，有 41 种矿产探明资源储量居全国前 10 位，其中居首位的有 8 种，分别是铍、云母、长石、陶土、蛇纹岩、钠硝石、膨润土、蛭石，居第 2 位的有 12 种，居前 5 位的有 27 种，有 23 种矿产居西北首位。这些矿产中石油、天然气、煤、铁、铬、铜、镍、铅、锌、金、铀、蛭石、云母、膨润土、石棉、盐类、石灰岩、水晶、宝玉石等矿产最为重要。它们在探明储量方面有一定优势，在远景方面有较大的潜力。石油、天然气、煤、金、铬、铜、镍等稀有金属、盐类矿产、建材非金属等蕴藏丰富。有非金属矿种 70 多个,其中白云母、宝石、石棉、和田玉驰名中外;盐的储量 3.18×10^8 t;芒硝储量 1.7×10^8 t;钠硝石储量 232.6×10^4 t。从分布上看,目前已发现各种矿床和矿点 4 000 多处,其中已探明储量的大中型矿床有数百处。矿产的分布在不同地区有其特点,如盆地中主要分布有石油、煤矿、盐类矿产等;阿尔泰山主要分布金、有色及稀有金属、云母、宝石矿;西准噶尔地区主要分布铬矿和金矿等。

除了铍、云母、长石、陶土、蛇纹岩、钠硝石、膨润土、蛭石、石棉、石油、天然气、煤、铬铁矿、锂、铂、钽、铌、镍、锰、自然硫、菱镁矿、芒硝、油页岩等矿产居全国前列外,新疆还拥有一些全国乃至世界少有的矿产,如和田玉、水硝碱镁矾、皂石、蛋白土等。此外,还有尉犁蛭石矿和阿尔泰山稀有金属、云母、宝石等世界驰名的大矿床,以及全国少有的富铁矿、富铜矿、富镍矿等。

(二)矿产资源远景开发潜力很大

部分矿产资源预测总量大。如煤炭居全国第 1 位,其预测资源总量为 2.2×10^{12} t,占全国的 40%;居全国前列的还有石油,预测资源总量为 209.22×10^8 t,占全国的 30%;天然气预测资源总量为 10.8×10^{12} m^3,占全国的 34%;铜预测资源总量为 $6 192 \times 10^4$ t;镍预测资源总量为 $1 757 \times 10^4$ t;金矿预测量为 3 933 t,但探明储量占资源总量的比例低,仅为 0.4%~10%。矿产潜在价值较大。初步估算,矿产保有储量潜在价值为 51 473 亿元,在全国排次为第 6,人均潜在价值 32.92 万元,居全国第 5 位。有些矿产成矿地质条件好,远景可观。如石油、有色金属、贵重金属和部分非金属矿产。

(三)一些重要矿产质量较好,富矿比例较高,并拥有一部分特色矿产

新疆的优质矿产主要有:煤、铁、铬、铜、镍、蛭石、膨润土等。煤品种齐全,低硫低灰,高发热量的优质煤居多,而且炼焦用煤约占总储量的 9%;铁,富铁矿比例达到 25.6%,远远高于全国富矿比例 5.7% 的水平;铬矿中,富铬矿占 58%,是全国少有的用于生产优质耐火材料的矿产原料;新疆大型铜镍矿品位达到 3%~6%,为全国少有;蛭石矿含矿率 59%,富矿占总储量的 73%,且膨胀倍数高;膨润土,以钠基土为多,造浆率高,是国内唯一达到国际泥浆标准的优质膨润土。新疆的特色矿产有和田玉、皂石、水硝碱镁钒、蛋白土等。

(四)部分矿产资源不清

迄今为止,还有相当多的基础地质调查工作尚未展开,很多矿产开发没有深入进行。有些矿产地还未进行系统的资源评价,资源远景和工业价值不明。

(五)保证程度不够

已探明储量中,工业储量比例低,不少矿种实际可利用储量和可供设计开发的矿产地少。已发现的矿产中,有些探明储量少,不能完全保证 21 世纪经济发展的需要。少数矿产品质不高,如磷和硫铁矿贫、石英砂岩含铁高等。少数矿产资源短缺,需长期从外调进。

三、成矿地质背景

新疆地壳经历了漫长而曲折的发展过程,为成矿作用提供了充足的物质来源和矿质运移、贮集的空间,从而形成了丰富多彩的矿产资源。新疆最古老的地层是晚太古界,由麻粒岩、变粒岩、片麻岩和混合岩组成,它构成了塔里木古陆的陆核。早元古代的陆源碎屑岩和碳酸盐岩建造的沉积,围绕着陆核广为分布,经区域动力热流变质作用而形成角闪岩相为主的各种片麻岩、混合岩和绿片岩,并与晚太古界一起构成了塔里木古陆的结晶基底。

中上元古代时期,广泛发育了一套浅变质的陆缘碎屑岩和碳酸盐岩,从而使陆壳扩大、增厚,成熟度明显增高。此时,在古陆南北两侧产生了裂陷槽,出现长城纪的细碧—角斑岩系、蓟县纪的蛇绿岩套和蓝闪石片岩。这时期产有含铜黄铁矿、金矿、铁矿和铬铁矿。青白口纪末的塔里木运动最终形成了范围比现今见到的塔里木古陆大得多的、统一的原始塔里木古陆。

震旦纪到二叠纪是塔里木、哈萨克斯坦、西伯利亚、华南 4 个板块分裂扩张、俯冲碰撞的主要时期。共有 4 个板块活动活跃期:中奥陶世—志留纪时期,在哈萨克斯坦板块的各微型地块间,形成了洪古勒楞、唐巴勒、玛依拉、博乐科务、祁曼塔格、北山等小洋盆,封闭时期各异,遗留下一些沟—弧—盆体系的过渡型地壳。上志留—中泥盆世是板块活动第二个活跃期,在伊犁地块南侧的米什布拉克—铜华山一线,在准噶尔地块的阿尔曼太、科克森塔乌—乔夏哈拉、喀拉麦里,均出现蛇绿岩套和沟—弧—盆系的过渡壳。第三个活跃期发生在早、中石炭世,在哈萨克斯坦各地块间出现有达拉布特、博格达、伊林哈别尔尕、伊犁地块内部的伊斯基里,塔里木古陆北缘的康古尔塔格、南缘的塔仑—险尔隆,均出现裂谷或扩张成小洋盆,并于中石炭世末碰撞聚合,而形成了统一的欧亚大陆的大陆壳。早二叠世出现多处张裂环境,在北山曾发展成裂谷,并很快封闭。

板块构造活动所造就的复杂地质环境,为新疆提供了多矿种、多类型的矿产资源,使古生代,尤其是晚古生代成为新疆内生矿产最重要的成矿期。一般在变质橄榄岩中产有铬、钴、铂、滑石、菱镁矿、石棉、宝玉石;在细碧—角斑岩系中产含铜黄铁矿、黄铁矿、铜、金、铅锌；火山岛弧中产铜、金、钨锡、铁、稀有金属、云母、宝石和水晶；弧后盆地产出铁锰、铜、铅锌；大陆棚产层状铅锌、铁锰、油气、膏盐和磷钒；裂谷或张裂带产铜镍、钒、钦、金、铁、稀土和金刚石。

新疆在中新生代时期，进入到以板内活动为主的阶段，在陆盆中接受了巨厚的补偿性的陆相沉积，产有丰富的油气、煤、膏盐、膨润土，这是新疆能源、膏盐矿产最重要成矿期。如此复杂的地质构造所形成的丰富的各类矿产资源，为新疆提供了广阔的开发前景。阿尔泰、天山、昆仑山三大山系和塔里木、准噶尔两大盆地，可谓三大宝山、两大聚宝盆。从成矿条件看，山区盛产金属、非金属矿产，拥有 24 条超基性岩带、30 条火山岩带、11×10^4 km^2 的侵入岩，构成了若干巨大的构造——岩浆岩带，还有不同地质时代的各类沉积矿层以及初步圈定了 300 余个成矿区（带）；在盆地中，盛产油气、煤、膏盐和黏土类矿产，有 2.19×10^{12} t 煤、$200 \times 10^8 \sim 400 \times 10^8$ t 石油和数千亿吨盐类矿产的资源量，显示出新疆矿产资源的巨大潜力。

四、主要矿产资源情况

（一）能源资源

能源资源是国家重要的矿产资源，是人类生存和进行生产活动的燃料和动力源泉。新疆能源矿产非常丰富，是全国能源矿产基地之一。新疆能源矿产的分布有三大特点：一是分布广，阿尔泰山、天山、昆仑山、阿尔金山以及准噶尔盆地、吐鲁番盆地、哈密盆地、塔里木盆地均有分布；二是储量大，煤、石油的探明储量在全国占重要地位；三是矿种多，品种相当齐全，不仅有煤、石油，而且有油页岩、天然气等。

新疆拥有石油、天然气、煤、油页岩和铀 5 种能源矿产，其中石油、天然气和煤是新疆最具优势的矿产资源。

1. 石油、天然气资源

新疆是中国陆地石油最有远景的地区之一，准噶尔、塔里木、吐鲁番—哈密三大油气沉积盆地以及其他 19 个大小沉积盆地成油地质条件好，沉积面积达 95×10^4 km^2，约占中国陆地沉积面积的 1/4；其中塔里木盆地面积 56×10^4 km^2，是中国最大的含油气沉积盆地，预测石油资源量 107×10^8 t，天然气 8.3×10^{12} m^3，是我国"西气东输"的起点。新疆石油资源量 209.22×10^8 t，保有储量居全国第 3 位，未动用的石油储量居全国之首；新疆原油具有含硫低、凝固点低的特点，是生产高级润滑油、高速公路沥青、高级冷冻机油和医药化妆品等特种产品的最佳原料，特别是重质油的储量和质量均居全国之首。天然气资源量为 10.8×10^{12} m³，占全国陆上天然气资源量 30×10^{12} m³ 的 34%。

2. 煤炭矿

据统计，在全国能源利用中，煤炭约占能源总消费量的 70%，可见，煤炭在能源构成中，占有非常重要的地位。在当前和今后历史时期内，煤炭都是重要的能源。新疆产煤底层集中在早、中石炭纪和早、中侏罗纪。新疆的煤炭地层面积预计为 30.7×10^4 km²，煤炭预测资源量 2.19×10^{12} t，占全国的 40%，居全国之冠；已探明的储量达 170×10^8 t，在全国名列第 8 位，在西北地区名列第 2 位；其中吐鲁番—哈密盆地和准噶尔盆地位列世界 10 大煤田行列。新疆煤矿的主要矿区有乌鲁木齐矿区、哈密三道岭矿区、艾维尔沟矿区等。

（二）金属矿产

新疆的黑色金属及有色金属矿产在全国占有一定的地位，已探明的金属矿产有 27 种。新疆三大山系，蕴藏着大量的贵金属、稀有金属、有色金属和黑色金属。黑色金属矿产资源有铁、锰、铬、钒、钛 5 种，其中铁矿已探明的储量居全国第 5 位，锰矿居全国第 8 位，铬矿居全国第 5 位。有色金属矿产主要有铜、镍、铅、锌、铝等，矿种的特点是分布广、矿点多、富矿多、伴生矿多，有利于综合开发利用。新疆的贵金属及稀有金属矿产位居全国前列。有探明储量的贵金属矿产有金、银、铂、钯。新疆的黄金资源比较丰富，全疆 85 个县市中，59 个县市有黄金资源。新疆是中国主要的稀有金属矿产地，尤其以铍、锂、铌、钽等稀有金属矿产享誉中外。

1. 贵金属矿

新疆现已发现并开采的贵金属有金、铂、银三种。

目前，新疆是全国重要的黄金产地之一。现已探明，新疆黄金产量占全国黄金总产量的 5%。新疆较大的黄金采矿带有四条，可采矿处有 300 多处。阿尔泰山、昆仑山和阿尔金山都是黄金的重要产地，而以阿尔泰山最为富集。"阿尔泰"，蒙古语，意为"金子"，阿尔泰山意即"金山"。准噶尔盆地西部有一座哈图山，此山黄金密集。自治区已在这里建立了一座机械化生产黄金的金矿，从 1983 年正式投入生产，黄金年产量达万两之巨，人称"哈图山上黄金城"，现已成为新疆重要的黄金生产基地。新疆产的黄金主要是砂金，其次是岩脉金，早称山金，再就是伴生金。砂金多产于干涸的河床的淤沙中或山前地带的砂砾中。砂金产地甚多，如北疆的伊犁、呼图壁、玛纳斯、乌苏，南疆的和田、且末一带。

2. 稀有金属矿

新疆的稀有金属矿产分布广,储量丰富,成矿条件好;是全国重要的稀有金属矿基地之一。目前,新疆已发现的稀有金属有 8 种,即铍、锂、钽、铌、铷、铯、铷、镉。这种金属矿大多集中于阿尔泰山地,这里也是全国的一个重要稀有金属矿产地。这个矿产地有几万条花岗伟晶岩脉矿体,其中的 3 号矿脉矿体大,晶形完好,构造典型,有"花岗伟晶岩天然博物馆"之称。除阿尔泰山地外,钽、铌、锂、铍在天山、昆仑山也有一定的储量。新疆的稀有金属在全国占有重要地位。其中铍的储量占全国总储量的 99.9%,占有绝对优势。铯在我国储量中占第 3 位,钽占第 7 位,铌占第 8 位。

3. 有色金属产地

新疆已发现的有色金属有:铅、锌、铜、铝、钴、镍、钨、钼、汞。新疆境内的铜矿分布比较零星,且分散,经地质普查,已发现小型矿点 400 余处。可惜这些矿点大多规模小,品位低,缺乏开采价值。其中能成型的,比较有工业价值的只有 25 处,主要分布于阿尔泰山地的富蕴县,天山南部的拜城县、阿克陶县等。新疆的铜矿多有伴生特点,铜矿多与锌、铝同矿,一般矿石含铜量较低,占 1%~3%,开采价值不高。新疆境内的镍矿集中分布于准噶尔盆地东缘、天山山地南坡。已发现的矿床,大多矿石品位高,有较高的开采价值,已探明的储量约占全国总储量的 1%。目前,喀拉通克铜、镍矿是新疆境内正在开发的最大的铜、镍矿。它是一个包含大型镍矿、中型铜矿并伴生有一定储量的金、银、铂、硒、锌、硫、钴等多种金属的矿床。镍在该矿储量中,属富矿、特富矿,这在全国也是少见的。新疆境内已发现铅、锌矿点 100 余处,主要分布在天山山地南坡和西昆仑山地北坡。据目前掌握的资料,大多属于储量较少、品位较低的零星矿点。虽然已探明 9 个矿点,但储量并不理想,仅占全国总储量的 0.5%~1%,开发价值并不大。新疆境内铝土矿有一定储量。乌鲁木齐市建有一个电解铝厂,最初生产规模,年产电解铝只有 100 余吨。经过几次扩建、改建后,生产能力已达到年电解铝 5 000 t 左右,是目前境内主要的铝厂。

4. 黑色金属矿

新疆境内的黑色金属矿产资源比较丰富,已发现的有铁、锰、铬、钒、钛等 5 种。其中铁矿储量较大,在全国占有一定地位。

新疆已发现铁矿床 600 余处,广泛分布于境内三大山系。其中储量超过一亿吨的大型矿床有 5 处,储量在 $1\ 000 \times 10^4 \sim 1 \times 10^8$ t 的矿床有 10 多处。产地重点集中在哈密、鄯善、和静、新源以及叶城和富蕴地区。其中尤以哈密、鄯善最为富集,占已探明总储量的一半以上。境内的铁矿有两个特点:

一是富矿多。在已探明的储量中，富矿所占比例约 1/4。有的富矿所占比例更高，哈密的雅满苏，富矿所占比例为 78%；新源的士可布台，富矿所占比例为 83%。位于伊犁地区新源县南部的士可布台矿，成品矿含铁 60%，是新疆境内唯一的也是国内少有的低磷、低硫优质富铁矿。二是伴生矿多，大多是铁与铜或其他金属伴生。如莫托沙拉铁矿，就是一个与银、锰等多种金属伴生的矿床。新疆已开采的铁矿有雅满苏矿、士可布台矿、莫托沙拉矿等。雅满苏矿位于哈密市东南约 100 km 处，有约 30 km 铁路专线与兰新铁路连接，交通便利，是新疆目前开采的一个主要铁矿。伊犁铁矿（士可布台铁矿），位于新源县士可布台村，距新源钢铁厂约 30 千米。莫托沙拉铁矿，位于和静县巴仑台，为和静钢铁厂所属的矿山。

（三）非金属矿产

新疆非金属矿产比较齐全，已探明的非金属矿产有 43 种。冶金用辅助原料非金属矿产 8 种，其中菱镁矿居全国第 4 位；化工原料非金属矿产 11 种，其中钠硝石、蛇纹岩、钾盐、镁盐、芒硝、自然硫、毒重石、盐等保有储量都居全国前列；建材原料及其他非金属矿产 24 种，其中白云母、膨润土、蛭石、陶瓷土的探明储量都居全国第 1 位或第 2 位。工艺美术用特种非金属与宝石矿产有水晶和各种宝石、玉石和彩石。宝石已发现 70 多个品种，如驰名国内外的海蓝宝石、绿宝石、碧玺、芙蓉石、石榴石、紫罗兰宝石等。玉石中主要是和田玉，又称软玉，为中国所特有，其中优质羊脂玉是世界罕见玉种。截至 2007 年，新疆主要矿产资源保有储量见表 15.1。

表 15.1　新疆主要矿产资源保有储量（2007 年）

矿产	保有量	矿产	保有量
铁矿/(10^4 t)	88 175.54	芒硝/(10^4 t)	3 777 801.28
铬矿/(10^4 t)	178.87	盐矿/(10^4 t)	745 935.57
铜矿/(10^4 t)	244.11	钾盐/(10^4 t)	9 205.89
铅矿/(10^4 t)	88.80	石棉/(10^4 t)	931.26
锌矿/(10^4 t)	181.51	云母/t	54 416.87
铝矿/(10^4 t)	55.32	蛭石/(10^4 t)	1 789.32
镍矿/(10^4 t)	97.97	水泥用灰岩/(10^4 t)	156 300.71
煤/(10^8 t)	1 726.61	膨润土/(10^4 t)	36 086.15
耐火黏土/(10^4 t)	703.40	饰面用花岗岩/(10^4 m^3)	11 776.30
钠硝石/(10^4 t)	6 169.04		

数据来源：新疆维吾尔自治区统计局．新疆统计年鉴(2008)．中国统计出版社，2008。

第二节　蕴藏丰富的可再生新能源

一、风能资源

(一)新疆风能储量

新疆风能资源总储量 $9.57×10^8$ kW，技术开发量为 $2.34×10^8$ kW，可见新疆的风能资源十分丰富。但由于地形复杂，风能资源分布极不均匀，风能资源储量和技术开发量分布不均匀。根据《全国风能资源评价技术规定》，只有年平均风功率密度大于 150 W/m^2 的区域才属于风能资源达到技术开发的区域面积。九大风区中，年平均风功率密度大于 150 W/m^2 的区域面积为 $12.6×10^4$ km^2，仅占全疆的 7.58%，却集中了全疆 31.2% 以上的风能。

(二)新疆风能储量分布

新疆风能资源丰富区集中在九大风区。这些风区的中心区年平均风功率密度在 200 W/m^2 以上，有效风速小时数在 5 500 h 以上。有效风速小时数指 3～25 m/s 各级风速出现的小时数之和。它表征着风力发电机可能正常运行的时间。新疆九大风区包括了新疆年平均功率密度在 150 W/m^2 以上的所有区域。理论上估计，新疆全年可提供风电 27 673$×10^8$ kW·h，可发电 6 771$×10^8$ kW。因此，新疆具备作为我国再生能源战略储备基地的条件。根据对全疆风能资源的估计和风区评价，从风能资源条件、基础设施、自然条件、经济发展等综合考虑，乌鲁木齐达坂城风区、阿拉山口风区、十三间房风区和吐鲁番小草湖风区在风能资源、交通、输电线路及自然环境方面都具备了建设大型风电场的成熟条件，可作为近期大型风电场的建设区；额尔齐斯河河谷风区、塔城老风口风区和三塘湖—淖毛湖风区，交通、输电线路及自然环境不尽如人意，可作为中期规划区；哈密东南部风区和罗布泊风区自然条件比较恶劣，交通不便，又无大电网，可作为后备开发区。

(三)新疆风力资源开发现状

新疆的风能开发建设始于 20 世纪 80 年代初期，当时引进了 20 kW、30 kW、55 kW 和 100 kW 风机各 1 台，1988 年 100 kW 风电并网试验运行。1989 年利用丹麦政府赠款引进了 13 台 150 kW 风机，建立达坂城风电一场，总装机容量达到 2 050 kW，单机容量和总容量在当时均居全国第一。1992 年到 1995 年，相继引进了 300 kW 和 500 kW 风机共 33 台，建成了国内第一座万千瓦级的达坂城风力发电厂。1997 年利用两项丹麦政府贷款和国内"双加"风电项目，于当年完成了全部 78 台 600 kW 风电机组的安装。达坂城风区因其开发较早，目前风区风电总装机容量已达 12.55×10^4 kW，占到了新疆主电网总装机容量 495.75×10^4 kW 的 2.53%。

二、太阳能资源

新疆太阳能开发前景广阔，可利用太阳能资源仅次于西藏，居全国第 2 位，全区日照 6 h 以上天数在 250～325 d，年平均日照为 2 500～3 600 h，属于太阳能富集区，是开发利用太阳能理想地区之一。

新疆已先后建成了 23 座大型太阳能发电厂、72 座中型太阳能发电厂，以及为数众多的小型、微型发电机和供电设备等。已开发出太阳能采暖、太阳能热水器、太阳能温室和长寿太阳能电源等多个产品，已建设了太阳能光伏示范村，推广太阳能光伏电源，解决了本区电网尚未达到的农牧区、高原兵站、野外流动作业等地的供电电源。

《新疆"十一五"可再生能源规划》中提出：2010 年，新疆太阳能资源利用规划新建并网光伏电站装机容量 8 500 kW，离网光伏电站装机容量 6 000 kW，户用光伏电源系统 1 200 kW，太阳能热水器总集热面积 1.5×10^8 m²，屋顶太阳能利用面积 30×10^4 m²，推广太阳能温室、太阳能干燥、太阳能暖棚、太阳能育种 $1 257.6 \times 10^4$ m²，太阳能工业供热、太阳能聚焦装置 156×10^4 m²，太阳能热发电 10 000 kW。

第三节　新疆石油和石油化工业

一、发展现状

新疆是我国石油及天然气最有开发前景的地区。石油预测储量为 209.22×10^8 t，天然气储量为 10.85×10^{12} m³，分别约占全国陆上石油、天然气资源预测总量的 25.5% 和 27.9%。近年来，油气资源勘探不断取得突破性进展，石油及天然气探明地质储量都有较大增加。石油保有储量和未动用天然气储量分别位居全国第 3 位和全国之首。

(一)石油勘探成果显著

新疆石油及天然气勘探取得重大突破和进展。目前，三大盆地勘探发现的油气田数量达到 60 个。准噶尔盆地在中部发现并开发了彩南油田，西北缘开发了石西油田，建成了两个百万吨级的沙漠整装油田。塔里木盆地经过近 10 年的努力，相继探明了轮南、东河塘、吉拉克、解放渠东、塔中四、英买力 7 号、牙哈、样塔克等 12 个油气田，发现了 23 个工业含油气构造和 15 个高产出油气井点。1998年塔河古区勘探有了重大突破，发现了亿吨级的塔河油田。此外，塔北隆起的天然气勘探也取得了突破性进展，仅克拉2井探明储量达到 $2\,506\times10^8$ m³。新疆成为我国继四川、陕甘宁后的第三大天然气富集区。

（二）三大石油生产基地的格局基本形成

准噶尔盆地的新疆油田公司，塔里木盆地的塔里木油田公司、新星石油西北分公司和吐鲁番—哈密盆地的吐哈油田公司，已基本形成了三大石油生产基地。

准噶尔盆地在稳定老油田的基础上，重点勘探准噶尔西北缘、腹部和南缘，在沙漠腹地和盆地南部获得重大突破，为原油产量突破 $1\,000\times10^4$ t奠定了坚实的基础，是新疆的主力油田。

塔里木盆地既是我国最大的含油气沉积盆地，也是世界上少数几个未进行大规模油气勘探开发的盆地，预测资源量 191×10^8 t，是中国石油发展最有希望的战略接替区，为国家实施"西气东输"工程奠定了资源基础。今后该盆地仍然是国家原油和天然气勘探的重点区域。

吐鲁番—哈密盆地从1991年开始进行勘探开发工作，克服了盆地自身地质条件的困难，着重在吐鲁番市及鄯善县境内开发了几个中型油气田，原油和天然气产量稳步增加，已成为新疆石油生产的重要组成部分。

（三）油气产量迅猛增长

2007年，新疆原油产量 $2\,604\times10^4$ t，比1978年增长6.4倍；天然气产量 210×10^8 m³，比1978年增长82.7倍；"西气东输"输气量由建成初期的2004年 6×10^8 m³ 提高到2007年 137×10^8 m³，是中国目前最大的天然气外输省份；2007年，石油化学工业增加值已占到自治区规模以上工业的近70%，完成工业总产值2 045.4亿元，是1978年的近1 000倍。2007年新疆境内三大油田——塔里木油田、克拉玛依油田和吐哈油田天然气产量分别为 157×10^8 m³、29×10^8 m³ 和 16.5×10^8 m³。

二、工业特点

党的十一届三中全会以后，新疆石油和化学工业加快发展。1978年，国家集中力量在塔里木盆地开展石油勘探，发现了丰富的石油、天然气储量。其后，党中央、国务院制定了石油工业"稳定东部，发展西部"的战略方针，国家石油开发的战略重点西移。中国石油天然气总公司先后于1989年和1991年成立了塔里木石油勘探开发指挥部和吐鲁番—哈密石油勘探开发指挥部，展开了石油勘探开发会战，并先后建成了独山子石油化工总厂、克拉玛依炼油厂、乌鲁木齐石油化工总厂、泽普石油化工厂。

30 多年来，石油化工行业各族职工艰苦奋斗，勇于创新，抓住机遇，乘势而上，坚定不移推进优势资源转换战略，走新型工业化道路，石油化工取得长足发展，新疆已成为国家重要的石油能源生产基地。1978 年石油和化学工业总产值 2.4 亿元，原油产量 353.05×10⁴ t，天然气 2.51×10⁸ m³。2007 年，石油和化学工业完成的工业总产值 1 983.27 亿元，工业增加值 988.40 亿元，实现利润 582.27 亿元；固定资产投资 541.6 亿元，居全国第 2 位；石油天然气总当量为 4 490×10⁴ t，位居全国第 1 位；原油产量 2 604×10⁴ t，居全国第 3 位；原油加工量 1 692×10⁴ t，居全国第 7 位；天然气产量 210×10⁸ m³，居全国第 1 位。

目前，新疆石油化工行业技术力量雄厚、生产工艺先进、生产自动化程度较高。企业内部现代企业管理制度基本建立，管理规范，企业核心竞争力增强。石油石化与地方经济及机械制造、钢铁、交通、纺织、建材、轻工等行业的联系已日趋紧密，石油石化产品的塑料加工、橡胶加工、化纤纺织、建材等下游相关产业一体化发展格局已全面展开。石油石化产业带动了相关行业的发展，成为自治区国民经济最重要的支柱产业，为自治区经济社会的发展作出了重要贡献。

（一）经济实力明显增强

新疆不仅是国家重要的石油能源基地，而且初步形成了全国重要的石油化学工业生产基地。改革开放 30 多年来，新疆石油天然气资源勘探、开发、利用成果累累，相继建成了新疆油田、吐哈油田、塔里木油田、西北石油四大油田公司。随着石油天然气的开发，石油化工得到较快发展，建成了独山子石油化工厂、乌鲁木齐石油化工总厂等一大批大中型石油化工项目，初步形成了乌鲁木齐、克拉玛依、独山子、库尔勒、库车等不同规模、各具特色的石油化工基地。

2007 年，原油加工能力达到 2 120×10⁴ t，乙烯生产能力 25×10⁴ t，聚酯生产能力 11×10⁴ t，聚乙烯生产能力 14×10⁴ t，尿素生产能力 234×10⁴ t，聚氯乙烯 60×10⁴ t。初步建立起具有炼油、乙烯、化肥、合成树脂、轮胎等综合生产能力的原油加工和石油化工体系，可生产 320 多种石油化工产品，产品远销国内外。2007 年主要产品产量：汽油 277.34×10⁴ t；柴油 819.96×10⁴ t；煤油 30.60×10⁴ t；乙烯 20.92×10⁴ t；丙烯 17.86×10⁴ t；聚乙烯 20.56×10⁴ t；聚丙烯 19.34×10⁴ t；纯苯 8.85×10⁴ t；顺丁橡胶 2.97×10⁴ t；石油焦 31.96×10⁴ t；尿素（实物量）22 093.5×10⁴ t；聚氯乙烯 60.56×10⁴ t；烧碱 48.59×10⁴ t；纯碱 12.72×10⁴ t；硫化碱 7.98×10⁴ t；芒硝

71.90×10^4 t；炭黑 1.23×10^4 t；轮胎外胎 102.44 万条。

随着独山子 $1\,000 \times 10^4$ t 炼油、100×10^4 t 乙烯及乌石化大芳烃项目的开工建设，也拉开了把自治区建设成国家大型油气加工基地的序幕。这两大项目的建成，将使自治区拥有世界级规模和高技术水平的合成树脂、合成橡胶、有机原料装置。

(二)传统化学工业突飞猛进

在化肥方面，国内目前单套产能最大的化肥项目——中石油库尔勒 45×10^4 t 合成氨、80×10^4 t 尿素项目已开工建设。加之正在扩能改造的其他几套天然气化肥项目和进行前期工作的煤制气化肥项目，预计在近期，新疆尿素产能就将达到 420×10^4 t。国家开发投资公司投资近 50 亿元的年产 120×10^4 t 硫酸钾项目已开工建设。目前，已建成了 120×10^4 t 钾肥的采卤、输卤渠和盐田的供矿系统，其他配套工程正在抓紧施工，项目 2009 年建成投产。罗布泊将成为亚洲最大的硫酸钾生产基地。

近几年，新疆氯碱工业进入高速发展阶段。新疆中泰化学公司年产 60×10^4 t 聚氯乙烯生产基地一期、二期工程已经建成投产，三期年产 36×10^4 t 聚氯乙烯、30×10^4 t 离子膜烧碱项目 2009 年建成投产。预计到"十二五"末其聚氯乙烯年产量将达到 300×10^4 t，离子膜烧碱达到 200×10^4 t。新疆天业集团在 20×10^4 t 电石法聚氯乙烯树脂项目建设取得了重大突破后，40×10^4 t 聚氯乙烯建设项目启动建设，目前已具备年产 120×10^4 t 聚氯乙烯树脂、100×10^4 t 离子膜烧碱的生产能力。目前，中泰化学公司和新疆天业集团公司已成为西北地区最大的聚氯乙烯生产和离子膜烧碱的企业，在国内外享有较高的市场知名度，新疆将成为全国最大的聚氯乙烯和离子膜烧碱生产基地。

(三)国家陆上能源安全大通道基本形成

近年来，随着《2004～2010 年新疆石油化学工业发展规划》的实施，自治区石油化学工业投入力度进一步加大。"西气东输"一期工程、中哈原油管道一期工程、西部原油管道和成品油管道的建成投运，自治区作为国家陆上能源安全大通道的雏形已基本形成。

(四)石化工业园区建设取得显著成效

石化工业园区依托石油、石化等大型龙头企业，按照园区建设的模式，发展下游深加工，拉长产业链，形成上中下游一体化发展的格局。目前，自治区已批准了米东化工工业园区、奎屯—独山子石化工业园区、克拉玛依石油化工工业园区、库车化工园区、鄯善化工产业园区五个石化工业园区，园区的总体规划、产业发展规划都已基本完成，园区的基础设施建设也全面展开。

（五）行业内各种所有制企业得到发展

地方化工企业抓住国内能源和化工原料紧缺的有利时机，坚持以市场为导向的优势资源转换战略，取得了明显成效。新疆天业集团公司和新疆中泰化学股份公司采取滚动发展的模式，经过多期技术改造，使烧碱和聚氯乙烯的生产能力得到大幅提升，并且先后上市。新疆独山子天利高新技术股份公司年产 7×10^4 t乙二酸项目已经建设完成并投产；罗布泊钾盐科技开发公司立足开发区优势资源，研发了独特的生产工艺，目前已具备年产 10×10^4 t硫酸钾产能规模，在国家投资开发公司控股后，年产 120×10^4 t的钾盐项目进度加快。新疆屯河聚酯公司与美国蓝山投资集团进行战略合作，组建新疆蓝山屯河化工有限公司，做大做强聚酯系列产品。新疆广汇实业股份有限公司2008年启动了年产 60×10^4 t的烯烃项目，前期工作进展顺利，年产 120×10^4 t甲醇和 80×10^4 t二甲醚煤化工项目正在加快进行前期工作。新疆美克化工有限公司年产 6×10^4 t1, 4-丁二醇项目建设进展顺利，2008年6月已投产；新捷股份公司配套建设了多个油气管线集输项目。新化化肥公司对合成氨、尿素装置进行了一系列填平补充改造，目前已达到合成氨 18×10^4 t、尿素 24×10^4 t的产能规模。华锦化肥公司立足阿克苏地区丰富的天然气资源，在库车县建设了大化肥项目，已于2005年年末投产，目前，正进行扩能50％技术改造。新疆鸿基焦化有限公司利用焦炉尾气，建设年产 21×10^4 t尿素生产装置，项目已开工建设，新疆能源企业得到快速发展。

第十六章　中国新疆与中亚国家经济合作

章前语

  经济全球化和区域经济一体化是当今世界经济发展的两大主流。中国和中亚国家毗邻，其区域经济合作对国际政治、经济格局具有深远的影响。鉴于中国新疆与中亚五国地理位置的特殊性，广泛开展与中亚区域经济合作，有利于地区经济快速发展，有利于巩固地区安全与稳定，不断深化中国与中亚国家的经贸和投资关系，将会增进中国与中亚国家的友谊，促进共同繁荣与发展。本章对中国与中亚国家经济合作的优势、外贸现状、中亚的市场进行了分析，并对中国新疆与中亚国家加强经济合作的战略进行了思考。

关键词

  新疆；中亚；经济合作；市场；口岸

第一节　新疆与中亚国家的经济贸易状况

一、中亚的战略地位

  中亚自古以来就是交通要冲、多种文化碰撞融合和不同民族生息繁衍之地。现为新欧亚大陆桥中心地段，新"世界能源"之所（表16.1）。独特的地理位置、丰富的资源、腾飞的经济以及政治、军事、民族等因素，使中亚国家成为世界特别是亚洲国家与伊斯兰世界关注的焦点。

（一）世界战略能源供应地

  中亚的能源资源，包括 101 亿桶尚未开发但已探明的石油储量，以及 6.65×10^{12} m³ 的天然气有待投资和开发。

  哈萨克斯坦是中亚地区的主要石油生产国，2007 年，哈萨克斯坦每天产油为 145 万桶，国内消费量仅为 25 万桶，其余的 120 万桶油全部出口。其中

表 16.1　哈、乌、土三国石油天然气储量

指标	哈萨克斯坦	乌兹别克斯坦	土库曼斯坦
石油远景储量	140×10^8 t	53×10^8 t	120×10^8 t
石油剩余探明储量	40×10^8 t	5.8×10^8 t	77×10^8 t
石油世界排名	探明储量第七		
天然气远景储量	6×10^{12} m³	5.4×10^{12} m³	22.8×10^{12} m³
天然气剩余探明储量	2.36×10^{12} m³	2.1×10^{12} m³	2.8×10^{12} m³
天然气世界排名		探明储量第十四	远景储量第三

资料来源：中亚五国油气工业部。

通过输油管道系统与铁路运往俄罗斯 40.8 万桶/d；向里海输油管道系统的出口量为 62 万桶/d；输往中国的石油为 8.5 万桶/d；往南（与伊朗交换）的输送量为 7.2 万桶/d。哈萨克斯坦的天然气储量丰富，2007 年的产量为 $1\,037 \times 10^9$ BcF①。2007 年 8 月中国与土库曼斯坦签约，建设土库曼斯坦—哈萨克斯坦—中国输气管线。1981 年发现的天吉兹油田是世界上最大的油田之一，目前潜在石油储量在 60 亿～90 亿桶。

土库曼斯坦是中亚地区重要的石油生产国，产量稳步增长（图 16-1），2007 年生产原油 $1\,040 \times 10^4$ t，天然气 800×10^8 m³。土库曼斯坦石油天然气资源丰富，据土库曼斯坦石油天然气工业部截至 2006 年 1 月 1 日的资料，土

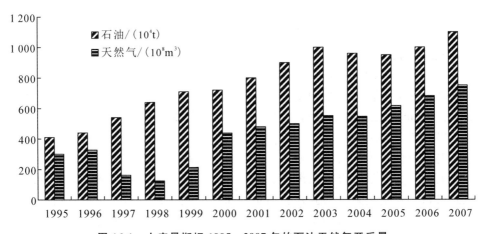

图 16-1　土库曼斯坦 1995～2007 年的石油天然气开采量

① 1BcF＝$2\,831.7 \times 10^4$ m³，下同。

库曼斯坦初级石油天然气地质资源总量为 204×10^8 t 石油、22.5×10^{12} m³ 天然气，可采资源总量为 77×10^8 t 石油和 20.4×10^{12} m³ 天然气。发现了 34 个油田和 82 个凝析气田，其中，正在开发的有 20 个油田和 38 个凝析气田，准备进行工业开发的有 4 个凝析气田，正在勘探的有 14 个油田和 39 个凝析气田，土库曼石油主要用于出口（图 16-2）。

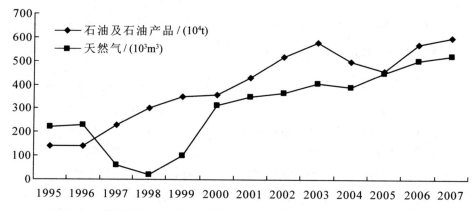

图 16-2 土库曼斯坦 1995～2007 年的石油及石油产品、天然气净出口量

据乌兹别克斯坦国家统计委员会公布的数据，2007 年，乌兹别克斯坦开采石油及凝析油 492.8×10^4 t，其中，石油产量 300.2×10^4 t，凝析油产量 192.6×10^4 t。2007 年乌兹别克斯坦生产汽油 140.6×10^4 t、煤油 30×10^4 t、重油 66.8×10^4 t、柴油 139.4×10^4 t、石油沥青 24.1×10^4 t、液化气 23.8×10^4 t，天然气产量 651.9×10^8 m³。乌兹别克斯坦现有油气田 190 座，其中正在开采的 88 座。现年产量为 12.6 万桶/天。

乌兹别克斯坦石油和天然气探明储量分别为 6 亿桶和 1.85×10^{12} m³。乌兹别克斯坦 60% 的陆地可能蕴藏有石油和天然气，探明油气分布区中，有 5 个地区估计其潜在石油和凝析油储量超过 50×10^8 t，天然气储量则超过 5.5×10^{12} m³。国家石油公司拥有探明的 171 个油气田，其中 51 个已生产石油，27 个生产天然气，17 个生产凝析油。

与中亚的几个邻国不同的是，吉尔吉斯斯坦和塔吉克斯坦两国只是生产少量石油，尤其是塔吉克斯坦的石油和天然气储量没有经济意义，而且严重依赖进口，特别是来自乌兹别克斯坦和土库曼斯坦的进口。吉尔吉斯斯坦拥有 7 个已经开发的油田和两个石油天然气田，但由于困难的地质条件，勘探开发极其困难，目前的石油产量在 2 100 桶/d 左右，而其消费量为 2 万桶/d。

（二）中亚国家地缘位置

由于中亚国家具有特殊的战略地位，中亚很早以前就被西方学者认为是世界的心腹地带，现代的西方战略将该地区视为统治世界的枢纽。

在东西方向上，中亚是战略能源开发与输送、国际通道之地。在南北方向上，对土耳其和伊朗来说，中亚在建立中西亚穆斯林经济圈中具有特殊的重要性。中亚也是"独联体"和俄罗斯南出印度洋的重要通道，又是其南面的安全屏障。

目前，中亚地区被推到了地缘政治纷争的前沿，这个地区的稳定关系到我国边疆的安全和稳定。

(三)丰富的矿产资源

中亚五国矿产资源与能源资源丰富，不但有储量丰富的石油、天然气能源资源，而且煤的储量仅次于俄罗斯、乌克兰，居第 3 位。金矿居第 2 位，铜、铅、锑、钨等矿名列前茅；此外镍、铬、锰、汞、钛、钼、铝土矿、磷灰石等储量丰富。哈萨克斯坦铀、金储量分别居世界第 1 位和第 7 位。乌兹别克斯坦的金、铀储量居世界第 4 位和第 7 位；吉尔吉斯斯坦的锑产量居世界第 3 位。

二、中国新疆与中亚国家的经贸合作现状

与中亚各国相比较，中国新疆有明显优势的商品依次为非食用原料类商品、杂项制品类商品、食品和活动物类商品。哈萨克斯坦在矿物燃料产品上具有很强的竞争力，在按原料分类的产品上具有较强的竞争力，对食品产品具有一定的竞争力。哈萨克斯坦优势主要体现在黑色金属和有色金属工业制品上，而中国新疆则在纺织原料、钢铁产品方面有较强的竞争力。土库曼斯坦在矿物燃料出口上具有很强的优势。吉尔吉斯斯坦的优势主要集中在食品和农业原料上，其次分别是农业原料、食品和活动物上。

中国新疆与中亚的经贸合作取得了巨大成就(表 16.2)，双方合作规模逐步扩大，合作层次不断提高，贸易商品结构由低中档原料型商品出口转向中高档制成品出口，2004～2007 年新疆对中亚贸易增长较快，贸易额从 2004 年的 58.43 亿美元增长到 2007 年的 109.77 亿美元，年均增长 23.39%。

中国新疆与中亚的贸易结构在不断变化，得到一定改善。在 2001 年新疆的出口商品中，初级商品的出口额占 33.14%，工业制成品占 66.86%，截至 2007 年，初级商品出口额占 9.81%，工业制成品占 90.19%，出口商品的结构得到很大改善。

表 16.2 2004～2007 年新疆对中亚五国进出口贸易发展情况 （单位：亿美元）

年份		哈萨克斯坦	土库曼斯坦	吉尔吉斯斯坦	乌兹别克斯坦	塔吉克斯坦	中亚国家合计
2004	中国	44.98	0.98	6.02	5.76	0.69	58.43
	中国新疆	32.86	0.036	4.62	0.86	0.31	38.69
	新疆占%	73.1	3.7	76.7	14.9	44.9	66.2
2005	中国	68.06	1.1	9.72	6.81	1.58	87.27
	中国新疆	50.16	0.14	7.47	1.38	0.99	60.14
	新疆占%	73.7	12.7	76.9	20.3	62.7	68.9
2006	中国	83.58	1.79	22.26	9.72	3.24	120.59
	中国新疆	50.15	0.43	18.57	2.66	2.18	73.99
	新疆占%	59.99	24.02	83.42	27.37	67.28	61.36
2007	中国	138.76	3.53	37.79	11.29	5.24	196.61
	中国新疆	69.74	0.4	32.5	3.36	3.77	109.77
	新疆占%	50.26	11.33	86	29.76	71.95	55.83

资料来源：《新疆统计年鉴》(2005、2006、2007)；《中国统计年鉴》(2005、2006、2007)；海关统计月报．中华人民共和国商务部．http：//www.mofcom.gov.cn；国别（地区）进出口总值．新疆电子口岸．http：//www.xjeport.gov.cn。

三、石油合作

我国人均资源占有量远远低于世界平均水平，随着国内经济建设步伐加快和经济规模的进一步扩大，对国外资源的依赖程度将进一步上升。我国对能源特别是对石油的需求量逐年攀升。2002 年我国进口石油超过日本，成为继美国之后的第二大石油消费国，2007 年我国进口原油达到 1.63×10^8 t，石油资源短缺，已成为制约我国经济发展的瓶颈。

中亚五国的总面积超过 400×10^4 km²，总人口约为 6 100 多万。由于特殊的地质构造，其自然资源丰富且蕴藏量大，特别是石油、天然气和煤炭能源储量丰富，是全球最具资源开发前景的地区之一。中亚地区的石油储量仅次于海湾地区，居世界第 2 位，天然气储量仅次于俄罗斯和中东地区，居世界第 3 位。由于地缘优势，建设中亚—新疆进口能源和紧缺矿产资源陆路大通道，使其成为我国建立稳定、高效、安全、多元的全球资源供应体系的重要组成部分，将会对我国经济持续稳定发展作出巨大贡献。

近年来，随着上海合作组织合作范围的进一步扩展和能源多元化战略的实施，中国也积极参与中亚国家的能源合作，与相关国家达成了一些能源合作框架协议，与哈萨克斯坦、吉尔吉斯斯坦等国家已有具体的合作。1997 年中国和哈萨克斯坦的石油合作正式启动，当年 6 月，中国石油天然气集团公司购买了阿克纠宾斯克油气股份公司 60.3％的股份，2003 年 6 月又签订了购买 25.12％股份的协议。被称为"世纪合同"的中哈原油管道于 2004 年 8 月份正式开工，于 2005 年年底建成。中哈原油管道西起哈萨克斯坦里海沿岸的阿特劳，向东经过哈萨克斯坦肯基亚克和阿塔苏，最终到达新疆的独山子石化公司，管道长 3 040 km，其中哈国境内 2 800 km，新疆境内 240 km。两国共同出资 30 亿美元建设，设计每年输油能力为 $2\,000\times10^4$ t。中哈石油管道不仅使哈萨克斯坦向中国出口石油更趋便利，石油输送不经过第三国，也不用铁路和油轮运输，安全系数高，而且也将改变中亚国家在石油出口方面严重依赖俄罗斯的局面。哈萨克斯坦不仅可以向中国和亚洲其他国家输出石油，还可以输送包括俄罗斯、土库曼斯坦等在内的其他国家的石油。

总体来看，目前中国和中亚国家在石油合作方面涉及的领域不多、深度不够，中国从中亚国家的石油进口所占比重较小，2007 年为 3.67％，主要来自哈萨克斯坦。但从长远看，中亚国家油气资源在中国能源进口的潜力巨大，前景十分广阔。应将中亚国家列为中国利用开发国外石油资源的重要目标地区，争取在最短的时间内使中亚成为中东之外的主要石油供应来源地。

四、经济合作

（一）与哈萨克斯坦的经济合作

2004 年新疆对哈贸易为 30 亿；2005 年为 50.4 亿美元；2006 年到了 66 亿美元；2007 年的贸易额为 69.7 亿美元；2008 年，中国新疆与哈萨克斯坦贸易额达 90.7 亿美元，比上年增长 30％，分别占当年新疆进出口额和中哈贸易额的 40.8％和 50％。哈萨克斯坦在新疆新批投资项目 15 个，合同外资金额 1 178 万美元。截至 2008 年新疆在哈萨克斯坦设立了 29 家企业，中方协议投资额 1 813 万美元。哈萨克斯坦已连续 16 年成为中国新疆最大的经贸合作伙伴。

对哈出口的商品仍以日用消费品为主，大多数是劳动密集型产品：矿物肥、焦炭、食品、茶叶、餐具、服装、鞋类、纺织品、塑料制品和家电等，高科技和高附加值产品所占比重较小。从哈进口的商品也基本上是原材料性质的商品：原油、石油制品、金属矿砂、废钢、钢锭、化肥、铜、铝（包括铜材、铝材及废旧铜、铝等）、羊毛和牛皮等。

(二)与乌兹别克斯坦的经济合作

中国新疆与乌兹别克斯坦的合作项目主要涉及农业灌溉、水电站建设、化工厂建设、煤气表生产、油田作业开发、缫丝、小拖拉机组装等。向乌出口的主要产品有家用电器、计算机、通信设备、石油设备、煤气表、拖拉机、化工产品、塑料制品、服装、鞋类、茶叶、食品等；自乌进口的主要产品有石油产品、生产丝等。

(三)与土库曼斯坦的经济合作

中国新疆与土库曼斯坦的经贸比重不高，向土库曼斯坦主要出口机械设备及配件、运输设备、矿物材料制品、金属制品等；从土库曼斯坦主要进口纺织原料及纺织制品、植物产品、化工产品、毛皮和皮革制品。

(四)与吉尔吉斯斯坦的经济合作

吉尔吉斯斯坦是对中国最友好的国家之一，也是市场更加开放，急于寻求外资投入的市场之一，中国直接投资占吉国利用外资的 10%，为吉国第三大投资来源国，我国与吉尔吉斯斯坦的贸易出口额远远大于进口额。中国新疆进口的产品主要为金属和金属加工品、电力、机械设备、农产品等，向吉尔吉斯斯坦出口的主要产品是农用机械、交通工具、矿物质和纺织品等轻工业产品。

(五)与塔吉克斯坦的经济合作

中国新疆向塔吉克斯坦出口的主要商品是：机电产品、机械及交通设备、瓷器、家具、灯具、建材及纺织产品、农业产品等。进口的主要商品是：矿产品、铝及其制品、棉花、生皮和鞣制皮、黑金属及其制品、铜及其制品、丝绸等产品。目前塔吉克斯坦进口商品结构需求集中在工业制成品上，尤其以机电产品、轻纺产品为主。

第二节 中国新疆开拓中亚市场的优势与挑战

一、中亚国家的市场环境问题

近年来，中亚五国虽然不断深化和完善市场，但是中亚市场环境还是不容乐观，存在着市场发育不成熟，市场机制尚不完善，法制极不健全，市场信誉低，市场风险高等弊端。

(一)市场潜力与市场风险较大

近年来，中亚国家 GDP 增速一般都在 8% 以上，被联合国欧洲经济委员会列为"世界经济发展最快的地区之一"。2007 年，中亚五国的市场总容量相当于我国西北五省区的 3/4；经济的快速增长和经济总量的增加，促使中亚市场空间不断拓展，市场容量继续增大。

中亚五国经济虽然增长迅速，但是由于缺乏完整的国民经济体系，产业结构不尽合理，因此经济增长基础不稳，经济增长在很大程度上主要取决于国际石油和金属矿产资源价格的上涨，如土库曼斯坦 76% 的石油生产量、90% 的天然气生产量用于出口；哈萨克斯坦经济增长也主要依赖石油及矿产资源的开发；吉尔吉斯斯坦主要是黄金开发和出口。这种以能源、金属矿产资源出口带动经济增长，具有较大的不确定性、不稳定性。

中亚市场竞争也日益激烈。据 2007 年年底的不完全统计，进入中亚的外企已超过 1.5 万家，其中哈萨克斯坦 9 700 多家，乌兹别克斯坦 3 200 多家，土库曼斯坦 1 300 多家。另外其金融结算体系不完善，金融市场秩序较乱，引发金融风险的概率普遍较高。因此，这一地区在存在巨大商机的同时，投资的风险也在不断增强。

(二)市场依赖性与一体化

中亚五国市场对外资的依赖性强，1993～2006 年，哈萨克斯坦累计利用外资已达 513.54 亿美元[①]。其次是对外来商品的依赖，苏联解体后，中亚各国没有完整独立的经济体系，三次产业结构严重失衡。重工业占工业总产值的 80% 以上，原材料工业发展快，加工业几乎是一片空白。目前其消费市场 80% 左右的轻纺、家电等依赖进口。

中亚五国在统一的经济空间内已经形成了生产力、自然资源、劳动资源布局、分工的独特关系，共同的基础设施、基础产业体系，共同的边界线，客观上确定了各国相互间的经济联系。同时，由于各国经济状况相似，民族文化历史渊源相近，政治、经济、军事利益密切，为构建相互尊重主权、互不干涉内政、建立互惠互利的统一市场提供了充分有利的条件。由此自 1993 年起各国间相继成立了各种形式的联盟与合作组织，为推动一体化市场的形成创造了条件。

(三)消费市场差异

中亚五国的国力强弱分明，消费需求差异明显。首先，各国收入、消费档次不同。2008 年，哈萨克斯坦、土库曼斯坦人均 GDP 分别为 8 502 美元和 3 863 美元，为中上等收入国家；乌兹别克斯坦、吉尔吉斯斯坦、塔吉克斯坦人均 GDP 分别是 1 027 美元，951 美元和 795 美元，皆为中低收入国家。其次，私有化催生了消费的多元化。中亚各国居民收入水平差距较大，哈萨克

---

① 资料来源：哈萨克国民银行(央行)网站。

斯坦 10％的富人阶层，消费目光主要为欧洲名牌，25％左右的中产阶层，其消费倾向为中高档商品，60％左右的低收入阶层喜好价廉物美的中国商品。最后，消费需求转型加速。中亚市场的消费需求已从对普通日用消费品的强烈需要，迅速转向对生活、生产资料并重的消费需要领域。特别是对生产资料的消费需求日趋高涨，对农业机械设备、食品加工设备、能源加工设备的需求最为强烈。

消费偏好明显，中亚国家由于长期崇尚欧洲潮流，欧洲名牌商品既是富人的首选，也是普通百姓的向往和追求。目前，中亚国家注重品牌的消费已成为消费的主流趋向。中亚属于消费型的市场化国家，居民生活注重质量、快乐和安逸，消费品更新快。中亚各国居民尽管收入较低，但社会福利较好，收入主要用于消费。据统计，哈萨克斯坦的年人均消费量相当于中国人的 2～3 倍。

二、新疆开拓中亚市场的潜力

(一)机遇性分析

(1)国际环境。全球经济一体化发展，对新疆开拓中亚市场提供了重大机遇。除土库曼斯坦以外，中亚其他四国及俄罗斯都是"上海合作组织"的成员。吉尔吉斯斯坦是 WTO 成员，哈萨克斯坦、乌孜别克斯坦、土库曼斯坦、塔吉克斯坦也都处在积极申请之中。中国与俄罗斯、哈萨克斯坦已结成战略伙伴关系，并与周边其他国家睦邻友好，双方政治、经济合作将进一步加强。

(2)国内条件。一是国家实施西部大开发战略，为新疆的发展创造了重大的历史机遇；二是改革开放提升了新疆的经济实力。新疆在中亚、南亚、西亚乃至东欧国家市场已经形成了比较明显的优势；三是新疆已吸引了东部发达地区一大批实力雄厚的企业在新疆建设生产基地，并且承担着向中亚及周边市场提供优质商品的重任。

(二)优势分析

(1)地域优势。新疆地处亚洲的中心，与中亚及俄罗斯有漫长的边境线，口岸优势突出，现已开放了 17 个国家一类口岸和 11 个二类口岸。

(2)交通优势。新疆历史上曾是古丝绸之路的交汇点，而今现代丝绸之路——第二亚欧大陆桥横贯境内，新疆已成为国内西出的"桥头堡"。目前新疆的公路、铁路均实现了与 5 个周边国家的联运，开通国际公路客货运输线路 63 条。民航已全面向中亚及俄罗斯国家开通。

(3)人文优势。新疆 47 个民族中有 10 个民族在中亚及俄罗斯跨境而居，有 30 多万华侨、华商在中亚贸易经商。血缘关系、宗教信仰、民俗民风、语言交流多方面相近相似，各民族间的通融性、认同感强，保持和发展双方的经济文化往来，具有得天独厚的条件。

（4）经济优势。从经济结构上看，由苏联解体所造成的中亚及俄罗斯市场的轻工产品"短腿"，正好是中国经济的强项，而中亚丰富的能源、原材料正是我国所需要的。新疆不但可以把国内、区内优质消费品以及制造业先进技术源源不断向中亚及俄罗斯市场输出，还可以从中亚及俄罗斯把国内、区内急需、紧缺的能源和原材料输送到国内市场。

（5）政策优势。推进改革、扩大开放是中国与中亚共同奉行的基本国策，新疆在中国全方位对外开放战略的指导下，已形成"沿桥依桥、外引内联、东进西出、向西倾斜"全方位开放的新格局。中亚五国为振兴民族经济，走出独立后的困境，也极力渴望寻求对外经济援助与合作。双方的开放政策和开放战略为经贸合作奠定了政策基础。

（6）发展优势。我国东部地区经济的快速发展，为新疆实施"东联西出，西来东去"战略提供了坚实的物质基础。在新疆，随着天山北坡经济带的率先发展，以乌鲁木齐为中心的产业集群已经形成，使新疆有能力在更高层次上参与国际经贸活动。2004年，新疆商业、电信业领域利用外资实现零的突破，矿业开发成为吸引外资的焦点和热点，世界500强和跨国公司投资增多，家乐福、嘉士伯、ADM、SK等相继落户。同时，新疆在中亚的矿产资源开发上也取得了突破，控购部分黑色、有色金属矿，为对外经济合作的可持续发展打下了基础。此外，伊犁、博乐、塔城的边境经济合作开发区，也为开展对外经贸活动奠定了坚实的基础。

三、存在的障碍

（一）双边贸易发展处于低层次阶段

中国新疆与中亚的边境贸易企业的人才队伍处于低层次数量扩张状态，其经营素质有待进一步提高。双方进出口商品结构虽然得到很大的改善，但仍过于单一，新疆主要从中亚各国进口各种资源，易受各自国家方针政策、市场变化的影响，贸易风险较大。而新疆出口的商品主要停留在较简单的加工制成品，如棉花、大米、鞋类及服装，还没有形成品牌，产品在国外销售价格较低，不利于中国的出口厂商获利。

（二）贸易结构有待进一步改善

以哈萨克斯坦为例，双方贸易的迅速发展主要是数量上的迅速扩张，因此双方应当以贸易为先导、产业合作为后盾，从质量上提高双方的经济合作。另外，在新疆出口的商品中，很大一部分来自中国的其他省区，并不是新疆本土生产的，这样，长途运输不仅使新疆出口的这部分商品成本上升，获得的贸易利益也仅仅是赚取中间差价。

(三)边境市场存在的主要问题

中国外贸企业与中亚各国边贸公司之间的协作差，竞争过度。这不仅使外贸企业的利益受到侵害，而且也使消费者的利益受到损害。在边境贸易合作中，银行结算、法律仲裁、出口信用保险等方面也都没有按国际惯例形成规范化机制，增加了贸易风险。新疆外贸企业对周边国家市场研究得不透彻，信息不畅通造成短期行为严重。中亚各国外贸企业对双方的市场也缺乏了解。以上这些问题都给双方的经贸合作带来一定不便和困难，影响了双方边境贸易的大规模发展。

(四)口岸发展不健全

"灰色通关"、运输摩擦等时常发生。"灰色通关"实际税额往往仅相当于正常税额的 $30\%\sim50\%$。近年来中亚国家已纷纷采取措施抵制"灰色通关"。口岸管理力度亟须加大，环境亟须治理。

(五)产业合作水平较低

中国新疆与中亚之间在许多领域存在合作，但多年来双方产业合作的整体规模没有上去，缺乏大型的技术含量高、效益好的合作项目。同时，双方合作的许多项目都是阶段性的，一段时间后合作就停滞不前。双方产业合作的广度和深度不够，且缺乏有实力的企业。

(六)外贸公司发展不健全

近年来，随着对外贸易的迅速发展，新疆各地涌现出很多外贸公司，但是大多数外贸公司规模较小，在对外贸易中往往处于不利地位，加之不注重开发新商品，真正能够靠创新开发产品去挖掘市场潜力的公司不多。

四、市场建设对策

(一)发挥政府作用

政府在市场建设中，不仅要发挥制定、执行各项政策法规的职能，更应当为企业进入市场、进行对外贸易提供便利。首先政府要为各贸易主体开展对中亚经贸合作创造良好条件，如争取国家对边境贸易的优惠政策，加快推进中哈自由贸易区、乌鲁木齐出口加工区等各类经济特区建设方面给予积极推动和大力支持。

加强新疆与中亚在贸易、投资政策和文化等方面的交流与协调。由于新疆与中亚在很多领域缺乏必要的沟通和了解，特别是在体制及发展程度上存在很大的差异，必然对建立双赢的市场产生不利的影响，中国各级政府应当积极促进与中亚各国多领域交流，扩大贸易规模，促进市场的成熟。

另外加强新疆外经贸人才培养，当在注重人才数量增加的同时提高外贸人才的素质。结合新疆的外贸特点，在培养大量英语人才的同时加强培养俄语人才以及相关的专业人才。加强海关合作与协调，加大打击走私力度。加强口岸建设，简化进出口商品、往来人员所需的手续，规范边境贸易市场秩序，鼓励有序竞争，为外贸的发展提供便利。

(二)遵守市场规律

不断提高商品的附加值，优化进出口产品结构，扩大贸易规模调整进出口商品结构，提高产品的后加工能力，促进新疆与中亚的贸易平衡。虽然近几年来，新疆与中亚贸易结构得到了一定的改善，但还是停留在比较低级的水平上，进出口商品只是经过简单的加工，附加值比较低。新疆企业应当加大技术创新的脚步，增加商品的附加值，争取更多的贸易利益。应当改变以前只重视出口不重视进口的现象，在做好出口工作的同时，更要抓好进口的工作，促进贸易的平衡，充分发挥进出口对经济的拉动作用。提高企业的规模和竞争力。中国外贸企业应当充分认识到，不应当小规模、粗放地发展，必须致力于提高企业的规模和竞争力，加强产品的开发和创新能力，改变企业在外贸中的不利地位，争取更多的主动权。

(三)建立中亚自由贸易区

哈萨克斯坦近几年一直是中国新疆的第一大贸易伙伴，新疆的外贸发展受哈萨克斯坦的影响很大。应当在不断加大同哈萨克斯坦贸易往来的同时注意发展与其他中亚国家的贸易合作，充分挖掘外贸发展潜力。

为加强同中亚国家的经贸往来，中国政府正在积极稳妥地与有关国家和地区商谈建立自由贸易区问题。自由贸易区的建设应该循序渐进，从消除非关税壁垒和投资障碍、扩大投资领域起步，通过推行贸易便利化和投资促进等措施，使区域经济合作的长远目标能有序推进。鉴于新疆的地缘优势，自由贸易区的建立必然会极大地推动新疆与中亚地区的外贸发展。

第三节　加强新疆与中亚国家经济合作的战略思考

中亚国家经济发展水平差异很大，市场规模和容量不同。与中亚国家经济合作，必须充分研究、掌握对方市场需求，并结合新疆区情、区力，制定科学合理的战略规划。对具有战略意义的领域、地区、行业进行重点培育和挖掘，逐步形成互惠互利的、稳定的合作机制。

一、战略重点

(一)石油天然气

由于国际原油紧缺，原油需求剧增，石油开采利润飞涨，中亚油气工业处于发展鼎盛时期，油气工业对外合作市场急剧增加，给新疆拓展与中亚油气合作空间带来良好的机遇。

新疆对外的油气合作对象首选哈萨克斯坦与乌兹别克斯坦，新疆在资金、技术、设备等方面有一定的优势，技术设备对其比较实用，价格上比欧美国家更有竞争力，同时石油产品可避开第三国直接到达中国市场。

(二)黑色金属、有色金属、稀有金属工业

新疆及其东部辐射区在地质勘探和矿产开采、冶炼技术以及后期加工方面有比较优势。中亚国家矿机制造业发展滞后，设备老化，亟须更新。新疆与中亚国家在金属工业方面的合作较多，新疆企业已控购了几个黑色和有色金属矿，并且中亚国家也欢迎中资进入。2006年，吉尔吉斯斯坦带来了11个矿产项目来乌鲁木齐招商引资，旨在借助中国先进勘探开采技术实现资源共享。

(三)电力工业

中亚地区电力资源非常丰富，但是目前面临设备老化，电力市场萎缩的困境。在技术合作方面，新疆既有建设大中型电力基地的丰富经验，同时，还有以新疆特变电工股份为代表的生产大型电力变压器、阻燃聚氯乙烯电线电缆等高科技电力产品企业。在市场合作方面，南疆三地州，北疆的塔城、阿勒泰、博乐都极具广阔的合作潜力。

(四)信息通信业

中亚各国的通信发展相当于我国20世纪90年代中期水平。为发展通信业，吉尔吉斯斯坦力图通过拍卖国有电信公司股份以吸引外资，乌兹别克斯坦已将国家电信公司70%的股份向国外投资者出售，中哈已计划铺设亚欧国际光缆通信线路，土库曼斯坦也把信息通信列入外资介入领域。目前，华为等三家国内龙头企业已向哈萨克斯坦派驻了常驻机构，而新疆电信已拥有了吉尔吉斯斯坦国家电信公司51%的股份，新疆宏景通讯公司已在吉尔吉斯斯坦开展了传呼通信业务。新疆的电信产品、数码电子产品、电脑及音像制品等，预计每年向中西亚市场出口将有30%左右的增长，特别是新疆在中亚当

地语言文字处理系统的研发和使用等独具地方特色，销售产品、开展服务的空间较大。

(五)旅游业

举世闻名的古丝绸之路旅游的兴起，把新疆旅游和中亚旅游更加紧密的联系在一起，由中亚经新疆通往国内风景名胜区旅游线路迅速升温，到新疆、到内地旅游购物对中亚客商极具吸引力。据统计，每天约有3 000名中亚及俄罗斯客商入关旅游购物。另外中国与哈、吉、塔、乌四国有望实行单一签证制度。赴吉尔吉斯斯坦旅游专线办事处已在乌鲁木齐成立。

(六)建材工业

中亚及俄罗斯建材领域空白很多，长期依赖进口的产品价格昂贵。而目前中国的水泥、平板玻璃、建筑卫生陶瓷等产量均居世界第一位，且质量可与意大利、西班牙产品相媲美，价格仅相当于其1/3，中国建材产品深受中亚及俄罗斯欢迎。2002年以来，家居建材产品已成为新疆主要的出口产品之一，增速在所有出口产品中名列前茅，目前中亚城市开发建设加快，建材市场前景广阔。

(七)机电、电子工业

改革开放使中国机电工业发展突飞猛进，特别是农业机械产品出口，新疆农机技术优势也非常突出，新疆天业研发的农业节水技术处于国际领先水平，棉花膜下滴灌技术在中亚国家大受欢迎。2007年，机电产品出口20.3亿美元，比上年增长74.4%，占出口总额的17.6%，其中农机产品和石油机械已成为带动新疆机电产品大幅出口的两支生力军。自治区出口超亿美元的商品有服装、鞋类、纺织制品、家具、汽车、塑料制品、番茄酱、钢材和箱包等12个，占出口总额的95.5%。出口增幅显著的有：建材出口5亿美元，增长77.7%；农产品出口5.9亿美元，增长48.7%。进口超亿美元的商品有原油、机电产品、铁矿砂、农产品、废钢等，占进口总额的74.1%。其中原油进口172.6×10^4 t、8.7亿美元，金额增长79.2%。机电产品进口3.7亿美元，增长54.3%。

中亚电子产品需求旺盛，目前新疆已将乌鲁木齐高新区作为面向中西亚国家的高新技术产业、产品加工基地，专款支持多语种软件开发。新疆火车头外贸城已与亚洲首屈一指的香港奥普天国际贸易代理商签订了战略合作合同，将共同打造中国最大的专门针对中亚及俄罗斯市场的外贸电子商务平台和门户网。

（八）轻纺食品工业

据统计，中亚各国80％服装、鞋帽等轻工产品从中国新疆进口，中亚把发展轻纺工业作为吸引外资的优先领域。哈萨克斯坦建立了一个棉纺工业自由经济区，作为养蚕大国的乌兹别克斯坦，也正在积极引进外资进行丝绸工业的技术改造与升级，加强同中亚及俄罗斯合作前景广阔。

新疆食品工业门类较为齐全，发展较快，特别是制糖业、果蔬加工业、各类罐头业、酿酒业及饮料业、盐业等优势明显，番茄制品、葡萄干、核桃仁等产品大量出口中亚，已占有一定市场。国际啤酒业巨头丹麦嘉士伯，已收购了乌苏啤酒34.5％的股份，公司已在吉尔吉斯斯坦建立了销售网络。塔吉克斯坦、乌兹别克斯坦已明确表示愿与中国合资建糖厂。中亚为新疆食糖生产、食品加工和技术合作提供了广阔市场。

二、战略措施

（一）加强政府宏观调控作用

加快制定和完善对外经济合作的总体规划，引导企业结合具体国情和自身实力，实施和承揽技术含量高、能带动出口、具有示范性的投资与合作项目。按照市场经济的规律和要求，帮助对外经济合作的中介机构准确定位，完善功能。鼓励和促进对外经济合作中介机构加强与国际同业组织的交流与合作，提高自身的档次、水平以及服务的质量。

规范管理与优化服务相结合。加快对外经济合作领域的法制建设，形成稳定、透明的涉外经济管理体制。借鉴国际通行做法，制定和完善对外经济合作在金融、保险、外汇、海关、检验检疫等方面的便利化政策和措施。进一步下放对外投资审批权限，简化审批程序，健全对外经济合作的监管机制，完善相应的年检制度和统计制度。同时，要加强信息服务，继续完善已经运行的"中国对外投资合作指南"，实现国内外投资促进的信息共享。加强双边经贸合作框架下对外经济合作的磋商机制，积极与有关国家签订经济合作方面的政府间双边协定。

增强国际竞争力与服务东道国发展相结合，支持和鼓励各类企业在不断开展国际经济合作过程中，逐步积累经验，提高技术和市场开拓能力。同时，也要引导企业将自身发展与东道国经济社会发展结合起来，通过转让适用技术、提供物美价廉的商品、开展多层次多领域的经贸合作，增强发展中国家的自主发展能力，促进发展中国家的产业升级，为东道国创造更多的税收和就业机会，促进东道国经济发展和社会进步。

制定优惠政策，吸引国内外资金、人才、技术特别是沿海发达地区的制造加工业向资源区转移。发展与新疆区域资源开发和经济合作相适应的资本市场，通过各要素在资本市场的竞争，提高金融服务水平，畅通融资渠道，创新融资方式。在财税政策方面，要坚持税制改革，鼓励投资，引导消费；转移支付和税收政策都应向资源开发利用倾斜。在价格政策方面，改变长期由于对原材料价格管制而导致的市场失灵现象，建立以市场为主导的、科学的价格形成机制。

(二)进一步扩大开放度

自进入 21 世纪以来，新疆经济发展迅速，综合竞争力增加，建立了部门齐全、科学合理的国民经济体系，具备了参与世界经济的物质基础和经济实力。新疆应积极参与国内外国际市场竞争，推进全方位、多层次、宽领域的对外开放，形成一批有实力的跨国企业和著名品牌。新疆充分利用技术、设备、资金和管理方面的优势，开发中亚五国的资源与市场。既要开发一批适应中亚市场需要的、物美、价廉、质优的各类产品；同时要研发一批科技含量高、经济效益好、产品市场前景潜力大的高、新、精、尖产品。

(三)加强基础设施建设

铁路运力不足、口岸过货能力偏低是新疆与中亚经贸合作中关键问题之一，我国"十一五"规划已加大了对新疆铁路、公路、航空、水利、通信和口岸建设的投资力度，新疆维吾尔自治区"十一五"规划也把交通、通信等基础建设视为重点。

在口岸建设中，不但要加强重点口岸建设的力度，加强整体规划，精心设计。同时要培育和壮大新的口岸，探索不同模式和层次的口岸建设。

(四)组建中亚次区域经济圈

在 21 世纪，区域经济发展是经济社会发展的趋势和特点，区域经济合作和双边合作趋势不断加强。新疆与中亚国家区域经济合作不但是我国战略能源安全组成部分，而且是我国西部大开发和新疆社会经济健康快速发展重要保障。

我国新疆与中亚国家毗邻，许多民族有历史亲缘关系，在语言、文化、生活习俗、宗教信仰等方面有许多相通之处，民间往来与贸易交往源远流长，资源、环境和经济结构上有较强的相似性和互补性。因此，新疆应利用地缘优势，扩大沿边开放，发展外向型经济，积极参与中亚国家次区域经济集团化，并建立高层次、长远的经贸关系。

中亚地区是我国的西北邻居，其丰富的油气资源为我国稀缺的战略资源。

积极参与中亚地区的经济和政治合作，有利于中亚地区的稳定，有利于我国能源供应实现多元化，有利我国边疆地区的稳定和繁荣。不但为新疆的稳定和发展提供良好的国际环境，同时为新疆的经济融入世界市场提供便捷的途径。

复习思考题

1. 新疆有哪些区位优势？

2. 阐述新疆在全国的经济地位。

3. 阐述新疆在全国的文化位置。

4. 简述新疆文化产业在全国的位置，应如何开发？

5. 分析新疆自然地理特征的区域差异。

6. 论述新疆资源特征与经济发展的关系。

7. 阐述新疆现代农业生产地位及其主要特点。

8. 论述新疆工业布局的特点和发展。

9. 试述新疆交通运输业的现状特征。

10. 简述新疆城镇的特点及发展方向。

11. 试述新疆自然区划的理论基础。

12. 试述新疆自然区划的主要方法。

13. 简述新疆经济区划的基本原则。

14. 简述新疆综合农业区划的方案。

15. 简答新疆有哪几个综合地理分区？分别包括哪些范围？

16. 简述准南区的自然地理特征。

17. 简述准南区的农业特点。

18. 简述准南区的工业特征。

19. 乌昌一体化的意义和作用。

20. 天山北坡经济带对新疆经济的影响。

21. 准北区的自然环境有哪些特点？

22. 请你谈谈采矿业和畜牧业在准北区社会经济发展中的地位和作用。

23. 针对矿产开发和畜牧业发展，如何保护准北区的生态环境？

24. 论述如何实现准北区的可持续发展？

25. 简述伊犁河谷自然地理特征。

26. 伊犁河谷地区主要矿产资源有哪些？

27. 伊犁河谷地区水土资源利用情况如何？

28. 伊犁河谷地区旅游业资源特征及优势是什么？

29. 如何促进伊犁河谷地区经济、社会与环境的可持续发展？

30. 简述塔北区的自然地理特征。

31. 阐述塔北区的农业特点。

32. "两库一轮"产业带发展具有哪些有利条件？

33. 论述博斯腾湖遇到的生态环境问题及其治理措施。

34. 结合实例，论述本地区可持续发展思路。

35. 简述塔西区的自然地理特征。

36. 简述塔西区林果业的特点。

37. 塔西区工业发展存在的问题是什么？

38. 塔西区区域经济发展中存在的问题有哪些？

39. 论述如何实现塔南区的可持续发展

40. 概述塔南区的地理特征。

41. 谈谈塔南区经济发展的优势与劣势，以及未来发展的趋势。

42. 塔南区目前面临的主要问题有哪些？结合塔南区的实际情况提出治理的建议。

43. 分析罗布泊生态变迁的原因。

44. 简述东疆区的自然条件。

45. 分析东疆区的社会经济状况。

46. 试述东疆区主要能源的开发现状。

47. 介绍东疆区的旅游资源。

48. 试述东疆区区域发展中存在的问题及对策。

49. 简述新疆绿洲的类型。

50. 简述新疆绿洲的分布特征。

51. 新疆绿洲特色农业有哪些？

52. 简述新疆绿洲农业存在的问题。

53. 如何实现新疆绿洲农业可持续发展？

54. 新疆旅游资源的特征有哪些？

55. 新疆各旅游区的特点是什么？

56. 阐述新疆十大旅游精品线路。

57. 评价新疆旅游业的地位与作用。

58. 新疆旅游业的发展战略是什么？

59. 结合实例论述新疆旅游业发展存在的问题。

60. 简述新疆远古文化类型及其特征。

61. 简述新疆文化形成的环境背景。

62. 简述新疆文化的特点。

63. 简述新疆的文化类型。

64. 简述新疆民族文化的特性。

65. 试述维吾尔文化的特征。

66. 为什么塔里木河被誉为新疆的母亲河？

67. 简述塔里木河水系的特征。

68. 分析塔里木河流域的生态退化的原因。

69. 塔里木河流域生态保护对策有哪些？

70. 论述对塔里木河流域实施生态保护的意义。

71. 简述新疆矿产资源的基本概况。

72. 简述新疆矿产资源的主要特点。

73. 简述新疆成矿地质背景。

74. 新疆有哪些主要矿产资源？其空间分布特点是什么？

75. 简述新疆风能资源的利用情况。

76. 简述新疆石油化工工业的特点。

77. 阐述中亚五国的概况。

78. 中国新疆与中亚国家经济合作的优势是什么？

79. 新疆与中亚国家经济合作的领域有哪些？

80. 加强新疆与中亚国家经济合作的战略措施有哪些？

主要参考文献

[1]曹陆.新疆矿产资源开发利用问题浅析[J].北方经济,2007,(20).

[2]陈刚,方伟,吴雪晶,刘斌,王丽,郝志新.对新疆矿产资源勘查与开发前景的思考[J].国土资源高等职业教育研究,2007,(3).

[3]陈刚,方伟.对新疆矿产资源勘查与开发前景的思考[J].国土资源高等职业教育研究,2007,(3).

[4]傅群.试论西部大开发战略中矿产资源的合理利用与保护[J].地质技术经济管理,2001,(3).

[5]高壮,张良臣,唐延龄.新疆矿产资源勘查的回顾与展望[J].中国地质,1996,(4).

[6]葛燕燕,帕拉提·阿布都卡迪尔.新疆经济发展与矿产资源消费规律初探[J].西部探矿工程,2008,(4).

[7]贡璐,安尼瓦尔·阿木提,吕光辉,等.关于构建中国新疆与中亚能源战略通道的思考[J].新疆金融,2009,(5).

[8]贺洪燕.新疆煤炭资源可持续开发利用初步研究[D].乌鲁木齐:新疆师范大学,2004.

[9]康淑娟.加快推进新疆优势资源转换战略的对策分析[J].甘肃农业,2006,(12).

[10]李金刚.浅谈新疆矿产资源开发[J].新疆有色金属,2004,(3).

[11]李钦.新疆与中亚地区能源合作动因剖析[J].经济与管理,2009,(8).

[12]刘甲金,于溶春,周志群.新疆资源开发[M].乌鲁木齐:新疆人民出版社,1988.

[13]吕波,高伟.新疆矿业发展展望[J].有色矿冶,2006,(1).

[14]马喜荣,赵曜东.中国与中亚能源合作的影响因素分析[J].中国商界,2008,(8).

[15]马应贤,汪海清,胡择万.新疆·地学·研究[M].乌鲁木齐:新疆人民出版社,1995.

[16]木合塔尔·买买提.新疆矿产资源的开发与生态环境的关系[J].新疆工学院学报,2000,(2).

[17]牛飞亮,张卫明.西北地区战略能源——21世纪初期中国经济可持续发展的保障[J].科学经济社会,2008,(3).

[18]秦跃群,姚书振.区域矿产资源战略评价:以新疆为例[J].中国地质大学学报(社会科学版),2006,(4).

[19]任元成,何秀昌.新疆非金属矿开发利用现状及发展方向[J].非金属矿,2000,(4).

［20］宋国明．中亚地区矿产资源合作的前景分析［J］.国土资源情报，2004，（8）.

［21］王承武，李雪艳．新疆国土资源优势转换的制约因素与对策［J］.经济视角，2008，
　　　（6）.

［22］王淑云，吴洁．新疆兵团矿产资源开发利用分析与对策研究［J］.现代商贸工业，
　　　2008，（6）.

［23］吴福环，郭泰山．新疆通览［M］.乌鲁木齐：新疆人民出版社，2005.

［24］吴绩新．里海石油、天然气与中国能源安全［D］.华东师范大学，2008.

［25］新疆地理学会．新疆地理手册［M］.乌鲁木齐：新疆人民出版社，1993.

［26］严良，康淑娟，洪文智．新疆矿产资源开发利用系统协调研究［J］.价格月刊，2007，
　　　（7）.

［27］杨利普．新疆维吾尔自治区地理［M］.乌鲁木齐：新疆人民出版社，1987.

［28］杨应照．试探新疆矿业发展战略［J］.地质技术经济管理，2004，（4）.

［29］周斌．对新疆矿产资源开发利用的思考［J］.新疆社科论坛，2005，（6）.

［30］周金龙，杨志勋．新疆矿产资源开发与生态环境建设协调发展［J］.干旱区资源与环
　　　境，2004，（4）.

［31］邹英．论新疆矿产资源开发与生态地质环境保护［J］.新疆地质，2003，（3）.

附录：新疆地理的中国之最[*]

1. 离海最远的陆地：为北疆的古尔班通古特沙漠南缘，四面距海均在2 400 km以上。（▲）

2. 面积最大的省区：新疆维吾尔自治区土地面积超过 $166×10^4$ km²，占全国面积的1/6。

3. 邻国最多的省区：新疆与蒙古、俄罗斯、哈萨克斯坦、吉尔吉斯斯坦、塔吉克斯坦、阿富汗、巴基斯坦、印度八个国家接壤。

4. 边境线最长的省区：边界总长约5 649 km，约为我国陆地边界线总长的1/4，是中国邻国最多、边境线最长的省区。

5. 中国领土的最西处：新疆乌恰县以西（约为东经 $70°28'$）的帕米尔高原，是中国领土的最西处。

6. 离海最远的大城市：为天山北麓的乌鲁木齐市，离海的最近距离也达2250 km。（▲）

7. 国土面积最大的地州：巴音郭楞蒙古自治州，土地面积达 $47.87×10^4$ km²，比黑龙江省还大。

8. 我国最西的城市：南疆西部重镇喀什市（位于东经76°），人口44万多。

9. 国土面积最大的县：巴音郭楞蒙古自治州的若羌县，土地面积达 $20.23×10^4$ km²，相当于浙江、江苏两省之和。

10. 最大的内陆盆地：为新疆南部的塔里木盆地，面积达 $53×10^4$ km²。

11. 最低的洼地：为吐鲁番盆地南侧艾丁湖，在海平面以下154 m，为世界第二洼地。

12. 高差最大的地区：新疆有世界第二高峰乔戈里峰（海拔8 611 m），有世界第二洼吐鲁番洼地（最低海拔−154 m），相对高差达8 765 m。另外南疆温宿县城海拔约1 400 m，距其80 km的北部有天山最高峰托木尔峰（海拔7 435 m），相对高差6 000 m，平均每公里落差75 m。

13. 最大的沙漠和沙丘：塔克拉玛干大沙漠，面积达 $32.74×10^4$ km²，系世界第二大流动性沙漠。塔克拉玛干沙漠南部的金字塔沙丘，最高达300 m。

14. 最大的固定半固定沙漠：古尔班通古特沙漠（面积 $4.73×10^4$ km²），是我国最大的固定半固定沙漠。

15. 最大的地震断裂带：富蕴地震断裂带，是一个走滑剪切地震断层。该地震断裂带长度

---

[*] 资料来源：新疆地理学会．新疆地理手册（新疆地理学会，1993）以及有关专著、论文报刊和行业部门。文中带▲者为世界之最。

约 176 km，最大水平位移 14 m，最大垂直错距 1.4 m，居全国首位。

16. 最长的内陆河：塔里木河，流域面积 19.8×10⁴ km²，从叶尔羌河源头至台特马湖全长约 2 200 km，干流段 1 280 km，是我国最长的内陆河。

17. 唯一流入北冰洋的河流：为阿勒泰境内的额尔齐斯河。

18. 最长的冰川：位于乔戈里峰北坡的音苏盖提冰川，全长 40.2 km。

19. 最大的内陆淡水湖：位于焉耆盆地的博斯腾湖，湖面积 1 013.22 km²。

20. 我国第一深水湖：位于阿尔泰山深处的喀纳斯湖，是我国唯一属于西伯利亚——北冰洋水系的深水湖泊。平均水深 120.1 m，最深达 188.5 m，超过云南抚仙湖(最深 155 m，平均水深 80 m)的纪录。

21. 最炎热的地方：吐鲁番，素有"火州"之称。全年在 40℃ 以上的高温超过 40 d，最高达 49.6℃，1962 年 7 月 25 日地面最高温度创 76.6℃ 的纪录。

22. 年平均晴天最多的地方：塔里木盆地北坡的库车县年平均晴天达 180 d，阴天只有 44 d。

23. 新疆日照时数全年可达 2 550～3 500 h，居全国之首。

24. 年降水最少的地方：吐鲁番盆地的托克逊县 1968 年降水仅 0.5 mm。

25. 连续无降水时间最长的地方：托克逊县 1979 年 9 月 28 日到 1980 年 9 月 11 日，连续 350 d 无降水日(日降雨量小于 0.1 mm 为无降水日)。

26. 年平均降雨量最少的地方：阿尔金山北麓的若羌县年平均降雨量仅为 4.5 mm。

27. 沙暴最多的地方：塔里木盆地西部的柯坪县年均沙暴天气为 38.5 d。

28. 冻土最深的地方：和静县的巴音布鲁克，1968 年冻土深达 439 cm，是中国冻土(温度在 0℃ 以下，水分冻结的土壤或疏松岩石称为冻土)最深的地方。

29. 地势最高的天然冰场：博格达峰的天池，海拔 1 980 m。

30. 一年中气温日较差最大的地方：和田地区民丰县安得河，为 35.8℃。

31. 海拔最高的防雪走廊：新疆 1980 年 9 月在天山公路海拔达 3 500 m 的冰山上，筑成了一条长 258.5 m，高 8.3 m 的钢筋混凝土结构的防雪走廊。

32. 海拔最高的公路隧道：新疆哈希勒根达坂公路隧道，全长 340 m，坐落在独库公路海拔 3 390 m 处。

33. 最大的地下水利灌溉系统：吐鲁番地区有坎儿井 1 200 余条，长约 4 700 km(其中，现流水的坎儿井 831 条，总长 3 120 km；已干涸的坎儿井 369 条，总长 1 580 km)。

34. 唯一的野骆驼保护区：为若羌县南部的"阿尔金山野骆驼自然保护区"，面积 15 000 km²。

35. 唯一的河狸自然保护区：为阿勒泰地区青河县境内布尔根河两岸。

36. 唯一的天鹅自然保护区：为巴音布鲁克天鹅自然保护区，面积约 1 000×10⁴ km²。

37. 有蹄类中居住最高的动物：阿尔金山上的野牦牛，终年生活在海拔 4 000～6 000 m 高的冰天雪地中。

38. 居住最低的陆栖动物：吐鲁番的子午沙鼠，其洞穴筑在低于海平面 154 m 的艾丁湖。
(▲)

39. 最早的石窟寺：拜城县克孜尔千佛洞始建于东汉后期。

40. 质量最优的白玉：和田玉在世界上很有名气，有白玉、青玉、碧玉、墨玉、黄玉等品种。其中白玉在世界上非常稀少，其色白如羊脂，质地细腻滋润，质量在中国玉石中名列第一。

41. 最大的铁陨石：新疆博物馆中展出的大铁陨石，长 260 cm，宽 185 cm，高 180 cm，体积 3.12 m³，重约 25~30 t，名列世界第三。

42. 雪莲面积分布最广的省区：新疆的雪莲分布面积达 20 万亩。

43. 阿魏种类最多，分布面积最广的省区：新疆的阿魏共有 5 个种类，分布面积达 49 万亩。

44. 贝母产量最高的省区：新疆的贝母有 33 种，蕴藏量 1 200 t，是中国贝母种类最多，分布最广，产量最高的省区。

45. 甘草资源最丰富的省区：新疆的甘草分甜甘草、光果甘草、胀果甘草、粗毛甘草等，分布面积达 1 300 万亩，年产量最高可达 5×10^4 t。

46. 薰衣草产油量最高的省区：薰衣草是新疆的名贵药材——薰衣草产油总量目前居中国第一位（产油总量占中国总产量的 91%）。

47. 巴旦杏面积最大的省区：新疆的巴旦杏面积约 80 万亩，居中国第一位。

48. 面积最大的天然胡杨林：塔里木盆地中的胡杨林，总面积 4 758.8 km²。

49. 罗布麻分布最广的省区：新疆各地均有罗布麻分布，蕴藏量约 65×10^4 t。

50. 柽柳属植物种类最多，分布最广的省区：新疆的柽柳属植物有 15 种之多，分布面积达 5.3×10^4 km²。

51. 啤酒花产量最高的省区：新疆是世界三大啤酒花种植基地之一，产量占全国总产量近 70%，位居中国之首、亚洲之冠。新疆啤酒花种植 80% 以上在新疆生产建设兵团，产量最高的 1982 年达 12 689 t。

52. 葡萄产量，含糖量最高的省区：2007 年新疆的葡萄种植面积达 109 857 hm²，年产量最高达 165.46×10^4 t，最佳品种——无核白葡萄含糖量高达 20%~27%。

53. 甜菜产量最多的省区：2007 年新疆甜菜产量为 453.9×10^4 t，占全国的 51%，居全国之冠。

54. 2007 年，新疆甜菜制糖 64.94×10^4 t，占全国甜菜糖总量的 60%，产量列全国各甜菜制糖省区第 1 名。

55. 2007 年，新疆加工番茄制品 77×10^4 t，出口番茄酱 53.5 $\times 10^4$ t，占全国的 58.6%。新疆的番茄酱产量名列全国第一。

56. 人均占有瓜果最多的省区：新疆目前每人每年平均葡萄、哈密瓜、西瓜等瓜果约 358.27 kg。

57. 半细羊毛产量最多的省区：2007 年新疆半细羊毛产量 21 874 t，居全国第一。

58. 航线最长、航站最多的省区：新疆目前境内共有 66 条航线，总长约 125 717 km，有 14 个航站。

59. 邮路最长的省区：新疆邮路长度达 14.09×10^4 km，全区投递段道 1 921 条，其中农村投递段道 1200 多条。

60. 长绒棉的唯一产地：新疆是中国长绒棉的唯一产地，2007 年种植面积达 142.53×10^4 hm^2，总产达 25.02×10^4 t。

61. 石油储藏最多的省区：新疆已发现的沉积盆地 22 个，适于石油天然气生成和聚集的沉积岩面积 89×10^4 km^2，其中塔里木、准噶尔、吐鲁番三大盆地面积 74×10^4 km^2，据国家有关部门的最新估计，预测石油天然气资源总量约 300×10^8 t，占全国预测油气总量的 1/4 以上。

62. 截至 2008 年年底，新疆拥有通航机场 14 个，成为全国拥有支线机场最多的省区。

63. 到 2007 年年底，新疆管道运输里程已达 6 793 km，年输送原油和天然气 $3 149 \times 10^4$ t，形成了北疆、南疆、东疆油气管网的基本框架，是全国管道运输里程最长的省区。

64. 最大的彩色棉花生产基地：2007 年新疆彩色棉花种植面积为 1.33×10^4 hm^2，其产量占全球彩棉产量的 1/2。（▲）

65. 天然气资源量最多：新疆的天然气资源量为 10.8 万 $\times 10^8$ m^3，占全国天然气资源量 30×10^{12} m^3 的 34%。

66. 煤炭预测资源量最多：新疆的煤炭预测资源量为 2.19×10^{12} t，占全国煤炭预测资源量的 40%，为全国之冠。

67. 最大的钾盐生产基地：罗布泊的钾盐储量超过 2.5×10^8 t，占全国已探明储量的 52%，罗布泊成为我国最大的钾盐生产基地，年产钾肥 120×10^4 t。

68. 穿越沙漠最长的公路：北起巴州轮台县的 314 国道，南到塔克拉玛干沙漠南缘的和田地区民丰县，公路全长 522 km。

69. 陆运口岸最多的省区：2008 年年底，新疆拥有陆运口岸 15 个，连接着中亚、蒙古、南亚地区，是我国陆运口岸最多的省区。

70. 最大的风力发电区：达坂城风电厂是亚洲最大的风力发电区。风电的装机总量已达 12.55×10^4 kW。

71. 矿产资源种类最多的省区：新疆矿产资源种类齐全、蕴藏量大，现已探明的矿种 138 种，其中储量占全国首位的有 8 种。在查明的资源储量中，有 8 种居全国首位，分别是铍、云母、长石、陶土、蛇纹岩、钠硝石、膨润土、蛭石。

72. 棉花产量最多的省区：2007 年新疆棉花产量 290×10^4 t，总产、单产和品质居全国第一。